신문으로 보는 연세 역사 (I)

1885~1924

신문으로 보는 연세 역사 (I)
1885~1924

초판 1쇄 발행 2021년 9월 30일

편 자 | 연세대학교 국학연구원 연세학연구소
발행인 | 윤관백
발행처 | 도서출판 선인

등록 | 제5－77호(1998.11.4)
주소 | 서울시 마포구 마포대로 4다길 4 곶마루빌딩 1층
전화 | 02)718－6252 / 6257 팩스 | 02)718－6253
E-mail | sunin72@chol.com

정가 57,000원

ISBN 979－11－6068－152－9 94900
ISBN 978－89－5933－622－7 (세트)

· 잘못된 책은 바꿔 드립니다.

연세사료총서 8

신문으로 보는 연세 역사 (Ⅰ)

1885~1924

연세학연구소 편

도서출판 선인

▍간행사▍

연세의 역사는 단순한 대학의 역사만이 아니다. 1876년 문호개방 뒤에 전개된 한국의 근대개혁 사업이 서양의 근대 문명, 학문을 받아들여 배우는 과정 속에서 일어났다. 서양을 배우는 중요한 통로 가운데 하나가 기독교 선교사의 의료와 교육 사업이었다. 연희와 세브란스는 선교사의 의료, 교육 사업의 일환으로 세워졌고, 이에 연세를 통해 한국 근대화를 위한 학문과 인력이 공급되었다. 따라서 연세의 역사는 한국 근대사의 일환으로 이루어졌고, 연세에서 형성한 학문과 교육은 바로 한국의 근대 학문의 역사였고, 교육의 역사였다.

한국의 근현대사 속에서 연세 역사가 가지는 중요성에 비해 지금까지의 연구, 편찬에서 큰 성과가 있는 것은 아니다. 한국 기독교사나 교육사, 의학사 등에서 부분적으로 다루어졌고, 대학 차원에서 역사 편찬이 이루어졌지만, 전반적으로는 미진한 편이다. 학교 단위에서 80년사, 100년사 등을 편찬한 정도였다. 이에 김도형 교수(사학과)를 위시한 교내의 몇몇 교수들이 연세 역사에 대한 객관적인 연구가 더 필요하다고 생각하여, 대학의 연구지원을 받아 연세학풍사업단을 만들었고(2012년), 이를 확대하여 국학연구원 아래에 연세학풍연구소를 설립하였다(2018년). 2021년에 들어 이 사업을 더 확산, 활성화하기 위해 연구소의 이름을 연세학연구소로 바꾸었다. 사업단과 연구소를 통하여 그동안 자료집과 연구총서를 다수 발간하여 학계에 제공하였다. 연세 역사를 좀 더 자세하게 알 수 있는 신문기사를 모은 이 자료집도 이런 작업의 일환으로 추진한 것이다.

연세 역사 자료를 망라하기 위한 작업은 2010년경 연세대 박물관에서 그 작업을 시작하였다. 연세학풍사업단과 협력하여 총장 정책연구과제로 신문, 잡지 기사를 가려 뽑았다. 그 가운데 에비슨에 관한 기사는 2017년에 에비슨자료집(Ⅱ)로 간행하였다. 나머지 결과

물 가운데 가려서, 1885년 제중원 설립 이후 연희전문과 세브란스의전이 제 자리를 잡아간 1924년까지, 40년간 국내 신문에 보도된 기사를 정리한 것이 이 자료집이다. 앞서 간행한 에비슨 자료집(Ⅱ)의 기사와 일부는 중복되지만, 연세의 역사를 이해하는데 도움이 되는 기사는 전체 구성을 위해 다시 손을 보아 수록하였다.

이 자료집에 수록된 기사들은 제중원, 세브란스병원과 의전, 연희전문 그리고 이를 주도해간 언더우드(원두우)와 에비슨 등의 학교 관계자와 학생 생활, 졸업생 등에 관한 것들이다. 신문 기사를 통해, 연세의 공식적인 자료 속에 기록되지 않는 여러 모습도 볼 수 있다. 역사의 구체적인 사실은 물론 한국 사회 안에서의 평가, 역할 등을 엿볼 수 있다.

이 자료집의 출간에 이르는 기간이 처음 착수한 후 10년이 지나면서 많은 사람의 노고가 이 속에 곁들여 있다. 처음에는 2010년 김한중 총장의 정책 연구과제로 시작하였고, 이후 역대 총장들께서 연세학풍 정립을 위해, 여러 형태의 지원을 해 주었다. 연세 역사와 관련된 일제하 신문 기사를 수집, 정리하는 데는 박물관 이원규 학예사를 비롯한 이현희, 이은화 학예사의 노력이 있었다. 수집된 기사를 현대문으로 바꾸어 입력하고 문장을 곱게 다듬은 일은 사학과 대학원의 노상균, 이연주, 이정윤 등이 수고하였으며, 연구소의 홍성표 연구원도 마무리 작업을 도왔다. 특히 이정윤 석사는 박물관의 연구원으로 출판에 이르는 마지막 작업도 관여하였다. 김도형 교수는 박물관장 및 국학연구원장 겸 학풍연구소 소장을 지내면서 연세 역사 편찬 작업을 기획하고 진행하였다. 이제 정년퇴직하였음에도 불구하고 이 자료집을 마무리하는데 애를 썼다. 그리고 출판 작업에는 몇 차례의 보완 작업에도 불평하지 않고 의미있는 책을 만들어준 선인출판사의 윤관백 대표와 편집부 이경남 팀장 외 여러분의 노고도 있었다. 이 모든 분에 고마움의 인사를 드린다.

2021년 8월

국학연구원 원장 겸 연세학연구소 소장

김성보

▌일러두기▌

1. 수록된 자료는 『한성주보』 1886년 2월의 기사를 제외하면, 신문이 대중화되기 시작한 『독립신문』 1896년 이후 것들로, 제중원의 창립 연도(1885년)에서 1924년까지 40년 동안의 신문 기사를 가려 모은 것이다.
2. 우리 연구소에서 간행한 『연·세전 교장 에비슨 자료집(Ⅱ)－국내 발행 신문·잡지 기사』(선인, 2017)에 수록한 에비슨 관련 기사와 일부 중복된다. 에비슨 자료집도 아울러 참고하기 바란다.
3. 내용을 파악하는데 어려움이 없는 부분은 옛 문투의 원문을 그대로 살렸다. 필요한 곳은 부분적으로 현대문으로 고치기도 하였고, 또는 긴 문장을 자르고, 문단을 나누기도 하였다.
4. 내용 이해를 위해 설명이 필요한 부분은 괄호 속에 *로 표기하였다.
5. 신문 기사 제목이 없는 경우에는 내용을 알 수 있게 제목을 임의로 작성하였다.
6. 영어 이름 가운데 익숙한 한글 이름(원두우, 어비신 등)은 기사 원문 형태로 그대로 둔 경우가 많았다. 그렇지 않은 경우에는 한글의 현대식 표현 및 영어로 표기하였다.
7. 일정 기간 계속된 「광고」 기사는 제일 첫 기사만 수록하였고, 같은 내용이지만 광고의 문안이나 형식이 일부 바뀐 경우에는 이를 다시 수록하였다.
8. 연전, 세전 관련자(교수, 학생)의 학술, 기행 등의 개인 명의의 글들은 또 다른 의미가 있으므로 별도로 편찬할 예정으로, 여기에서 제외하였다.
9. 사용한 신문 기사 원문은 국립중앙도서관 대한민국 고신문 아카이브, 동아디지털 아카이브, 조선뉴스라이브러리를 이용하였다.

▌차 례▌

【1907년】

【1908년】

【1909년】

【1910년】

【1915년】

【1916년】

【1917년】

【1921년】

【1922년】

【1923년】

【1924년】

▌자료 해설▐

이 자료집은 1885년 제중원에서 40년간, 신문 기사 속에 보인 연세 역사의 단면을 가려 뽑아 날자 순으로 정리한 것이다. 이 기간은 연세 역사의 초창기로 학교나 병원 사업을 시작하여 체계를 만들어가던 때였다. 제중원에서 세브란스병원으로 발전, 또 1915~1917년의 연희전문과 세브란스의전의 '대학' 교육 기관으로 성장하는 가운데, 학교의 제도 정비와 교육, 구성원의 활동, 한국 사회와의 관계 등의 단면들을 볼 수 있다.

1. 제중원, 세브란스병원의 초창기 모습

(가) 연세의 교육, 의료 사업의 출발점은 1885년에 만들어진 광혜원 · 제중원이었다. 제중원은 조선 정부의 근대화 사업의 일환으로 만들어진 것이었다. 선교사들도 정부병원, 왕립병원 등으로 표현하였다. 조선 정부는 이를 '공립의원'이라고 하여 그 규칙을 정하였다(자료 1. 이하 번호만 적음). 제중원이 조선 정부의 관할이기는 하였지만, 설립 구상이나 운영은 모두 미국인 선교 의사 알렌(H. Allen)이 담당하였다. 1894년 선교회에서 전적으로 운영 관리하는 '전관판리(專管辦理)'하기 이전까지의 제중원은 조선 정부와 미국 공사관, 그리고 선교사 사이의 외교 관계 속에서 '이중적 지위'에 있었다.

선교회에서 제중원을 '전관'하면서 선교병원으로 자리 잡아 갔다. 이에 새로운 서양식 의료 기관이 필요해진 조선 정부는 다시 광제원과 의학교를 만들었다. 선교회는 제중원을 확장, 발전시키기 위하여 서양식 건물의 근대병원, 곧 남대문 밖 '새 제중원'(세브란스기념병원)을 건립하였다(15). 기존에 사용하던 구리개 제중원의 재산은 본래 정부 소유였기에 그동안의 수리비 등을 협의하여 처리하고, 이를 '반환'하였다. 신문에는 구리개 제중원 건물의 사용처가 보도되었다(21).

(나) 제중원, 세브란스병원이 한국 사회에 비친 모습은 선교사의 헌신과 탁월한 의료기술이었다. 에비슨(O. Avison)의 뛰어난 외과 수술은 여러 차례 보도되었으며, 화타(華佗), 편작(扁鵲)에 비유하기도 하였다(28). 제중원과 에비슨의 의술, 이를 통한 조선 백성에 기여한 것을 칭송하는 글이 여러 차례 신문에 실렸다(38, 63). 여러 병원을 전전하다가 결국에 제중원에 와서 병이 나았다는 기사는 빈번하였다.

의료 기술뿐 아니라 제중원, 세브란스병원은 많은 조선인 의사를 양성하였다. 초창기 제중원의 의학교육은 에비슨이 책임을 맡은 후에 정착되기 시작하였고, 마침내 1908년에 정규 교육을 받은 첫 졸업생을 배출하였다. 이들 졸업생의 실력은 자타가 공인하였다. 의학교 자체에서도 이런 차원에서 배출된 의사에게 박사학위 칭호를 부여하였다(43, 45). 이들 졸업생은 개업할 수 있는 자격을 얻었고, 또한 지방의 여러 병원에 취업하였다. 관서 지역의 구세의원, 인제의원, 동화의원 등에서는 '에비슨의 제중원'에서 교육받은 의사를 초빙하여 진료한다는 점을 부각하여 광고하였다(41, 65~68).

(다) 1907년 8월, 일제는 대한제국을 식민지로 강제 편성하면서 군대를 해산하였다. 이때 군대 해산에 반대한 시위대 제1연대 대대장 참령 박승환이 자결하였고, 이를 계기로 서소문, 남대문 일원에서 해산된 한국병과 일본병 사이에 치열한 시가전이 일어났다. 전투에서 많은 군인이 죽거나 부상을 당하였다. 이때 전투 현장에 들어가 사망자를 수습하고 부상자를 제중원으로 옮긴 사람들은 에비슨을 비롯한 서양 선교사들이었다(31, 32). 또한 부상자 치료에는 제중원의 간호사, 여학생도 역할을 담당하였다(34). 이런 사건을 겪은 세브란스 초창기 졸업생 가운데 많은 사람은 훗날 민족운동에 참여하였다.

2. 경신학교 대학부에서 조선기독교대학으로

(가) 연세의 교육 사업은 언더우드(H. G. Underwood, 원두우)가 시작하였다. 1885년

4월, '교사(教師)' 신분으로 한국에 온 후 얼마 지나지 않아 아이들을 모아 가르쳤고, 또 제중원 의학교에서 물리, 화학도 가르쳤다. 1886년, 언더우드는 제중원 의사 알렌, 헤론과 더불어 조선 정부의 인가 아래 고아학당을 시작하였다. 고아학당은 구세학당, 혹은 운영 책임자의 이름을 따서 언더우드학당 등으로 불렸다.

구세학당은 부모 없고, 집 없는 아이들을 모아 기숙 및 교육을 행하던 곳이었다. 학생들은 식사, 청소 등을 직접 하고, 동시에 성경, 한문, 영어 등의 수업도 받았다. 이 학당에서 공부한 사람으로 안창호, 김규식 등이 있었다. 이 가운데 민족운동가 김규식은 언더우드 부인의 손에서 길러졌다고 소개되어 있다(216, 217).

(나) 고아학당을 기반으로 만든 중등학교가 경신학교였다. 고아학당은 1897년 10월, 미북장로교 선교회의 결정에 따라 폐교되었는데, 장로회 서울 지역 선교회의 노력으로 1901년에 이르러 게일(J. Gale)을 교장으로 경신학교로 다시 개교하였다. 1905년에는 밀러(E. Miller, 密義斗)가 교장이 되었으며, 1906년경에 대학부 설립을 추진하였다. 대학부 설립은 선교회의 지원 아래 1908년 9월에 학생 모집 광고를 내었다(49, 50).

1910년 초, 언더우드가 경신학교 교장이 되었다. 언더우드는 한국에 온 이후 줄곧 대학을 세워야 한다는 소명이 있었다. 경신학교를 맡아 경영하면서 이를 실천해 갔다. 그는 교사를 증축하고 학교를 확장하는 계획을 세우고(72, 73), 고등과, 사범과, 대학과로 나누어 운영하였다(47). 특히 대학과는 기숙사 등을 정비하면서 학생을 모집하고, 대학과 설치를 정부와 교섭하였다(76~78). 그러나 일제의 강점과 맞물려 이를 이루지 못했다.

언더우드의 경신학교 경영에서 주목되는 바는 수공부(수공과)를 설치한 것이었다. 실업의 중요성을 교육하면서, 동시에 고학생의 기술 습득, 생활 경비 등을 위한 것이었다. 장래 대학을 창립할 때 '공과'를 염두에 둔 것이기도 하였다. 염색, 직조, 목공의 세 전문과를 운영하였다(87, 91, 92).

언더우드의 교육적 능력을 알 수 있는 재미있는 기사도 발견된다. 곧 보성학교 문제였다. 1905년 이용익이 전문학교로 세운 보성은 이용익의 사망 후에 그 손자 이종호가 운영하였다. 그러나 1910년, 이종호는 재정 등의 문제로 학교 운영이 어려워지자 이 학교를 언더우드에게 '담임'해 달라고 부탁한 것이었다(75, 80). 이런 시도는 성사되지 않았지만, 보성학교는 그해 12월 천도교의 손병희에게 넘어갔다. 김성수가 이를 인수한 것은 1932년이었다.

(다) 1915년에 개교한 조선기독교대학(Chosen Christian College)은 조선총독부의 법령에 따라 1917년에 연희전문학교로 인가를 받았다. 연희전문학교의 영어 이름은 C. C. C.를 그대로 사용하였다.

조선기독교대학의 설립을 주도한 것은 언더우드였다(105). 에비슨과 서울 지역의 북장로회 선교사, 그리고 남북감리교 선교회가 적극적으로 협조하였다. 평양지역 장로회 선교사가 처음에는 참여하지 않았지만, 그래도 명실상부한 '기독교연합대학'이었다. 북장로회의 경신학교 대학부, 북감리회의 배재학당 대학부, 그리고 남감리회의 개성 한영서원을 '연합(Union)'하였다. 이런 취지로 대학 설립을 추진하면서 '대학생 모집' 광고를 내었다(82). 이런 노력으로 마침내 조선기독교대학을 개교하고 연희전문학교가 출범하였다.

3. 연전, 세전 '대학 교육'의 진통과 발전

(가) '연세'는 1917년, 일제의 법령에 따라 각각 사립전문학교로 인가 받았다. 연희전문은 4월 7일, 세브란스연합의전은 5월 14일이었다(115, 116). 1917년 당시, 관립전문학교 외, 사립전문학교는 두 학교 밖에 없었다. 별도의 재단으로 시작하였지만, 에비슨이 두 학교 교장을 겸하였고, 각각 장로교와 감리교 선교사, 한일 기독교 지도자를 포괄한 '기독교연합' 재단이었다.

관립 외 사립전문학교를 인가해 준 조선총독부는 '고등의 학술 기술' 습득과 '충량한 인재' 육성이라는 점을 강조하였다(117). 총독부는 식민 지배를 위해 후자가 필요하였다. 하지만 일제 시기 '연세'는 한국의 '고등교육' 속에서 근대 학문 형성에 기여하였으며, 민족문화 계승과 국학(國學) 연구에 힘을 기울이고, 식민지 지배 아래 있던 조선 사회를 외면하지 않는 교육으로 민족 지식인을 다수 배출하였다. '민족주의자의 온상'이었다.

(나) 연희, 세브란스는 대학을 지향하며 출범하였지만 초기의 학교 사정은 부족한 것이 많았다. 주로 학교 시설의 미비, 교수의 부족, 교과목의 내용 등에서 그러하였다. 급기야 이에 대한 학생들의 불만은 몇 차례의 동맹휴학으로 터졌다.

1920년, 연전에서는 교수 부족, 교과 수준, 기숙사 문제를 이유로 동맹휴학이 일어났다

(154~157). 학교 당국에서도 학생들의 요구가 정당하다고 보았고, 재정 문제를 통해 이를 해결하여 '대확장'하고자 노력하였다(152, 153). 그러나 교육과정은 좀 달랐다. 학생들은 전문학교 수준에 미치지 못하는 '보통과목'이 있을 정도로 유치한 것도 있다는 것이었다. 하지만 교육 내용은 총독부의 허가를 받아야 하였다. 에비슨 교장이 나서서 총독부와 협의하였으나 별다른 성과를 얻지는 못했다(154).

이런 문제와 더불어, 추운 겨울에 난방을 해주지 않은 것에 대한 불만도 표출되었다(178). 상과 학생들은 교수의 학력과 능력에 대한 불만으로 수업을 거부하기도 하였다(291~294).

1921년, 세전에서도 맹휴가 일어났다(210~212, 215). 3학년 학생들을 중심으로, 교원 충원과 교과목을 문제로 삼았다. 에비슨 교장 이하 학교 당국자들은 선교 학교의 경비 마련 등에서 어려움이 있다고 호소하여, 조금만 참으며 해결하자고 하였다. 학생들이 이에 불응하자 주동 학생을 퇴교시키는 강경책을 썼다. 퇴학당한 학생이 쓴 장문의 글도 신문에 게재되었다(225).

(다) 학교 당국은 학교를 대학 수준으로 발전시키기 위한 계획을 추진하기 위해 필요한 자금을 열심히 모금하였다. 연전이 자리 잡은 신촌 일원에 학교를 중심으로, 학생과 그 가족이 함께 거주하는 일종의 '이상촌'을 건설하겠다는 구상과 의욕을 가지고 있었다(188). 후대의 여러 기록을 통해서 보면, 연전과 세전의 통합, 신촌에 병원 시설까지 포함하는 집단 시설을 포함하였다.

에비슨 이하 지도자들은 연전을 동양 제일의 대학으로 만들겠다는 구상을 세우고, 150만원이 필요하다고 추산하였다(152, 174). 대학 승격을 목표로, 교사 증축, 농장, 천문대, 수도하수발전소 등의 시설을 갖추고자 하였다. 세울 건물을 그린 조감도도 신문에 소개되었다(188, 이때는 비용으로 200만 원 예상). 에비슨은 약 1년간 미국을 다니면서 모금하여 우선 40만 원을 모았다(182, 183). 이미 언더우드의 모금으로 건립한 스팀슨관에 이어, 존 언더우드, 미국 감리교회의 지원으로 언더우드관과 과학관(아펜젤러관) 건립을 위한 정초식을 웅장하게 거행하였다(207~209).

1924년에 들어서 연전은 종합대학 설립을 착착 추진하였다(336, 337). 연전은 설치한 문과, 수물과, 상과 등의 학과를 단과대학으로 운영하고 있었다. 마침 경성제대 예과가 개교하면서, 일본 국내의 대학 설치 법령이 조선에도 적용될 수 있을 것이라는 희망이 있었다. 물론 일제는 식민지 조선 내의 대학은 경성제대만 두었다.

종합대학을 지향하는 일환으로 1974년에 여자대학을 신설하려고 하였다(349, 350). 1923년 9월에 조선기독교 총회에서 연전과 세전을 통합한다는 결의가 있었으므로, 여자대학의 설치도 그런 구상의 일환이었을 것이다. 연전이 종합대학으로 승격한다는 소식 속에서, 조선인들이 추진하던 민립대학설립운동을 연전과 합병하여 추진한다는 소문이 나오기도 하였다(351, 352). 종합대학 설립 추진은 이 이후에도 계속 되었다.

(라) 세브란스의학전문학교와 병원도 발전하였다. 1917년 6월에 세전 개교식을 열었고(116), 이듬해 의전 출범 후의 첫 졸업식도 거행하였다(122). 1921년 학생 맹휴를 겪으면서 세전도 연전과의 통합을 먼 목표로 삼으면서, 동시에 학교 발전을 추진하였다. 이런 노력으로 몇 가지의 변화, 발전을 가져왔다.

먼저, 치과를 키웠다. 실행 여부는 알 수 없지만, 1910년 이전에 한 대위(D. Hahn, 韓大衛)가 서울에 치과학교를 설립하고자 할 때, 이 학교를 제중원 안으로 옮겨 제중원 치과부로 연합한다는 계획도 있었다(64). 1915년 이후에는 쉐플리(W. Scheifley)가 치과를 맡고 있었는데, 1920년에 에비슨은 연전, 세전 두 학교의 발전 기금을 마련하여 귀한하면서 치과의사 부츠(J. Boots)를 대동하였다(182). 병원 안에 치과를 키운 후에 치과전문학교를 설립할 계획이었다(192). 에비슨의 구상은 실현되지 않았는데, 후에 오긍선 교장 시절에 이 문제 때문에 학교 안에서 분란이 일어나기도 하였다.

둘째, 조선총독부 지정병원이 되었다. 총독부는 1922년 2월, 조선교육령을 개정하여 전문학교 요건을 강화하였다(226). 세전은 교수 진용을 강화하면서 그해 4월 1일에 다시 인가를 받았다. 이런 노력의 결과 1923년 2월에 조선총독부로부터 '지정병원'으로 인정받았다. 1923년 이후 졸업생은 조선에서 무시험으로 의사 면허를 받을 수 있게 되었다(262). 세전에서는 이 '승격'을 축하하는 행사도 열었다(263, 270).

셋째, 경성부민기념병실을 열었다. 1920년에 서울에 콜레라가 유행하였는데, 서울의 유력 인사 300여 명이 전염병에 대처하기 위한 "경성부민사립피병원 설립기성회"를 만들었다(회장 박영효). 기성회는 20만 원 기금을 모으기로 하고 활동하였으나 계획대로 되지 않았다. 1923년 7월, 그동안 모금한 돈을 세브란스병원에 넘기기로 결정하였다. 세브란스병원은 부족한 비용을 더 보태 "경성부민기념병실"을 만들어, 평소에는 병원에서 사용하다가 전염병이 발행하면 부민들을 위한 병실로 사용하기로 하였다. 그리하여 1924년 3월에 정초식을 거행하였다(313, 331, 332).

넷째, 산파 지정 병원이 되었다. 의전이 되면서 '부속간호부양성소'를 통하여 간호사를 양성하였다. 조선총독부에서 '산파 규칙', '간호부 규칙'을 개정하였는데(1924년 9월), 이런 조건에 맞는 것은 세브란스병원뿐이었다. 이름도 세브란스병원 산파간호부양성소로 하고, 1925년 3월 이후 졸업생에게 이를 적용하였다(355).

4. 연전, 세전의 사회 활동

(가) 3·1운동에 연전, 세전의 직원과 학생들이 다수 참여하였다. 민족대표 33인의 일원이었던 세브란스 직원 이갑성을 중심으로 연락, 결집하였다. 학생들의 시위를 주도했던 연전의 김원벽, 세전의 이용설, 김문진 등이 핵심 인물이었다. 신문에는 만세 시위 이후의 몇몇 사정이 보도되었다. 3·1운동 참가자를 재판했던 재판장의 인터뷰에서 세브란스 학생이 많다는 점이 지적되었다(131).

3·1운동과 이를 진압한 일제의 무자비한 행동을 전 세계에 알린 것은 연희, 세브란스의 선교사들이었다. 특히 제암리, 수촌리의 학살 사건을 현장에서 조사하고 이를 보고한 사람은 연전의 원한경(H. H. Underwood)과 세전의 스코필드(F. Schofield)였다. 세브란스병원에서 치료한 부상자의 참혹한 모습은 에비슨의 보고를 통하여 전 세계로 알려졌다. 그 보고서의 일부는 상해에서 발간되던 『독립신문』에도 수록되었다(132). 3·1운동 직후에도 일제는 세브란스병원을 수색하고(127), 몇 명을 검거하였다(130).

(나) 3·1운동 이후 민족운동은 새로운 차원으로 발전하였다. 부르주아민족운동이 주도하는 가운데, 사회주의운동이 시작하였고, 또한 농민, 노동자의 대중운동, 청년, 학생운동도 활발해졌다. 1920년대 전반, 3·1운동의 경험 속에서 연전, 세전 학생들은 학생운동의 한 축을 이루었다.

1920년 5월 9일, 연전, 세전 학생청년회가 주축이 되어 서울 소재의 고보, 전문학교 학생 약 천 명이 모여 '조선학생대회'를 조직하였다. 회장은 연전의 김윤경, 부회장은 세브란스의전의 김찬두였다(149). 1920년 11월 8일의 임원 개선 시에는 김윤경이 지육부장, 김찬두가 사교부장이었다(175). 조선학생대회는 학생의 친목과 단결, 조선 물산 장려, 지방열 타파 등을 목적으로 내세우고, 이를 위해 전국 순회 강연을 추진하였다.

조선학생대회 순회 강연회는 조선일보의 지원으로 추진되었는데, 신문에는 순회 강연단의 일정, 강연 내용, 강연장 모습 등을 상세하게 보도하였다(164, 167, 169~173, 198~201 등). 강연단은 1920~21년에 가장 활발하였다. 강연단은 가는 곳마다 환영을 받았으나, 간혹 강연 내용 가운데 시국에 관한 것이 포함되면 일본 경찰의 제지와 조사를 받는 경우도 있었다. 강연대의 연사 가운데는 연전, 세전 학생들이 많았다. 김윤경, 김찬두, 이묘묵. 염태진, 정성봉, 홍순혁 등이었다.

(다) 연전, 세전 학생들의 학교 내외 활동을 알 수 있는 단편적인 기사도 많다. 연전의 음악회는 유명하였고(151, 308, 345), 음악대는 전국 순회공연도 하였다(310, 311). 그 외 연극(229), 야구단 등에 관한 보도도 있었다. 기독교 전도대의 활동도 활발하였다(163, 193~195, 223, 306, 309, 312). 그 외 수학여행에 관한 기사도 간간이 보이며, 칸트 탄생 기념 학술회(342)도 행하였다.

연전 학생회에서 간행한 『연희』 2호(임시호라는 이름으로 간행, 1923.11)에 대한 기사도 있다. 수록된 글 가운데 과격한 내용이 있다고 발행 금지 당하였는데(304, 305), 11월에 다시 발행했다는 광고도 있다(325). 문제가 되었던 김윤경의 「먼저 사람이 됩시다」와 강성주의 「新生의 여명기를 臨하야」는 제외하였다.

연전, 세전 졸업생의 진로, 활동에 관한 기사도 자주 눈에 띈다. 연전, 세전 졸업생이 사회로 나가 취업하는 경우도 있지만, 졸업생들은 해외 유학에 관심이 많았다(265, 333). 외국 유학 자체가 당시 조선에서도 흔한 일이 아니었으므로, 졸업생이 유학가는 기사가 간간히 보인다. 이묘묵(294), 오한영(283), 최순주(307) 등이었다.

식민지 아래 조선 사회의 개선을 위한 다양한 활동, 특히 교수, 졸업생의 계몽 강연이 자주 열렸다. 염정동예배당(새문안교회), 기독교청년회(YMCA), 잡지사 등을 통한 종교, 계몽 강연이었다. 3 · 1운동 당시 학생시위의 주역이었던 김원벽의 이름이 자주 보인다. 또한 세전 교수, 졸업생은 의학 계몽 강연이 많았다. 오긍선, 홍석후, 스코필드 등이 활약하였다.

연전과 동아일보가 공동 주최한 전조선중등학교 체육대회도 주목할 만하다. 1923년에 1회, 24년 2회를 개최하였고, 장소는 연전 운동장이었다(324, 360). 식민지 아래의 조선 청년, 학생들에게 체육이 가져다준 의미를 다시 생각해 볼 수 있다,

(라) 초창기 연세를 일구고 닦은 사람은 언더우드와 에비슨이었다. 기독교 연합대학으로 연희전문을 창립했던 교장 언더우드가 사망하자, 이를 이어 에비슨이 18년 동안 연전, 세전 두 학교의 교장을 지냈다. 마침 1923년은 에비슨이 한국에 온지 30년이 되던 해였다. 언더우드(1916년 10월 서거)와 언더우드 부인의 서거(1921년 10월), 그리고 에비슨 내한 30주년을 맞게 되었을 때, 신문에는 언더우드, 에비슨의 활동을 소개하고, 한국 사회에 끼친 여러 점을 평가하였다.

언더우드는 조선 기독교뿐 아니라 교육을 통해 조선의 문명사에 기여했던 점을 지적하였다(105~107, 216, 217). 특히 언더우드 부인은 남편 사후에 다시 한국에 와서 봉사한 점을 높이 평가하였다(114).

에비슨은 내한 30년을 축하하는 경축회가 성대하게 열렸다. 마침 이때 에비슨 총독부로부터 연전의 베커(A. Becker)와 함께 교육공로자 표창받았다. 이때 에비슨은 여러 인사말을 통해 조선이 그동안 많은 발전을 했다는 점과, 자신의 공로도 형제처럼 지내던 언더우드를 돕는 위치에 불과했다는 점을 강조하였다(287, 298~301).

* * *

연세 역사는 학교 운영자의 공적 보고서와 이를 담당했던 선교사의 보고 문서, 편지 등으로 남아 있으며, 행정 문서(조선, 대한제국 및 조선총독부)에서도 찾을 수 있다. 본 자료집에서 정리한 신문 기사는 주목할 만한 것이 있을 때에 이를 보도한 것이므로, 역사의 전체 모습을 다 볼 수는 없다. 공적 문서 등을 통해 확인 할 때 보완 자료로 활용하면 좋을 것이다. 이 자료집 속에 담긴 연세 역사의 단면은 더 많은 유관 자료를 통해 새롭게 정리해야 할 것이다.

(김도형)

신문으로 보는 연세 역사

(1885~1924)

1. 한성주보 1886년 2월 1일

設濟衆院　今年正月二十五日에統理衙門에셔聖諭를奉ᄒᆞ야病院를齋洞西邊에剏建ᄒᆞ고院號는濟衆이라ᄒᆞ고官員를設ᄒᆞ며學徒를모와院中외두고美利堅敎師敎蘭과憲論两人를延請ᄒᆞ며西國에各種藥水를만이購貿ᄒᆞ여本院에두고民間各樣病人를ᄌᆞ셔이看證ᄒᆞ야극진이治療ᄒᆞ니每日와셔問病ᄒᆞ고가는ᄉᆞ롬이或二十人或三十人도되고院中에恒留ᄒᆞ여治療ᄒᆞᄂᆞᆫᄉᆞ롬이或十餘人或二十餘人도되는ᄃᆡ醫師의治病ᄒᆞ는法은機械로도다ᄉᆞ리고藥水도먹이는ᄃᆡ大抵連骨과腫瘡等症에는效驗이神通ᄒᆞ니이는곳國家에發政施仁ᄒᆞ는一端이요또ᄒᆞᆫ博施濟衆ᄒᆞ는功德이니그院中規則을左에記載ᄒᆞ노라

公立醫院規則　第一條는生徒幾員이每日學業ᄒᆞ는時間는午前七時로부터午後四時에止ᄒᆞ고休日外에不得浪游ᄒᆞ며그精通이異等ᄒᆞ야衆望이잇는ᄌᆞ는公薦表揚ᄒᆞᄂᆞ니라　第二條는生徒가藥를製合ᄒᆞ며器械等項를掌ᄒᆞ야醫師의指揮를一遵ᄒᆞᄂᆞ니라　第三條는書記二員이各項文簿計算ᄒᆞ는며숨掌ᄒᆞ되一一이詳明이ᄒᆞ여六臘月로ᄡᅥ通計ᄒᆞᆫ후院中各官에考鑑케ᄒᆞᄂᆞ니라　第四條는食堂直二人이官房를淨潔이ᄒᆞ고醫藥諸具와院內에物品를守直ᄒᆞ되만일闕失되면勘罪케ᄒᆞᄂᆞ니라　第五條는大廳直이二人에一은大廳에잇셔먼져病人예姓名를記錄ᄒᆞ야次給牌ᄒᆞᆫ후許入ᄒᆞ고一은中門에잇셔門牌甲乙等號를考收ᄒᆞᆫ후醫士를許見케ᄒᆞ고貧字牌가진者는元牌盡入ᄒᆞᆫ후에許ᄒᆞᄂᆞ니라　第六條는病客이門外에受牌할ᄯᅢ의銅錢를每二錢式捧納ᄒᆞ고無錢ᄒᆞᆫ者는貧字牌를給ᄒᆞ여許入ᄒᆞ고牌則考驗後의持入케ᄒᆞᄂᆞ니라　第七條는使喚五名을두어二人은廚房雜務를掌ᄒᆞ고二人은庭除를灑掃ᄒᆞ며各處에点火ᄒᆞ는節을專掌ᄒᆞ고一人은役夫를掌ᄒᆞᄂᆞ니라　第八條는病客이能이運動치못ᄒᆞ고醫士를請邀ᄒᆞᆫ즉來ᄒᆞ는每度에銅錢五十兩을先納ᄒᆞᆫ후醫士를邀去ᄒᆞᄂᆞ니라　第九條는留院病客이自費料를依例持來ᄒᆞ되上等客은日費銅錢이十兩이요中等은五兩이요下等은三兩이요그無室無依ᄒᆞᆫ者는院中으로辦費ᄒᆞᄂᆞ니라　第十條는藥料를上中下等客에隨其所用ᄒᆞ여價値을捧入ᄒᆞ되그無室無依ᄒᆞᆫ者는院中으로辦給ᄒᆞᄂᆞ니라　第十一條는院中에諸般任事人를三保를보고薦入ᄒᆞ되만일物品을闕失ᄒᆞ면그物品代價를該薦人의게徵受ᄒᆞ고該掌人이其價를不斷抵當ᄒᆞ면곳三保薦人의게徵受ᄒᆞᄂᆞ니라　第十二條는看病時는未正으로붓터申正에止ᄒᆞᄂᆞ니라　第十三條는問病人外에無端攔入ᄒᆞ면該人을重罰ᄒᆞ는이라　第十四條는問病人外에或學徒와幹事人를來看ᄒᆞ는ᄌᆞ는門外에잇셔門直이로通奇ᄒᆞ고入來ᄒᆞᄂᆞ니라

제중원 설립

올해 1월 25일(*2월 1일(양)이 음력으로 1885년 12월 28일이므로 올해로 표기. 1885년 3월 11일)에 통리아문(統理衙門, *통리교섭통상사무아문)에서 임금의 유지[聖諭]를 받들어 병원을 재동(齋洞)의 서쪽에 창설하고 병원의 이름을 제중(濟衆)이라 하고, 관원(官員)을

두고 학도(學徒)를 모아 병원 안에 두고, 미국의 교사(敎師) 알렌(敖蘭, Horace Allen)과 헤론(憲論, John Heron) 두 사람을 초청하여, 서양의 각종 약물을 많이 구매하여 본 병원에 두고 민간의 각종 병자를 자세하게 간검(看檢)하여 극진히 치료하니, 매일 와서 병에 대해 문의하고 가는 사람이 혹 10여 명, 혹 20여 명도 되는데, 의사가 병을 고치는 방법은 기계로도 다스리고 약물도 먹이는데, 대개 탈골[원골 遠骨]과 부스럼, 종기[腫瘡] 등의 증세에는 효험이 신통하니, 이는 곧 국가에서 다스려짐을 베푸는 일단(一端)이오, 또한 박시제중(博施濟衆, *널리 베풀어 백성을 구함)하는 공덕이니, 그 병원의 규칙을 아래에 기재하노라.

공립의원 규칙

제1조는 생도 몇 명이 매일 학업(學業)을 하는 시간은 오전 7시부터 오후 4시까지이고, 휴일 외는 마음대로 놀지 못하며, 학업에 정통(精通)하여 차등이 있어 여러 사람의 중망(衆望)을 받은 사람은 공천하여 표양(表揚)한다.

제2조는 생도는 약을 제조, 배합하며, 기계 등류를 담당하며, 의사의 지시를 준수해야 한다.

제3조는 서기(書記) 2명이 각각 문부(文簿)와 계산(計算)하는 일을 담당하되, 일일이 상세하고 명확하게 하여, 6월과 12월에 계산을 한 후에 원(院) 안의 각 관리에서 고감(考鑑, 鑑査)하게 한다.

제4조는 식당직(食堂直) 두 명은 관방(官房)을 정결(淨潔)하게 하고, 의약의 여러 기구와 원내 물품을 수직(守直)하되, 만일 잃어버리면 죄를 조사한다.

제5조는 대청직(大廳直) 2명에, 1명은 대청에 있으면서 먼저 환자의 성명을 기록하고, 다음으로 패(牌)를 지급하고 줄을 서게 하고, 또 1명은 중문(中門)에 있으면서 문패에 적힌 갑, 을 차례 등호(等號)를 살피며 거둔 다음, 의사(醫士)를 보게 하고, '빈(貧)' 자(字)가 적힌 패를 가진 사람은 원래 패를 가진 사람이 다 본 후에 들어가도록 허락한다.

제6조는 환자가 문 밖에서 패를 받을 때, 한 사람 당 동전(銅錢) 2전씩 납부하게 하고, 집도 없고 기댈 가족도 없는 자는 '빈(貧)'자 패를 지급하여 들어가게 하고, 패는 꼼꼼하게 살펴본 후에 가질 수 있게 한다.

제7조는 사환(使喚) 5명을 두어, 2명은 주방(廚房) 사무를 담당하고, 2명은 뜰을 소제하며, 각 아궁이에 불을 지피는 일을 전담하고, 1명은 급수(汲水)를 담당한다.

제8조는 환자가 능히 움직이지 못하여 의사를 요청하면 한 번에 동전 50냥을 선납한 후에 의사가 왕진을 한다.

제9조는 병원에 입원한 환자는 자신의 비용을 가지고 오되, 상등객의 하루 비용은 동전 10냥이오, 중등은 5냥, 하등은 3냥이오, 집과 가족이 없는 자는 병원에서 비용을 대어 준다.

제10조는 약 값은 상, 중, 하등 객(客)에 사용한 것에 따라 비용을 납부하게 하고, 집과 가족이 없는 자는 병원에서 비용을 대어 준다.

제11조는 병원 가운데 제반 일을 보는 사람은 세 번 보증을 받아 추천하되, 만일 물품을 잃어버리면 그 물품 대가를 해당인으로부터 징수하고, 해당인이 그 값을 감당하지 못하면 보증한 추천인에게 징수한다.

제12조는 문병할 때는 미정(未正, 오후 2시)에서 신정(申正, 오후 4시)에 그친다.

제13조는 문병인 외에 무단으로 들어오면 그 사람을 엄중하게 다스린다.

제14조는 문병인 외에 혹 학도와 간사인을 보기 위해 오는 사람은 문 밖에서 문지기에게 통기(通奇)하고 들어온다.

2. 독립신문 1896년 4월 11일

한영ᄌᆞ뎐
한영문법

죠션 사ᄅᆞᆷ이 영국 말을 ᄇᆡ호랴면 이 두 ᄎᆡᆨ 보다 더 긴ᄒᆞᆫ 거시 업ᄂᆞᆫ지라 이 두 ᄎᆡᆨ이 미국인 원두우 ᄆᆡᆫᄃᆞᆫ 거시니 한영ᄌᆞ뎐은 영국 말과 언문과 한문을 합ᄒᆞ야 ᄆᆡᆫᄃᆞᆫ ᄎᆡᆨ이오 한영문법은 영국문법과 죠션 문법을 서로 견주 엇시니 말이 간단ᄒᆞ야 영국 말을 ᄌᆞ셰히 ᄇᆡ호랴면 이 ᄎᆡᆨ이 잇서야 ᄒᆞᆯ 거시니라 갑ᄉᆞᆫ 한영ᄌᆞ뎐 ᄉᆞ원 한영문법 삼원 ᄇᆡ지학당 한미화활판소에 와서 사라

한영자전 한영문법

조선 사람이 영국 말[영어]을 배우려면 이 두 책보다 더 긴요한 것이 없는지라. 이 두 책이 미국인 원두우(H. Underwood)가 만든 것이니, 『한영자전』은 영국 말과 언문[한글]과 한문을 합하여 만든 책이오, 『한영문법』은 영국 문법과 조선 문법을 서로 견주었으니, 말이 간단하여 영국 말을 자세히 배우려면 이 책이 있어야 할 것이니라. 값은 『한영자전』 4원, 『한영문법』 3원. 배재학당 한미화[韓美華, 한글, 영어, 한문] 활판소[*三文出版社, The Trilingual Press]에 와서 사시오.

3. 독립신문 1897년 1월 21일

○미국 장노교회 병원에 병인 간검ᄒᆞ던
부인 앤나 피 졔컵손이 본ᄅᆡ 나위국 부인
인ᄃᆡ 어려서 미국으로 와셔 병원에 들어
가 병인 간검 ᄒᆞᄂᆞᆫ 학문을 ᄇᆡ화 가지고 교
회에 가셔 외국에 병원도 업고 병인 간검
ᄒᆞᆯ줄도 모로ᄂᆞᆫ 인민의게 보내 주면 ᄌᆞ긔
평ᄉᆡᆼ 목숨과 ᄇᆡ혼 학문을 이 불상ᄒᆞᆫ ᄇᆡᆨ셩
들을 위 ᄒᆞ야 허비 ᄒᆞ겟노라고 쳥ᄒᆞᆫ즉 교
회에셔 이부인을 죠션 셔울 쟝노교회 졔
즁원 병원으로 보내야 거그셔 삼년 동안
을 죠션 ᄇᆡᆨ셩을 위ᄒᆞ야 쥬야로 고ᄉᆡᆼ ᄒᆞ고
병 든 사ᄅᆞᆷ들을 착실히 몃ᄒᆡ를 두고 구완
ᄒᆞ야 주며 죠흔 말과 올흔 교를 보ᄂᆞᆫ 사ᄅᆞᆷ
마다 닐너 주어 쥭ᄂᆞᆫ 사ᄅᆞᆷ의 ᄆᆞᄋᆞᆷ들을 위
로ᄒᆞ고 산 사ᄅᆞᆷ의 ᄒᆡᆼ실을 올케 ᄀᆞᄅᆞ치며
셰계 구쥬
예슈 크리스도씨 일홈을 죠션에 빗나도록
일을 ᄒᆞ다가 더러운 길과 부졍ᄒᆞᆫ 음식과
ᄭᆡᆨ긋지 못ᄒᆞᆫ 물을 엇졀슈 업셔 죠션셔 먹
고 지내더니 쟉년 여름에 이질을 ᄒᆞ야 쥭
게 되얏더니 다ᄒᆡᆼ이 살아나스나 그 여독이
죵시 낫지 못ᄒᆞ야 간경에 죵긔가 ᄉᆡᆼ겨 학
문 잇ᄂᆞᆫ 의원들이 힘것 구완 ᄒᆞ랴 ᄒᆞ되 쥭
고 사ᄂᆞᆫ거슨 사ᄅᆞᆷ의 힘이 아니요
하ᄂᆞ님이 주신 목숨인즉
하ᄂᆞ님이 차자 가신거시라 그부인이 ᄒᆞᆫ달
동안을 알다가 이달 이십일 오젼 십이시
반에 가만히 세샹을 버리고 ᄆᆞᆰ고 놉고 ᄌᆞ
션ᄒᆞᆫ 영혼이 텬샹으로 갓스니 이부인은
죠션에 잇ᄂᆞᆫ이 보다ᄂᆞᆫ ᄆᆡ우 극락이나 죠
션 인민의게ᄂᆞᆫ 크게 손ᄒᆡ라 부인의 쟝ᄉᆞ
례졀을 리일(이십 이일)오젼에 원두우 교
ᄉᆞ 집에셔 거ᄒᆡᆼ ᄒᆞᆯ터인즉 누구던지 평일
에 이부인을 알던이ᄂᆞᆫ 원교ᄉᆞ 집으로 와셔
쟝ᄉᆞ 례졀을 참례 ᄒᆞ고 마지막 ᄒᆞᆫ번 죠션
ᄇᆡᆨ셩 ᄉᆞ랑 ᄒᆞ던이 얼골을 보고 산쇼ᄂᆞᆫ 양
화진 외국 ᄆᆡ장디라 거그 ᄭᆞ지 가셔 참례
ᄒᆞ고 ᄉᆞ푼이ᄂᆞᆫ 다 가시요

제중원 간호사 야곱센

미국 장로교회 병원에 병인(病人) 간검(看檢, 간호)하던 부인 앤나 피 제컬손(야곱센, Anna P. Jacobsen, 한국명: 雅各善)이 본래 나위국(那威國, 독일 출생) 부인인데, 어려서 미국으로 가서 병원에 들어가 병인(病人) 간검하는 학문을 배워 가지고 교회에 가서, 외국에 병원도 없고 병인 간검 할 줄도 모르는 인민에게 보내 주면 자기 평생 목숨과 배운 학문을 이 불쌍한 백성들을 위하여 쓰겠노라고 청한 즉, 교회에서 이 부인을 조선 서울 장로교회 제중원 병원으로 보내었다. 그녀는 거기서 3년 동안을 조선 백성을 위하여 주야로 고생하고 병든 사람들을 착실히 몇 해를 두고 구완하여 주며, 좋은 말과 옳은 교를 보는 사람마다 일러 주어 죽는 사람의 마음들을 위로하고, 산 사람의 행실을 옳게 가르치며, 세계 구주 예수그리스도 이름을 조선에 빛나도록 일을 하다가, 더러운 길과 부정한 음식과 깨끗하지 못한 물을 어쩔 수 없어 조선서 먹고 지내더니, 작년 여름에 이질에 걸려 죽게 되었더니 다행히 살아났으나 그 여독이 종시 낫지 못하여, 간경에 종기가 생겨 학문 있는 의원들이 힘껏 구완하려 하되, 죽고 사는 것은 사람의 힘이 아니요 하나님이 주신 목숨인 즉 하나님이 찾아 가신 것이라. 그 부인이 한 달 동안을 앓다가 이달 22일 오전 12시 반에 가만히 세상을 버리고 맑고 높고 자선(慈善)한 영혼이 천상으로 갔으니, 이 부인은 조선에 있는 이 보다는 매우 극락이나, 조선 인민에게는 크게 손해라. 부인의 장사 예절을 내일 (22일) 오전에 원두우 교사 집에서 거행 할 터인즉, 누구든지 평일에 이 부인을 알던 이는 원교사 집으로 와서 장사 예절을 참례하고, 마지막 한 번 조선 백성 사랑하던 이 얼굴을 보고, 산소는 양화진 외국 매장지라, 거기까지 가서 참례하고 싶은 이는 다 가시오.

4. 독립신문 1897년 4월 1일

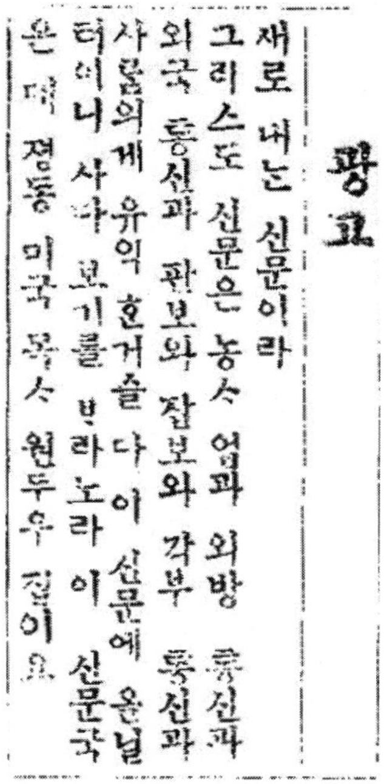

광고

새로 내는 신문이라

그리스도 신문은 농ᄉᆞ 업과 외방 통신과

외국 통신과 관보와 잡보와 각부 통신과

사ᄅᆞᆷ의게 유익ᄒᆞᆫ 거ᄉᆞᆯ 다 이 신문에 올닐

터이니 사다 보기를 ᄇᆞ라노라 이 신문국

은 대 졍동 미국 목ᄉᆞ 원두우 집이요

(광고)

새로 내는 신문이라

그리스도 신문은 농사업과 외방(外邦) 통신과 외국 통신과 관보와 잡보와 각부 통신과 사람에게 유익한 것을 다 이 신문에 올릴 터이니, 사다 보기를 바라노라. 이 신문국은 대정동(大貞洞, 현재 정동의 서쪽은 대정동, 동쪽은 소정동이었다가 1914년에 합함) 미국 목사 원두우(元杜尤) 집이요.

5. 독립신문 1897년 11월 25일

○요젼 일요일 오젼에 쟝로교 교회와 미
ᄆᆡ교회 회원들이 졍동 새 례ᄇᆡ당에 모혀
명셩 황후 폐하 혼ᄇᆡᆨ을 위ᄒᆞ야 긔도 ᄒᆞ고
황실을 공경 ᄒᆞ야
하ᄂᆞ님ᄭᅦ 츅슈 ᄒᆞ고 신문 샤쟝 제손씨와
그리스도 신문 샤쟝 원두우씨와 그리스도
회보 샤쟝 아편셜나씨가 연셜 ᄒᆞ고 교ᄒᆞ
는 ᄇᆡᆨ셩들이 다른 ᄇᆡᆨ셩과 달나 별노히 츙
군 ᄋᆡ국 ᄒᆞ는 ᄆᆞ음을 ᄃᆞᆫᄃᆞᆫ히 먹고 ᄒᆡᆼ실이
졍즉 ᄒᆞ고 쳥결 ᄒᆞ여야 ᄒᆞ겟다고들 말ᄒᆞ
며 대한 인민이 쇽히 셩교들을 밋어 일심
이 되야 나라를 도아 즁흥ᄒᆞ게 ᄒᆞ여야 ᄒᆞᆯ터
이요 젼국 인민이 올흔 ᄇᆡᆨ셩들이 되거드면
하ᄂᆞ님이 복음을 국민 간에 다 입히리라
고 ᄒᆞ더라

명성황후 혼백과 황실을 위한 기도회

요전 일요일 오전에, 장로교 교회와 미미[감리교, 美以美] 교회 회원들이 정동 새 예배당에 모여 명성황후 폐하 혼백을 위하여 기도하고, 황실을 공경하여 하나님께 축수(祝壽)하고, 신문 사장 제손[서재필(徐載弼)의 미국 이름, 필립 제이슨] 씨와 그리스도신문 사장 원두우(元杜尤) 씨와 그리스도회보 사장 아펜젤러 씨가 연설하고, 교회 다니는 백성들이 다른 백성과 달라 특별히 충군 애국하는 마음을 단단히 먹고 행실이 정직하고 청결하여야 하겠다고들 말하며, 대한 인민이 속히 성교(聖敎)를 믿어, 일심이 되어 나라를 도와 중흥하게 하여야 할 터이요, 전국 인민이 옳은 백성들이 되면 하나님이 복음을 국민 간에 다 입히리라고 하더라.

6. 독립신문 1898년 2월 22일

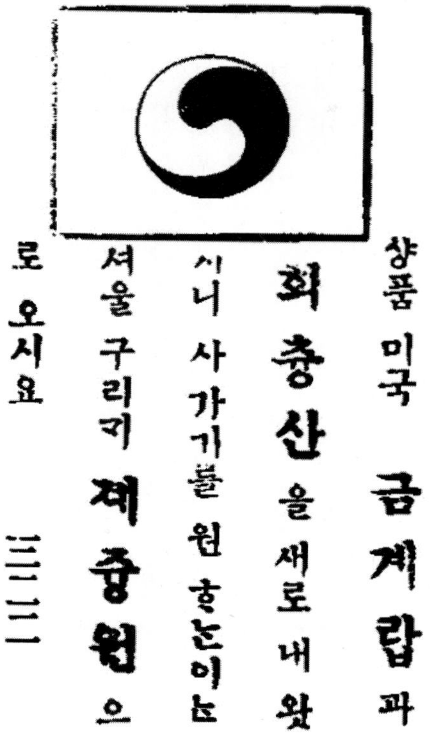

금계랍, 회충산 광고

상품(上品) 미국 금계랍(키니네, 해열제로 쓰며 학질 특효약)과 회충산을 새로 내 왔으니, 사 가기를 원하는 이는 서울 구리개 제중원으로 오시오

7. 독립신문 1898년 3월 17일

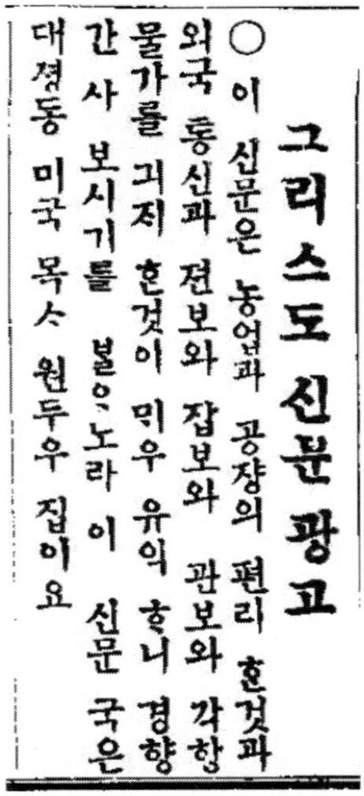

그리스도 신문 광고

○이 신문은 농업과 공장의 편리 ᄒᆞᆫ것과 외국 통신과 전보와 잡보와 관보와 각항 물가를 긔ᄌᆡ ᄒᆞᆫ것이 ᄆᆡ우 유익 ᄒᆞ니 경향 간 사 보시기를 ᄇᆞ라노라 이 신문 국은 대졍동 미국 목ᄉᆞ 원두우 집이요

그리스도 신문 광고

이 신문은 농업과 공장의 편리 한 것과, 외국 통신과 전보와 잡보와 관보와 각 항구의 물가를 기재한 것이 매우 유익하니, 경향 간에 사 보시기를 바라노라. 이 신문국은 대정동 미국 목사 원두우 집이요.

8. 독립신문 1899년 3월 31일

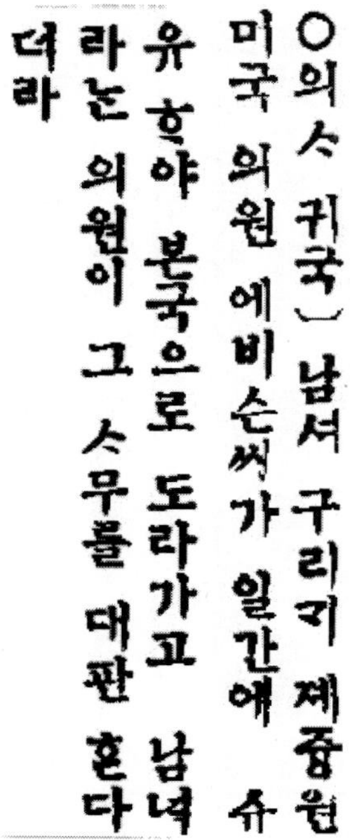

○의ᄉᆞ 귀국) 남서 구리개 제즁원 미국 의원 에비손씨가 일간에 슈유ᄒᆞ야 본국으로 도라가고 남녀라ᄂᆞᆫ 의원이 그 ᄉᆞ무를 대판 ᄒᆞᆫ다더라

의사 귀국

남서(南署) 구리개 제중원 미국 의원 에비슨 씨가 일간에 수유(須臾, 잠시 동안)하여 본국으로 돌아가고 남녀라는 의원(*에비슨을 대신하여 제중원의 책임을 맡은 사람은 1897년 10월 합류한 여의사 휠드 Eva Field 였음)이 그 사무를 대판(代辦) 한다더라.

9. 독립신문 1899년 4월 22일

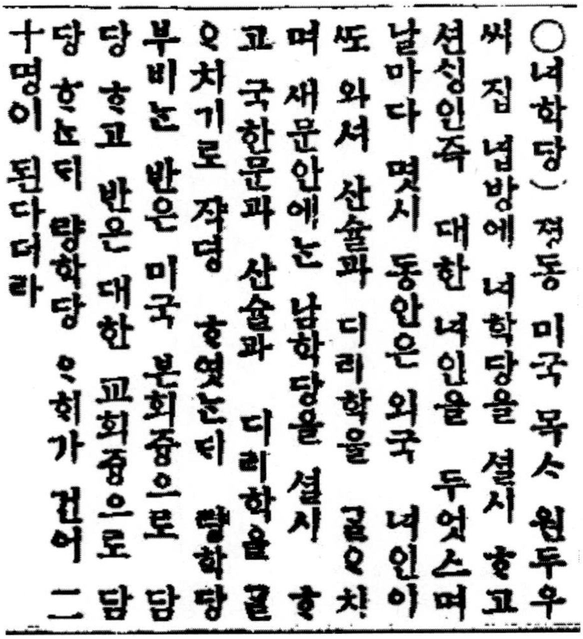

○녀학당) 졍동 미국 목ᄉ 원두우 씨 집 녑방에 녀학당을 셜시 ᄒ고 션싱인즉 대한 녀인을 두엇스며 날마다 몃시 동안은 외국 녀인이 또 와셔 산술과 디리학을 ᄀᆞᄅᆞ치며 새문안에는 남학당을 셜시 ᄒ고 국한문과 산술과 디리학을 ᄀᆞᄅᆞ치기로 쟉뎡 ᄒ엿는ᄃᆡ 량학당 부비는 반은 미국 본회즁으로 담당ᄒ고 반은 대한 교회즁으로 담당ᄒᄂᆞᆫᄃᆡ 량학당 ᄋᆞᄒᆡ가 거어 二十명이 된다더라

여학당

정동 미국 목사 원두우 씨 집 옆방에 여학당을 설시(設施)하고, 선생으로는 대한(大韓) 여인을 두었으며, 날마다 몇 시간 동안은 외국 여인이 또 와서 산술과 지리학을 가르치며, 새문안에는 남학당을 설시하고 국한문과 산술과 지리학을 가르치기로 작정하였는데, 두 학당의 부비(浮費, *일을 하는데 써서 없어지는 돈)는 반은 미국 본 회중이 담당하고, 반은 대한에 있는 교회가 담당하는데, 두 학당의 아이가 거의 20명이 된다더라.

10. 황성신문 1899년 8월 9일

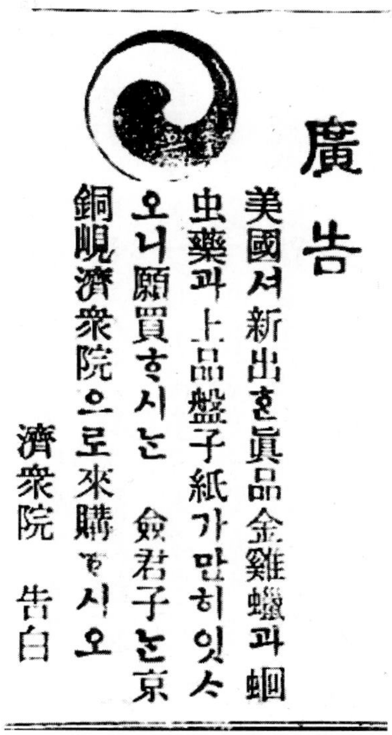

廣告

美國셔新出ᄒᆞᆫ眞品金雞蠟과蛔
虫藥과上品盤子紙가만히잇ᄉᆞ
오니願買ᄒᆞ시ᄂᆞᆫ 僉君子ᄂᆞᆫ京
銅峴濟衆院으로來購ᄒᆞ시오
濟衆院 告白

광고

미국에서 새로 나온 진품 금계랍(金雞蠟)과 회충약(蛔虫藥)과 상품(上品) 반자지(盤子紙, 방이나 마루의 천정을 가리어 만든 구조물인 반자에 바르는 종이, 여러 가지 색깔과 무늬가 박혀 있음)가 많이 있사오니, 사고자 하시는 분들은 서울 구리개(銅峴) 제중원으로 와서 구매하시오.

제중원 고백

11. 황성신문 1899년 12월 4일

◉(教非民會)日昨에政府에서美使安連氏에게送人하야質問曰近間에人民이敎會를藉託하고敎堂에聚會하야民會를復設코저ᄒᆞᆫ다하니此事가果有ᄒᆞᆫ냐하니安連氏가該敎師亞扁薛羅元杜尤兩氏를招問한즉答曰敎會를主意ᄒᆞ야傳道함을爲함이오前日民會餘跡을更襲할理由가敎堂에何有ᄒᆞ리오ᄒᆞᆫ기로安氏가此意로政府에答ᄒᆞ얏더니政府에서更言ᄒᆞ되然ᄒᆞ나裏許를詳探通知ᄒᆞ라ᄒᆞ얏다더라

교회는 민회가 아님(敎非民會)

어제 정부에서 미국 공사 알렌(安連, Allen) 씨에게 사람을 보내어 질문하기를, "근간에 인민이 교회를 빙자하고 교당에 모여 민회(民會, *독립협회 때의 만민공동회)를 복설(復設)하고자 한다 하니, 이런 일이 과연 있는가"라고 하니, 알렌 씨가 그 교사(敎師) 아펜젤러(亞扁薛羅), 언더우드(元杜尤) 두 사람을 조치하여 물어보니, 답하기를 "교회에 주의하여 전도하기 위함이오, 전날의 민회의 남은 흔적을 다시 답습할 이유가 교회당에 어찌 있으리오"라고 하기로, 알렌 씨가 이런 뜻을 정부에 답하였더니, 정부에서 다시 말하기를 "그렇지만, 그 이면을 상세하게 탐문하여 통지하라"고 하였다더라.

12. 황성신문 1901년 4월 30일

元氏作別會 美國牧師元杜尤氏가日間歸國을次로再昨下午二時에作別會를獨立舘에設ᄒᆞ얏ᄂᆞᆫᄃᆡ教友數百人이來會ᄒᆞ야傳道의宗旨와作別의悵懷를演說ᄒᆞ고同四時에各歸ᄒᆞ얏더라

원씨 작별회

미국 목사 원두우(元杜尤) 씨가 일간 귀국할 차로 그제 하오 2시에 작별회를 독립관(獨立舘)에서 열었는데, 교우 수백 명이 내집(來會)하여, 전도(傳道)의 종지(宗旨)와 작별의 엄숙한 회포를 연설하고 4시에 각자 헤어져 돌아갔다고 하더라.

13. 황성신문 1901년 8월 21일

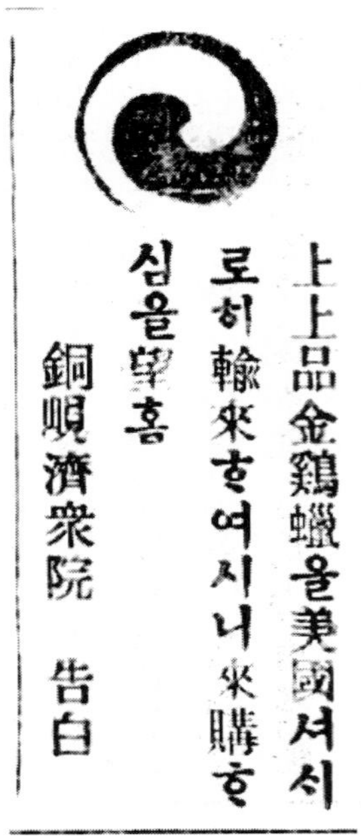

上上品金鷄蠟을美國셔서
로히輸來ᄒᆞ여시니來購ᄒᆞ
심을望홈
銅峴濟衆院 告白

금계랍 광고

상상품(上上品) 금계랍(金鷄蠟)을 미국에서 새로 수입하여 왔으니 와서 구매하시기 바랍니다.

구리개(銅峴) 제중원 고백

14. 황성신문 1903년 6월 11일

◎移定宅基　貞洞居美人元杜宇氏
의家舍를南門外雨水峴近地로移定
하야開基하더니漢城府에셔該地를
踏査한則南廟後麓인故로更히里門
洞으로定基許給하얏난데犯入民家
十餘戶를毁撤한다더라

이사할 집터를 정함(移定宅基)

정동에 사는 미국 사람 원두우 씨의 자택을 남대문 밖 우수현(雨水峴, 牛首峴, 도동에서 후암동으로 넘어가는 고개) 근처로 이사하기 위해 집터를 닦았더니, 한성부에서 그 땅을 답사한 즉, 남묘(南廟, 남관왕묘, 현재 남대문 교회 뒷쪽)의 후록(後麓)이라는 이유로 다시 이문동(里門洞, 현재의 남대문로 5가에서 후암동 일원의 마을)으로 그 땅을 정하여 허락하여 지급하였는데, 민가 10여 호를 침범해 들어가 허물었다 한다.[*언더우드는 1904년에 현재의 남대문로 5가(일제하 1914년 이후 御成町 34번지) 지역에 사택을 신축하여 이사하였다.]

15. 황성신문 1904년 11월 16일

◎病院落宴 美國人세부란씨가濟生에有志ᄒᆞ야南大門外에濟衆院을建築ᄒᆞ더니近間에建築工役이竣功됨으로今日下午四時에該院에서落成宴을設行홀터인ᄃᆡ內外國紳士와各新聞記者를請邀宴會ᄒᆞ얏더라.

병원 낙성연(病院落宴)

미국 사람 세브란스 씨가 사람 생명 구하는 일에 뜻이 있어 남대문 밖 제중원을 건축하더니, 근간에 건축 공역이 준공되었으므로, 오늘 하오 4시에 그 병원에서 낙성식을 행할 것인데, 내외국의 신사와 각 신문기자를 잔치(宴會)에 초청하였다고 하더라.

16. 제국신문 1904년 11월 26일

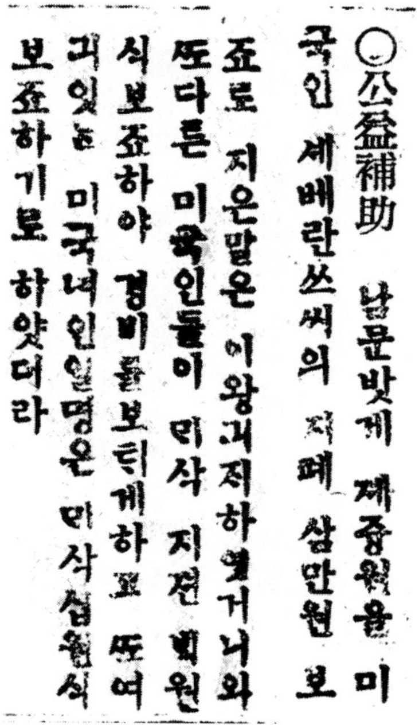

○公益補助 남문밧게 졔중원을 미
국인 세베란쓰씨의 지폐 삼만원 보
죠로 지은말은 이왕긔지하엿거니와
또다른 미국인들이 미삭 지젼 백원
식보죠하야 경비를보태게하고 또여
긔잇는 미국녀인일명은 미삭 십원식
보죠하기로 하얏더라

공익보조(公益補助)

남문 밖에 제중원을 미국인 세브란스 씨의 지폐 3만 원 보조로 짓는다는 말은 이미 기재하였거니와, 또 다른 미국인들이 매삭 지폐 100원씩 보조하여 경비를 보태게 하고, 또 여기 있는 미국 여인 1명은 매삭 10원씩 보조하기로 하였더라.

17. 황성신문 1904년 11월 26일

童可童乎 美國人세부란氏가資
金을自出하야濟衆院을新築落成홈
은已記하얏거니와該院病床의治療
費를西洋有志한紳士婦女덜이各各
資金을補助하되我韓은男女間에無
有홈을慨惜한비러니去火曜日靑年
會에서尹致昊氏가演說하고會員每
人에每年一元式出義하야限三年하
고補助하기로可決하얏는듸昨木
曜日에何許童子二人이自稱玄高斗
(年十四)玄五將(年十五)이라고會
中에來言하기를西洋人은我韓에來
하야病院을設立하고各其治療費를
補助하는듸我韓은本會에서特別히
義助한다하니我等이雖童子로會員
은아니나會員과갓치一元式補助하
깃다고一塲演說하더라고傍觀者가
嘖嘖稱誦하더라니老成人은彼兒童
에比하면實노愧赧하리라하더라

어린 아이가 가이 어린 아이인가(童可童乎)

미국 사람 세브란스 씨가 자금을 스스로 내어 제중원을 신축 낙성함은 이미 보도하였거니와, 그 병원 병상(病床)의 치료비를 서양의 뜻있는 신사 부녀들이 각각 자금을 보조하되, 우리 한국은 남녀 간에 이런 것이 없음을 분개하고 슬퍼한 바이었는데, 지난 화요일 청년회에서 윤치호(尹致昊) 씨가 연설하고, 회원 매 사람이 매년 1원 씩 출의(出義)하여 3년을 한정하여 보조하기로 가결하였는데, 어제 목요일에 어떤 어린 동자 두 사람이 자칭 현고두(玄高斗, 14세), 현오장(玄五將, 15세)이라고, 모임 중에 와서 말하기를 "서양인은 우리 한국에 와서 병원을 설립하고 각기 치료비를 보조하는데, 우리 한국은 본회에서 특별히 의조(義助) 한다 하니 우리들이 비록 어린 아이로 회원은 아니나 회원과 같이 1원 씩 보조 하겠다"고 일장 연설하더라고 곁에서 본 사람이 칭송하더니, 나이 먹은 노성인(老成人)은 저 아동(兒童)에 비하면 실로 얼굴을 붉히고 부끄러워하리라고 하더라.

18. 제국신문 1904년 11월 26일

(會員出義) 종로 향정동 만국청년회에서 종종 학문에유익한 문뎨를 내여 토론하더니 일젼에 여러회원이 발론하되 타국사람이 대한인민을위하야 졔중원 보조가 더러케하니 우리가 그저잇슬수 업다하고 회원 이백여명이 각각 이원식 한삼년작뎡하고 졔즁원에 보조하기로하는데 십오륙세된 아회두명이들어와 방청군도 언권을쥬나냐하며 회즁이 허락한즉 그아희들이 공익상에 유익한말을 열쟝연셜하고 각기 이원식 보조하고 갓다는데 그아회 셩명은 현고두 현오징이라더라

회원이 의연금을 냄(會員出義)

종로 향정동 만국청년회에서 종종 학문에 유익한 문제를 내어 토론하더니, 일전에 여러 회원이 발론하되, 타국 사람이 대한 인민을 위하여 제중원 보조를 더러 하니 우리가 그저 있을 수 없다 하고 회원 2백여 명이 각각 2원씩, 한 3년 작정하여 제중원에 보조하기로 하는데, 15, 16세 된 아이 2명이 들어와, 방청하는 사람도 언권(言權, 발언권)을 주느냐 하며, 회중이 허락한즉, 그 아이들이 공익상에 유익한 말을 일장 연설하고 각기 2원씩 보조하고 갔다는데, 그 아이 성명은 현고두, 현오정이라더라.

19. 황성신문 1904년 12월 5일

病院義助 萬國青年會에셔濟衆院病床經費를捐助ᄒᆞᆫ다ᄒᆞᆷ은已記ᄒᆞ얏거니와其捐助金을收合ᄒᆞᆯ際에平安道鐵山居鄭乃彦氏가參席ᄒᆞ야傍聽ᄒᆞ다가會中에公言ᄒᆞ기를西洋人들은우리國에來ᄒᆞ야우리를爲ᄒᆞ야幾萬元式捐助ᄒᆞ야우리의病院을設施ᄒᆞ얏는ᄃᆡ우리가그經費를百分의一이라도補助ᄒᆞ여야우리의義務요我는會員이아니나一百元을捐助ᄒᆞ와우리國民된義務나表ᄒᆞ노라ᄒᆞ얏더라

병원의조(病院義助)

만국청년회에서 제중원(濟衆院) 병상 경비를 연조(捐助, 기부하여 도움)한다 함은 이미 기재하였거니와, 그 연조금을 수합할 때에 평안도 철산 사는 정내언(鄭乃彦) 씨가 참석하여 방청(傍聽)하다가 회중(會中)에 공언하기를, 서양인들은 우리나라에 와서 우리를 위하여 기만 원(幾萬元) 씩 연조하여 우리의 병원을 설시(設施)하였는데, 우리가 그 경비를 백분의 일이라도 보조하여야 우리의 의무요, 나는 회원이 아니나 1백 원을 연조하여 우리 국민된 의무를 표(表)하노라고 하였더라.

20. 황성신문 1905년 3월 9일

◎日使照要 日公使林權助氏가外部에照會하되南署所在前濟衆院을貴政府에서買收하야該院內二層洋屋은貴外部顧問官須知分氏의官宅으로定하고其餘屋子는大東俱樂部를設置하라하얏다더라

일본공사 조회하여 요청함(日使照要)

일본 공사 임권조(林權助) 씨가 외부에 조회하되, 남서(南署) 소재 전(前) 제중원을 귀 정부에서 매수(買收)하여 그 제중원 안의 2층 양옥(洋屋)은 귀 외부 고문관 스티븐스(須知分, D. Stevens) 씨의 관사로 정하고, 그 나머지 집들은 대동구락부(大東俱樂部, 한일 관민의 친일 단체)를 설치하라고 하였다더라.

21. 황성신문 1905년 4월 26일

◎濟院修理　濟衆院을我廷에셔三萬五千元에賣收ᄒᆞ야二層洋屋은外部顧問官須知分氏의官舍로定ᄒᆞ고其餘ᄂᆞᆫ大東俱樂部로議定ᄒᆞ고方今修理ᄒᆞᄂᆞᆫᄃᆡ役費三千餘元을度支에셔支撥ᄒᆞᆫ다더라

제중원 수리

제중원을 우리 조정에서 3만 5천 원에 매수(賣收)하여, 2층 양옥은 외부 고문관 스티븐스(須知分) 씨의 관사로 정하고, 그 나머지는 대동구락부(大東俱樂部)로 의논하여 정하고, 방금 수리하는데 인건비 3천여 원을 탁지부에서 지급한다고 하더라.

22. 황성신문 1905년 5월 31일

●政議諸件 今日下午三時政府會議에案件이如左ᄒᆞ니一은各部大臣이次對規則을新定事오一은政府會議의規則을定ᄒᆞᆯ事오一은各部勅奏任官의等級과俸給令을提議ᄒᆞᆯ事오一은陸軍武官의官等俸給令을定ᄒᆞᆯ事오一은農商工部에셔今番園遊會費五千元을預備金中支撥事오一은濟衆院家屋價五萬元中에利子一千二百元支撥事오一은外部所管領事及公舘叅書官을請議敍任事오一은內部所管警務顧問丸山氏의屬員月俸支撥事와各部奏任官免任陞等件이라더라

정부 의논한 여러 건(政議諸件)

오늘 오후 3시, 정부 회의에 안건이 다음과 같으니, (중략)

하나는 제중원 가옥 대금 5만 원 중에 이자 1천2백 원을 지급하는 것, (중략)

하는 건(件)이라고 하더라.

23. 황성신문 1905년 5월 31일

●美使照請　美公使安連氏가外部에照會ᄒᆞ되南大門外施病院은係是濟衆院之移設者라曾爲濟衆院時에貴政府에셔經費助護ᄒᆞᆷ을多蒙ᄒᆞ얏더니年前에美國人施比蘭士가金額을義捐ᄒᆞ야大座洋屋을新建ᄒᆞ고醫師二員과看護婦幾人과助手幾人의供給과藥料器械等을施氏가自備ᄒᆞᆷ이寬厚中出來이나貴國病人이時常來訪인則貴政府에셔昔年例를依ᄒᆞ야海關稅中으로每朔日貨四五百元式捐助ᄒᆞ야使該病院으로維持케ᄒᆞ고且該病院이無論內外科ᄒᆞ고治病ᄒᆞᄂᆞᆫ貴國人男女가許多ᄒᆞ고兵弁의治療者ㅣ不絕ᄒᆞ니貴大臣이此等請求를嘉納則更爲提議于主務大臣僉位ᄒᆞ야期圖玉成케ᄒᆞ라ᄒᆞ얏더라

미국 공사가 조회하여 청함(美使照請)

미국 공사 알렌(安連) 씨가 외부에 조회(照會)하되, 남대문 밖의 시병원(施病院)은 제중원을 이설(移設)한 것과 관계되는 것이라. 일찍 제중원 시절에 귀 정부에서 경비를 도와서 보호함을 많이 입었더니, 연전(年前)에 미국인 세브란스(施比蘭士)가 금액을 의연(義捐)하여 커다란 서양식 집을 새로 세우고, 의사 두 사람과 간호부 몇 사람과 조수 명 사람의 봉급과 약료(藥料), 기계(器械) 등을 세브란스 씨가 자비(自備) 함이 넓고 후덕한 마음에서 나온 것이나, 귀국의 환자가 때로 항상 내방한 즉, 귀 정부에서 전년도 예에 따라 해관세(海關稅) 중에서 매삭(每朔)에 일화 4~5백 원씩 연조(捐助)하여 그 병원이 유지될 수 있게 하고, 또 그 병원이 내과, 외과를 막론하고 병을 치료하는 귀국의 남녀가 허다하고, 군인들의 치료자가 끊이지 않으니, 귀 대신이 이런 청구(請求)를 기꺼이 받아들인 즉, 다시 주무 대신(*해관세를 담당하는 대신)에게 제의(提議)하여 이루어지게 도모케 하라 하였더라.

24. 대한매일신보 1906년 5월 8일

●兩氏叙勳　詔勅을下ᄒᆞ샤美
國人元杜宇氏ᄂᆞᆫ有久駐本邦之
勞ᄒᆞ고美國醫士魚非信氏ᄂᆞᆫ歷
有試術之效ᄒᆞ니特叙勳賜太極
章ᄒᆞ라하옵셧더라

두 사람 서훈(兩氏敍勳)

소칙(詔勅)을 내리셔서, 미국 사람 원두우(元杜宇) 씨는 오랫동안 우리나라에 거주한 공로로, 미국 의사 에비슨(魚非信) 씨는 의료 시술을 여러 차례 한 공으로 특별하게 태극장(太極章)을 수여하라고 하시었다.

25. 대한매일신보 1906년 5월 17일

●請撥三千圜　濟衆院에서ᄂᆞᆫ外國人間治療成效ᄒᆞᆫ實績이頗多ᄒᆞᆫᄃᆡ본政府에서不可泯默이ᄂᆡ金三千圜을該院에지撥하야院務를一層擴張케하ᄌᆞ고ᄂᆡ部大臣李址鎔氏와度지顧問目賀田間에協議가有하야ᄂᆡ部의셔度지로照會하고該金額을請撥ᄒᆞᆫ다더라

3천환 베풀어 주기를 청함(請撥三千圜)

제중원에서 내외국인을 치료하여 그 효과를 이룬 실적이 자못 많은데, 본 정부에서 무시하고 침묵하는 것은 옳지 않으니, 일금 3천 환을 그 병원에 베풀어 병원의 사무를 한층 확장케 하자고 내부 대신 이지용(李址鎔) 씨와 탁지부 고문 목하전(目賀田, 메카타) 사이에 협의가 있어서 내부에서 탁지부로 조회하고 그 금액을 베풀기를 청한다고 하더라.

26. 황성신문 1906년 5월 18일

◉有勞酬金 內部에셔度支部에照會ᄒᆞ되美國人의濟衆院이漢城內에設置ᄒᆞᆫ지洽過十年에物我를不分ᄒᆞ고濟死救命ᄒᆞ기에熱心ᄒᆞ야京鄕民生의有病無歸ᄒᆞᆫ者와醫治蔑效ᄒᆞᆫ者이該院에扶携踵至ᄒᆞ면實心救療ᄒᆞ야濱死回甦ᄒᆞ고阽危續命ᄒᆞᆫ者를指不勝屈이거ᄂᆞᆯ尙無一言攢賀ᄒᆞ고一金贊成ᄒᆞᆷ이甚是愧恧ᄒᆞ야以該院贊成金助送ᄒᆞᆯ事로已有所政府提議인바玆以仰佈ᄒᆞ오니照亮ᄒᆞ신後에贊成金三千圜을筭外支出ᄒᆞ야該院에交送ᄒᆞ와博施美意를深賀ᄒᆞ심을爲要라ᄒᆞ얏더라

노고에 금전으로 보상함(有勞酬金)

내부에서 탁지부에 조회하되, "미국인의 제중원이 한성 안에 설치한 지 10년을 넘었으며, 대상이나 자신[物我]을 구분하지 않고 목숨을 구하기에 열심히 하여, 경향의 민생으로 병이 있으나 돌아갈 곳이 없는 자와 치료를 해도 효과가 없는 자가 그 병원에 부축하여 도착만 하면 진실한 마음으로 치료하여 거의 죽음에서 다시 살리고, 목숨을 버릴 정도로 위태롭고 위험한 자를 손가락으로 다 꼽을 수 없거늘[指不勝屈], 오히려 한마디의 말로 찬하(攢賀, 칭찬과 위로)하지도 않고, 한 푼의 돈으로 찬성(贊成)하지 않는 것을 매우 부끄럽게 여기어, 그 병원 찬성금을 보내는 일로 이미 정부에서 제의하였던 바, 이로서 알리오니[仰佈] 살펴보신[照亮] 후에 찬성금 3천 환을 예산 외 지출하여 그 병원에 송부하시어 치료를 널리한 아름다운 뜻을 널리 펴서 깊이 치하하시기 바란다"고 하였더라.

27. 대한매일신보 1906년 6월 3일

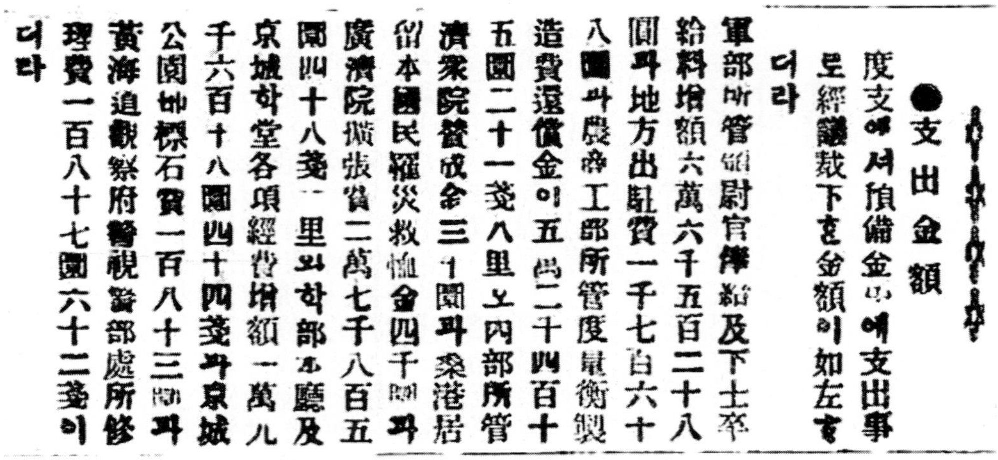

●支出金額
度支에서預備金中에支出事
로經議裁下ᄒᆞᆫ金額이如左ᄒᆞ
더라
軍部所管駐尉官俸給及下士卒
給料增額六萬六千五百二十八
圜과地方出駐費一千七百六十
八圜과農商工部所管度量衡製
造費還償金이五萬二千四百十
五圜二十一錢八里오內部所管
濟衆院贊成金三千圜과桑港居
留本國民罹災救恤金四千圜과
廣濟院擴張費二萬七千八百五
圜四十八錢一里와학部本廳及
京城학堂各項經費增額一萬八
千六百十八圜四十四錢과京城
公園地標石費一百八十三圜과
黃海追觀察府警視警部處所修
理費一百八十七圜六十二錢이
더라

지출 금액

탁지부에서 예비금 가운데 지출할 일로 의논을 거쳐 재가를 받은 금액이 다음과 같더라. (중략)

내부 소관 제중원 찬성금 3천 환, (중략)

광제원 확장비 2만 7천805환 48전 (중략) 이더라.

28. 대한매일신보 1906년 6월 9일

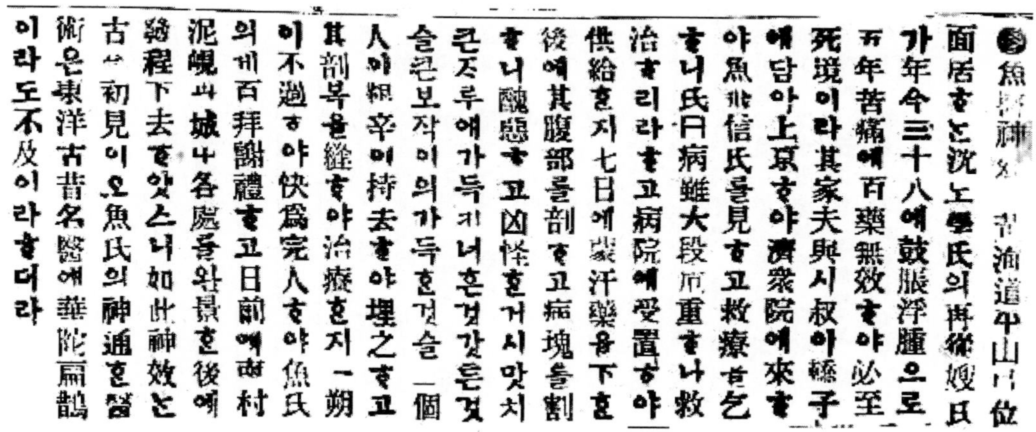

◎魚醫神效 黃海道平山弓位面居ᄒᆞᄂᆞᆫ沈노學氏의再從嫂氏가年今三十八에鼓脹浮腫으로五年苦痛에百藥無效ᄒᆞ야必至死境이라其家夫與시叔이轎子에담아上京ᄒᆞ야濟衆院에來ᄒᆞ야魚飛信氏를見ᄒᆞ고救療를乞ᄒᆞ니氏曰病雖大段危重ᄒᆞ나救治ᄒᆞ리라ᄒᆞ고病院에受置ᄒᆞ야供給ᄒᆞᆫ지七日에蒙汗藥을下ᄒᆞᆫ後에其腹部를剖ᄒᆞ고病塊를割ᄒᆞ니醜惡ᄒᆞ고凶怪ᄒᆞᆫ거시맛치큰자루에가득키너흔것갓흔것슬큰보자기의가득ᄒᆞᆫ것슬一個人이艱辛이持去ᄒᆞ야埋之ᄒᆞ고其剖복을縫ᄒᆞ야治療ᄒᆞᆫ지一朔이不過ᄒᆞ야快爲完人ᄒᆞ야魚氏의게百拜謝禮ᄒᆞ고日前에南村泥峴과城中各處를완景ᄒᆞᆫ後에發程下去ᄒᆞ얏스니如此神效ᄂᆞᆫ古今初見이오魚氏의神通ᄒᆞᆫ醫術은東洋古昔名醫에華陀扁鵲이라도不及이라ᄒᆞ더라

의사 어씨의 신효(魚醫神效)

황해도 평산 궁위면 사는 심노학(沈노學) 씨의 재종수(再從嫂) 씨가 올해 38살인데, 고창부종(鼓脹浮腫, 배가 불룩하게 부어 오름)으로 5년간 고통에 백약이 효능이 없어 죽을 지경에 이르게 되었으니, 그 지아비와 시숙이 가마[轎子]에 싣고 서울에 올라와 제중원(濟衆院)에 와서 어비신(魚飛信, 에비슨) 씨를 만나고 치료해 주기를 비니, 어 씨가 말하기를 "병이 비록 대단히 위중하나 치료하겠노라" 하고 병원에 받아서 두고 치료한 지 7일에 몽한약(蒙汗藥, 마취제)을 투약한 후에 그 복부를 갈라 병 덩어리를 잘라내니, 추악하고 흉괴한 것이 마치 큰 자루에 가득히 넣은 것 같은 것을, 큰 보자기 가득한 것을, 한 사람이 간신(艱辛)이 가지고 가서 땅에 묻고, 그 갈은 배는 봉합하여 치료한 지 한 달이 지나지 않아 완쾌하여 온전한 사람이 되니, 어 씨에게 백배 사례하고, 일전에 남촌 진고개(泥峴)와 성중 여러 곳을 두루 구경한 후에 여정을 떠나 내려갔으니, 이런 신기한 효험은 고금에 처음 보는 것이오, 어 씨의 신통한 의술은 동양의 옛 명의 화타(華陀)와 편작(扁鵲)이라도 미치지 못할 것이라 하더라.

29. 대한매일신보 1906년 6월 12일

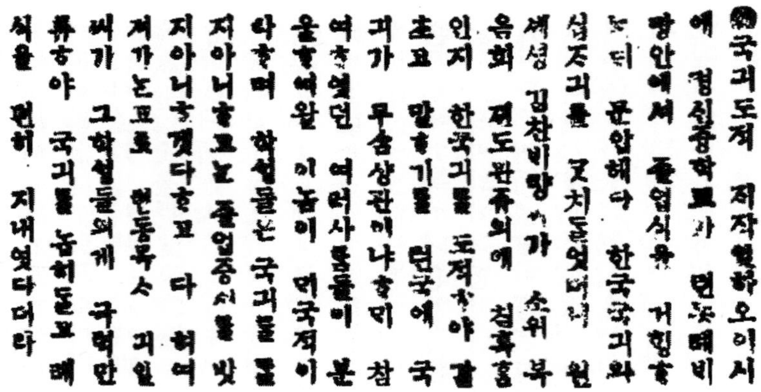

◉국긔도젹 재작일하오이시
에 경신즁학교와 연동례비
당안에서 졸업식을 거힝ᄒᆞ
는ᄃᆡ 문압헤다 한국국긔와
십ᄌᆞ긔를 ᄀᆞᆺ치ᄃᆞᆯ엇더니 원
셰셩 김찬ᄇᆡ량씨가 소위 복
음회 젼도관쥬의게 침혹ᄒᆞᆷ
인지 한국긔를 도젹ᄒᆞ야 감
초고 말ᄒᆞ기를 텬국에 국
긔가 무ᄉᆞᆷ상관이냐ᄒᆞ미 참
여ᄒᆞ엿던 여러사ᄅᆞᆷ들이 분
울ᄒᆞ야왈 이놈이 매국젹이
라ᄒᆞ며 학ᄉᆡᆼ들은 국긔를 ᄃᆞᆯ
지아니ᄒᆞ고ᄂᆞᆫ 졸업증셔를 밧
지아니ᄒᆞ겟다ᄒᆞ고 다 허여
져가ᄂᆞᆫ고로 연동목ᄉᆞ 긔일
씨가 그학ᄉᆡᆼ들의게 극력만
류ᄒᆞ야 국긔를 놉히ᄃᆞᆯ고 례
식을 편히 지내엿다더라

국기도적

그제 오후 2시에 경신중학교 앞 연동예배당 안에서 졸업식을 거행하는데 문 앞에다 한국 국기와 십자가 기를 같이 달았더니, 원세성, 김찬배 양씨가 소위 복음회 전도관주에게 침혹함인지, 한국기를 도적하여 감추고 말하기를 천국에 국기가 무슨 상관이냐 하니, 참여하였던 여러 사람들이 분울하여 왈, 이놈이 매국적이라 하며 학생들은 국기를 달지 아니하고는 졸업증서를 받지 아니하겠다고 하고 다 헤어지려 하니, 연동목사 게일 씨가 그 학생들에게 극력 만류하여 국기를 높이 달고 예식을 편히 지냈다더라.

30. 대한매일신보 1906년 6월 16일

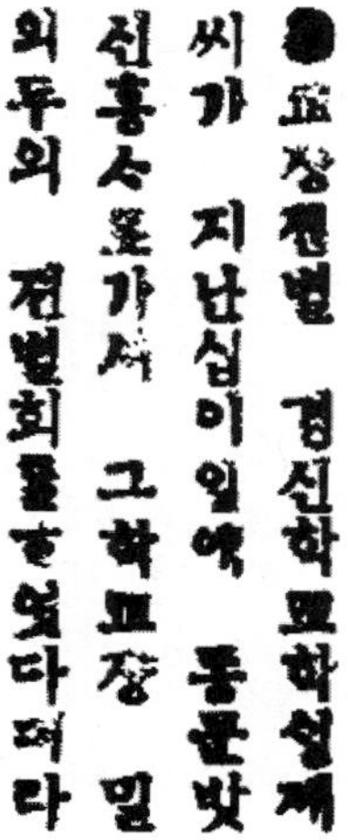
●교쟝젼별 경신학교학ᄉᆡᆼ졔
씨가 지난십이일에 동문밧
신흥ᄉᆞ로가셔 그학교쟝 밀
의두의 젼별회를ᄒᆞ엿다더라

교장 전별

경신학교 학생 제씨가 지난 12일에 동문 밖 신흥사로 가서 그 학교장 밀러(밀의두, Edward Miller)의 전별회를 하였다더라.

31. 대한매일신보 1907년 8월 3일

●美教師救療　再昨日上午八時半으로洽二時까지韓日兵이互相接戰ᄒᆞᆫ事ᄂᆞᆫ昨報와如ᄒᆞ거니와當日에大韓耶穌教總理師趙元時氏와貞洞聖書公會總幹事閔休氏와醫士魚丕信氏와江原道地方宣教師高永福淸州地方宣教師閔羅氏가西小門內營門에冒入ᄒᆞᆫ즉韓國兵丁數百名이中丸도지하얏ᄂᆞᆫ대其中僅存殘루者五十名을沒數히人力車에擔乘ᄒᆞ야濟衆院으로治療次以送ᄒᆞ얏다니哀哉此人生의庶絶殘루을憐欲復續者ᄂᆞᆫ誰也오彈丸如雨하고人影絶종ᄒᆞᆫ대不顧自己生命之存亡ᄒᆞ고冒入彈丸之中如是拯救ᄒᆞ얏ᄂᆞᆫ지라爲韓人民者孰不感泣敬賀萬々哉아如此慈善을印肺銘心ᄒᆞ고念々지玆ᄒᆞ야顚沛不忘ᄒᆞᄌᆞ고人皆血盟ᄒᆞᆫ다더라

미국 교사가 구하여 치료함(美教師救療)

그저께 오전 8시 반에서 12시까지 한국과 일본의 병사가 서로 접전(接戰)한 일은 어제 보도한 것과 같거니와, 그 당일에 대한예수교 총리사(大韓耶蘇教 總理師) 조원시(趙元時, George. H. Jones) 씨와 정동 성서공회(聖書公會) 총간사 민휴(閔休, Hugh Miller) 씨와 의사 어비신(魚丕信, Avison) 씨와 강원도 지방 선교사 고영복(高永福, Charles T. Collyer), 청주 지방 선교사 민라(閔羅, 閔老雅, Frederick S. Miller) 씨가 서소문 안 영문(營門)에 어렵게 들어가 본 즉, 한국 병정 수백 명이 가운데 탄환을 맞아 땅에 쓰러졌는데, 그 가운데 겨우 목숨이 실낱처럼 남아 생존한 사람 50명을 모두 인력거에 메고 실어 제중원(濟衆院)으로 치료차 보내었다니, 슬프다, 이러한 사람의 생명이 거의 끊어질 지경으로 겨우 살아남은 것을 가련하게 여기고 다시 이어지게 한 사람은 누구인가. 탄환이 비처럼 쏟아지고 사람의 그림자도 하나 보이지 않은데, 자기 생명의 존망(存亡)을 돌아보지 않고 탄환이 쏟아지는 가운데로 무릅쓰고 들어가 이렇게 구하였도다. 우리 한국의 인민을 위하는 것을 누가 감읍(感泣)하여 경하(敬賀)하며 만만세를 부르지 않겠는가. 이런 자선을 폐부에 새기고, 마음에 새기며, 생각하고 생각하며, 넘어지고 쓰러져도 잊지 않고자 사람들이 모두 피로 맹세한다고 하더라.

32. 황성신문 1907년 8월 3일

●趙博士大慈善 再昨日西小門內에셔上午八時半으로붓터十二時半ᄭᆞ지韓日兵衝突은已爲揭載어니와當日에大韓耶蘇教總理師美國哲學博士趙元時氏와醫士魚丕信氏가貞洞聖書公會總幹事閔休江原道地方宣敎師高永福淸州地方宣敎師閔羅諸氏를帶同ᄒᆞ고侍衛第一聯隊一大隊에冒入ᄒᆞᆫ즉中丸倒地ᄒᆞᆫ我韓兵丁이數百名에達ᄒᆞ얏ᄂᆞᆫ지라同諸氏가不憚砲丸ᄒᆞ고東西奔走ᄒᆞ야貰得人力車後에餘存殘縷者를一倂抱乘ᄒᆞ야濟衆院으로治療次移送ᄒᆞᆫ兵丁의數가五十餘名에至ᄒᆞ얏다ᄒᆞ며去十八九兩日에大漢門前에셔我同胞가中丸重傷者數人을該趙氏가自己所乘ᄒᆞ얏던人力車로換乘ᄒᆞ야濟衆院으로擔去治療케ᄒᆞ얏다ᄒᆞ니以若外國人으로不顧危險ᄒᆞ고如是救護ᄒᆞᆷ은聞者莫不感賀ᄒᆞ더라

조박사 대자선(趙博士大慈善)

그저께 서소문 안에서 오전 8시 반부터 12시 반까지 한국과 일본 병사의 충돌은 이미 게재하였거니와, 당일에 대한 예수교 총리사 미국 철학박사 조원시(존스) 씨와, 의사 어비신(에비슨) 씨가 정동 성서공회 총간사 민휴(밀러), 강원도 지방 선교사 고영복(콜이어), 청주 지방 선교사 민라(밀러) 등 여러 사람을 대동(帶同)하고 시위 제1연대 1대대에 어렵게 들어간 즉, 총알을 맞고 땅에 쓰러진 우리 한국 병정이 수백 명에 달하였는지라, 같이 간 여러 사람은 총탄을 꺼리지 않고 동서로 분주하게 다니면서 인력거를 빌려서 목숨이 겨우 붙어 남아 있는 사람을 일제히 태워서 제중원(濟衆院)으로 치료 차 이송한 병정의 수가 5천여 명에 달하였다고 한다. 지난 18, 19일 양일간에 대한문 앞에서 우리 동포가 총을 맞고 중상을 입은 여러 사람을 그 조원시 씨가 자기가 탔던 인력거로 제중원으로 메고 가서 치료하게 하였다고 하니, 외국인으로 위험을 돌아보지 않고 이렇게 구호함은 듣는 사람이 어찌 감하(感賀)하지 않음이 없다고 하더라.

33. 대한매일신보 1907년 8월 4일

●被囚調査 再昨日憲兵司令部에서被囚된正尉以下尉官에姓名과被傷ᄒᆞᆫ同隊將校及士卒을南大門內濟衆院에現方治療하는三拾 人姓名과同日本衛戍病院에서治療ᄒᆞ는將校及士卒六拾四人姓名合一百四十三人姓名을揭付于該部門外壁上ᄒᆞ얏난대被囚된兵丁은方在調査中이라더라

수감자 조사(被囚調査)

그저께 헌병사령부에서 죄인으로 갇힌 정위(正尉) 이하 위관(尉官)에 성명과, 부상 당한 동 부대 장교 및 사졸(士卒)을 남대문 제중원에 현재 치료하는 37명(*기사에 숫자가 잘 보이지 않으나, 황성신문 8월 5일자에 따름) 성명과 일본위수병원(日本衛戍病院)에서 치료하는 장교 및 사졸 64명 성명, 합해서 143명 성명을 사령부의 외벽 위에 붙였는데, 수감된 병정은 이제 조사 중이라고 하더라.

34. 대한매일신보 1907년 8월 4일

●女徒義擧 三昨日에韓日兵交戰時에負傷ᄒᆞᆫ韓國兵丁을南門外濟衆院에取容治療ᄒᆞᆫ단말은已爲揭佈어니와該院男女看護員과普救女館看護員들이至誠救護ᄒᆞᆷ은己無擧論이오蓮洞女中學校學徒들이會同相議曰彼同胞ᄂᆞᆫ爲國而殉者도有ᄒᆞᆫ데我輩ᄂᆞᆫ雖女ᄌᆞ나不可不出義라ᄒᆞ고當日夜부터濟衆院에齊往ᄒᆞ야負傷將卒를熱心看護ᄒᆞ미其將卒도女徒의義擧를感服하야揮淚致謝ᄒᆞᆫ다ᄒᆞ며又當日에半洋服ᄒᆞᆫ一女ᄌᆞ가能通英日兩國語ᄒᆞ며彈雨中에來到하야衆人을向하야吾國同胞를吾人이不子면其誰爲之리오하고親自馳奔ᄒᆞ야傷兵을四面求索ᄒᆞ야病院으로擔舁而送ᄒᆞ얏ᄂᆞ又一韓國看護婦ᄂᆞᆫ戰場內에서傷兵을救護ᄒᆞ기에血痕이遍身ᄒᆞ미見者가莫不感泣ᄒᆞ더라

여성들의 의거(女徒義擧)

그끄제(三昨日) 한국과 일본 병사 교전할 때에 부상 당한 한국 병정을 남문 밖 제중원에 수용하여 치료한다는 말은 이미 게재하였거니와, 그 병원의 남녀 간호원과 보구여관(普救女館) 간호원들이 지성으로 구호하였음은 이미 거론할 것 없을 것이오, 연동 여자중학교(정신여학교) 학도들이 모여 서로 의논하기를 "저 동포는 나라를 위해 순사(殉死)한 사람도 있는데, 우리들은 비록 여자이나 의리를 내지 않는 것은 불가하다"라고 하고, 당일 밤부터 제중원에 모두 가서 부상 당한 장졸(將卒)을 열심히 간호하매, 그 장졸도 여학생의 의거에 감복하여 눈물을 흘리며 사례를 한다고 하며, 또 당일에 반양장(半洋服)한 한 여자가 영어와 일어를 능통하게 말하며 탄환이 비처럼 쏟아지는 가운데 와서 무리들을 향하여 "우리나라 동포를 우리가 구하지 않으면 누가 할 것이오"라고 하고, 몸소 빠르고 분주하게 다니면서 부상 당한 병사를 사방으로 수색하여 병원으로 들어 메고 보내었고, 또 한 한국 간호부는 정장 안에서 부상병을 구호하기에 혈흔이 온 몸에 묻었으니, 보는 사람이 감읍하지 않음이 없더라.

35. 황성신문 1907년 9월 10일

●慈善的發起 向者軍隊解放時에
西小門內侍衛隊將卒이多數히死亡
及重傷ᄒᆞᆷ은一般世人이共知ᄒᆞᄂᆞᆫ바
어니와該將卒이尙今濟衆院에서治
療ᄒᆞᄂᆞᆫᄃᆡ其中에尤被重傷ᄒᆞᆫ兵卒八
人이命脈은猶存ᄒᆞ나不能運動ᄒᆞ야
其慘狀을目不忍見이라該八人이或
割臂도ᄒᆞ고或割股도ᄒᆞ야皆言曰如
此苟生이不如自殺이라ᄒᆞ고擧欲自
裁ᄒᆞᄂᆞᆫ際에鄭圭煥尹泰勳安晙鎬曹
成煥四氏가往見ᄒᆞ고其苦況을慰問
ᄒᆞᆫ後에西洋醫師에게以印度膏로擬
製臂脚ᄒᆞ야着用케ᄒᆞ라ᄒᆞᆫ즉該費額
이多至二千五百圜假量이라該八人
은出錢無策ᄒᆞᆫ故로鄭圭煥四氏等이
發起ᄒᆞ고慈善諸氏에게救恤金을募
集ᄒᆞ야該八人을治療코자ᄒᆞᆫ다ᄒᆞ니
現今文明各邦에ᄂᆞᆫ兩國交戰間에도
負傷將卒은彼我를不關ᄒᆞ고互相救
護ᄒᆞᄂᆞᆫᄃᆡ而況我國兵卒이如此慘酷
을當ᄒᆞᆫ境遇에不得不多少救助ᄒᆞ여
야可ᄒᆞ다고들ᄒᆞᆫ다더라

자선적 발기(發起)

전에 군대 해산 당시에 서소문 안 시위대(侍衛隊) 장졸(將卒)이 다수 사망 혹 중상당한 것은 일반 세상 사람이 모두 아는 바이거니와, 그 장졸이 이제 제중원에서 치료하는데, 그 가운데 중상을 당한 병졸 8명이 명맥(命脈)은 오히려 남아 있으나 움직이지 못하여 그 참상은 차마 눈 뜨고 볼 수 없음이라. 그 8명이 혹 팔도 짤리고, 혹 넓적다리도 짤리기도 하여, 모두 말하기를 "이렇게 구차하게 사는 것은 스스로 죽는 것만 못하다"라고 하고, 자살하고자 할 때, 정규환(鄭圭煥), 윤태훈(尹泰勳), 안준호(安晙鎬), 조성환(曹成煥) 네 사람이 가서 보고 그 힘든 상황을 위문한 후에 서양 의사에게 인도고(印度膏, 석고)로 팔 다리를 만들어 착용하게 하라고 한 즉, 그 비용이 매우 많아 2천5백 원가량이라. 그 여덟 사람은 돈을 낼 방책이 없는 까닭으로 정규환 등 4명이 발기하고 자선하는 여러 사람들에게 구휼금은 모집하여 그 여덟은 사람을 치료하고자 한다 하니, 지금 같은 문명한 여러 나라에는 나라 사이에 교전 중에는 부상 장졸은 피아(彼我)를 관계없이 서로 구호하는데, 항차 우리 나라 병졸이 이런 참혹한 일을 당한 경우에 부득불 다소 구조하여야 옳다고들 한다고 하더라.

36. 대한매일신보 1907년 10월 12일

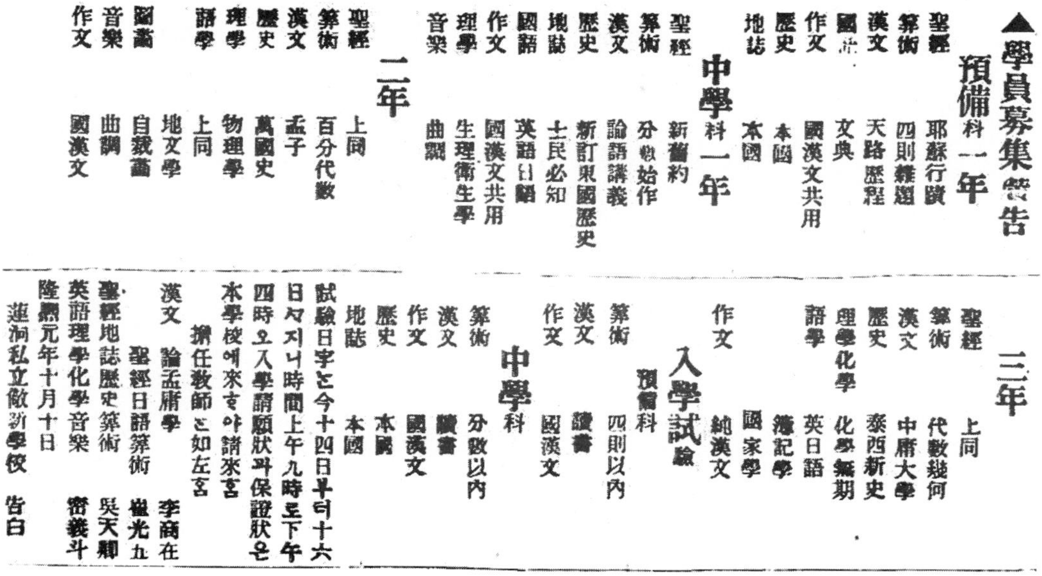
▲學員募集廣告

預備科一年
聖經 耶蘇行蹟
算術 四則雜題
漢文 天路歷程
國語 文典
作文 國漢文共用
歷史 本國
地誌 本國

中學科一年
聖經 新舊約
算術 分數始作
漢文 論語講義
歷史 新訂東國歷史
地誌 士民必知
國語 英語日語
作文 國漢文共用
理學 生理衛生學
音樂 曲調

二年
聖經 上同
算術 百分代數
漢文 孟子
歷史 萬國史
理學 物理學
語學 上同
地文學
圖畵 自在畵
音樂 曲調
作文 國漢文

三年
聖經 上同
算術 代數幾何
漢文 中庸大學
歷史 泰西新史
理學化學 化學[illegible]期
語學 英日語
簿記學
國家學
作文 純漢文

入學試驗
預備科
算術 四則以內
漢文 讀書
作文 國漢文
中學科
算術 分數以內
漢文 讀書
作文 國漢文
歷史 本國
地誌 本國

試驗日字는今十四日부터十六日ᄭᆞ지니時間上午九時로下午四時오入學請願狀과保證狀은本學校에來ᄒᆞ야請來홈
擔任敎師ᄂᆞᆫ如左홈
漢文 論孟庸學 李商在
聖經日語算術 崔光五
聖經地誌歷史算術 吳天卿
英語理學化學音樂 嚴義斗
隆熙元年十月十日
蓮洞私立儆新學校 告白

학원(*학생)모집광고

예비과 1년

성경(聖經)	야소행적(耶蘇行蹟)
산술(算術)	사칙잡제(四則雜題)
한문(漢文)	천로역정(天路歷程)
국어(國語)	문전(文典)
작문(作文)	국영문공용(國英文共用)
역사(歷史)	본국(本國)
지지(地志)	본국(本國)

중학과 1년

성경	신구약(新舊約)

산술	분수시작(分數始作)
한문	논어강의(論語講義)
역사	신정동국역사(新訂東國歷史)
지지	사민필지(士民必知)
국어	영어(英語) 일어(日語)
작문	국한문공용(國漢文共用)
이학	생리위생학(生理衛生學)
음악	곡조(曲調)

2년

성경	상동(上同)
산술	백분대수(百分代數)
한문	맹자(孟子)
역사	만국사(萬國史)
이학	물리학(物理學)
어학	상동(上同)
	지문학(地文學)
도화(圖畵)	자재화(自裁畵)
음악	곡조(曲調)
작문	국한문(國漢文)

3년

성경	상동(上同)
산술	대수기하(代數幾何)
한문	중용(中庸) 대학(大學)
역사	태서신사(泰西新史)
이학화학	화학무기(化學無期)
어학	영일어(英日語)

	부기학(簿記學)
	국가학(國家學)
작문	순한문(純漢文)

입학시험

예비과

산술	사칙이내(四則以內)
한문	독서(讀書)
작문	국한문(國漢文)

중학과

산술	분수이내(分數以內)
한문	독서(讀書)
역사	본국(本國)
지지	본국(本國)

시험일자는 오는 14일부터 16일까지, 시간은 오전 9시부터 오후 4시까지이고, 입학청원장과 보증장(保證狀)은 본 학교에 와서 제출한다.

담임교사는 다음과 같음.

한문, 논어, 맹자, 중용	이상재(李商在)
성경, 일어, 산술	최광옥(崔光玉)
성경, 지지, 역사, 산술	오천경(吳天卿)
영어, 이학, 화학, 음악	밀러(密義斗)

융희 원년 10월 10일

연동 사립경신학교 고백

37. 대한매일신보(국한문) 1907년 10월 17일

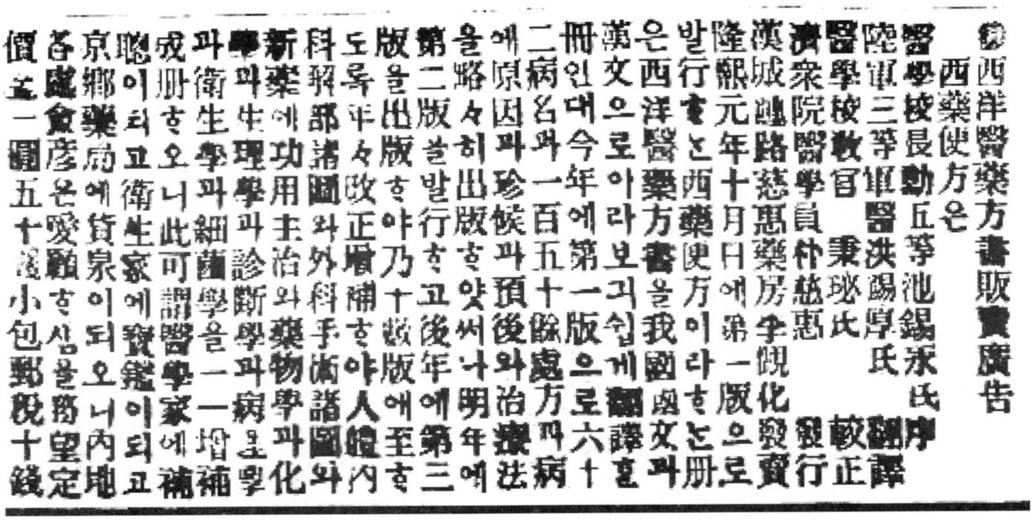

서양의약방서(西洋醫藥方書) 판매 광고

서약편방(西藥便方)은

의학교장 훈5등 지석영(池錫永) 씨	서(序)
육군3등 군의(軍醫) 홍석후(洪錫厚) 씨	번역
의학교 교관 유병필(劉秉珌) 씨	교정
제중원 의학원(醫學員) 박자혜(朴慈惠)	발행
한성 종로 자혜약방(慈惠藥房) 이관화(李觀化)	발매

1907년(隆熙 元年) 10월 일에 제1판으로 발행하는 『서양편방』이라 하는 책은 『서양의약방서(西洋醫藥方書)』를 우리나라 국문과 한문으로 알아보기 쉽게 번역한 책인데, 금년에 제1판으로 62가지 병명과 150여 처방과, 병(病)의 원인과 증상(症狀, 診候)과 예후(預後)와 치료법을 간략하게 출판하였으나, 내년에는 제2판을 발행하고, 후년에 제3판을 출판하여, 이내 십 수판에 이르도록 매년 개정, 증보하여 인체, 내과, 해부의 모든 도판과, 외과, 수술의 모든 도판과, 신약의 사용 효험과 치료, 약물학, 화학, 생리학, 진단학, 병리학, 위생학, 세균학을 일일이 증보하여 책으로 만들었으니, 이는 가위 의학가에게는 보총(補聰)이

되고, 위생가(衛生家)에게는 보감(寶鑑)이 되고, 경향의 약국(藥局)에는 화천(貨泉)이 되오니, 내외 각처 여러분은 돌아봐 주심을 바랍니다.

정가는 일금 1원 50전, 소포 우편요금은 10전.

38. 대한매일신보 1907년 10월 22일

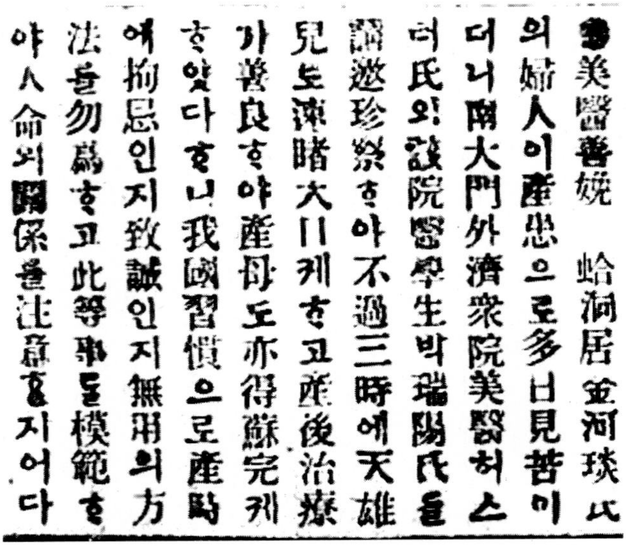

美醫善娩　蛤洞居金河琰氏
의婦人이產患으로多日見苦이
더니南大門外濟衆院美醫허스
터氏와該院醫學生박瑞陽氏를
請邀珍察ᄒᆞ야不過三時에天雄
兒도降睹大日케ᄒᆞ고產後治療
가善良ᄒᆞ야產母도亦得蘇完케
ᄒᆞ얏다ᄒᆞ니我國習慣으로產時
에拘忌인지致誠인지無用의方
法을勿爲ᄒᆞ고此等事로模範ᄒᆞ
야人命의關係를注意ᄒᆞᆯ지어다

미국의사가 좋게 분만케 함(美醫善娩)

합동(蛤洞)에 사는 김하염(金河琰) 씨의 부인이 산환(產患)으로 여러 날 동안 힘들었는데, 남대문 밖 제중원 미국 의사 허스터(Jesse W. Hirst) 씨와 그 병원 의학생 박서양(朴瑞陽) 씨를 초청하여 진찰하였는데, 불과 세 시간에 하늘에서 내린 사내 아이가 큰 해를 보게 하였고, 산후의 치료가 좋아서 산모도 역시 완전하게 소생케 하였다 하니, 우리나라 습관으로 태어날 때이 구기(拘忌, 피하거나 꺼리는 것)나 치성(致誠) 드리는 것 같이 소용없는 방법을 하지 않고 이런 일들을 모범으로 하였으니, 인명의 관계에 주의할 것이로다.

39. 대한매일신보 1908년 5월 30일

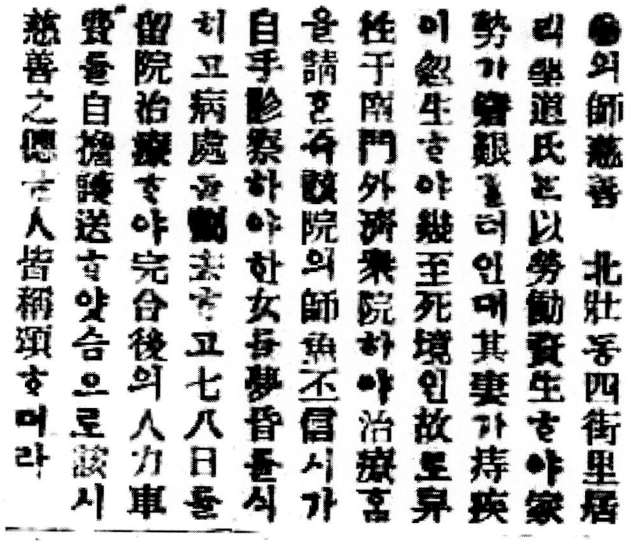

◉의師慈善 北壯동四街里居
리聖道氏는以勞働資生ᄒᆞ야家
勢가窘艱ᄒᆞᆯ터인ᄃᆡ其妻가痔疾
이忽生ᄒᆞ야幾至死境인故로舁
往于南門外濟衆院ᄒᆞ야治療ᄒᆞᆷ
을請ᄒᆞᆫ즉該院의師魚丕信시가
自手診察하야한女를夢昏을식
히고病處를割去ᄒᆞ고七八日을
留院治療ᄒᆞ야完合後의人力車
費를自擔護送ᄒᆞ얏슴으로該시
慈善之德을人皆稱頌ᄒᆞ더라

의사 자선

북장동(北壯洞) 네거리 사는 이성도 씨는 노동으로 살아가 가세가 군색하고 가난할 터인데, 그 처가 치질(痔疾)이 갑자기 생겨 거의 죽을 지경에 이르게 되어, 들쳐 메고 남문 밖에 제중원으로 가서 치료해 주기를 청한 즉, 그 병원의 의사 어비신 씨가 스스로 손으로 진찰하여 그 부인을 혼절(마취) 시키고 아픈 곳을 도려 내어 7~8일 만에 병원에 입원시켜 치료하여 완전하게 아문 후에 인력거 비용까지 스스로 부담하여 호송하였으니, 그 자선한 덕을 사람들이 모두 칭송하더라.

40. 대한매일신보 1908년 5월 30일

●의학교졸업식 남문밧 제중원 의학교 뎨일회졸업식을 오는 륙월삼일에 거힝ᄒᆞ는ᄃᆡ 각고등관을 청ᄒᆞᆫ다더라

의학교 졸업식

남문 밖 제중원 의학교 제1회 졸업식을 오는 6월 3일에 거행하는데 각 고등관을 청한다고 하더라.

41. 대한매일신보 1908년 5월 31일

●開術承認 남門外濟衆院卒業生김弼淳等七人에請願을因ᄒᆞ야內部에서의術開業을認許ᄒᆞᆫ다더라

의술 개업 승인(開術承認)

남문 밖 제중원 졸업생 김필순 등 일곱 사람의 청원으로, 내부에서 의술 개업을 인허한다고 하더라.

42. 대한매일신보 1908년 6월 6일

●의술허가 세부란시병원의 학교에서 졸업ᄒᆞᆫ 홍종은 김필순씨등 칠인을 내부위생국에서 의술위업ᄒᆞ기로 허가ᄒᆞ여 주엇다더라

의술허가

세브란스병원의 학교에서 졸업한 홍종은, 김필순 씨 등 7인을 내무위생국에서 의술(醫術) 위업(爲業)하기로 허가하여 주었다더라.

43. 황성신문 1908년 6월 7일

[illegible]給位博士 濟衆院卒業生洪錫厚氏等七人의學位는博士地位를給ᄒᆞ기로決定ᄒᆞ얏다더라

박사학위 수여

제중원 졸업생 홍석후(洪錫厚) 씨 등 일곱 명의 학위는 박사 지위를 지급하기로 결정하였다고 하더라.

44. 대한매일신보 1908년 6월 9일

●의師餞別　濟衆院長美國의師魚丕信씨는我國에來留ᄒᆞᆫ지拾有七八年이라神妙ᄒᆞᆫ方法과慈善ᄒᆞᆫ心德으로幾萬我國生령을廣濟ᄒᆞ며青年의게의학을教授ᄒᆞ야韓國의의학博士가始有케ᄒᆞ얏스니氏의功德을一般國民이稱頌ᄒᆞᄂᆞᆫ바라氏가今月望間의歸國ᄒᆞᄂᆞᆫ대一般社會紳士들이感意를表코ᄌᆞᄒᆞ야本日下午三時의鍾路青年會館의서餞別會를發起ᄒᆞ고日字와節次를議定ᄒᆞᆫ다더라

의사 전별

제중원장 미국 의사 어비신 씨는 우리나라에 와서 머문 지 17~18년이라. 신묘한 방법과 자선한 심덕으로 기만 명의 우리나라 생령을 널리 구제하며, 청년에게 의학을 가르쳐 한국의 의학박사가 있게 시작하였으니, 씨의 공덕을 일반 국민이 칭송하는 바라. 씨가 이번 달 보름 정도에 귀국하는데, 일반 사회 신사들이 감사한 뜻을 표하고자 하여, 본일 오후 3씨 종로 청년회관에서 전별회를 발기하고 날짜와 절차를 의논해서 정한다고 하더라.

45. 황성신문 1908년 6월 11일

◎待遇協議 濟衆院卒業生七人의學位를博士待遇로給與ᄒᆞᆫ다ᄒᆞᆷ은前報에揭載ᄒᆞ얏거니와該氏等에게博士待遇를給與ᄒᆞ기로該校長魚丕信氏가內大와統監을訪問協議ᄒᆞ얏다더라

대우 협의

제중원 졸업생 7명의 학위를 박사 대우로 급여(給與)한다 함은 전보에 게재하였거니와, 그 사람들에게 박사 대우를 급여하기로 그 학교 어비신 씨가 내부대신과 통감을 방문하여 협의하였다고 하더라.

46. 황성신문 1908년 6월 13일

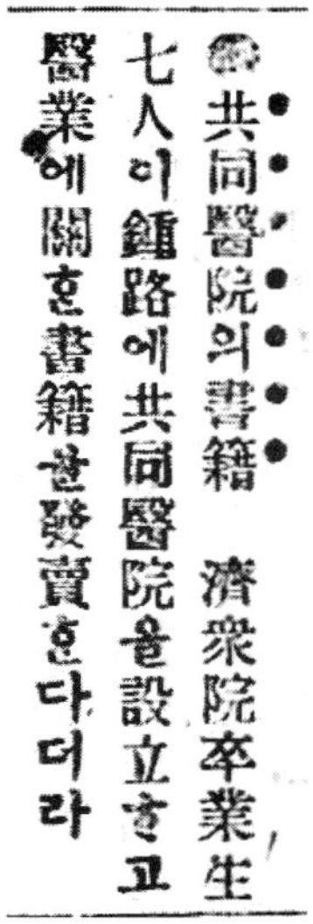
◎共同醫院의書籍 濟衆院卒業生七人이鍾路에共同醫院을設立ᄒᆞ고醫業에關ᄒᆞᆫ書籍을發賣ᄒᆞᆫ다더라

공동 의원의 서적

제중원 졸업생 7명이 종로에 공동으로 의원을 설립하고 의업(醫業)에 관한 서적을 발매한다고 하더라.

47. 황성신문 1908년 6월 30일

師範科大募集

本學校에서小學界를爲ᄒᆞ야限二箇月ᄒᆞ고師範科를敎授ᄒᆞ오니殊速應募ᄒᆞ심을望홈

科程左開

聖經　筭學　衛生學　本國歷史
萬國地誌　師範學　圖畵　運動
作文　讚美

擔任講師校長密義斗　牧師郭安連
李敎承　吳千卿　金道熙

但各科에隨意專門ᄒᆞ셔도無妨홈

自七月一日上午九時開學試驗홈

月謝金五十錢　入學保證金一圜

蓮洞儆新學校　告白

사범과대모집

본 학교에서 소학계를 위하여 2개월 한정으로 사범과를 교수하오니 빨리 응모하시길 바람

과정은 아래

성경 산술 위생학 본국역사 만국지리 사범학 도화 운동 작문 찬미

담임강사 교장 밀의두(밀러) 목사 곽안련(郭安連, Charles Clark) 이교승 오천경 김도희

단 각 전문 과정을 자유롭게 들어도 무방함

7월 1일 오전 9시부터 개학 시험

월사금 50전 입학보증금 1환

연동 경신학교 고백

48. 공립신보 1908년 7월 22일

雜報

▲에비손씨환영회 셔울졔즁원
댱닥터 에비손씨ᄀᆞ상항에도박
ᄒᆞᆫ다는말은젼보에긔지ᄒᆞ얏거니
와어씨는十四日코레아션편으로
무사히샹륙ᄒᆞ야 월링톤 호텔에
투숙ᄒᆞ고十六日그고향령캐나
다로발힝ᄒᆞ얏는ᄃᆡ十五日하오八
시에상항공립관에셔회원졔씨ᄀᆞ
모혀어씨의환영회를열엇스니어
비손씨는그부인과그자뎨를다리
고참셕ᄒᆞ얏더라최졍익씨는회원
을ᄃᆡ표ᄒᆞ야환영사를셜명ᄒᆞ고어
의사ᄀᆞ한국에잇슨지十六년동안
에여러만인의싱명을구ᄒᆞᆫ일과학
싱을길너금년에도의학박사七인
이어씨의공으로처음난일을셜명
ᄒᆞᆷ에만좌ᄀᆞ박슈ᄒᆞ야어씨를더욱
히환영ᄒᆞ는뜻을표ᄒᆞ미어비손씨
ᄀᆞ긔립ᄒᆞ야감샤ᄒᆞᆫ뜻을말ᄒᆞ고한
국의현황을됴리잇게셜명ᄒᆞᆫ후에,
한국이목하에는곤란을당ᄒᆞ지만
은한국사람의열심이더욱히쓰거
워가는고로올이지아니ᄒᆞ야신션
ᄒᆞᆫ국가를조직ᄒᆞᆯ줄노확신ᄒᆞ는비
니그요소ᄀᆞ두가지잇도다몬져하
ᄂᆞ님의공리를밋어도덕으로긔초
를삼고학문을연구ᄒᆞ야기예를남
과ᄀᆞᆺ치작용ᄒᆞ는ᄃᆡ잇스니이것은
한국사람의목하힘쓰는비르나도
한국이쟝릭에희망이만은고로더
욱히열심이싱겨일년후면다시한
국으로가셔사업을계쇽ᄒᆞᆯ깃노라
ᄒᆞᆷ에뎡지관씨ᄀᆞ답사ᄒᆞ되어비손
씨는박익인이라인죵의구별과풍
토의고락을도라보지아니ᄒᆞ고한
국에잇슨지다년에공덕이실로만
커니와쟝릭의더욱히한국닉에의
학을발달ᄒᆞ기를바라노라ᄒᆞ얏다
더라

에비손 씨 환영회

서울 제중원장 닥터 에비슨 씨가 상항에 도착한다는 말은 전보에 기재하였거니와, 에비슨 씨는 14일 코리아 선편으로 무사히 상륙하여 웰링턴 호텔에 투숙하고, 16일 그 고향 영국령 캐나다로 출발하였는데, 15일 오후 8시에 상항 공립관에서 회원 제씨가 모여 에비슨 씨의 환영회를 열었으니, 에비슨 씨는 그 부인과 그 자제를 데리고 참석하였더라. 최정익 씨는 회원을 대표하여 환영사를 설명하고, 에비슨 의사가 한국에 있은 지 16년 동안에 여러 만인의 생명을 구한 일과 학생을 길러 금년에도 의학박사 7인이 에비슨 씨의 공으로 처음 난 일을 설명함에 만좌가 박수하여 에비슨 씨를 더욱이 환영하는 뜻을 표하매, 에비슨 씨가 기립하여 감사한 뜻을 말하고 한국의 현황을 조리있게 설명한 후에 한국이 목하에는 곤란을 당하지만 한국 사람의 열심히 더욱이 뜨거워가는 고로 오래지 아니하여 신선한 국가를 조직할 줄로 확신하는 바니 그 요소가 두 가지 있도다. 먼저 하나님의 공리를 믿어 도덕으로 기초를 삼고 학문을 연구하여 기예를 남과 같이 작용하는데 있으니, 이것은 한국 사람이 목하 힘쓰는 바라. 나도 한국에 장래의 희망이 많은 고로 더욱이 열심히 섬겨 1년 후면 다시 한국으로 가서 사업을 계속하겠노라 함에, 정재관 씨가 답사하되, 에비슨 씨는 박애인이라, 인종의 구별과 풍토의 고락을 돌아보지 아니하고 한국에 있은지 다년에 공덕이 실로 많거니와, 장래의 더욱이 한국 내에 의학을 발달하기를 바라노라 하였다더라.

49. 대한매일신보 1908년 9월 3일

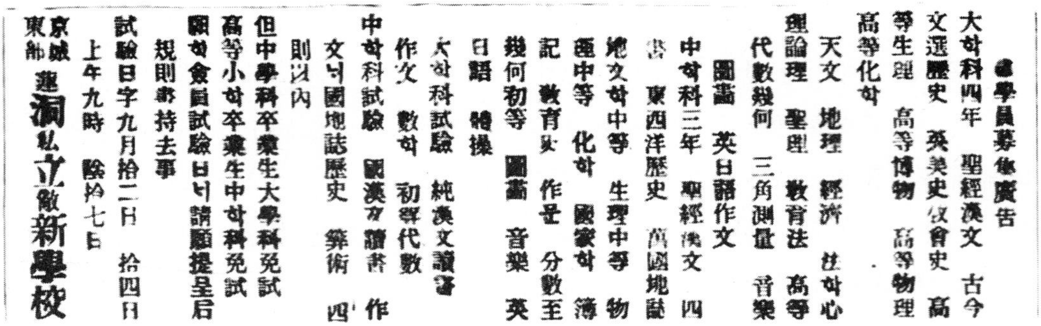

學員募集廣告
大학科四年 聖經漢文 古今
文選歷史 英美史敎會史 高
等生理 高等博物 高等物理
高等化학
天文 地理 經濟 法학心
理論理 聖理 敎育法 高等
代數幾何 三角測量 音樂
圖畵 英日語作文
中학科三年 聖經漢文 四
書 東西洋歷史 萬國地誌
地文학中等 生理中等 物
理中等 化학 國家학 簿
記 敎育史 作文 分數至
幾何初等 圖畵 音樂 英
日語 體操
大학科試驗 純漢文讀書
作文 數학 初等代數
中학科試驗 國漢文讀書 作
文 내國地誌歷史 算術 四
則以內
但中學科卒業生大學科免試
高等小학卒業生中학科免試
願학僉員試驗日내請願提呈后
規則書持去事
試驗日字九月拾二日 拾四日
上午九時 陰十七日
京城東部 蓮洞私立儆新學校

학원(學員) 모집광고

대학과 4년 – 성경, 한문, 고금문선, 역사(영미사, 교회사), 고등생리, 고등박물, 고등물리, 고등화학, 천문, 지리, 경제, 법학, 심리, 논리, 성리(聖理, *성경. 뒤 기사를 참조하면 오식으로 보임), 교육법, 고등대수기하, 삼각측량, 음악, 도화, 영일어 작문

중학과 3년 – 성경, 한문, 사서, 동서양 역사, 만국지지, 지문학, 중등생리, 중등물리, 중등화학, 국가학, 부기, 교육사, 작문, 분수지(至)기하, 초등 도화, 음악, 영일어, 체조

대학과 시험 – 순한문 독서, 작문, 수학, 초등대수

중학과 시험 – 국한문 독서, 작문, 내국 지지역사, 산술 사칙 이내

단 중학과 졸업생 대학과 시험면제, 고등소학 졸업생 중학과 시험면제

배움 원하는 여러분들은 시험일 내에 청원서 제정(提呈) 후 규칙서를 소지하고 올 것

시험일자 9월 12일, 14일 오전 9시(음력 17일)

경성동부 연동 사립경신학교

50. 황성신문 1908년 9월 4일

廣告
○學員募集廣告
大學科四年 聖經漢文 古今文選歷史
英米史敎會史 高等生理 高等物理 高等化學
天文 地理 經濟 法學 心理
論理 聖經 敎育法 高等代數幾何
三角測量 音樂 圖畫 英日語作
文
中學科三年 聖經漢文 四書 東西洋
歷史 萬國地誌 地文學 中等生理
中等物理 中等化學 國家學 簿記
敎育史 作文 分數至幾何 初等
圖畫 音樂 英日語 體操
大學科試驗 純漢文 讀書作文
數學 初等代數
中學科試驗 國漢文 讀書作文
內國地誌歷史 算術四則以內
試驗日九月十二十四日上午九時陰八月
十七日
但中學卒業生大學科免試
高等小學卒業生中學科免試
願學僉員試驗日內請願書提呈后規
則書持去事
京城東部蓮洞
私立儆新學校

학원 모집 광고

대학과 4년 – 성경(한문), 고금문선, 역사(영미사, 교회사), 고등생리, 고등물리, 고등화학, 천문, 지리, 경제, 법학, 심리, 논리, 성경, 교육법, 고등대수기하, 삼각측량, 음악, 도화, 영일어 작문

중학과 3년 – 성경(한문), 사서, 동서양 역사, 만국지지, 지문학, 중등생리, 중등물리, 중등화학, 국가학, 부기, 교육사, 작문, 분수지(至)기하, 초등도화, 음악, 영일어, 체조

대학과 시험 – 순한문 독서작문, 수학, 초등대수

중학과 시험 – 국한문 독서작문, 내국 지지역사, 산술 사칙 이내

시험일 9월 12일, 14일 오전 9시(음력 8월 17일)

단 중학과 졸업생 대학과 시험 면제

고등소학 졸업생 중학과 시험 면제

배움 원하는 여러분들은 시험일 내에 청원서 제정(提呈) 후 규칙서를 소지하고 올 것.

경성 동부 연동

사립 경신학교

51. 대한매일신보 1909년 1월 10일

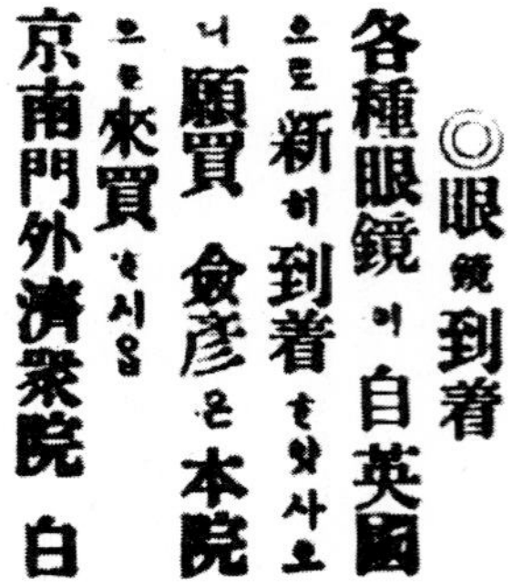
◎眼鏡到着
各種眼鏡이自英國으로新히到着ᄒᆞ얏사오니願買僉彦은本院으로來買ᄒᆞ시옵
京南門外濟衆院 白

안경 도착

각종 안경이 영국으로부터 새롭게 도착하였사오니 사기를 원하시는 분들은 본 병원으로 와서 사기 바랍니다.

서울 남문 밖 제중원 백

52. 황성신문 1909년 3월 23일

論說

對三氏慈善ᄒᆞ야 告我東洋人士

◎桑港某報를據ᄒᆞᆫ즉多年我國에在ᄒᆞ야傳敎ᄒᆞ던長老敎牧師元斗宇氏와同夫人牧師訖氏와濟衆院長醫學博士魚丕信氏가我國의敎育을擴張ᄒᆞ기爲ᄒᆞ야美國各處에巡行ᄒᆞ야義金을募集ᄒᆞᆫ것이爲先美金二十五萬圜에達ᄒᆞᆫ지라去月頃에桑港에到着ᄒᆞ야一週日間滯留ᄒᆞ얏다ᄒᆞ니該一行이直히渡來ᄒᆞᆫ인지又他處에巡行ᄒᆞ야義金을增募ᄒᆞᄂᆞᆫ지後報를更俟ᄒᆞ려니와

嗟乎라我東洋人士여此三氏의慈善을對ᄒᆞ야如何ᄒᆞᆫ思想이發生ᄒᆞᆯ깃ᄂᆞ뇨蓋此三氏ᄂᆞᆫ我東洋世界와晝夜가不同ᄒᆞᆫ阿米利加에白人種으로累萬里太平洋을越ᄒᆞ야東洋一隅韓半島에來住ᄒᆞᆫ지十餘星霜에肉色이不同ᄒᆞ고言語가不通ᄒᆞᄂᆞᆫ我韓同胞를爲ᄒᆞ야艱苦를備嘗ᄒᆞ고眞實誠意와博愛主義로福音을廣傳ᄒᆞ며生命을普濟ᄒᆞᆫ歷史ᄂᆞᆫ人皆稔悉ᄒᆞ고誦道ᄒᆞᄂᆞᆫ바어니와今에特別히我國의敎育을擴張ᄒᆞᆯ大慈悲와大願力으로美洲各地에足迹이不休ᄒᆞ고苦言을陳述ᄒᆞ야巨額의義金을募集ᄒᆞ니上天의一視同仁이卽此心이오基督의舍身救民이卽此心이라我東洋人士ᄂᆞᆫ此等義擧에對ᄒᆞ야木石冥頑이아니오豺狼凶獰이아니면感動心도有ᄒᆞ고羞愧心도有ᄒᆞᆯ뜻ᄒᆞ도다

噫라我東洋人士ᄂᆞᆫ口頭로仁義道德을談ᄒᆞ며倫理로兄弟朋友를稱ᄒᆞ며國際로同洲同種이라謂ᄒᆞ면서自相殘害ᄒᆞ고自相凌踏ᄒᆞᄂᆞᆫ反道悖德과違天害物의行爲가種種有之ᄒᆞ고甚至於一團之中과一族之間에도微細ᄒᆞᆫ感情과些小ᄒᆞᆫ事件으로反目相視ᄒᆞ고按劍相鬪ᄒᆞᄂᆞᆫ狀態ᄲᅮᆫ이오親愛融合의情과輔翼援助의擧가有ᄒᆞᆫ것을槪乎未見ᄒᆞᆯ깃스니如此ᄒᆞ고서能히唇齒相輔와種族相保를得ᄒᆞᆯ깃ᄂᆞᆫ가仁不仁의相去가若是其逈殊ᄒᆞᆫ則禍福의報應이또ᄒᆞᆫ天淵의別이有ᄒᆞᆯ지로다

右三氏ᄂᆞᆫ西洋人이라東洋人의敎育이西洋人의事가아니오英國美國人이라韓國人의敎育이英國美國人의責이아니어ᄂᆞᆯ東洋에在ᄒᆞᆫ韓國人을爲ᄒᆞ야敎育을擴張ᄒᆞ기로若是熱心ᄒᆞᄂᆞᆫ데乃韓國人은自家의事와自己의責을乃反越視ᄒᆞ고自相抛棄ᄒᆞ니又何其不仁의甚ᄒᆞᆷ이뇨若其狹隘ᄒᆞᆫ思想과貪饕의私慾으로不善을積ᄒᆞ며不義를逞ᄒᆞ고親愛融合의情과輔翼援助의擧가無ᄒᆞ면私權私利가不能爲福이오反益其禍ᄒᆞᄂᆞ니可不反省而儆惕哉아願我東洋人士ᄂᆞᆫ一切公益等事業에對ᄒᆞ야公德心과博愛主義로互相團合ᄒᆞ며互相扶助ᄒᆞ야文明舞臺에共享福利ᄒᆞ기로百倍注意ᄒᆞ고十分勉勵ᄒᆞᆯ지어다

논설

세 사람의 자선(慈善)에 대하여 우리 동양 인사들에게 고함

샌프란시스코의 어느 신문에 의거한 즉, 여러 해 동안 우리나라에 있으면서 전교(傳敎)하던 장로교 목사 원두우(元斗宇, H. Underwood) 씨와 동 부인(夫人) 목사 흘(訖, L. Horton) 씨와 제중원장 의학박사 어비신(魚丕信, O. Avison) 씨가 우리나라 교육을 확장하기 위하여 미국 각처에 순행하여 의연금을 모집한 것이 우선 미화로 25만 환에 달한지라. 지난 달 즈음에 샌프란시스코에 도착하여 1주일간 체류하였다 하니, 그 일행이 곧 바로 건너온 것인지, 또 다른 곳에 순행하여 의연금을 또 모집하는지 다시 보도를 기다려야 할 것이다.

오호라! 우리 동양 인사들이여. 이 세 사람의 자선(慈善)에 대하여 어떤 생각이 나는가. 대개 이 세 사람은 우리 동양 세계와 밤낮이 같지 않은 미국[阿米利加]의 백인종(白人種)

으로, 수만 리(萬里) 태평양을 넘어 동양 한 모퉁이 한반도에 내주(來住)한 지 십여 성상(星霜)에, 피부색(肉色)이 다르고, 언어가 통하지 않는 우리 한국 동포를 위하여 간고(艱苦, 가난하고 고생스러움)를 일찍 맛보고 진실과 성의와 박애주의(博愛主義)로 복음을 널리 전하며, 생명을 두루 구한 역사는 사람들이 모두 결실이 있고 외우는 바이거니와, 이제 특별히 우리나라 교육을 확장할 대자비(大慈悲)와 대원력(大願力)으로 미주 각지에 족적(足跡)이 끊이지 않으며, 힘든 말[苦言]을 진술하여 거액의 의금(義金)을 모집하니, 하늘의 일시동인(一視同仁)이 즉 이 마음이오, 기독교의 자신을 버리고 백성을 구하는 것이 이 마음이라. 우리 동양 인사는 이런 의거(義擧)에 대하여 목석(木石)처럼 어둡고 완고한 것[冥頑]이 아니고, 승냥이, 이리(豺狼) 같이 흉측하고 모질지 않다면, 감동심도 있고 수치심도 있을 듯하도다.

슬프도다! 우리 동양 인사는 구두(口頭)로 인의도덕(仁義道德)을 말하며, 윤리로 형제붕우(兄弟朋友)를 칭하며, 국제적으로 같은 땅 같은 종족[同洲同種]이라 말하면서, 스스로 서로 잔해(殘害, 사람이 다치고 물건에 해를 끼침)하고 스스로 서로 능멸하는데, 도덕에 반하고 어그러뜨리는 것[反道悖德]과 하늘을 어기고 사물을 해치는[違天害物] 행위가 종종 있고, 심지어 한 무리, 한 종족 사이에도 미세한 감정과 사소한 사건으로 반목하고 서로 엿보고, 무기를 들고 서로 싸우는 상태뿐이오, 친애하고 융합하는 정과 서로 돕고 원조하는 행위가 있다는 것을 대개 보지 못했으니, 이러하고서 능히 순치(脣齒, 脣亡齒寒)의 관계로, 서로 돕는[相輔] 것과 종족을 서로 보호하는 것을 얻을 수 있겠는가. 인(仁)이나 불인(不仁)의 차이가 이렇게 멀고 다르다면[迥殊], 화복(禍福)의 보응(報應)이 또한 하늘과 땅(天淵) 만큼의 구별이 있을 것이로다.

위의 세 사람은 서양 사람이라. 동양인의 교육이 서양인의 일이 아니오, 영국·미국인이라 한국인의 교육이 영국 미국인의 책임이 아니거늘, 동양에 있는 한국인을 위하여 교육을 확장하기로 이와 같이 열심히 하는데, 한국인은 자기 집의 일과 자기의 책임을 오히려 모르는 체 돌아보지 않고[越視], 스스로 서로 포기(抛棄)하니, 또한 어찌 어질지 않은 것[不仁]이 이렇게 심한가. 만약 그 협애한 생각과 탐욕스러운 사욕(私慾)으로 선하지 않은 것을 쌓고, 불의(不義)을 굳게 하고, 친해 융합하는 정(情)과 보익원조(輔翼援助)하는 일이 없으면, 사권(私權)과 사리(私利)가 복이 되지 못하고 반대로 화를 더할 것이니, 가이 반성하지 않으니 경계하고 두려워하지 않으랴. 원하건데, 우리 동양 인사는 일체 공익 등의 사업에 대하여 공덕심과 박애주의로 서로 단합하며 서로 거들고 도와주어(扶助)하여 문명의 무대에서 복리를 같이 누리기를 백배 주의하고 십분 힘쓸 지어다.

53. 대한매일신보 1909년 6월 17일

학부대신권면 일젼 경신학교
에서 졸업식을 거ᄒᆡᆼᄒᆞᆯ때에
학부대신 리재곤씨가 학ᄉᆡᆼ
들ᄃᆞ려ᄒᆞ야 근검ᄒᆞ고 인내ᄒᆞ
라ᄂᆞᆫ말노 권면ᄒᆞ얏ᄂᆞᆫ지라 학
ᄉᆡᆼ들이 그말ᄉᆞᆯ인ᄒᆞ야 국권
회복ᄒᆞᆫ다ᄂᆞᆫ말노 ᄃᆡ답ᄒᆞ엿더
니 리씨가 유셩쥰씨를 ᄃᆡ
ᄒᆞ여왈 이자리에 졍탐ᄀᆡᆨ이
만히잇슬터인ᄃᆡ 내말을 인
ᄒᆞ야 국권회복ᄒᆞᆫ다ᄂᆞᆫ말이 젼
파되면 나를 혐의ᄒᆞᆯ곳이잇
다ᄒᆞ고 학ᄉᆡᆼ들ᄃᆞ려ᄒᆞ야왈 내
말은 공부상으로 권면ᄒᆞᆫ말
이오 졍치상에 관계가업
다고 변명ᄒᆞ엿다더라

학부대신권면

일전 경신학교에서 졸업식을 거행할 때에 학부대신 이재곤 씨가 학생들에게 근검하고 인내하라는 말로 권면하였는데, 학생들이 그 말을 인하여 국권회복한다는 말로 대답하였더니 이 씨가 유성준 씨에게 왈, 이 자리에 정탐객이 많이 있을 터인데 내 말을 인하여 국권회복한다는 말이 전파되면 나를 혐의할 곳이 있다 하고 학생들에게 왈, 내 말은 공부상으로 권면하라는 말이오, 정치상에 관계가 없다고 변명하였다더라.

54. 황성신문 1909년 6월 20일

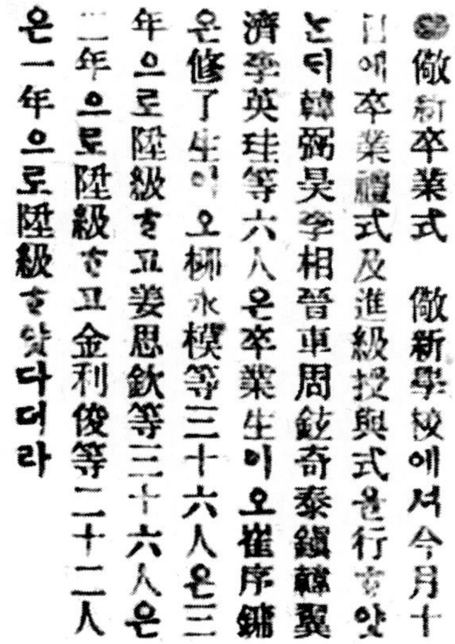

◎儆新卒業式 儆新學校에서今月十日에卒業禮式及進級授與式을行ᄒᆞ얏는ᄃᆡ韓弼昊李相晉車周鉉奇泰鎭韓翼濟李英珪等六人은卒業生이오崔序鏞은修了生이오柳永模等三十六人은三年으로陞級ᄒᆞ고姜思欽等三十六人은二年으로陞級ᄒᆞ고金利俊等二十二人은一年으로陞級ᄒᆞ얏다더라

경신졸업식

경신학교에서 이번달 10월에 졸업예식과 진급수여식을 거행하였는데 한필호 · 이상진 · 차주현 · 기태진 · 한익제 · 이영규 등 6명은 졸업생이오, 최서용은 수료생이오, 유영모 등 36명은 3학년으로 승급하고, 강사흠 등 36명은 2학년으로 승급하고, 김이준 등 22명은 1학년으로 승급하였다더라.

55. 대한매일신보 1909년 6월 26일

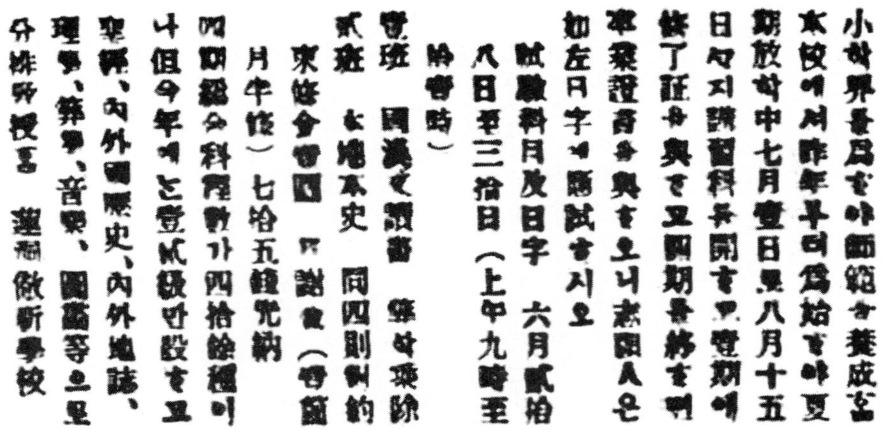

小學界를爲ᄒᆞ야師範을養成홈
本校에서昨年부터爲始ᄒᆞ야夏
期放學中七月壹日로八月十五
日ᄭᆞ지講習科를開ᄒᆞ며壹期에
修了證을與ᄒᆞ고四期를修ᄒᆞ면
卒業證書를與ᄒᆞ오니志願人은
如左日字에應試ᄒᆞ시오
試驗科目及日字 六月貳拾
八日至三拾日(上午九時至
拾壹時)
壹班 國漢文讀書 算學乘除
貳班 本國地誌 本國史 同四則對約
束脩金壹圓 月謝金(壹個
月半條)七拾五錢先納
四期總合科程數가四拾餘種이
나但今年에ᄂᆞᆫ壹貳級만設ᄒᆞ고
聖經、內外國歷史、內外地誌、
理學、算學、音樂、圖畫等으로
分排ᄒᆞ야敎授홈 蓮洞儆新學校

소학계를 위하여 사범을 양성함

본교에서 작년부터 시작하여 여름방학 중 7월 1일부터 8월 15일까지 강습과를 여는데, 1기 수료증을 수여하며 4기까지 마치면 졸업증서를 수여하오니 지원자는 다음 일자에 응시하시오.

시험과목 및 일자 6월 28일~30일(오전 9시~11시)

1반 국한문독서, 산학 승제(乘除, 곱하기, 나누기)

2반 본국 지리, 본국 역사, 산학 四則 對約(대수, 약수)

수속금 1원, 월사금(1개월 반) 75전 선납

4기 총합과정 수가 40여 종이나, 올해에는 1, 2급만 개설하고 성경, 본국사, 외국사, 국내지지, 외국지지, 이학, 산학, 음악, 도화 등으로 나누어 가르침

연동 경신학교

56. 대한매일신보 1909년 7월 16일

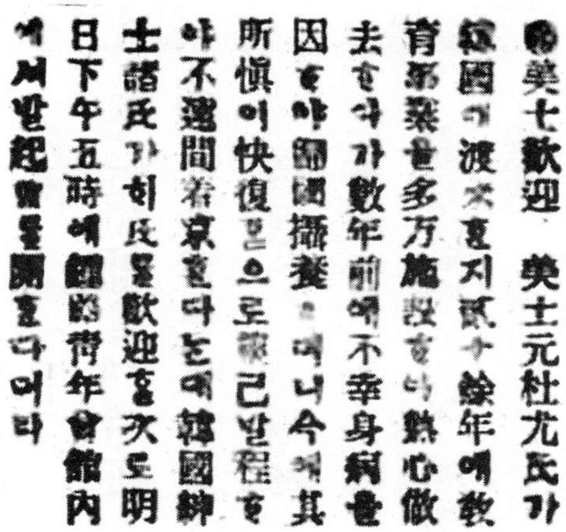

美士歡迎 美士元杜尤氏가韓國에渡來ᄒᆞᆫ지貳十餘年에敎育事業을多方施設ᄒᆞ야熱心做去ᄒᆞ다가數年前에不幸身病을因ᄒᆞ야歸國攝養ᄒᆞ더니今에其所愼이快復홈으로旅已발程ᄒᆞ야不遠間着京ᄒᆞᆫ다는ᄃᆡ韓國紳士諸氏가同氏를歡迎ᄒᆞᆯ次로明日下午五時에鍾路靑年會館內에서발起會를開ᄒᆞᆫ다더라

미국 신사 환영

미국 신사 원두우(元杜尤) 씨가 한국에 도래한 지 20여 년에 교육 사업을 여러 방면으로 베풀어 열심히 성과를 이루어 가다가 수년 전에 불행하게 몸에 병으로 인하여 귀국하여 요양하였더니, 이제 쾌히 회복함으로 여정을 떠나 불원(不遠) 간 서울에 도착한다는데, 한국의 신사 여러 사람이 그 사람을 환영할 차로 내일 하오 5시에 종로 청년회관 안에서 발기회를 개최한다더라.

57. 대한매일신보 1909년 7월 17일

이것 보시오

본원에 영국에 제조한 각종 안경을 구비하오니 사기를 원하는 분은 본원으로 오셔서 사시기 바랍니다.

경성 남대문 밖 제중원

58. 황성신문 1909년 8월 25일

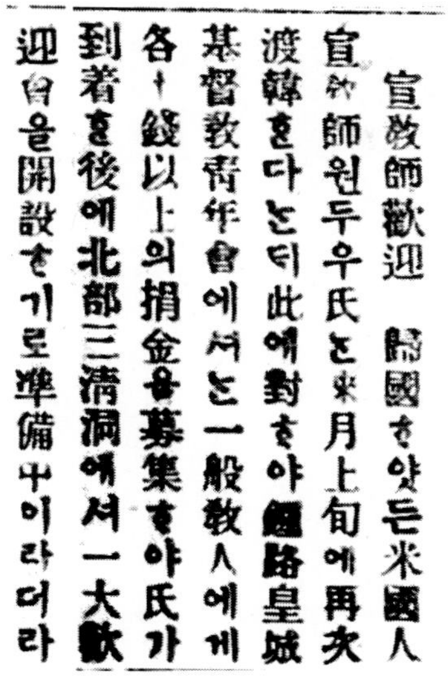

宣敎師歡迎 歸國ᄒᆞ얏든米國人
宣敎師원두우氏ᄂᆞᆫ來月上旬에再次渡韓ᄒᆞᆫ다ᄂᆞᆫ듸此에對ᄒᆞ야鍾路皇城基督敎靑年會에서ᄂᆞᆫ一般敎人에게各十錢以上의捐金을募集ᄒᆞ야氏가到着ᄒᆞᆫ後에北部三淸洞에서一大歡迎會를開設ᄒᆞ기로準備中이라더라

선교사 환영

귀국하였던 미국인 선교사 원두우 씨는 다음 달 상순에 재차 한국으로 건너 온다고 하는데, 이에 대하여 종로황성기독청년회에서는 일반 교인에게 각 10전 이상의 의연금을 모집하여 씨가 도착한 후에 북부 삼청동에서 일대 환영회를 개설하기로 준비 중이라더라.

59. 황성신문 1909년 8월 29일

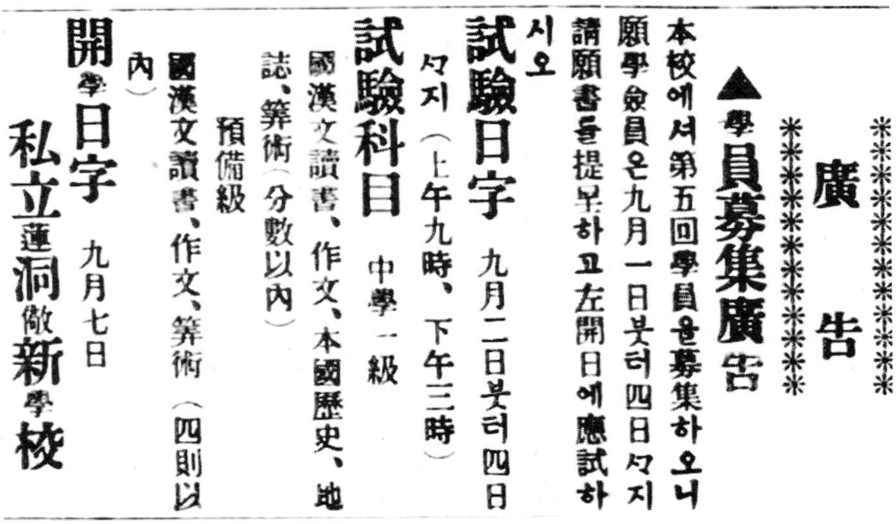

廣 告

▲學員募集廣告

本校에서第五回學員을募集하오니願學僉員은九月一日부터四日ᄭᆞ지請願書를提呈하고左開日에應試하시오

試驗日字 九月二日부터四日ᄭᆞ지(上午九時、下午三時)

試驗科目 中學一級

國漢文讀書、作文、本國歷史、地誌、筭術(分數以內)

預備級

國漢文讀書、作文、筭術(四則以內)

開學日字 九月七日

私立蓮洞儆新學校

학원 모집 광고

본교에서 제5회 학생을 모집하오니 원하는 학생은 9월 1일부터 4일까지 청원서를 제출하고 아래의 날짜에 응시하시오

시험일자 9월 2일부터 4일까지 (오전 9시~오후 3시)

시험과목 중학 1학년 - 국한문독서, 작문, 본국 역사, 지리, 산술(분수 이내)

예비급 - 국한문독서, 작문, 산술(四則 이내)

개학일 9월 7일

사립연동경신학교

60. 황성신문 1909년 10월 5일

◎幻燈入場券 美國人宣敎師元杜宇氏ᄂᆞᆫ本日下午七時半에新門內禮拜堂에셔敎育上에關ᄒᆞᆫ幻燈會를設行ᄒᆞᆯ次로再昨日에一般敎人等에게入場券一枚式頒給ᄒᆞ얏다더라

환등회 입장권

미국인 선교사 원두우 씨는 오늘 하오 7시 반에 새문안 예배당에서 교육상에 관한 환등회(幻燈會)를 시행할 차로 그저께 일반 교인 등에게 입장권 1매씩을 나누었다고 하더라.

61. 대한매일신보 1909년 10월 6일

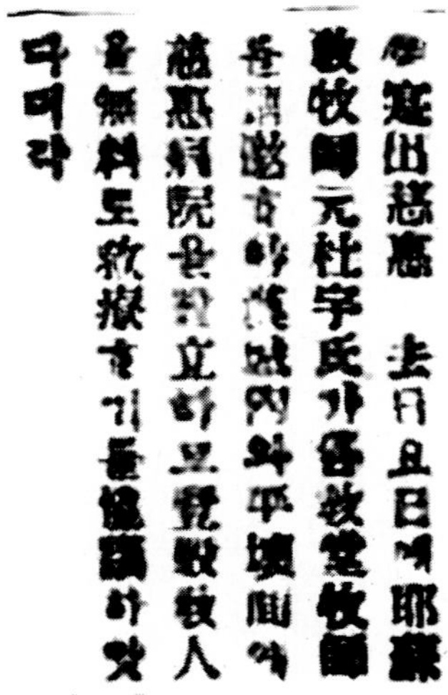

寔出慈惠 去日요日에耶蘇敎牧師元杜宇氏가各敎堂牧師를請邀ᄒᆞ야漢城과平壤間에慈惠病院을設立ᄒᆞ고貧數敎人을無料로救療ᄒᆞ기를協議ᄒᆞ얏다더라

자혜(慈惠)에서 나온 진실

지난 일요일에 야소교 목사 원두우 씨가 각 교당 목사를 초청하여 서울과 평양에 자혜병원(慈惠病院)을 설립하고 일반 교인을 무료로 구료(救療)하기를 협의하였다고 하더라.

62. 대한매일신보 1909년 10월 24일

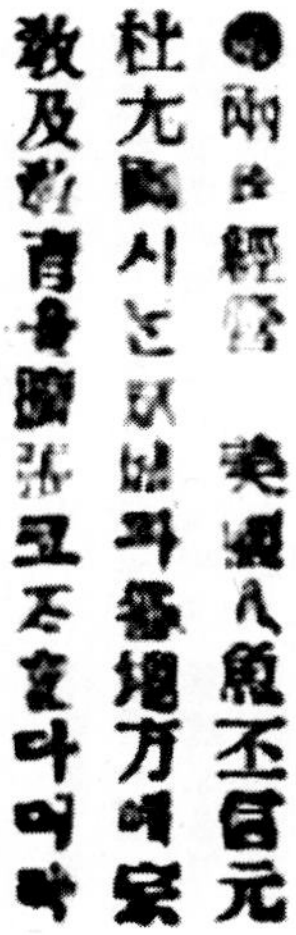
◎兩氏經營 美國人魚丕信元
杜尤兩시ᄂᆞᆫ京城과各地方에宗
敎及敎育을擴張코져ᄒᆞᆫ다더라

양 씨의 경영

미국인 어비신(魚丕信) 원두우 두 사람은 서울과 각 지방에 종교 및 교육을 확장하고자 한다더라.

63. 대한매일신보 1909년 10월 30일

論說

韓大衛氏의學校設立을賀노라

한대위(韓大衛) 씨의 학교 설립을 치하하노라

아, 우리 서양인이 만리 해외에서 와서 한국의 문명을 부조(扶助)하여 한국 인사의 지식을 늘이며 한국 운명의 전도를 돕는 것은 실로 우리들이 박수치며 환영하는 바이라.

서울에 제중원 의학교가 있으며, 평양에 맹아(盲啞)학교가 있음이 그 일례이니, 이제 또 미국 의사 한대위(David Edward Hahn) 씨가 치의학교를 설립하고 한국 자제를 교육하고자 한다더라.

대개 우리 서양인은 문명의 선구를 이루어 문명의 기치를 두루 들고, 문명의 종자를 퍼뜨려 문명의 결실을 같이 잔치를 하는 자이라. 항차 서양의 문명이 동양으로 퍼져 동양의 서광(曙光)을 환기하는 이 시대이며, 또한 항차 한국에 풍우가 아직 어둡고 강산이 참담하여 문명을 아픈 사람의 약 같이, 목마른 자의 물 같이 구하는 이 시대가 아닌가.

저 제중원은 한국 의학계의 천황(天荒, 천지가 미개하고 혼돈함)을 깨부수고 의술을 시행한 은혜는 한반도 동포에 널리 미쳤고, 그 교육의 공로는 사람을 가르치고 박사(博士)를 양성하였으니, 그 효과가 과연 어떠하며, 저 맹아학교는 한국 맹아계에 일찍 없었던 복음을 전하여 그 기술을 기우고 그 지식을 열었으니, 그 효과가 또 과연 어떠한가.

지금 한대위 씨의 치의학교가 설립되매 그 효과가 반드시 제중원과 맹아교만 전적으로 아름답다고 할 수 없을 것이로다.

이런 까닭으로 우리들은 한대위 씨의 교육 사업을 위하여 찬성을 표하노니, 그러나 우리들은 우리 서양인 여러 사람에 대하여 오히려 희망하는 바가 많도다.

(1) 우리 서양인은 한국인의 고통을 구하며, 한국인의 위광(威光)을 권함으로 책임을 만들어, 급한 사람의 인풍(仁風)을 흥분(興奮)하게 하며, 인도(人道)의 정의를 고취하여 하나의 의원을 설립하며, 하나의 학교를 설립함에도 반드시 정신적으로, 의리적으로 우리 서양 인사의 높은 품격을 스스로 힘쓰며,

(2) 우리 서양인은 건전한 수완을 발휘하고 건전한 공과(功果)를 얻어 사회의 대 도사(導師)로 자임할지라. 지금같이 한국 안에서 우리 서양인의 사업이 아직 유쾌함에 달하지 못하고, 우리 서양인의 광채가 아직 휘황(輝煌)한 것에 미치지 못함은, 실로 우리들이 스스로 애석해 하는 바이니, 원하건대 제군은 더욱더 면강(勉强)하며 더욱더 활동하여 저 제중원 맹아학교 등의 사업이 점점 더 흥하게 할지어다.

64. 대한매일신보 1909년 10월 30일

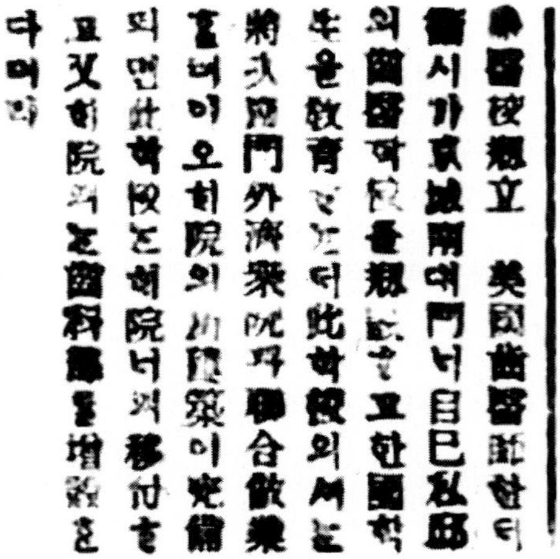
齒醫校設立 美國齒醫師한터衛시가京城南대門내自巳私邸의齒醫學校를設始고韓國學生을敎育는데此學校의셔는將次南門外濟衆院과聯合作業할터이오該院의新建築이完備되면此學校도該院내로移付하고又該院의齒科部를增設다더라

의학교 창립

미국 치과 의사 한대위(David Hahn) 씨가 서울 남대문 안 자기 사저에 치의학교를 창설하고 한국 학생을 교육하는데, 이 학교에서는 장차 남문 밖 제중원과 연합으로 작업할 터이오, 그 병원을 새로 건축하여 완비되면 이 학교를 이전하고, 또 그 병원의 치과부(齒科部)를 증설한다고 하더라.

65. 대한매일신보 1909년 10월 30일

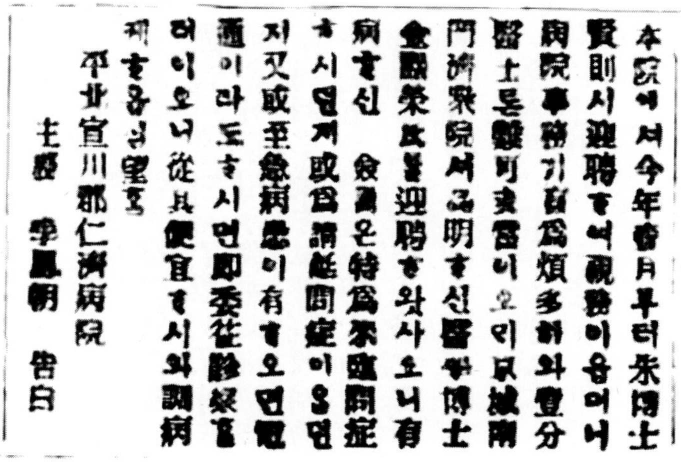
本院에서今年[illegible]月부터朱博士
賢則시迎聘ᄒᆞ야視務이옵더니
病院事務기[illegible]爲煩多ᄒᆞ와一分
醫士로ᄂᆞᆫ難可支當이오며京城南
門濟衆院에셔高明ᄒᆞ신醫學博士
金熙榮氏를迎聘ᄒᆞ왓사오니有
病ᄒᆞ신 僉員은特爲來臨問症
ᄒᆞ시던지或召請[illegible]問症이옵던
지又或至急病患이有ᄒᆞ오면電
通이라도ᄒᆞ시면卽委往診察ᄒᆞ
터이오니從其便宜ᄒᆞ시와調病
제ᄒᆞ옵기望ᄒᆞᆷ
平北宣川郡仁濟病院
主務 李鳳朝 告白

인제병원 광고

본원에서 올 1월부터 주현칙 박사를 즉시 영입 고빙하여 시무하고 있사오니, 병원 사무가 번잡하고 많아서 한 분의 의사로는 감당하기 어려워서 서울 남문 제중원에서 고명하신 의학박사 김희영(金熙榮) 씨를 영빙(迎聘)하였사오니, 병이 있으신 여러분은 특별히 내방하여 증세를 문의하시든지, 혹은 불러 청하여 증세를 문의하시든지, 또 혹은 극히 급한 병환이 있사오면 전통(電通)이라도 하시면 즉시 왕진할 터이니, 그 편한 것에 따라 병을 조절하기옵기를 바람.

평북 선천군 인제(仁濟)병원

주무 이봉조(李鳳朝) 고백

66. 대한매일신보 1909년 11월 16일

本院을昨年陰十一月分에設립
ᄒᆞ고平壤醫士崔龍化氏로同事
開業이옵더니右員이因事歸鄕
되옵기互相分掌ᄒᆞ고京城濟衆
院에서卒業ᄒᆞ고該院에서診療
에從事ᄒᆞ던醫學博士申창熙洪
鍾殷兩氏를延聘視務ᄒᆞ오니有
病僉員은來臨調理ᄒᆞ심을仰要
義州府南門外救世病院
主務員 金志河 告白

구세병원 광고

본원을 작년 음력 11월에 설립하고 평양 의사 최용화(崔龍化) 씨를 동업으로 개업하였더니, 그 사람이 일이 있어 고향으로 돌아가서 서로 업무를 나누고, 서울 제중원에서 졸업하고 그 병원에서 진료에 종사하던 의학박사 신창희(申창熙), 홍종은(洪鍾殷) 두 사람을 초빙하여 시무하오니, 병이 있으신 분들은 오셔서 조리(調理)를 의논하시기를 앙망합니다.

의주부 남문 외 구세(救世)병원

주무원 김지하(金志河) 고백

67. 대한매일신보 1909년 12월 1일

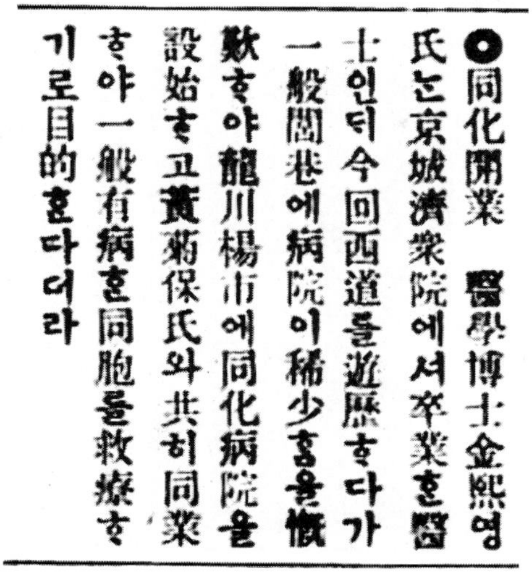

◎同化開業 醫學博士金熙영氏는京城濟衆院에서卒業ᄒᆞᆫ醫士인ᄃᆡ今回西道를遊歷ᄒᆞ다가一般閭巷에病院이稀少ᄒᆞᆷ을慨歎ᄒᆞ야龍川楊市에同化病院을設始ᄒᆞ고黃菊保氏와共히同業ᄒᆞ야一般有病ᄒᆞᆫ同胞를救療ᄒᆞ기로目的ᄒᆞᆫ다더라

동화병원 개업

의학박사 김희영(金熙영) 씨는 서울 제중원에서 졸업한 의사인데, 이번에 서도(西道)를 여행하다가 일반 마을에 병원이 희소함을 개탄하여 용천 양시(楊市)에 동화(同化)병원을 설시하고 황보국(黃菊保) 씨와 같이 동업하여 일반 병이 있는 동포를 구료(救療)하기로 목적한다고 하더라.

68. 대한매일신보 1909년 12월 1일

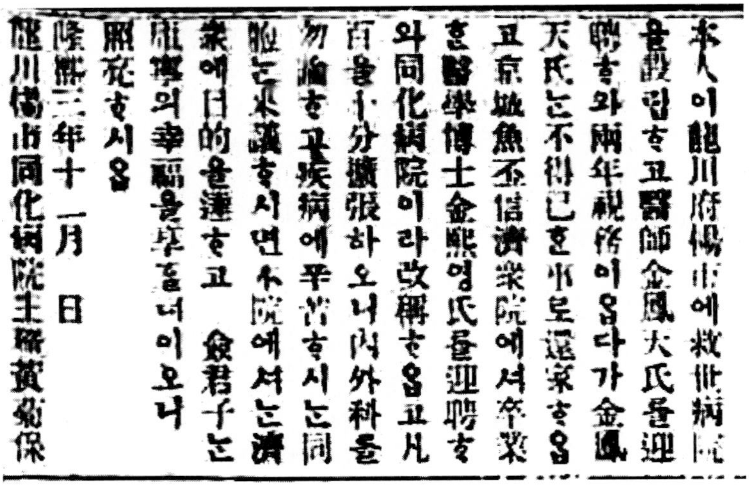
本人이龍川府楊市에救世病院
을設립ᄒᆞ고醫師金鳳天氏를迎
聘ᄒᆞ와兩年視務이옵다가金鳳
天氏ᄂᆞᆫ不得已ᄒᆞᆫ事로還家ᄒᆞ옵
고京城魚丕信濟衆院에셔卒業
ᄒᆞᆫ醫學博士金熙영氏를迎聘ᄒᆞ
와同化病院이라改稱ᄒᆞ옵고凡
百을十分擴張하오니內外科ᄂᆞᆫ
勿論ᄒᆞ고疾病에辛苦ᄒᆞ시ᄂᆞᆫ同
胞ᄂᆞᆫ來議ᄒᆞ시면本院에셔ᄂᆞᆫ濟
衆에目的을達ᄒᆞ고 僉君子ᄂᆞᆫ
康寧의幸福을享ᄒᆞᆯ너이오니
照亮ᄒᆞ시옵
隆熙三年十一月 日
龍川楊市同化病院主務黃菊保

동화병원 광고

본인이 용천부 양시(楊市)에 구세(救世)병원을 설립하고 의사 김봉천(金鳳天) 씨를 초빙하와 두 해 시무하였다가, 김봉천 씨는 부득이한 일로 집으로 돌아가고 경성 어비신(魚丕信) 제중원에서 졸업한 의학박사 김희영(金熙영) 씨를 초빙하여 동화(同化)병원이라 개칭하옵고 범백(凡百, 여러 가지 일)을 십분 더 확장하오니, 내외과(內外科)는 물론이고, 질병으로 신고(辛苦)하시는 동포는 와서 의논하시면 본원에서 제중(濟衆)하는 목적을 도달하고, 여러분은 강녕(康寧)의 행복을 누릴 터이노니, 조량하시기 바랍니다.

융희 3년(1909년) 12월 일

용천 양시 동화병원 주무 황보국(黃菊保)

69. 대한매일신보 1909년 12월 3일

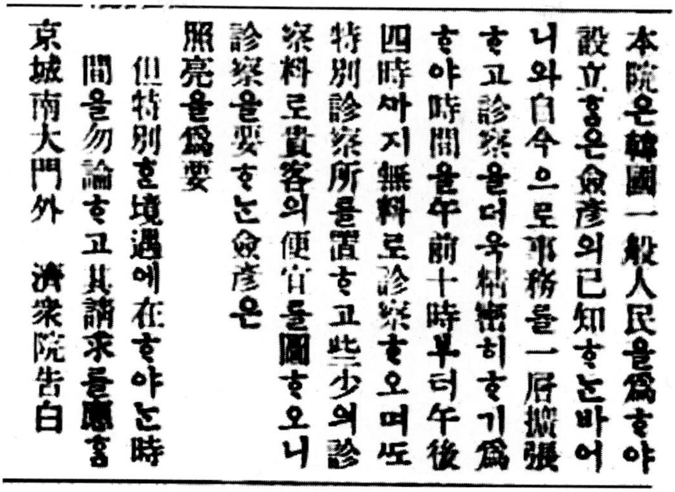

本院은韓國一般人民을爲ᄒᆞ야
設立홈은僉彦의已知ᄒᆞᄂᆞᆫ바어
니와自今으로事務를一層擴張
ᄒᆞ고診察을더욱精密히ᄒᆞ기爲
ᄒᆞ야時間을午前十時부터午後
四時ᄭᆞ지無料로診察ᄒᆞ오며또
特別診察所를置ᄒᆞ고些少의診
察料로貴客의便宜를圖ᄒᆞ오니
診察을要ᄒᆞᄂᆞᆫ僉彦은
照亮을爲要
但特別ᄒᆞᆫ境遇에在ᄒᆞ야ᄂᆞᆫ時
間을勿論ᄒᆞ고其請求를應홈
京城南大門外　濟衆院告白

제중원 광고

본원은 한국 일반 인민을 위하여 설립함은 여러분들이 이미 아실 바이거니와, 지금부터 사무를 한층 확장하고 진찰을 더욱 정밀히 하기 위하여 시간을 오전 10시부터 오후 4시까지 무료로 진찰하오며, 또 특별진찰소를 설치하고 다소의 진찰료로 귀한 손님의 편의를 도모하오니 진찰을 요하는 여러분은 조량하시기 바랍니다.

단 특별한 경우에 있어서는 시간을 묻지 않고 그 청구한 바에 응함.

경성 남대문 밖 제중원 고백

70. 황성신문 1909년 12월 3일

◎濟衆院擴張 南大門外濟衆院에셔自今으로事務를一層擴張ᄒᆞ기爲ᄒᆞ야診察을益加精密히ᄒᆞᆫ다ᄂᆞᆫᄃᆡ時間은午前十時로붓터午後四時ᄭᆞ지無料로診察ᄒᆞ며特別ᄒᆞᆫ境遇에ᄂᆞᆫ時間을勿問ᄒᆞ고隨請診察ᄒᆞᆫ다더라

제중원 확장

남대문 밖 제중원(濟衆院)에서 지금 이후로 사무를 한층 확장하기 위하여 진찰을 더욱 정밀(精密)하게 한다는데, 시간은 오전 10시부터 오후 4시까지 무료로 진찰하며, 특별한 경우에는 시간에 구애되지 않고 요청하는 것에 따라 진찰하다고 하더라.

71. 대한매일신보 1909년 12월 19일

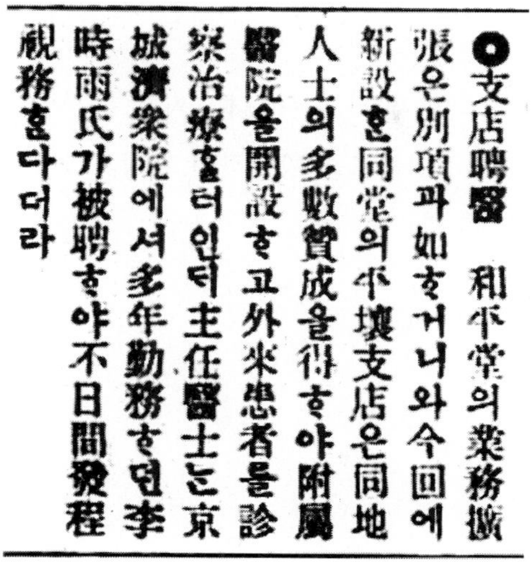

◎支店聘醫 和平堂의業務擴張은別項과如ᄒᆞ거니와今回에新設ᄒᆞᆫ同堂의平壤支店은同地人士의多數贊成을得ᄒᆞ야附屬醫院을開設ᄒᆞ고外來患者를診察治療ᄒᆞᆯ터인ᄃᆡ主任醫士ᄂᆞᆫ京城濟衆院에서多年勤務ᄒᆞ던李時雨氏가被聘ᄒᆞ야不日間發程視務ᄒᆞᆫ다더라

지점의 의사 초빙

화평당(和平堂)의 업무 확장은 별항과 같거니와, 이번에 신설한 동 당(堂)의 평양 지점은 동지(同地) 인사의 다수 찬성을 얻어서 부속의원(附屬醫院)을 개설하고 외래 환자를 진찰 치료할 터인데, 주임 의사는 경성 제중원(濟衆院)에서 다년 근무하던 이시우(李時雨) 씨가 초빙되어 곧 시무를 시작한다고 하더라.

72. 황성신문 1910년 2월 26일

◎儆新擴張方針 學部書記官隈本氏
가主事金俊水氏를帶同ᄒᆞ고再昨日에
蓮洞儆新學校에前往ᄒᆞ야該校長과敎
務擴張ᄒᆞᆯ事件을協議ᄒᆞ얏다더라

경신 확장 방침

학부서기관 외본(隈本) 씨가 주사 김준수 씨를 대동하고 그제 연동 경신학교를 방문하여 교장과 교무 확장에 대한 건을 협의하였다더라.

73. 황성신문 1910년 3월 20일

◎儆新擴張 蓮洞儆新中학校에서
는新任校長元杜宇氏가出席ᄒᆞᆫ後校
舍도增築ᄒᆞ고秋期부터는大擴張ᄒᆞᆫ
다더라

경신 확장

연동 경신중학교에서는 신임 교장 언더우드 씨가 출석한 후 교사도 증축하고 가을부터는 대확장한다더라.

74. 황성신문 1910년 6월 21일

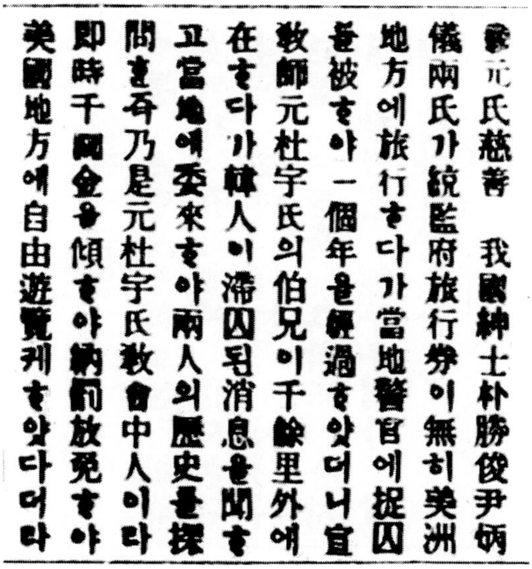
◎元氏慈善　我國紳士朴勝俊尹炳儀兩氏가統監府旅行劵이無히美洲地方에旅行ᄒᆞ다가當地警官에捉囚를被ᄒᆞ야一個年을經過ᄒᆞ얏더니宣敎師元杜宇氏의伯兄이千餘里外에在ᄒᆞ다가韓人이滯囚된消息을聞ᄒᆞ고當地에委來ᄒᆞ야兩人의歷史를探問ᄒᆞᆫ즉乃是元杜宇氏敎會中人이라即時千圜金을傾ᄒᆞ야納罰放免ᄒᆞ야美國地方에自由遊覽케ᄒᆞ얏다더라

원씨 자선

우리나라 신사(紳士) 박승준(朴勝俊), 윤병의(尹炳儀) 두 사람이 통감부 여행권이 없이 미주 지방에 여행하다가 당지의 경관에게 체포되어 죄인으로 갇혀 1년을 지났더니, 선교사 원두우 씨의 백형(伯兄)이 1천여 리 밖에 있다가 한국 사람이 갇힌 소식을 듣고 그 곳에 와서 두 사람의 내력을 탐문한 즉, 이는 원두우 씨 교회 사람이라. 즉시 1천 환을 기울여 벌금을 내고 방면하여 미국 지방에 자유롭게 유람케 하였다고 한다.

75. 대한매일신보 1910년 7월 9일

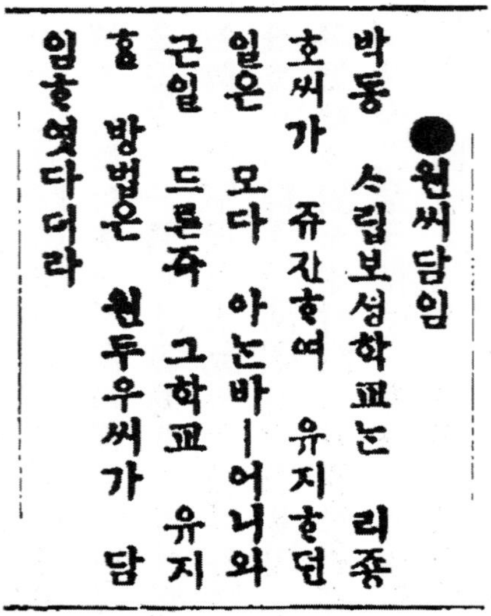
●원씨담임
박동 ᄉᆞ립보셩학교는 리죵호씨가 쥬간ᄒᆞ여 유지ᄒᆞ던 일은 모다 아논바ㅣ어니와 근일 드른즉 그학교 유지ᄒᆞᆯ 방법은 원두우씨가 담임ᄒᆞ엿다더라

원씨 담임

박동 사립보성학교는 이종호 씨가 주간하여 유지하던 일은 모두 아는 바이거니와, 근일 들은 즉 그 학교 유지할 방법은 원두우 씨가 담임(擔任)하였다고 하더라.

76. 황성신문 1910년 8월 3일

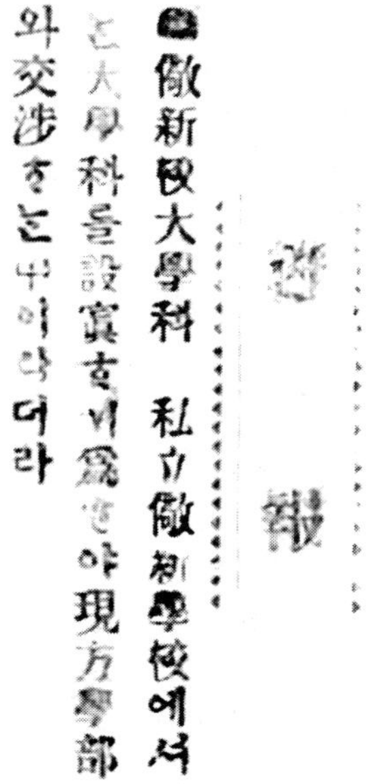
雜報

◉儆新校大學科 私立儆新學校에서ᄂᆞᆫ大學科를設寘ᄒᆞ기爲ᄒᆞ야現方學部와交涉ᄒᆞᄂᆞᆫ中이라더라

경신교 대학과

사립 경신학교에서는 대학과를 설치하기 위하여 현재 학부와 교섭하는 중이라더라.

77. 황성신문 1910년 8월 25일

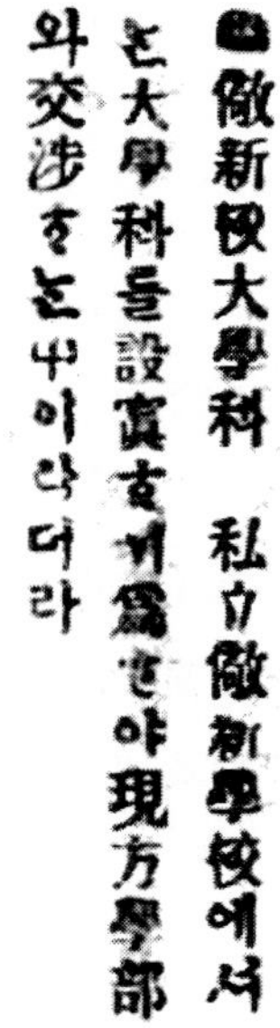
◉儆新校大學科 私立儆新學校에서ᄂᆞᆫ大學科를設寘ᄒᆞ기爲ᄒᆞ야現方學部와交涉ᄒᆞᄂᆞᆫ中이라더라

경신교 대학과

사립경신학교에서는 대학과를 설치하기 위하여 현재 학부와 교섭하는 중이라더라.

78. 황성신문 1910년 9월 6일

●學員募集廣告●

本校에셔今番에校舍를一層廣濶ᄒᆞ고華麗ᄒᆞ게擴張建築ᄒᆞ고中學科科程을精査增補ᄒᆞ며高明ᄒᆞᆫ講師를延聘ᄒᆞ야優尙ᄒᆞᆫ敎授를施及ᄒᆞᄂᆞᆫ中特히從來로學生界에希望ᄒᆞ든바大學科를新設ᄒᆞ야完美ᄒᆞᆫ敎育을實施키圖ᄒᆞ오며校內에靜潔ᄒᆞᆫ寄宿舍를設備ᄒᆞ야修業上에便益을極盡케ᄒᆞ고各班에補缺生과新入生을大募集ᄒᆞ오니願學僉彦은九月十五日內에入學請願書를提呈ᄒᆞ고左開에依ᄒᆞ야應試ᄒᆞᆷ을望ᄒᆞᆷ
但請願用紙ᄂᆞᆫ本校에來求ᄒᆞᆷ

入學資格
大學科 年齡二十歲以上男子로 身体强健ᄒᆞ고品行端正ᄒᆞᆫ者
中學科 年齡十六歲以上男子로 身体强健ᄒᆞ고品行端正ᄒᆞᆫ者

入學試驗科目
大學科 中學全科를修了ᄒᆞᆫ바에相當ᄒᆞᆫ科目 (但中學校卒業生은免試ᄒᆞᆷ)
中學科 國漢文讀書、作文、本國歷史、本國地誌、筭術分數以下

試驗日字 自九月十五日로至十六日 (時間은每日上午九時브터十時ᄭᆞ지)
開學日字 九月二十日
其他詳細ᄒᆞᆫ事項은本校에來問ᄒᆞᆷ

私立 蓮洞儆新學校

학원모집 광고

본교에서 이번에 교사(校舍)를 한층 넓고 화려하게 확장 건축하고, 중학과 과정을 자세히 증보하였으며, 고명한 강사를 초빙하여 우수한 교사를 갖추는 동시에, 특히 그동안 학생계가 희망하던 바인 대학과를 신설하여 완전한 교육을 실시할 것을 계획하고 있으며, 교내에 정결한 기숙사를 설비하여 수업상에 편익을 극히 다하였고, 각 반에 보결생과 신입생을 대모집하오니 원하는 이는 9월 15일 안에 입학청원서를 내고 아래의 날짜에 응시하기 바람. 단 청원용지는 본교에 와서 구하기 바람.

입학자격

대학과 연령 20세 이상 남자로 신체 강건하고 품행 단정한 자
중학과 연령 16세 이상 남자로 신체 강건하고 품행 단정한 자

입학시험 과목

대학과 중학전과를 수료한 바에 상당한 과목
(단 중학교 졸업생은 시험 면제)
중학과 국한문독서, 작문, 본국역사, 본국지리, 산술(분수이하)

시험일자

9월 15일~18일
(시간은 매일 오전 9시부터 10시까지)

개학일자

9월 20일

기타 상세한 사항은 본교에 와서 물어보시오.

사립연동경신학교

79. 매일신보 1910년 9월 16일

◎廢校議決 基督靑년會에서
美旬會를開ᄒᆞᆷ은別項과如ᄒᆞ거
니와該會에서再昨日에敬信學
校를廢止ᄒᆞ기로決議ᄒᆞ엿다더
라

폐교 의결

기독교청년회에서 미순회(美旬會, 조선미션회)를 시작했다고 함은 별항과 같거니와, 이 회에서 그제 경신학교를 폐지하기로 결의하였다더라.

80. 매일신보 1910년 10월 19일

◎普成學校와元氏 再昨日普成專門學校에서元杜宇氏에게로公函ᄒᆞ되本校에서近日經費가困難ᄒᆞ야維持方策이頓無ᄒᆞ니李鍾浩氏의委任을受ᄒᆞᆫ日로브터諸般經費를支出ᄒᆞ라ᄒᆞ얏다더라

보성학교와 원씨

그저께 보성전문학교에서 원두우(元杜宇) 씨에게 공함(公函)하였는데, 본교에서는 근일 경비가 곤란하여 유지할 방책이 전혀 없으니 이종호(李鍾浩) 씨의 위임을 받은 날로부터 제반 경비를 지출하라고 하였다더라.

81. 매일신보 1911년 6월 2일

●濟衆院醫學校의卒業式 南大門外濟衆院內에在ᄒᆞᆫ醫學校에서는本日午後四時頃에第二回卒業式을設行ᄒᆞ는故로一般醫業界에從事ᄒᆞ는諸氏에게請牒을發送ᄒᆞ얏다더라

제중원의학교의 졸업식

남대문 밖 제중원 안에 있는 의학교에서는 오늘 오후 4시경에 제2회 졸업식을 거행하는 까닭으로 일반 의업계에 종사하는 여러 사람에게 청첩(請牒)을 발송하였다고 한다.

82. 매일신보 1911년 9월 20일

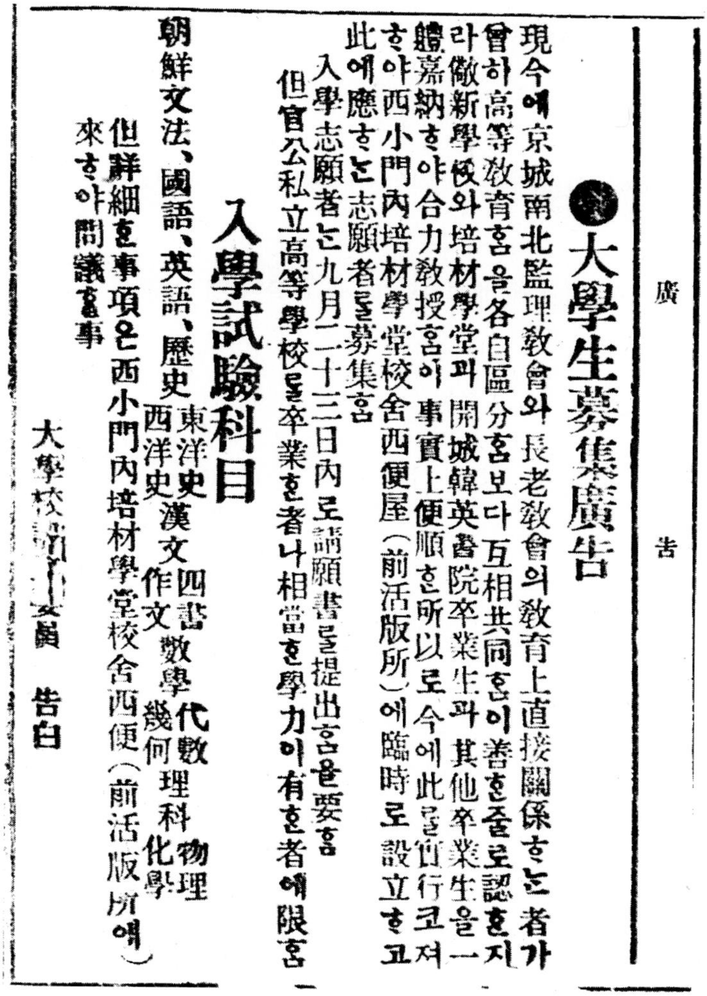
廣 告

大學生募集廣告

現今에京城南北監理敎會와長老敎會의敎育上直接關係ᄒᆞᄂᆞᆫ者가增하高等敎育홈을各自區分홈보다互相共同홈이善ᄒᆞᆫ줄로認ᄒᆞᆫ지라儆新學校와培材學堂과開城韓英書院卒業生과其他卒業生을一體嘉納ᄒᆞ야合力敎授홈이事實上便順ᄒᆞᆫ所以로今에此를實行코져ᄒᆞ야西小門內培材學堂校舍西便屋(前活版所)에臨時로設立ᄒᆞ고此에應ᄒᆞᄂᆞᆫ志願者를募集홈

入學志願者ᄂᆞᆫ九月二十三日內로請願書를提出홈을要홈

但官公私立高等學校를卒業ᄒᆞᆫ者나相當ᄒᆞᆫ學力이有ᄒᆞᆫ者에限홈

入學試驗科目

朝鮮文法、國語、英語、歷史 東洋史 西洋史 漢文 作文 四書 數學 代數 幾何 理科 物理 化學

但詳細ᄒᆞᆫ事項은西小門內培材學堂校舍西便(前活版所에)來ᄒᆞ야問議홀事

大學校[illegible]委員 告白

대학생 모집광고

현금에 경성 남북감리교회와 장로교회의 교육상 직접 관계하는 자가 늘어 고등교육하는 것을 각자 구분하여 하는 것보다 서로 공동으로 하는 것이 선(善)한 줄로 인식한지라. 경신학교와 배재학당과 개성 한영서원 졸업생과 기타 졸업생을 일체 가납(嘉納)하여 합력 교수(敎授)함이 사실상 편리한 까닭에 지금 이것을 실행하고자 하여 서소문 안 배재학당

교사 서쪽 건물(이전 활판소)에 임시로 설립하고 이것에 응하는 지원자를 모집함.

입학 지원자는 9월 23일 내로 청원서를 제출함을 요함.

단 관공사립 고등학교를 졸업한 자나 상당한 학력이 있는 자에 한함.

입학시험 과목

조선문법, 국어, 영어, 역사(동양사, 서양사), 한문(사서, 작문), 수학(대수, 기하) 이과(물리, 화학)

단 상세한 사항은 서소문 내 배재학당 교사 서쪽편(전 활판소)에 와서 문의할 것.

대학교 설립위원 고백

83. 매일신보 1911년 10월 19일

●私立學校聯合運動會 朝鮮側
私立學校聯合運動會는來二十日上午八時브터訓鍊院에셔舉行홀터이라는딕參加홀學校及人員은左와如ᄒᆞ더라

中央學校 職員十八名 生徒百四十五名
五星學校 職員十七名 生徒百二十五名
普成學校 職員十九名 生徒二百二十名
青年學館 職員十五名 生徒百五十五名
青年學院 職員十七名 生徒六十名
培材學堂 職員十一名 生徒八十名
儆新學校 職員十五名 生徒九十名

사립학교 연합운동회

조선 측 사립학교연합운동회는 오는 20일 오전 8시부터 훈련원에서 거행할 터라는데, 참가할 학교와 인원은 다음과 같더라.

중앙학교 직원 18명, 학생 145명

오성학교 직원 17명, 학생 125명

보성학교 직원 19명, 학생 220명

청년학관 직원 15명, 학생 155명

청년학원 직원 17명, 학생 60명

배재학당 직원 11명, 학생 80명

경신학교 직원 15명, 학생 90명

1912

84. 매일신보 1912년 12월 27일

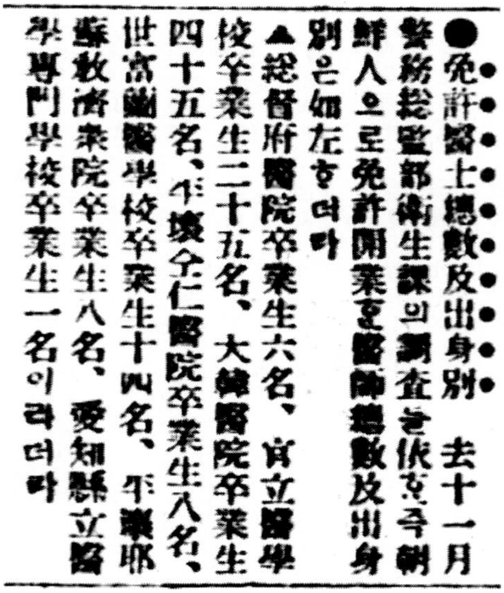

●免許醫士總數及出身別● 去十一月警務總監部衛生課의調査를依ᄒᆞᆫ즉朝鮮人으로免許開業ᄒᆞᆫ醫師總數及出身別은如左ᄒᆞ더라

▲總督府醫院卒業生六名、官立醫學校卒業生二十五名、大韓醫院卒業生四十五名、平壤仝仁醫院卒業生八名、世富蘭醫學校卒業生十四名、平壤耶蘇敎濟衆院卒業生八名、愛知縣立醫學專門學校卒業生一名이라더라

면허 의사 총수 및 출신별

지난 11월 경무총감부 위생과의 조사에 의한 즉, 조선인으로 면허 개업한 의사 총수 및 출신별은 아래와 같다더라.

총독부 의원 졸업생 6명, 관립의학교 졸업생 25명, 대한의원 졸업생 45명, 평양 동인의원 졸업생 8명, 세브란스의학교 졸업생 14명, 평양야소교제중원 졸업생 8명, 애지(愛知)현립의학전문학교 졸업생 1명이라고 하더라.

85. 매일신보 1913년 3월 5일

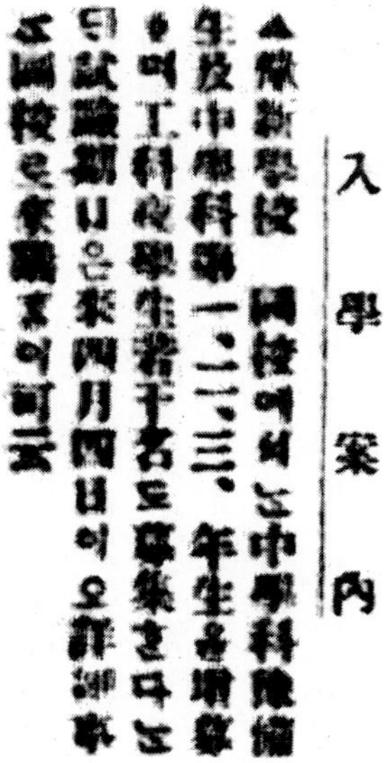

入學案內

▲儆新學校 同校에서는中學科豫備生及中學科第一、二、三、年生을增募하며工科夜學生若干名도募集한다는디試驗期日은來四月四日이오詳細事는同校로來議홈이可홈

입학안내

▲ 경신학교

동교에서는 중학과 예비생과 중학과 제1, 2, 3학년생을 추가로 모집하며, 공과 야학생 약간 명도 모집한다는데, 시험 날짜는 오는 4월 4일이오, 자세한 사항은 동교로 문의하시오.

86. 매일신보 1913년 4월 8일

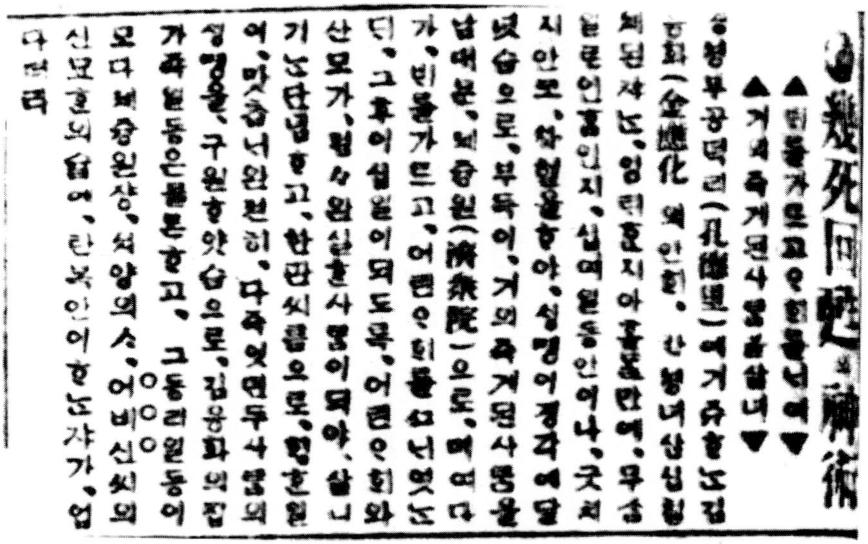

起死回生의神術

▲배를가르고아희를내여▲

▲거의죽게된사람을살녀▼

경셩부공덕리(孔德里)에거쥬ᄒᆞᄂᆞᆫ김응화(金應化)의안해、박셩녀삼십칠세된쟈ᄂᆞᆫ、잉태ᄒᆞᆫ지아홉달만에、무ᄉᆞᆫ일로인홈인지、십여일동안이나、긋치지안코、하혈을ᄒᆞ야、싱명이경각에달엿슴으로、부득이、거의죽게된사ᄅᆞᆷ을남대문、뎨즁원(濟衆院)으로、메여다가、배를가르고、어린아ᄒᆡ를ᄭᅳ내엿ᄂᆞᆫ데、그후이십일이되도록、어린ᄋᆞᄒᆡ와산모가、졈졈완실ᄒᆞᆫ사ᄅᆞᆷ이되야、살니기ᄂᆞᆫ단념ᄒᆞ고、한판씨름으로、ᄒᆡᆼᄒᆞᆫ일이、맛참내완젼히、다죽엇던두사ᄅᆞᆷ의싱명을、구원ᄒᆞ얏슴으로、김응화의집가족일동은물론ᄒᆞ고、 그동리일동이모다뎨즁원장、셔양의ᄉᆞ、어비신씨의신묘ᄒᆞᆫ의술에、탄복안이ᄒᆞᄂᆞᆫ쟈가、업다더라

기사회생의 신술

배를 가르고 아이를 내어, 거의 죽게 된 사람을 살려

경성부 공덕리에 거주하는 김응화의 아내 박성녀(37세)된 자는 잉태한 지 아홉 달 만에 무슨 일로 인함인지 십여 일 동안이나 그치지 않고 하혈을 하여 생명이 경각에 달렸음으로 부득이 거의 죽게 된 사람을 남대문 제중원으로 메여다가 배를 가르고 어린 아이를 꺼내었는데, 그 후 20일이 되도록 어린 아이와 산모가 점점 완실한 사람이 되어, 살리기는 단념하고 한판 시름으로 행한 일이 마침내 완전히 다 죽었던 두 사람의 생명을 구원하였음으로, 김응화의 집 가족 일동은 물론 그 동네 일동이 모두 제중원장 서양 의사 어비신씨의 신묘한 의술에 탄복하지 않는 자가 없다고 하더라.

87. 매일신보 1913년 8월 21일

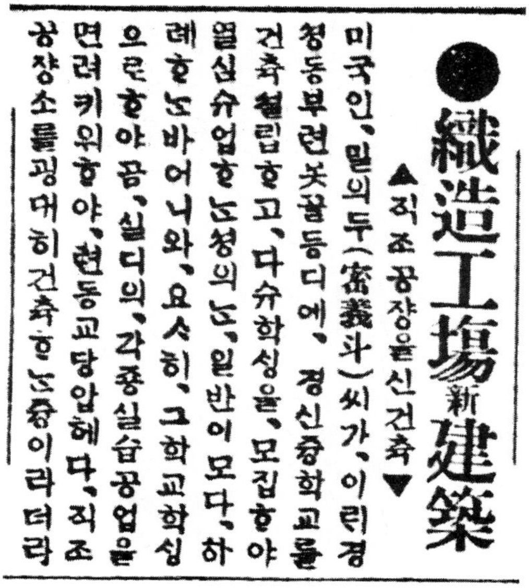

● 織造工場新建築

▲직조공장을신건츅▼

미국인、밀의두(密義斗)씨가、이ᄅᆡ경
청동부련못골등디에、 경신즁학교를
건츅셜립ᄒᆞ고、다슈학싱을、모집ᄒᆞ야
열심슈업ᄒᆞᄂᆞᆫ셩의ᄂᆞᆫ、일반이모다、하
례ᄒᆞᄂᆞᆫ바어니와、요ᄉᆞ히、그학교학싱
으로ᄒᆞ야곰、실디의、각죵실습공업을
면려키위ᄒᆞ야、련동교당압헤다、직조
공쟝소를광대히건츅ᄒᆞᄂᆞᆫ즁이라더라

직조공장 새로 건축

미국인 밀러 씨가 지금까지 경성부 연못골 등지에 경신중학교를 건축, 설립하고 다수 학생을 모집하여 열심히 수업하는 성의는 일반이 모두 존경하는 바이어니와, 요사이 그 학교 학생으로 하여금 실제 각종 실습, 공업을 장려키 위해 연동 교당 앞에 직조공장을 광대히 건축하는 중이라 하더라.

88. 매일신보 1913년 10월 31일

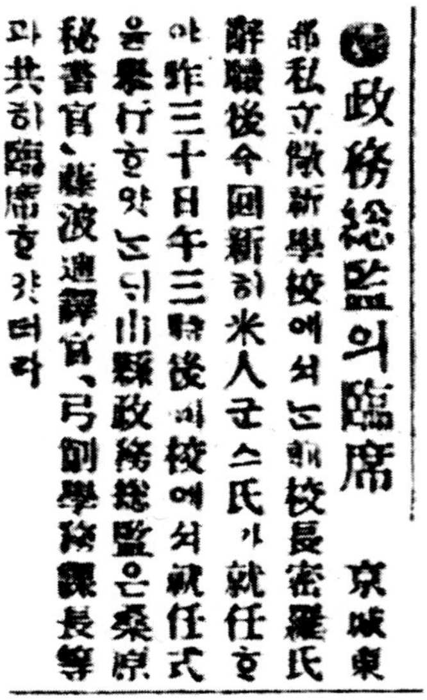

◎政務總監의臨席 京城東部私立儆新學校에셔ᄂᆞᆫ前校長密羅氏辭職後今回新히米人군스氏가就任ᄒᆞ야昨三十日午三時後에該校에셔就任式을擧行ᄒᆞ얏ᄂᆞᆫᄃᆡ山縣政務總監은桑原秘書官、藤波通譯官、弓削學務課長等과共히臨席ᄒᆞ얏더라

정무총감의 임석

경성 동군 사립경신학교에서는 전 교장 밀러 씨 사직 후 이번에 새로 미국인 쿤스(군예빈, 君芮彬, E. Koons) 씨가 취임하여 지난 30일 오후 3시 동교에서 취임식을 거행하였는데, 산현(山縣) 정무총감은 상원(桑原) 비서관, 등파(藤波) 통역관, 궁삭(弓削) 학무과장 등과 같이 참석하였더라.

89. 매일신보 1913년 11월 14일

◎外人病院維持策

南大門外에在ᄒᆞᆫ세부란스病院은其主人세부란스氏가生存時에每年三万餘金을支出維持ᄒᆞ던바인ᄃᆡ該氏가身故後로ᄂᆞᆫ一分의補助ᄒᆞᄂᆞᆫ者가無ᄒᆞᆫ故로目下維持ᄒᆞᆯ方針이無ᄒᆞ야困難이極甚ᄒᆞ다ᄂᆞᆫᄃᆡ京城內에在ᄒᆞᆫ某々耶蘇敎堂六個所에셔醫師一名式을選定治療ᄒᆞ기로ᄒᆞ고俸給은各其敎堂에셔擔當支給ᄒᆞ기로擬議ᄒᆞᄂᆞᆫ中이라더라

외인 병원 유지책

남대문 밖에 있는 세브란스병원은 그 주인 세브란스 씨가 생존 시에 매년 3만여 금(金)을 지출해 유지하던 바인데 그 씨가 사망한 후로는 1푼의 보조하는 자가 없는 고로, 목하 유지할 방침이 없어 곤란이 극심하다는데, 경성 내에 있는 모 예수교당 6개소에서 의사 1명씩을 선정, 치료하기로 하고 봉급은 각 교당에서 부담해 지급하기로 의논하는 중이라더라.

90. 매일신보 1913년 11월 14일

경신학교 학생 동맹휴학의 전말

경성 동부 연동에 있는 사립경신학교는 원래 미국인 미션 총부 주간으로 이 학교의 모든 경비를 지출하고 있었는데, 제반 업무가 거침없이 진행되어 일부 직조 등 실습과의 규모를 부설하고 실제 교습을 받는 출석 학생이 거의 180명에 달하는 등, 각 교사가 성심껏 가르치고 학생들이 열심히 공부하여 장래 발전의 희망이 있더니, 이번 신임 교장 미국인 쿤스 씨가 취임한 후 제반 사무를 정돈하고 장래 방향을 계획하던 바, 지난 토요일부터 돌연히 각급 학생이 일제히 동맹휴학을 하고 각자 분격하여 거동이 불온하므로 교장 이하 일반 교사와 직원이 고심하였으나 학생들의 분격은 더욱 심해진 바, 이제 그 전말을 들은즉, 이 학교 교감 서병호 씨의 언어와 태도가 항상 학생들의 악감정을 불러일으키더니, 최근 새 교장 쿤스 씨가 업무를 정돈하는 동안 필경 퇴직이 되리라 예상했더니 서씨가 다시 교감이 되었으므로 각급 학생들은 일제히 협의한 후 동맹휴학하기로 결정하고, 학교에 대해 격언하기를, 우리 학생들은 거만하고 무례한 서병호 한 사람으로 인해 지금 동맹휴학을 하니, 만일 본교에서 서씨를 그만두게 하지 않으면 우리 일동은 상학치 않겠다 하였다. 당장의 상황이 좋지 않으니 교장 쿤스 씨는 그 격언에 대해서 학감은 충분한 증거가 없으니 그만두게 할 수 없다 주장하는 고로, 지난 11일 오후 2시에 동맹휴학중인 학생 전부는 장래 이러한 방침을 난상토론으로 결정할 계획으로 동부 낙산 등지에 집합하여 협의하였으나, 결론이 나지 않다가 오후 3시경에 이르자 일동이 원만히 결의한 결과, 이제 우리들이 고향을 떠나와 비상한 고생을 하고 열심히 공부하는 이상에 일개 서병호로 인해 며칠을 공부하지 못함은 오늘날 학생계의 체면을 손상시키는 일인즉, 즉시 대표자 2명을 선정하여 교장에게 스스로 사죄한 후, 계속 등교함이 가장 좋겠다고 하고, 이 학생 중 이만일, 이경석 2명을 선정하여 교장 쿤스와 교섭하는 동시에 자복(自服)의 말을 진술한즉, 쿤스 교장은 대표자들의 자복은 결코 불허할 것이고, 학생 전체가 와서 각기 사죄하라 하므로, 그 학생들은 어찌할 수 없는 상황을 당하여 비상히 떠들썩해졌다가, 그제인 12일 오전 10시경에 양측이 원만히 해결하여, 일동이 등교케 된 바, 그 이유인즉 그 교장으로부터 여러 조로 된 광고를 교문에 부착한지라 그 내용에 의하면

1. 각기 자복 후에 처벌은 하지 않을 일

1. 이번 자복 후 학기 말까지 각기 근신한 일

1. 이번 학기 말까지 혹시 다시 불온한 품행이 있을 시 이번 일까지 소급하여 처벌할 일

1913년 11월 12일 경신학교장 인

교장 쿤스 인

위와 같이 회유적인 광고문을 보고 앉아있던 학생들은 모두 이 사태로 인함이든지 일제히 기립하여 중구난방으로 고함을 지르며 각각 모자 교표와 모선(帽線, 모자 테두리)을 폐기하고 교내 서적실과 사무실 전부를 파괴하여 대 소란이 되었으나, 교장 쿤스 씨와 언더우드 목사는 진정시킬 방책이 없고 황망한 중 때마침 관할 동대문경찰분서에서 이 소식을 접하고 여러 명의 경관이 출동하여 우선 진압에 고생한 결과, 다행히 인명 피해는 없었다. 한편으로 출장 경관의 엄중한 설교로 폭동을 일으키던 학생들은 모두 뉘우치고 교장에게 일일이 모자를 벗고 경례하고, 스스로 사죄를 하였으므로 교장은 넉넉히 헤아려 지난 과실을 용서하고 또한 상학을 명하는 뜻에서 모든 학생에게 대해 간단히 타이른 결과, 양측이 무사히 해결하여 다음달 일요일부터 전과 같이 등교하게 되었다더라.

91. 매일신보 1913년 12월 14일

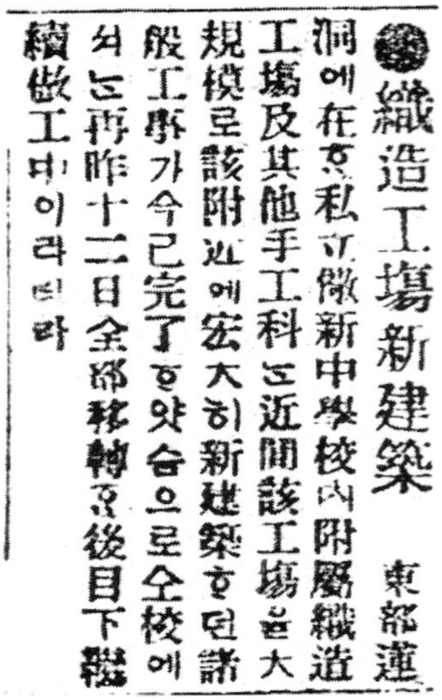

◎織造工場新建築 東部蓮洞에在京私立儆新中學校內附屬織造工場及其他手工科ᄂᆞᆫ近間該工場을大規模로該附近에宏大히新建築ᄒᆞ던諸般工事가今已完了ᄒᆞ얏슴으로仝校에셔ᄂᆞᆫ再昨十二日全部移轉ᄒᆞᆫ後目下繼續做工中이라더라

직조공장 새로 건축

동부 연동에 있는 사립 경신중학교 내 부속 직조공장과 기타 수공과는 최근 근처에 공장을 대규모로 신축하였는데, 제반 공사가 이제 완료되어 동교에서는 그제인 12일 전부 이전한 후 계속 (직조)일을 한다고 하더라.

92. 매일신보 1914년 2월 22일

學校歷訪

◉儆新學校 (蓮洞)

產業上實利實益主義로 染織木工實科를設置홈

학교역방

경신학교 (연동)

산업상 실리, 실익주의로 염직목공 실과를 설치함

재원이 풍부하여 의미 있는 바를 수행하는 자유자족함도 있거니와, 시세에 맞는 각 반의 시설이 가히 다른 학교로 하여금 모범이 되고, 선망케 할 점이 많도다.

동교의 주의로는 오늘날 요구되는 산업상에 쓰임이 있게 하자는 것으로, 이를 주의로 삼을 뿐 아니라, 빈곤한 학생과 수용하고 있는 고아 57명에 대한 하나의 구제책으로 교사 이외 연동 대로에 공업전습소와 서양식 3층 실과실을 신축하고 학과 시간 외의 오후에는 염색, 직조, 목공 3종류의 전문과를 설치하여 각각 지망에 의해 과목을 실시케 하니, 이

방침이 시대적 필요한 실과로 실로 존경할 만하며 치하할 만한 것이겠더라. 그 외에도 경성에는 다른 곳에는 없는 이학, 화학 전문실험이 있는데, 그 설비가 정밀하고 정확하여 남대문 밖 제중원에서 위탁하여 제중원 의학생이 동교에서 몇 가지 과목을 들으며 통학한다. 지방 학생에게는 기숙사를 건축하여 이를 무료로 대여하고, 숙박비만 염가로 매월 3원 70전 내지 5원 50전으로 정하였다. 곤란한 학생들을 무료의 고아원처럼 수용하는 것이 아니라, 근면성실의 정신을 양성하고 스스로 자립, 활동할 수 있는 방법을 가르치기 위해 각 실과를 설치한 것이라더라. 동교의 연혁과 현재를 간략히 설명하면, 미국 북장로 선교사 게일 박사가 1901년(광무 5년)에 경신학교라고 명칭을 지었으나 고 존 디 웰스(John Wells. 경신희교를 John D. Wells Acamedy for Christian Workers로 부름) 신학박사가 조선 신도의 자녀들을 교육하기 위해 유산으로 수만 원을 기부키로 유언하자 그것으로 기본 재산을 삼고, 그 후 동 선교사회에서 비용과 학생이 내는 약간의 월사금으로 유지한다 한다.

현재 학생이 147명이오, 현 교장 쿤스 씨 이하 직원이 외국인 2명, 조선인 12인으로 학과의 정도는 보통 소학교 졸업생 정도 수준으로 입학시험을 치게 한 후, 입학을 허락하여 졸업 연한이 4개년인데 이미 졸업한 학생이 57명으로 듣기로는 전도사나 지방 교원으로 채용된 이가 많다더라.

93. 매일신보 1914년 3월 28일

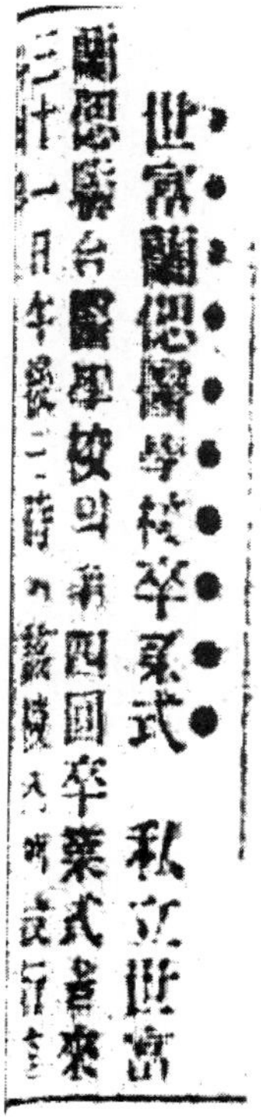

世富蘭偲醫學校卒業式 私立世富蘭偲聯合醫學校의第四回卒業式을來三十一日午後三時에該校內에셔擧行홈

세브란스의학교 졸업식

사립세브란스연합의학교의 제4회 졸업식을 오는 31일 오후 3시 학교 내에서 거행함.

94. 매일신보 1914년 6월 19일

外人의 大學設立

預算은七百萬圓

耶蘇敎牧師等의發起로大學校를設立코져今春브터鍾路靑年會舘下層에臨時事務所를設ᄒᆞ고大學校設立方針을○定ᄒᆞ다ᄒᆞᆷ은一般知了어니와近日其決定件을聞ᄒᆞᆫ즉位置ᄂᆞᆫ漢江沿岸으로指定ᄒᆞ고預筭은七百萬圓으로計算ᄒᆞᆫ바루트牧師及世富蘭偲의子兩名이擔當ᄒᆞ얏다ᄒᆞ며運動場은漢江에鐵橋를敷設ᄒᆞ고其上에土石을敷布ᄒᆞ야古今의稀有ᄒᆞᆫ運動場을設ᄒᆞᆯ計劃이라더라

외국인의 대학 설립

예산은 7백만 원

예수교 목사 등의 발기로 대학교를 설립코자 이번 봄부터 종로청년회관 아래층에 임시 사무소를 설립하고 대학교 설립 방침을 ○定한다 함은 일반이 이미 아는 바이어니와, 근일 그 결정 건을 들은즉 위치는 한강 연안으로 지정하고, 예산은 7백만 원으로 계산한 바, 루트 목사와 세브란스의 아들 2명이 담당하였다 하며, 운동장은 한강에 철교를 부설하고 그 위에 토석(土石)을 깔아서 전에 보지 못한 운동장을 건설할 계획이라더라.

95. 매일신보 1914년 7월 5일

◎宣敎師鮮語講習 近日各地方傳道事務에從事ᄒᆞᄂᆞᆫ西洋人牧師宣敎師等은將來布敎上朝鮮語가爛熟치못ᄒᆞᆷ을唯一遺憾으로思ᄒᆞ야日前브터京城南大門外魚否信濟衆院에셔每日二時間式朝鮮語講習에着手ᄒᆞ야目今大히勉强中인ᄃᆡ該講習에當ᄒᆞᆫ敎師ᄂᆞᆫ奇一牧師及朝鮮人李昌植氏가輪回敎授ᄒᆞᆫ다더라

선교사 조선어 강습

근일 각 지방 전도 사무에 종사하는 서양인 목사 선교사 등은 장래 포교 상 조선어가 난숙하지 못함을 유일한 유감으로 생각하여 일전부터 경성 남대문 밖 어비신 제중원에서 매일 2시간씩 조선어 강습에 착수하여 목하 크게 면강(勉强) 중인데, 그 강습에 당한 목사는 게일(Gale) 목사 및 조선인 이창식 씨가 윤회(輪回)로 교수한다고 하더라.

96. 매일신보 1914년 11월 12일

◉共進會와宗教團

施政五年記念朝鮮物產共進會의開會期間을利用ᄒᆞ야曩日大正博覽會當時의例를模倣ᄒᆞ야朝鮮에在留ᄒᆞᄂᆞᆫ外國宣教師及日鮮의各教會等의聯合으로共進會場內에一大道館을建設ᄒᆞ고連日連夜宗教上의活動寫眞及各派의牧師에依ᄒᆞ야交代로傳道說教를行코져ᄒᆞᄂᆞᆫ計劃은客月來京城에居住ᄒᆞᄂᆞᆫ宗教家中에서十餘名의委員을選定ᄒᆞ야各種協議ᄒᆞᆫ바更히十日午後四時터元杜宇氏邸에서日鮮及外人主要ᄒᆞᆫ宗教家等이會合ᄒᆞ야準備策에就ᄒᆞ야商議ᄒᆞᆫ結果四千餘圓을投ᄒᆞ야傳道館及活動寫眞館을建設ᄒᆞ기로妥協ᄒᆞᆫ後散會ᄒᆞ얏ᄂᆞᆫᄃᆡ漸次準備에着手ᄒᆞ리라더라

공진회와 종교단

시정(施政) 5년 기념 조선물산공진회의 개회 기간을 이용하여, 이전 대정(大正) 박람회 당시의 예를 본받아서 조선에 재류(在留)하는 외국 선교사 및 일선(日鮮)의 각 교회 등의 연합으로 공진회 장내에 큰 종교관(도관, 道館)을 건설하고 낮밤을 이어서 종교상의 활동사진 및 각 파의 목사에 의하여 교대로 전도 설교를 행하고자, 계획은 지난 달 이래 서울에 거주하는 종교가 중에서 십여 명의 위원을 선정하여 각종 협의한 바, 다시 10일 오후 4시부터 원두우 씨 집에서 일선 및 외국인 중요 종교가 등이 회합하여 준비책에 대해 상의한 결과, 4천여 원을 투입하여 전도관 및 활동 사진관을 건설하기로 타협한 후 산회하였는데, 연차 준비에 착수한다고 하더라.

97. 매일신보 1914년 11월 26일

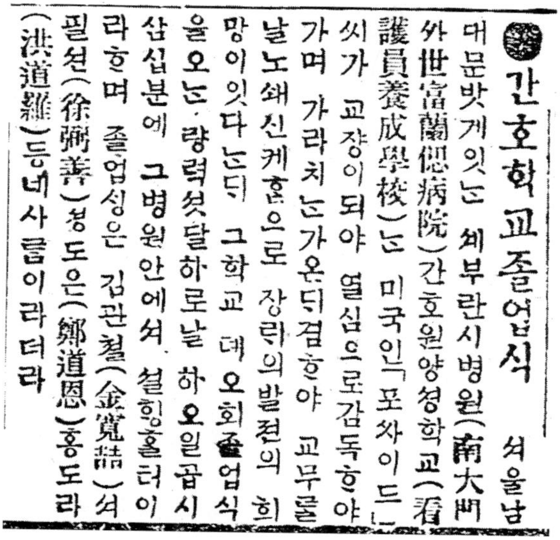

간호학교졸업식 셔울남대문밧게잇는 셰부란시병원(南大門外世富蘭偲病院)간호원양셩학교(看護員養成學校)는 미국인「포싸이드」씨가 교장이되야 열심으로감독ᄒᆞ야가며 가라치는가온ᄃᆡ겸ᄒᆞ야 교무를날노쇄신케ᄒᆞᆷ으로 장ᄅᆡ의발젼의희망이잇다는ᄃᆡ 그학교 뎨오회졸업식을오는양력셧달하로날 하오일곱시삼십분에 그병원안에셔 셜힝ᄒᆞᆯ터이라ᄒᆞ며 졸업ᄉᆡᆼ은 김관쳘(金寬喆)셔필션(徐弼善)졍도은(鄭道恩)홍도라(洪道羅)등네사ᄅᆞᆷ이라더라

간호학교 졸업식

서울 남대문 밖에 있는 세브란스병원 간호원양성학교는 미국인 포사이드(H. Forsyth) 씨가 교장이 되어 열심히 감독하여 가며 가르치는 가운데, 겸하여 교무를 날로 쇄신케 하므로 장래의 발전의 희망이 있다는데, 그 학교 제5회 졸업식을 오는 양력 섣달 하루 오후 7시 30분에 그 병원 안에서 거행할 터이라 하며, 졸업생은 김관철(金寬喆), 서필선(徐弼善), 정도은(鄭道恩), 홍도라(洪道羅) 등 네 사람이라더라.

98. 매일신보 1915년 2월 18일

●共進會와基督敎

大傳道會長 元杜尤氏談

今秋에開催될施政五年紀念共進會ᄂᆞᆫ朝鮮에셔空前絶後ᄒᆞᆫ好機會인故로各社會의上下를不問ᄒᆞ고各人各色으로諸種의方法으로此를善用ᄒᆞ라ᄒᆞᄂᆞᆫ바이어니와우리基督敎에셔도其敎派의如何를不拘ᄒᆞ고一致協力ᄒᆞ야

▲聯合大傳道會 를開ᄒᆞ기로確定ᄒᆞ얏스니此ᄂᆞᆫ吾人等이恒常理想으로宿望ᄒᆞ던바를今에야實現ᄒᆞ게되얏스니其愉快ᄒᆞᆷ이여可謂抃喜之情을不禁ᄒᆞᄂᆞᆫ바니오此計畫이一次우리基督界에傳播ᄒᆞ얏더니皆雙手를擧ᄒᆞ야同意贊成ᄒᆞᄂᆞᆫ故로去番에余의住家에셔各地方㑑敎會堂으로二人式의代表者와其他基督敎人된者ᄂᆞᆫ거의網羅ᄒᆞ야內鮮人及支那人과外國宣敎師等을合ᄒᆞ니

▲四五個國人이 一堂內에集合ᄒᆞ야方言은不同ᄒᆞ나集合ᄒᆞᆫ目的은皆朝鮮敎化를爲ᄒᆞ야盡瘁ᄒᆞᆷ이同一ᄒᆞᆫ故로爲先傳道方法에對ᄒᆞ야甲論乙議로會長以下傳道委員長及印刷委員長、財政委員長等을選擧ᄒᆞ얏ᄂᆞᆫᄃᆡ當日議決된諸件의其槪要ᄂᆞᆫ當局에셔도特히此擧를贊同ᄒᆞ야共進會會場中에

▲最樞要ᄒᆞᆫ場所를 允許ᄒᆞ기로內定되얏슴으로木製로講堂을二個處에分築ᄒᆞ야一은國語講堂으로定ᄒᆞ고又一은朝鮮語講堂으로定ᄒᆞ야傳道ᄂᆞᆫ國語와朝鮮語로決定ᄒᆞ얏고ᄯᅩ其外에活動寫眞舘을建設ᄒᆞ야耳聞目睹ᄒᆞᄂᆞᆫ一擧兩得의方法을求ᄒᆞ기로ᄒᆞ얏스며時日과期限은共進會의開會ᄒᆞᄂᆞᆫ當日브터閉會日ᄭᆞ지ᄒᆞ고設敎ᄒᆞᄂᆞᆫ時間은朝夕으로間斷업시續行ᄒᆞ기로定ᄒᆞ얏스며此에要ᄒᆞᄂᆞᆫ諸般費用은

▲爲先五千圓으로 ᄒᆞ야內鮮兩地에셔二千五百圓과外國敎會에셔二千五百圓의補助를得케ᄒᆞ얏고其他諸般印刷物도共進會를永久히紀念키爲ᄒᆞ야此意를記入ᄒᆞ고ᄯᅩ徽章을製作ᄒᆞ야此亦紀念케ᄒᆞ고ᄌᆞᄒᆞ노라云々

공진회와 기독교

대전도회장(大傳道會長) 원두우(元杜尤) 씨 담(談)

이번 가을에 개최될 시정 5주년 기념 공진회(共進會)는 조선에서 이전에도, 이후로도 없을 좋은 기회인 까닭으로, 각 사회의 상하를 불문하고 각인 각색으로 여러 방법으로 이를 선용(善用)하라 하는 바이거니와, 우리 기독교에서도 그 교파의 여하를 불구하고 일치 협력하여 연합 대(大)전도회를 열기로 확정하였으니, 이는 우리들이 항상 이상(理想)으로 오랫동안 소망하던 바를 이제야 실현하게 되었으니, 그 유쾌함이 가위 손뼉을 치며 기뻐하는 마음을 금할 수 없는 바이오, 이 계획을 일차 우리 기독교계에 전했더니 모두 쌍수

를 들어 동의, 찬성하는 까닭으로, 지난 번에 나의 집에서 각 지방 각 교회당에서 2인씩 대표자와 기타 기독교인 된 사람은 거의 망라하여 일본인, 조선인 및 중국인과 외국 선교사 등을 합하여 4~5개국 사람이 한 건물 안에 모였다. 각 지방(나라)의 말은 같지 않으나 모인 목적은 모두 조선 교화를 위하여 근심을 다하는 것이 동일한 까닭으로, 우선 전도 방법에 대하여 의논하여, 회장 이하 전도위원장 및 인쇄위원장, 재정위원장 등을 선출하였는데, 당일 의결된 모든 안건의 개요는 당국에서도 특히 이 일을 찬동하여 공진회 회장 중에 가장 중요한 장소를 윤허하기로 내정되었음으로, 목재로 강당을 두 곳에 나누어 건축하여, 하나는 국어(國語, 일본어) 강당으로 정하고, 또 하나는 조선어 강당으로 정하여, 전도는 국어(일본어)와 조선어로 결정하였고, 또 그 외에는 활동 사진관을 건설하여 귀로 듣고 눈으로 보게 하는 일거양득의 방법을 구하기로 하였으며, 시일과 기한은 공진회의 개회하는 당일부터 폐회일까지 하고, 설교하는 시간에 조석으로 간단(間斷) 없이 속행하기로 정하였으며, 이에 요하는 제반 비용은 우선 5천 원으로 하여 일본, 조선 양 곳에서 2천5백 원과, 외국 교회에서 2천5백 원의 보조를 얻게 하였고, 기타 제반 인쇄물로 공진회를 영구히 기념하기 위하여 이런 뜻을 기입하고, 휘장(徽章)을 제작하여 역시 기념케 하고자 하노라라고 말하였다.

99. 매일신보 1915년 3월 31일

敎育界

▲儆新學校 二十六日上午十時에卒業式을蓮洞禮拜堂에셔擧行ᄒᆞ얏ᄂᆞᆫᄃᆡ式場各處에ᄂᆞᆫ靑松과造花와各種盆栽等으로華麗히裝飾ᄒᆞ고數百名紳士淑女의臨場下에開式되얏스며元杜尤의勸勉과秋山視學官의勸說이有ᄒᆞ야大盛況을呈ᄒᆞ얏더라

교육계

경신학교

26일 오전 10시에 졸업식을 연동예배당에서 거행하였는데, 식장 각 곳에는 소나무와 조화와 각종 분재 등으로 화려하게 장식하고 수백 명 신사숙녀의 임장하에 식이 시작되었으며, 언더우드의 권면과 추산(秋山) 시학관의 권설이 있어 대성황을 이루었더라.

100. 매일신보 1915년 6월 16일

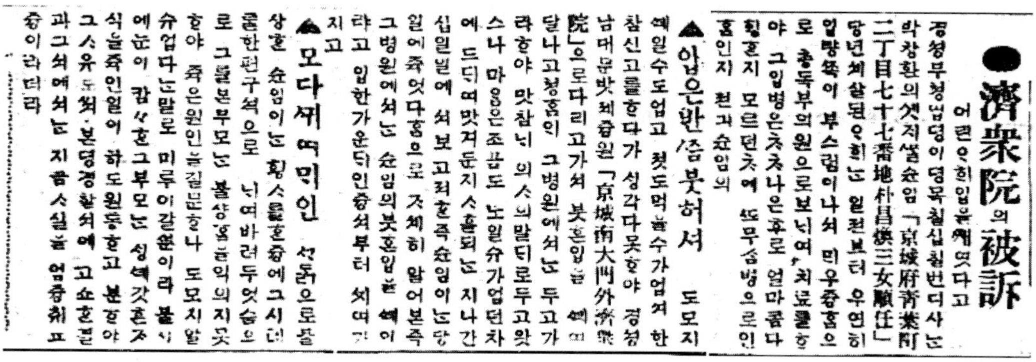

제중원의 피소

어린 아이 입을 째었다고

경성부 청엽정 이정목 70번지 사는 박창환의 셋째 딸 순임, 당년 세 살된 아이는 일전부터 우연히 입 양쪽이 부스럼이 나서 매우 중함으로 총독부의원으로 내보여 치료를 하여 그 입병은 차차 나은 후로 얼마큼 다행인지 모르던 차에, 또 무슨 병으로 인함인지 전기 순임의 입은 반쯤 부어서 도무지 떼일 수도 없고 젖도 먹을 수가 없어 한참 신고를 하다가 생각다 못하여 경성 남대문 밖 제중원으로 데리고 가서 부은 입을 떼어 달라고 청함에, 그 병원에서는 두고 가라 하여 마침내 의사의 말대로 두고 왔으나 마음은 조금도 놓을 수가 없던 차에, 11일에 써 보고자 한즉 순임이는 당일에 죽었다 하므로 자세히 알아본 즉, 그 병원에서는 순임의 부은 입을 떼이려고 입 한 가운데 인중부터 찢어 가지고 모다 꿰여 매인 까닭으로, 불쌍한 순임이는 횡사한 중에 그 시체를 한편 구석으로 내어 버려두었음으로 그를 본 부모는 불쌍함을 이기지 못하여 죽은 원인을 질문하나 도무지 알 수 없다는 말로 미루어 갈 뿐이라. 불시에 눈이 깜깜한 그 부모는 생떼 같은 자식을 죽인 일이 하도 원통하고 분하여 그 사유도 써서 본정(本町) 경찰서에 고소한 결과, 그 서에서는 지금 사실을 엄중 취조 중이라고 하더라.

101. 매일신보 1915년 12월 12일

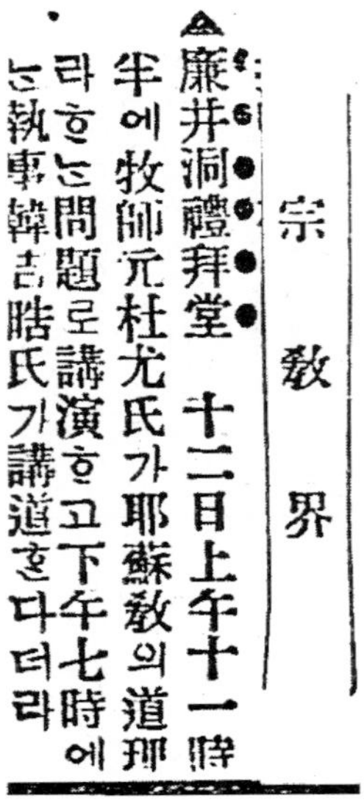

宗教界

◉廉井洞禮拜堂 十二日上午十一時半에牧師元杜尤氏가耶蘇敎의道理라ᄒᆞᄂᆞᆫ問題로講演ᄒᆞ고下午七時에ᄂᆞᆫ執事韓吉晧氏가講道ᄒᆞᆫ다더라

종교계

염정동 예배당

12일 오전 11시 반에 목사 언더우드(Horace G. Underwood) 씨가 예수교의 도리라는 문제로 강연하고 오후 7시에는 집사 한길호(韓吉晧) 씨가 강도(講道)한다더라.

102. 매일신보 1916년 4월 7일

元杜尤博士의歸國
長老敎會主任長老로朝鮮에셔十餘年間을傳道와敎育事業에熱心으로從事ᄒᆞ던元杜尤博士ᄂᆞᆫ月前브터偶然히消化不良症에罹ᄒᆞ야自宅에셔臥床治療中이더니不幸히病狀은其後西洋人으로東洋에多年居住ᄒᆞ면氣候와風土의關係上으로自生ᄒᆞᄂᆞᆫ一種의風土病으로變ᄒᆞ야博士의元氣가漸次로衰弱ᄒᆞᄂᆞᆫ故로今回主治醫의注意를ᄯᅡ라米國으로回還ᄒᆞ야一個年以上의靜養을要ᄒᆞᆷ으로來月曜日午前南大門發釜山急行列車로渡米ᄒᆞ기로定ᄒᆞ얏다ᄂᆞᆫᄃᆡ同博士의直轄ᄒᆞᄂᆞᆫ各禮拜堂信徒와其他知友等은博士의病勢가全癒되기를日夜로祈禱ᄒᆞᆫ다더라

원두우 박사의 귀국

장로교회 주임 장로로 조선에서 10여 년간을 전도와 교육 사업에 열심으로 종사하던 원두우 박사는 월 전(前)부터 우연히 소화불량증에 걸려 자택에서 자리에 누워 치료 중이더니, 불행하게 병의 상태는 그 후 서양인으로 동양에 여러 해 거주하면 기후와 풍토의 관계상으로 자생하는 일종의 풍토병(風土病)으로 변하여, 박사의 원기가 점차로 쇠약하는 까닭으로, 금회 주치의의 주의를 따라 미국으로 회환(回還)하여 1년 이상의 정양(靜養)을 요함으로, 다음 월요일 오전 남대문 발 부산 급행 열차로 도미하기로 정하였다는데, 박사가 직할하는 각 예배당 신도와 기타 지우(知友) 등은 박사의 병세가 모두 치유되기를 밤낮으로 기도한다고 하더라.

103. 매일신보 1916년 4월 8일

세브란스연합의학교 우등 졸업생

광주 최영욱(崔永旭) 군

경성 김현국(金顯國) 군

104. 매일신보 1916년 4월 14일

元杜尤氏ᄂᆞᆫ獨探嫌疑?

고국으로 노라가ᄂᆞᆫ길마관에셔됴사를밧아

십일일오젼일곱시반에 관부련락션 고려환「高麗丸」이됴션으로부터입항홈이 젼일밤부터 무엇인지경계ᄒᆞ고 잇던 하관헌병대ᄂᆞᆫ 수명의사복헌병을파견ᄒᆞ야경찰관과갓치그ᄇᆡ에셔하륙ᄒᆞᄂᆞᆫ외국인의국적셩명을됴사ᄒᆞ고 미국인션교사「안다더우도」(元杜尤)씨부부일ᄒᆡᆼ에대ᄒᆞ야ᄂᆞᆫ ▲려ᄒᆡᆼ권의검열 을구ᄒᆞ얏스며 일ᄒᆡᆼ이신앙 호테루에드러가데일호실에셔 휴식홈의 됴끔잇다가이궁「二宮」헌병대장은 영국령사관무쟝셔긔「武藏書記」와갓치 호테루에「안다우도」씨를 방문ᄒᆞ야약삼십분동안이나무ᄉᆞᆫ일인지이약이ᄒᆞ더니또얼마되지안이ᄒᆞ야 하관경찰셔에셔도 옥목「玉木」경부무슈「茂手」통역등일ᄒᆡᆼ이와셔 굿치한곳에셔맛나보고 다음에그아달「에취안더우드」와ᄂᆞᆫ따로아릐칭한방안에셔 이약이ᄒᆞ얏고 이ᄯᅢᄂᆞᆫ 하관경찰셔장즁곡경시도 립회ᄒᆞ얏ᄂᆞᆫ딩 미구에 분대장과 셔장은 무ᄉᆞᆫ일인지샹약ᄒᆞᆫ후 도라갓더라 「언더우드」씨와 그령식에게 딕ᄒᆞ야 하관ᄉ헌아

▲무ᄉᆞᆫ셔듸으로 이와굿치엄밀히검사ᄒᆞ며 쟝시간의 담화를ᄒᆞ얏ᄂᆞᆫ가 그원인과밋 ᄉ건의ᄂᆡ용은비밀에붓쳐잇스나 긔쟈의 탐지ᄒᆞᆫ바로ᄂᆞᆫ「언더우드」씨일홈이 이왕당국에셔경계ᄒᆞ이던 독일인의일홈과굿고 또그필적이 흡사ᄒᆞᆫ고로 독일뎡탐의혐의를 밧엇슴이안인가 또ᄒᆞᆫ가지ᄂᆞᆫ거월십오일에 「언더우드」도라 ᄌᆞ칭ᄒᆞ고 됴션을향ᄒᆞᆫ미국인이 금회의「언더우드」씨와 동명이안이나 그가젼려ᄒᆡᆼ권은 동국동명입으로 우연히관헌의쥬의를 야긔ᄒᆞ야 동씨ᄂᆞᆫ취됴를 밧엇슴이안인가ᄒᆞ며 또「언드우드」씨ᄂᆞᆫ 십일일오후일곱시십분발로 횡빈을향ᄒᆞ얏더라(하관)

원두우 씨는 독탐(獨探, 독일 스파이) 혐의?

고국으로 돌아가는 길 마관(馬關, 시모노세키)에서 조사를 받아

11일 오전 7시 반에 관부연락선 고려호[高麗丸]가이 조선으로부터 입항함에, 전일 밤부터 무엇인지 경제하고 있던 하관(下關) 헌병대는 수명의 사복 헌병을 파견하여 경찰관과 같이 그 배에서 하륙(下陸)하는 외국인의 국적 성명을 조사하고, 미국인 선교사 언더우드(元杜尤) 씨 부부 일행에 대하여는 여행권의 검열을 구하였으며, 일행이 신□호텔에 들어가 제1호실에서 휴식함에, 조금 있다가 이궁(二宮) 헌병대장은 영국영사관 무장(武藏) 서기와 같이 호텔에 언더우드 씨를 방문하여 약 30분 동안이나 무슨 일인지 이야기하더니, 또 얼마 되지 않아 하관(下關) 경찰서에서도 옥목(玉木) 경부, 무수(茂手) 통역 등 일행이 와서 같이 한곳에서 만나보고, 다음에 그 아들 H. 언더우드와는 따로 아래 층 한 방에서 이야기하였다. 이때는 하관 경찰서장 중곡 경시도 입회하였는데, 얼마 지나지 않아 분대장과 서장은 무슨 일인지 의논한 후 돌아갔더라.

언더우드 씨와 그 영식(令息)에게 대하여 하관 관원이 무슨 까닭으로 이와 같이 엄밀히 검사하며 장시간의 담화를 하였는가, 그 원인과 사건의 내용은 비밀에 부쳐 있으나, 기자의 탐지한 바로는 언더우드 씨의 이름이 이왕 당국에서 경계 중이던 독일인의 이름과 같고, 또 필적이 흡사한 까닭으로 독일 정탐의 혐의를 받았음 아닌가, 또 한 가지는 지난 달 15일에 언더우드라고 자칭하고 조선을 향한 미국인이 금회의 언더우드 씨와 동명이인이나 그 가진 여행권은 동국 동명이므로 우연히 관헌의 주의를 야기하여 동씨는 취조를 받았음이 아닌가 한다. 언더우드 씨는 11일 오후 7시 10분 발로 횡빈(橫濱, 요코하마)으로 향하였다고 하더라.(하관)

105. 매일신보 1916년 10월 19일

元杜宇牧師紐育에서長逝

긔독교의유공ᄒᆞᆫ원두우목ᄉᆞ가죽엇슴

삼십여년젼브터 죠션에나와셔 야소교젼도에 일심을공헌ᄒᆞ고 죠션긔독교의 긔초를만든 원두우목ᄉᆞᄂᆞᆫ 금년륙월에 고향「유욕」에드러가 평양즁이던바 지나간십오일에 합연히이셰상을 리별ᄒᆞ얏더라 그의일싱력ᄉᆞ와 죠션에나와 힝ᄒᆞᆫ일은 동씨의친구되ᄂᆞᆫ 션교ᄉᆞ쳬씨의 입을비러 소긔코져ᄒᆞ노라

▲基督敎界의元勳

야소교터를닥것다

아ㅣ원목ᄉᆞ가이셰상을떠낫소 원목ᄉᆞᄂᆞᆫ 미국사ᄅᆞᆷ이지만ᄂᆞᆫ 나키ᄂᆞᆫ영국본돈에셔나앗스니그부친이영국사ᄅᆞᆷ으로 미국에입젹ᄒᆞ야 미국사ᄅᆞᆷ이되얏소 미국윤유머학에셔 ᄉᆞ년에졸업ᄒᆞ고그ᄯᅢ부터션교ᄉᆞ될뜻이잇셔「유톄」시의「유부랏스베기」신학교에입학ᄒᆞ야 갑신년에졸업ᄒᆞ고 을유년에죠션으로 건너왓스니 죠션에

◇예수교션교ᄉᆞ가 건너온것은 원목ᄉᆞ가뎨일쳐음이오 원목ᄉᆞ젼에 안련이라ᄂᆞᆫ션교ᄉᆞ가 온일이잇스나 그사ᄅᆞᆷ은의ᄉᆞ션교ᄉᆞ이오 그후에 미국공ᄉᆞ가된사ᄅᆞᆷ인ᄃᆡ 안련씨ᄂᆞᆫ 갑신년에 고민영익씨가 귀를부상ᄒᆞ얏슬ᄯᅢ에 슈슐ᄒᆞ야 곳쳐준일도잇셧거니와 션교ᄉᆞ로 죠션에셔젼십던도ᄒᆞᆫ사ᄅᆞᆷ은 원목ᄉᆞ가쳐음이오 지금우리션교ᄉᆞ가

◇일빅이십여명 이잇지만은 원목ᄉᆞ가우리아부지와다름이업스니 죠션의예수교ᄂᆞᆫ원목ᄉᆞ가터를닥갓소 신구약을번역ᄒᆞᄂᆞᆫ큰사업도원목사가 회장이되야유감이업시셩취ᄒᆞ얏ᄂᆞᆫᄃᆡ 우리도 번역에참비ᄒᆞ얏스나 모다원목사의공이오 신문안에잇ᄂᆞᆫ 렴평동례비당이 원목사의쳐음 셜립ᄒᆞᆫ빅이오 야쇼교셔회도 쳐음원목사집에셔 죠직ᄒᆞ얏던것인ᄃᆡ 지금은그와것치 흥왕ᄒᆞ얏쇼

◇젼후삼십년간 을됴션에잇셔 열심으로긔독교의 젼도ᄒᆞ얏거니와여러가지파가잇ᄂᆞᆫ즁에우리북쟝노파가 뎨일흥왕ᄒᆞᆫ것은 원목사의힘이니 원목사ᄂᆞᆫ본국에가셔 져졍을유동ᄒᆞ고 사람을구ᄒᆞᄂᆞᆫᄃᆡ 진심갈력ᄒᆞ야 져졍의부족ᄒᆞᆷ이업고 인ᄌᆡ가만이 모혓슴으로 오날의흥왕을 이른것이

오 그뿐안이라원목사ᄂᆞᆫ 졍력이강ᄒᆞᆫ 사ᄅᆞᆷ인고로 션교ᄒᆞᄂᆞᆫ외에

◇공의ᄉᆞ업에열심 이잇셔 교육방면과 ᄌᆞ션사업에도 힘을만이 써스니 긔왕에셜립ᄒᆞᆫ학교도 만치마ᄂᆞᆫ 지금청년회안에 셜립ᄒᆞᆫ 긔독교ᄃᆡ학은 오ᄂᆞᆯᄂᆞᆯᄭᆞ지로심쵸사ᄒᆞ야 완젼히만들고져ᄒᆞ야 미국에셔 금젼을 운동ᄒᆞᆫ것도 슈만원이잇셧ᄂᆞᆫᄃᆡ 홀연이이셰상을 떠낫스니원목사의 이셰상을떠남은 무론이리

◇교회젼톄의손실 이지만은 뎨일큰영향을밧을곳은 긔독교ᄃᆡ학이오 긔독교ᄃᆡ학에ᄃᆡᄒᆞ야ᄂᆞᆫ 실로 젼도의 근심이젹지안이ᄒᆞ오 뎌슐ᄒᆞᆫ 셔젹은 됴션어자뎐、됴션문뎐과유불션삼도를 의론ᄒᆞᆫ착등이잇셧쇼、원목사의부인은 됴션셔결혼ᄒᆞ얏ᄂᆞᆫᄃᆡ 아모것도업고 그부인은 부족ᄒᆞᆷ과ᄯᅩ흔 년에 일본을 드러갓다가 나온후로

◇뎨증을어어소 화가불량ᄒᆞᆫ고로 금년륙월에 본국으로드러갓더니 오십칠셰를일긔로ᄒᆞ고 그만본월십오일에 이셰상을떠낫쇼 그형님은 미국뉴육에 유명ᄒᆞᆫ실업가인ᄃᆡ 인ᄌᆞ긔「印字器」회사장이지오 원목사의 졍력이과인ᄒᆞ고 열심이과도ᄒᆞᆷ은 작년에일본갓슬ᄯᅢ에 일본어를 공부ᄒᆞᆫ 것만보와도 그일단을가히알지오 원리년셰가 오십이넘으면

◇어학은공부ᄒᆞᆯ슈 업쇼 그러나 원목사ᄂᆞᆫ 그것을조곰도관계ᄒᆞ지안코 소년유익이고져ᄒᆞ야 열심으로공부ᄒᆞᆫ결과로 반년이못되얏스나 능히회화를ᄒᆞ엿쇼 됴션에잇ᄂᆞᆫ 긔독교계에셔 의ᄌᆞᆫ을일어버렷쇼「긔일목사의리약이」

▲宗敎界의大損失

최음왓던션교ᄉᆞ

다던됴션긔독교의 원도로 유명ᄒᆞ던 원두우씨ᄂᆞᆫ 금년여름미국의 고향에 도라가잇ᄂᆞᆫ즁 돌연히 병으로인ᄒᆞ야 별셰ᄒᆞ얏다ᄂᆞᆫ 긔별이 이르럿도다

◉원두우씨가 됴션에오기ᄂᆞᆫ 지금으로부터 셜흔셰히이젼이라 긔독교의션교ᄉᆞ로 미국에셔건너오기ᄂᆞᆫ 씨가쳐음이더라 이ᄯᅢ됴션의 종교ᄂᆞᆫ아조말ᄒᆞᆯ슈업ᄂᆞᆫ디경으로 경셩에도 긔독교신자ᄂᆞᆫ 거의업셧다

◉씨ᄂᆞᆫ 경셩에발을드려노으며 동시에 젼도면쳘을시작ᄒᆞ얏ᄂᆞᆫᄃᆡ 한사ᄅᆞᆷ도 귀를기우리ᄂᆞᆫ이도업고 여러사ᄅᆞᆷ의게 가진모욕을당ᄒᆞᄂᆞᆫ 젼도의 곤난은실상여간이안이라

◉와신상담ᄒᆞᆫ시몃히동안무슈절망ᄒᆞᆫ탄식을발ᄒᆞᆯ디경에도피와눈물을참아싱키고여러가지신고를견ᄃᆡ여지니이던수년의셰월은씨의평싱에가장광휘잇던시ᄃᆡ이라 씨ᄂᆞᆫ이동안에 거의침식을잇고 젼도에힘을썻더라

◉씨의친형은 미국에셔 유명ᄒᆞᆫ지산가이라 씨ᄂᆞᆫ유복ᄒᆞᆫ가뎡에셔 귀즁히길리우고 친구ᄂᆞᆫ 은팔ᄌᆞ죠흔사ᄅᆞᆷ이라고 부러워ᄒᆞᄂᆞᆫ쳐디로 직업을엇어셰상에나갈길은만히잇셧지만은스사로질겨ᄒᆞ야션교ᄉᆞ에몸을더졋더라

◉션교ᄉᆞ에드러간지 얼마안되야 씨ᄂᆞᆫ됴션에와셔 젼도ᄒᆞ기를도모ᄒᆞ얏더라 이에ᄃᆡᄒᆞ야ᄂᆞᆫ 친형과친구도 반ᄃᆡᄒᆞ얏지만ᄂᆞᆫ 씨ᄂᆞᆫ아모리ᄒᆞ야도 듯지안코 친형으로부터 난호아쥬ᄂᆞᆫ 저산도ᄲᅮ리치고 얼마의려비와 약간의항장을 슈습ᄒᆞ야가지고 홀몸으로 됴션에건너왓더라

◉씨가됴션에셔 긔독교를위ᄒᆞ야 진력ᄒᆞᆫ공로ᄂᆞᆫ 일々히 셰울수업시만ᄒᆞ며 됴션의긔독교신자ᄂᆞᆫ 극히씨를 숭비ᄒᆞ며 경앙ᄒᆞ던터이라 씨의셩품은 미우근엄ᄒᆞ나 신도에ᄃᆡᄒᆞ야ᄂᆞᆫ친졀ᄌᆞ샹ᄒᆞ기 한량업셔 신도ᄂᆞᆫ모도엄부와ᄀᆞᆺ치 사모ᄒᆞ얏더라 엇지ᄒᆞ얏던지 씨의별셰ᄂᆞᆫ 씨를위ᄒᆞ야 슯흘뿐안이라 됴션의종교계에 큰손실이더라「셰원장어비신씨담」

원두우(元杜宇) 목사 뉴욕에서 장서(長逝)

기독교의 유공한 원두우 목사가 죽었음

30여 년 전부터 조선에 나와서 예수교 전도에 일생을 공헌하고 조선 기독교의 기초를 만든 언더우드(Horace G. Underwood) 목사는 올해 6월에 고향 뉴욕에 들어가 정양 중이던 바, 지난 15일에 합연히 이 세상을 이별하였더라. 그의 일생 역사와 조선에 나와 행한 일은 동 씨의 친구 되는 선교사 제씨의 입을 빌려 소개하고자 하노라.

▲ 기독교계의 원훈(元勳)

예수교 터를 닦았다

아― 원 목사가 세상을 떠났소. 원 목사는 미국 사람이지만은 낳기는 영국 런던에서 낳았으니, 그 부친이 영국 사람으로 미국에 입적하여 미국 사람이 되었고, 미국 뉴욕대학에서 4년에 졸업하고, 그때부터 선교사 될 뜻이 있어 「뉴저지」시의 '뉴브런즈윅' 신학교에 입학하여 갑신년(1884년)에 졸업하고 을유년(1885년)에 조선으로 건너왔으니 조선에 예수교 선교사가 건너온 것은 원 목사가 제일 처음이오. 원 목사 전에 알렌(Horace N. Allen)이라는 선교사가 온 일이 있으나 그 사람은 의사선교사이오, 그 후에 미국공사가 된 사람인데, 알렌 씨는 갑신년에 고 민영익 씨가 귀를 부상하였을 때에 수술하여 고쳐준 일도 있었거니와 선교사로 조선에서 전심 전도한 사람은 원 목사가 처음이오.

지금 우리 선교사가 120여 명이 있지만은 원 목사가 우리 아버지와 다름이 없으니, 조선의 예수교는 원 목사가 터를 닦았소. 신구약을 번역하는 큰 사업도 원 목사가 회장이 되어 유감이 없이 성취하였는데, 우리도 번역에 참여하였으나 모두 원 목사의 공이요, 새문안에 있는 염정동 예배당이 원 목사의 처음 설립한 바이오. 예수교서회도 처음 원 목사 집에서 조직하였던 것인데 지금은 그와 같이 흥왕하였소.

전후 30년간을 조선에 있어 열심히 기독교의 선전도 하였거니와 여러 가지 파가 있는 중에 우리 북장로파가 제일 흥왕한 것은 원 목사의 힘이니, 원 목사는 본국에 가서 재정을 운동하고 사람을 구하는데 진심 갈력(竭力)하여 재정의 부족함이 없고 인재가 많이 모였으므로 오늘의 흥왕을 이룬 것이오. 그뿐 아니라 원 목사는 정력이 강한 사람인고로 선교하는 외에 공익사업에 열심이 있어 교육 방면과 저술사업에도 힘을 많이 썼으니, 기왕에 설립한 학교도 많지만은 지금 청년회 안에 설립한 기독교대학(Chosen Christian College)은 오늘날까지 노심초사하여 완전히 만들고자 하여 미국에서 금전을 (모금) 운동한 것도 수만 원이 있었는데, 홀연히 이 세상을 떠났으니 원 목사의 이세(二世)는 병으로 신음하는 중인데, 원 목사가 떠남은 물론 우리 교회 전체의 손실이지만은 제일 큰 영향을 받을 곳은 기독교대학이오. 기독교대학에 대하여는 실로 전도의 근심이 적지 아니하오.

저술한 서적은 조선어 자전, 조선 문전과 유불선 삼도를 의논한 책 등이 있었소. 원 목사의 부인은 조선에서 결혼하였는데 아무것도 없고, 그 부인은 부족 중과 같은 년에 일본을 들어갔다가 나온 후로 체증을 얻었소. 소화가 불량한 고로 올해 6월에 본국으로 들어갔더니, 57세를 일기로 하고 그만 본월 15일에 이 세상을 떠났소. 그 형님은 미국 뉴욕에 유명한 실업가인데 인자기(印字器, 타이프라이터) 회사장이오.

원 목사의 정력이 과인하고 열심이 과도함은 작년에 일본 갔을 때에 일본어를 공부한 것만 보아도 그 일단을 가히 알지오. 원래 연세가 오십이 넘으면 어학은 공부할 수 없소. 그러나 원 목사는 그것을 조금도 관계하지 않고 소년을 이기고자 하여 열심으로 공부한 결과로 반년이 못 되였으나 능히 회화를 하였소. 조선에 있는 기독교계에서 원훈을 잃어버렸소.

「게일 목사의 이야기」

▲ 종교계의 대손실

처음 왔던 선교사

다년 조선 기독교계의 원로로 유명하던 원두우 씨는 금년 여름 미국의 고향에 돌아가 있는 중 돌연히 병으로 인하여 별세하였다는 기별이 이르렀도다.

원두우 씨가 조선에 오기는 지금으로부터 33년 이전이라. 기독교의 선교사로 미국에서 건너오기는 씨가 처음이더라. 이때 조선의 종교는 아주 말할 수 없는 지경으로 경성에도 기독교 신자는 거의 없었다.

씨는 경성에 발을 들여놓으며 동시에 전도 연설을 시작하였는데, 한 사람도 귀를 기울이는 이도 없고, 여러 사람에게 갖은 모욕을 당하는 등 전도의 곤란은 실상 여간 아니라 와신상담한지 몇 해 동안 무수 절망탄식을 발할 지경에도 피와 눈물을 참아 삼키고 여러 가지 신고를 견디어 지내던 수년의 세월은 씨의 평생에 가장 광휘 있던 시대이라. 씨는 이 동안에 거의 침식을 잊고 전도에 힘을 썼더라.

씨의 친형은 미국에서 유명한 재산가이라. 씨는 유복한 가정에서 귀중히 길러지고 친구들은 팔자 좋은 사람이라고 부러워하는 처지로 직업을 얻어 세상에 나갈 길은 많이 있었지만은 스스로 즐겨하여 선교사에 몸을 던졌더라.

선교사에 들어간 지 얼마 안 되어 씨는 조선에 와서 전도하기를 도모하였더라. 이에 대하여는 친형과 친구도 반대하였지만은 씨는 아무리 하여도 듣지 않고 친형으로부터 나누어 주는 재산도 물리치고 얼마의 여비와 약간의 행장을 수습하여 가지고 홀몸으로 조선에 건너왔더라.

씨가 조선에서 기독교를 위하여 진력한 공로는 일일이 셀 수 없이 많으며, 조선의 기독교 신자는 극히 씨를 숭배하며 경앙하던 터이라. 씨의 성품은 매우 근엄하나 신도에 대하여는 친절 정숙하기 한량없어 신도는 모두 엄부와 같이 사모하였더라. 어찌 하였든지 씨의 별세는 씨를 위하여 슬플 뿐 아니라 조선의 종교계에 큰 손실이더라.

「제중원장 에비슨 씨 이야기」

106. 매일신보 1916년 10월 20일

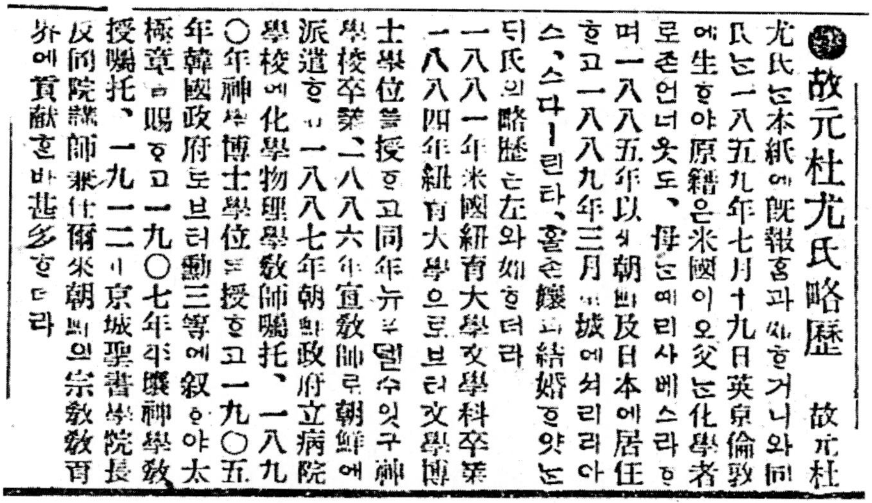
故元杜尤氏略歷 故元杜

尤氏는本紙에旣報홈과如ᄒᆞ거니와同氏는一八五九年七月十九日英京倫敦에生ᄒᆞ야原籍은米國이오父는化學者로죤언더웃도、母는에리사베스라ᄒᆞ며一八八五年以來朝鮮及日本에居住ᄒᆞ고一八八九年三月京城에셔리라아스、스다ㅣ린타、홀손孃과結婚ᄒᆞ얏는ᄃᆡ氏의略歷은左와如ᄒᆞ더라

一八八一年米國紐育大學文學科卒業一八八四年紐育大學으로브터文學博士學位를授ᄒᆞ고同年뉴ᄇᆞ렌스윅神學校卒業二八八六年宣敎師로朝鮮에派遣ᄒᆞ며一八八七年朝鮮政府立病院學校에化學物理學敎師囑托、一八九〇年神學博士學位를授ᄒᆞ고一九〇五年韓國政府로브터勳三等에敍ᄒᆞ야太極章을賜ᄒᆞ고一九〇七年平壤神學敎授囑托、一九一二年京城聖書學院長及同院講師兼任爾來朝鮮의宗敎敎育界에貢獻ᄒᆞᆫ바甚多ᄒᆞ더라

고 원두우 씨 약력

고 원두우 씨는 본지에 이미 보도함과 같거니와, 동씨는 1859년 7월 19일 영국 서울 런던에서 태어나 원적(原籍)은 미국이오, 아버지는 화학자로 존 언더우드, 어머니는 엘리자베스라 하며, 1885년 이래 조선 및 일본에 거주하고, 1889년 3월 서울에서 릴리아스 홀턴 양과 결혼하였는데, 씨의 약력은 아래와 같더라.

1881년 미국 뉴욕대학 문학과 졸업.

1884년 뉴욕대학으로부터 문학박사 학위를 받고, 같은 해 뉴브런즈윅 신학교 졸업.

1886년 선교사로 조선에 파견하고,

1887년 조선 정부(政府)가 세운 병원학교에 화학 물리학 교사 촉탁,

1890년 신학 박사 학위를 받고,

1905년 한국 정부로부터 훈3등에 서임되어 태극장을 받고,

1907년 평양신학교 교수 촉탁,

1912년 경성성서학원 원장 및 동원(同院) 강사 겸임

이래 조선의 종교 교육계에 공헌한 바 심대하더라.

107. 매일신보 1916년 10월 20일

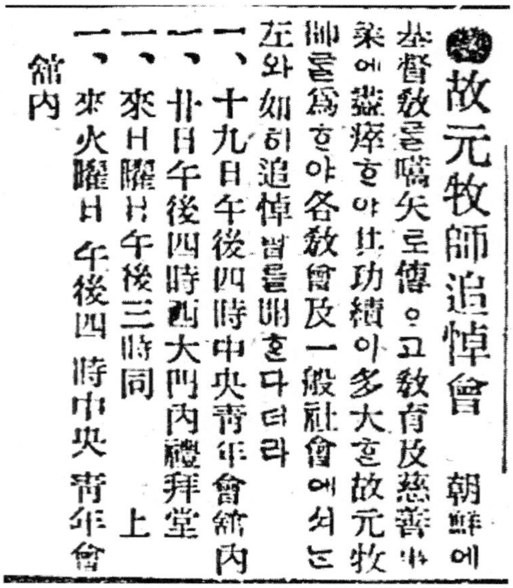

故元牧師追悼會

朝鮮에 基督敎를 嚆矢로 傳ᄒᆞ고 敎育及慈善事業에 盡瘁ᄒᆞ야 其功績이 多大ᄒᆞᆫ 故元牧師ᄅᆞᆯ 爲ᄒᆞ야 各敎會及一般社會에셔ᄂᆞᆫ 左와 如히 追悼會를 開ᄒᆞᆫ다더라

一、十九日午後四時中央靑年會舘內

一、廿日午後四時西大門內禮拜堂

一、來日曜日午後三時同上

一、來火曜日午後四時中央靑年會舘內

고 원 목사 추도회

조선에 기독교를 효시로 전하고 교육 및 자선사업에 힘을 다해 그 공적이 다대한 고 원 목사를 위하여 각 교회 및 일반사회에서 아래와 같이 추도회를 연다고 하더라.

1. 19일 오후 4시 중앙청년회관 내

1. 20일 오후 4시 서대문 안 예배당

1. 오는 일요일 오후 3시 위와 같음

1. 오는 화요일 오후 4시 중앙청년회관 내

108. 매일신보 1917년 3월 30일

洋々ᄒᆞᆫ醫校前途

졔즁원의학교졸업식

셰브란스련합의학교에셔ᄂᆞᆫ 이십팔일오후세시부터 그학교구ᄂᆡ 교회당에셔 학감반복긔씨의 ᄉᆞ회하에셔뎨칠회졸업식을거ᄒᆡᆼᄒᆞ얏더라 가운이라ᄂᆞᆫ 대학교의검고너른 졔복을입은교댱 어비신씨로부터 학교직원과밋졸업ᄉᆡᆼ일동의 입은모양이 위션다른학교보다

▲특별ᄒᆞᆫ색채가 잇셔보이더라 이번졸업ᄉᆡᆼ은 여덟명에우등ᄉᆡᆼ은리창호、차형은、김긔형「李昌鎬、車亨恩、金基炯」세명이오 여셧명은 이뒤에그학교의[illegible]ᄉᆞ업에죵ᄉᆞᄒᆞ기로 결뎡되얏더라 국가、긔도、셩경을 맛치고 졸업ᄉᆡᆼ에게 증셔를수여ᄒᆞᄂᆞᆫᄃᆡ 어비신교댱은 자긔의매엿던 가ᄉᆞ갓흔학위표를버셔들고 졸업ᄉᆡᆼ의 머리에다 씨이며「너가너에게이표로써 의학득업ᄉᆞ됨을 증명ᄒᆞ노라」ᄒᆞᄂᆞᆫ진긔ᄒᆞᆫ학위의 슈여가맛친뒤에 어비신교댱의 졸업ᄉᆡᆼ에ᄃᆡᄒᆞᆫ 훈ᄉᆞ와 샹셰ᄒᆞᆫ학ᄉᆞ보고가잇셧스며 또당일에ᄂᆞᆫ ᄅᆡ빈으로 송영도당관과 방하총독부의원댱의 고ᄉᆞ츅ᄉᆞ와 오긍션 김태진량씨의권면이잇셧더라 이학교ᄂᆞᆫ 됴션에잇ᄂᆞᆫ

▲여섯파의야소교회와미국과밋카나에잇ᄂᆞᆫ 다섯교회본부의련합으로경영ᄒᆞᄂᆞᆫ바 젼문학교뎡에의지ᄒᆞ야 총독부의인가를 맛지안이ᄒᆞ얏슴으로 그학교졸업ᄉᆡᆼ은 죵ᄅᆡ의ᄉᆞ시험을 다시밧앗ᄂᆞᆫᄃᆡ 이번에ᄂᆞᆫ일층 셜비를확댱ᄒᆞ고 규모를ᄀᆡ뎡ᄒᆞ야 작년동안에 열심으로쥰비를ᄒᆞ고 일젼에 젼문학교령에쥰거ᄒᆞ기로 인가를 신쳥ᄒᆞ얏ᄂᆞᆫᄃᆡ 이것이허가가되면 이후 이학교졸업ᄉᆡᆼ은 경셩의의젼문학교졸업ᄉᆡᆼ과 ᄀᆞᆺ흔ᄌᆞ격이 잇게되겟더라 현지학ᄉᆡᆼ은륙십일명이오 졸업ᄉᆡᆼ을ᄂᆡ이거 오십삼명이오 현지임원으로말ᄒᆞ면

▲외국인교ᄉᆞ가 아홉명이오 ᄂᆡ디인교ᄉᆞ가 네명이오 됴션인교ᄉᆞ가세명이오 됴션인강ᄉᆞ가 세명이오 의ᄉᆞ가일곱명이오 셕료히 약졔ᄉᆞ로「쿡」씨가 오게되얏고 미국모독지가의긔부로 의학연구부를창셜ᄒᆞ고 그유지비긔분간 그긔부금으로 쓰게되얏스며 간호부양셩ᄒᆞᄂᆞᆫᄉᆞ업도 졈졈도확댱되며 환자의증가로 병원ᄉᆞ업되ᄂᆞᆫ병실의수요가 증가ᄒᆞᆷ도 비상ᄒᆞ야 빈방이모다모다됴흔방면으로 진뎐되ᄂᆞᆫ즁이라더라

양양한 의학교 전도

제중원의학교 졸업식

세브란스연합의학교에서는 28일 오후 3시부터 그 학교 구내 교회당에서 학감 반복기(潘福奇, 반버스커크, James Van Buskirk) 씨의 사회 하에서 제7회 졸업식을 거행하였더라. 가운이라는 대학교의 검고 너른 제복을 입은 교장 에비슨 씨로부터 학교 직원과 및 졸업생 일동의 입은 모양이 우선 다른 학교보다 특별한 색채가 있어 보이더라.

이번 졸업생은 8명에 우등생은 이창호(李昌鎬), 차형은(車亨恩), 김기형(金基炯) 3명이오, 6명은 이 뒤에 그 학교의 사업에 종사하기로 결정되었더라. 국가, 기도, 성경을 마치고 졸업생에게 증서를 수여하는데, 에비슨 교장은 자기가 메었던 가사 같은 위표를 벗어들고 졸업생의 머리에다 씌우며, 「내가 너에게 이 표로써 의학득업사 됨을 증명하노라」 하는 진기한 학위의 수여가 마친 뒤에, 에비슨 교장의 졸업생에 대한 훈사와 상세한 학사보고가 있었으며, 또 당일에는 내빈으로 송용 도장관과 방하 총독부의원장의 고사, 축사와 오긍선, 김태진 양씨의 권면이 있었더라.

이 학교는 조선에 있는 여섯 파의 예수교회와, 미국과 캐나다에 있는 다섯 교회 본부의 연합으로 경영하는 바, 전문학교령에 의지하여 총독부의 인가를 받지 아니하였으므로 그 학교 졸업생은 종래 의사 시험을 다시 받았는데, 이번에는 한층 설비를 확장하고 규모를 개정하여 작년 동안에 열심히 준비를 하고 일전에 전문학교령에 준거하기로 인가를 신청하였는데, 이것이 허가가 되면 이후 이 학교 졸업생은 경성의학전문학교 졸업생과 같은 자격이 있게 되겠더라.

현재 학생은 61명이오, 졸업생을 낸 것이 53명이오, 현재 임원으로 말하면 외국인 교사가 9명, 내지인 교사가 4명, 조선인 강사가 3명이오, 의사가 7명, 새롭게 약제사로 쿡 씨가 오게 되었고, 미국 모 독지가의 기부로 의학연구부를 창설하고 그 유지비를 그 기부금으로 쓰게 되었으며, 간호부 양성하는 사업도 점차로 확장되어 환자의 증가로 병원 사업되는 병실의 수요가 증가함도 비상하여 백방이 모두 모두 좋은 방면으로 진전되는 중이라 더라.

109. 매일신보 1917년 4월 14일

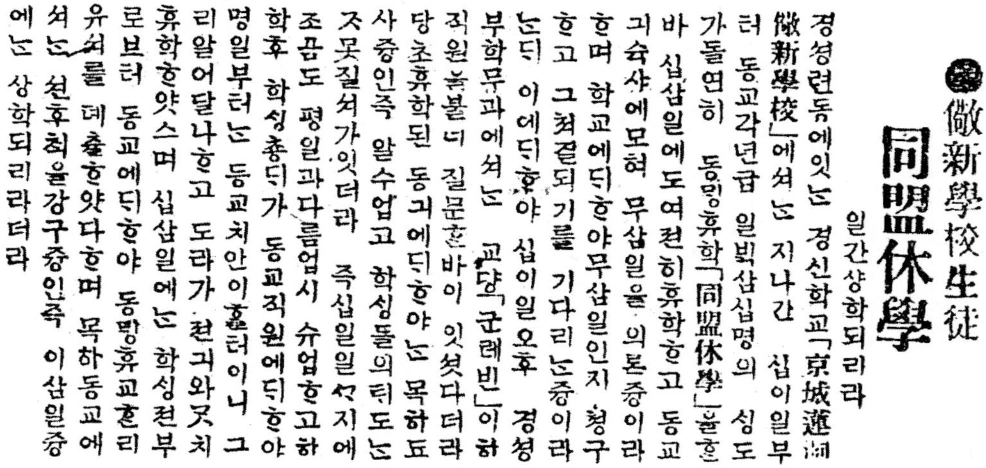

儆新學校生徒
同盟休學
일간상학되리라

경셩련동에잇는 경신학교「京城蓮洞儆新學校」에셔는 지나간 십이일부터 동교각년급 일뵉삼십명의 싱도가돌연히 동밍휴학「同盟休學」을훈바 십삼일에도여젼히휴학ᄒᆞ고 동교긔숙샤에모혀 무삼일을 의론즁이라ᄒᆞ며 학교에디ᄒᆞ야무삼일인지 청구ᄒᆞ고 그쳐결되기를 기다리는즁이라는ᄃᆡ 이에디ᄒᆞ야 십이일오후 경셩부학무과에셔는 교댱「군례빈」이하직원을불너 질문ᄒᆞᆫ바이 잇셧다더라 당초휴학된 동긔에디ᄒᆞ야는 목하됴사즁인즉 알수업고 학싱돌의티도는 자못질셔가잇더라 즉십일일ᄭᆞ지에 조곰도 평일과다름업시 슈업ᄒᆞ고하학후 학싱총ᄃᆡ가 동교직원에ᄃᆡᄒᆞ야 명일부터는 등교치안이ᄒᆞᆯ터이니 그리알어달나ᄒᆞ고 도라가 젼긔와ᄀᆞᆺ치 휴학ᄒᆞ얏스며 십삼일에는 학싱젼부로브터 동교에ᄃᆡᄒᆞ야 동밍휴교ᄒᆞᆫ리유셔를 뎨츌ᄒᆞ얏다ᄒᆞ며 목하동교에셔는 션후칙을강구즁인즉 이삼일즁에는 상학되리라더라

경신학교 생도

동맹휴학

조만간 상학[上學]하리라

경성 연동에 있는 경신학교에서는 지난 12일부터 동교 각 학년 130명의 학생이 돌연히 동맹휴학을 한 바, 13일에도 여전히 휴학하고 동교 기숙사에 모여 무슨 일을 의논중이라 하며, 학교에 대해 무슨 일인지 청하고 그것이 처리되기를 기다리는 중이라는데, 이에 대해 12일 오후 경성부 학무과에서는 교장 쿤스 이하 직원을 불러 질문한 바가 있었다는데, 당초 휴학한 동기에 대해서는 지금 조사 중인즉 알 수 없고, 학생들의 태도는 자못 질서가 있더라. 즉 11일까지 조금도 평소와 다름없이 수업하고 하교한 후, 학생 총대가 동교 직원에 대해 내일부터는 등교치 않을 터이니 그리 알아달라고 하고 돌아가 전기와 같이 휴학하였으며, 13일에는 학생 전부로부터 동교에 대해 동맹휴교한 이유서를 제출하였다 하며, 지금 동교에서는 선후책을 강구중인즉, 2, 3일 중에는 등교하리라 하더라.

110. 매일신보 1917년 4월 15일

◉西洋人學務委員會의開會
경신학교ᄉᆞ건
을해결ᄒᆞᆯᄎᆞ로

경신학교싱도 일빅삼십명이 지나간 십이일브터 동ᄆᆡᆼ휴교「同盟休校」를 ᄒᆞ고 무ᄉᆞᆫ일인지 학교에ᄃᆡᄒᆞ야 요구를ᄒᆞ고 쳐결ᄒᆞ기를 긔다린다ᄂᆞᆫ일은 임의게저ᄒᆞ얏거니와 긔자ᄂᆞᆫ십ᄉᆞ일아참에 동교의모양을 보고져ᄒᆞ야 ᄎᆞ져간즉 학교압뜰 넓은운동장도젹젹ᄒᆞ며 각년급의넓은강당에ᄂᆞᆫ

◇다만의ᄌᆞ만노혀 잇ᄂᆞᆫ쓸쓸ᄒᆞᆫ광경을보겟고 ᄆᆡ일ᄭᅳᆫ일ᄉᆡ업던 학싱의그림ᄌᆞᄂᆞᆫ젼혀구경ᄒᆞᆯ수도업고 다만직원실안에직원몃사ᄅᆞᆷ만남아잇셔들낙날낙ᄒᆞᆯᄲᅮᆫ이라인ᄒᆞ야동교학감 라원뎡「學監羅元鼎」씨를방문ᄒᆞ고젼후상황을질문ᄒᆞᆫ즉학감은걱정ᄉᆞ러운말로 이ᄀᆞᆺᄒᆞᆫ일이 본교에셔츌싱ᄒᆞᆷ은심히유감이외다 그러나 ᄉᆞ건이즁대ᄒᆞᆷ으로셔양사ᄅᆞᆷ으로조직된학무위원회「學務委員會」에맛기지안으면안이되겟기로 즉시

◇학무위원댱되ᄂᆞᆫ 어비신「學務委員長魚丕信」씨에게 보고ᄒᆞᆫ즉 어비신씨ᄂᆞᆫ 십삼일오후세시씀되야 본교에와셔 직원회를열고 학싱의뎨츌ᄒᆞᆫ리유셔의 각됴건에ᄃᆡᄒᆞ야옳코 그름을말ᄒᆞᆫ바 이사건은학무위원회를열고 가결치안으면 안되겟다ᄒᆞ고 도라간터인즉 학무위원회가열니기젼에ᄂᆞᆫ알수업다ᄒᆞ더라

서양인 학무위원회의 개회

경신학교 사건을 해결할 차로

경신학교 학생 130명이 지난 12일부터 동맹휴교를 하고 무슨 일인지 학교에 대해 요구를 하고 처리하기를 기다린다는 일은 이미 게재하였거니와, 기자는 14일 아침 동교의 모양을 보고자 찾아간즉, 학교 앞뜰 넓은 운동장도 적적하며 각 학생의 넓은 강당에는 다만 의자만 놓여 있는 쓸쓸한 광경이 보였고, 매일 끊일 새 없던 학생의 그림자는 전혀 구경할 수도 없고 다만 직원실 안에 직원 몇 사람만 남아있어 들락날락 할 뿐이라. 이로 인해 동교 학감 이원정 씨를 방문하고 전후 상황을 질문하니, 학감은 걱정스러운 말로 이 같은 일이 본교에서 일어남은 심히 유감외다. 그러나 사건이 중대하므로 서양사람으로 조직된 학무위원회에 맡기지 않으면 안되겠기로 즉시 학무위원장 되는 에비슨 씨에게 보고하자 에비슨 씨는 13일 오후 3시쯤 되어 본교에 와서 직원회의를 열고 학생이 제출한 이유서의 각 조건에 대해 옳고 그름을 말한 바, 이 사건은 학무회원회를 열고 가결치 않으면 안되겠다 하고 돌아간 터이니 학무위원회가 열리기 전에는 알 수 없다 하더라.

111. 매일신보 1917년 4월 20일

●儆新學校는 授業開始 십구일로브터

경신학교 학싱일동은 일쥬일동안을 휴교ᄒᆞ고 다만학교의쳐치를 기ᄃᆞ리고잇던문뎨된ᄉᆞ건은 아조 원만히히결되야 십구일부터 평샹과ᄀᆞᆺ치모다 등교ᄒᆞ야 상학ᄒᆞ얏다더라

경신학교는 수업 개시

19일부터

경신학교 학생 일동이 일주일 동안을 휴교하고 학교의 처치를 기다리고 있던 문제된 사건은 아주 원만히 해결되어 19일부터 평상시와 같이 모두 등교하여 수업하였다더라.

112. 매일신보 1917년 4월 22일

●儆新學校ᄂᆞᆫ何境에竟至ᄒᆞᆯ셔

학도ᄂᆞᆫ젼부뎡학명령강ᄉᆞ직원은일졔ᄉᆞ직쳥원

너른학교에ᄂᆞᆫ다만교댱한아ᄲᅮᆫ

교댱을반ᄃᆡᄒᆞ나니 교사한아를 ᄂᆡ여보ᄂᆡ여달라거니ᄒᆞᄂᆞᆫ문뎨를들고이러나셔 학교에ᄃᆡᄒᆞᆫ불평을 울니우던경신학교의학ᄉᆡᆼ일동은 학교와 학ᄉᆡᆼ간의양보와 타협으로인ᄒᆞ야 다시학ᄉᆡᆼ일동이 상학을ᄒᆞ기로되야 지난열아흐레날부터 위션슈업을 ᄀᆡ시ᄒᆞ게되얏슴은 본보에두차계지ᄒᆞᆫ바와 갓거니와 이십일오젼 아홉시반ᄉᆞ년급의셩경과목시간에학ᄉᆡᆼ

▲일동의반ᄃᆡ목표 되ᄂᆞᆫ교ᄉᆞ 함열「咸說」이라ᄂᆞᆫ사ᄅᆞᆷ이 강당에드러가 교슈를ᄀᆡ시ᄒᆞ랴ᄒᆞᆫ즉 학도들은 다시소동되며 함씨와갓ᄒᆞᆫ 션ᄉᆡᆼ의게ᄂᆞᆫ 우리가 션ᄉᆡᆼ이라고 교수를밧울수업다고 교단에셔 퇴거ᄒᆞ기를요구ᄒᆞ얏슴으로 이러ᄒᆞᆫ 긔별을듯고 교댱군레빈씨ᄂᆞᆫ 직시ᄉᆞ년급교장에드러와셔 학도의ᄐᆡ도를 최망ᄒᆞ고젼급ᄉᆡᆼ도의게 무긔뎡학을 명령ᄒᆞ얏슴으로진뎡되야가던

▲쇼동은다시젼교 예펴져학도젼부가 교슈를밧지안코 강당에셔 물러나오게되얏ᄂᆞᆫᄃᆡ 이광경을목도ᄒᆞᆫ 그학교의 직원강ᄉᆞ들은직시협의회를열고 상의ᄒᆞᆫ결과 이러ᄒᆞᆫ마당에혈긔격렬ᄒᆞᆫ ᄉᆡᆼ도들을 나리누르ᄂᆞᆫ것은 도리혀ᄉᆞ단을 ᄉᆡᆼ기게ᄒᆞᆯ폐단이잇슬ᄲᅮᆫ이니 아모조록 리치로써타일러셔 안유를 식히ᄂᆞᆫ것이 죠켓다고교댱의게다가 뎨의ᄒᆞ얏스나 교댱은이뎨의를 듯지안이ᄒᆞᆫ고로 직원강ᄉᆞᄂᆞᆫ 일동이 결속ᄒᆞ야—

▲젼부사직쳥원 을뎨츌ᄒᆞ고학교에셔 물너나온ᄃᆡ로 이십일은지ᄂᆡ얏ᄂᆞᆫᄃᆡ 이십일일아참에 교댱은다시 학도의거의젼부가 긔슉샤에류슉ᄒᆞᆷ을 불계ᄒᆞ고 이십삼일오젼열시ᄭᆞ지 젼부퇴거ᄒᆞ라ᄂᆞᆫ게시를붓치고 그ᄐᆡ도가 여젼ᄒᆞ며 학도편에셔도별로히굴ᄒᆞᄂᆞᆫ긔석도업시 休학을 계속ᄒᆞ고 직원이라고ᄂᆞᆫ 그림ᄌᆞ도보이지안이ᄒᆞ며 학교에ᄂᆞᆫ

▲다만군레빈교댱 용인한명이 잇슬ᄲᅮᆫ이라 얼크러드러가기만

ᄒᆞᄂᆞᆫ 이학교의쇼동은 어나날이나엇더케 귀졍이날ᄂᆞᆫ지 경셩의교육계를위ᄒᆞ야 젹지안ᄒᆞᆫ 의셕ᄒᆞᆫ일이라ᄒᆞ겟더라

경신학교는 어쩌다 이 지경인가

학생들은 전부 정학명령, 강사 직원은 일체 사직 청원
넓은 학교에 다만 교장 하나뿐

교장을 반대한다든가, 교사 하나를 내보내 달라거나 하는 문제로 들고일어나서 학교에 대한 불평을 울리던 경신학교의 학생 일동은 학교와 학생 간의 양보와 타협으로 인해 다시 등교하기로 되어, 지난 19일부터 우선 수업을 개시하게 되었음은 본보에 여러 차례 게재한 바와 같거니와, 20일 오전 9시 반 4학년 성경과목 시간에 학생 일동의 반대의 목표가 되던 교사 함열(咸說)이라는 사람이 강당에 들어가 수업을 개시하려 한즉, 학생들 사이에서 다시 소동이 일어, 함 씨와 같은 선생에게는 우리가 선생이라고 수업을 받을 수 없다고 교단에서 퇴거하기를 요구하였으므로, 이러한 기별을 받은 교장 쿤스(군예빈) 씨는 즉시 4학년 교실에 들어와서 학생들의 태도를 책망하고 전교생에게 무기정학을 명령하였으므로, 진정되어 가던 소동은 다시 전교에 퍼져, 학생 전부가 수업을 받지 않고 강당에서 물러나오게 되었다.

이 광경을 목도한 그 학교의 직원, 강사들은 즉시 협의회를 열고 상의한 결과, 이러한 마당에 혈기 격렬한 학생들을 내리누르는 것은 도리어 사단을 생기게 할 폐단이 있을 뿐이니 아무쪼록 이치로 타일러서 안정시키는 것이 좋겠다고 교장에게 제의하였다. 그러나 교장이 이 제의를 듣지 않으니 직원, 강사 일동은 결속하여 전부 사직 청원을 제출하고 학교에서 물러나오면서 20일이 마무리되었다. 21일 아침에 교장은 다시 학생의 거의 전부가 기숙사에 머무르고 있음을 보고, 23일 오전 10시까지 전부 퇴거하라는 공지를 붙이고, 그 태도가 여전하며 학생 편에서도 별로 굽히는 기색도 없이 휴학을 계속하고 직원이라고는 그림자도 보이지 않으며 학교에는 다만 쿤스 교장 1명만이 있을 뿐이라. 얽혀들어가기만 하는 이 학교의 소동은 언제나 어떻게 마무리가 될는지 경성의 교육계를 위하여 적지 않게 애석한 일이라 하겠더라.

113. 매일신보 1917년 6월 1일

故元杜宇氏未亡人入京

故元杜宇
氏의未亡人과及其令息과夫人은三十
日午后九時南大門驛着列車로米國으
로브터入京ᄒᆞ얏는ᄃᆡ奇一牧師尹致昊
氏等도中途ᄭᆞ지出迎ᄒᆞ얏고南大門驛
에도多數ᄒᆞᆫ宣教師等의出迎이有ᄒᆞ얏
더라

고 원두우 씨 미망인 입경

고 원두우 씨의 미망인과 그 영식(令息, 원한경)과 그 부인은 30일 오후 9시 남대문역 도착 열차로 미국으로부터 입경하였는데 게일 목사, 윤치호(尹致昊) 씨 등도 중도(中途)까지 마중 나갔고 남대문역에도 다수의 선교사 등의 출영(出迎)이 있었더라.

114. 매일신보 1917년 6월 2일

元杜宇氏未亡人…耶蘇敎界一雙美談◇

윤구비용을교육ᄉᆞ업에긔부

……아펜셀라씨유족은삼남매가됴션에셔……

됴션야소교계의 긔쳑자로겸ᄒᆞ야 외국션교ᄉᆞ의원로되ᄂᆞᆫ 원두우씨가 고향에도라갓던즁 불힝히작년여름 미국의뉴욕에셔 셰상을버린후 비풍참우 임의일년의셰월이지낫ᄂᆞᆫᄃᆡ 그부인과밋령식은 망인의뜻을이어 됴션을위ᄒᆞ야 졍셩을다ᄒᆞ고져 모ᄌᆞ손목을잇글고 삼십일밤 남대문역착렬거로 다시 경셩에도라왓다

▲이십여만의신도 를쉬고 금일의셩황을일운 됴션예슈교의 력ᄉᆞᄂᆞᆫ 일면으로보면 외국션교ᄉᆞ의피로써션울을삼고 썀으로써 가로올을삼아셔ᄶᅡ아나인 한폭의 반단이라고도ᄒᆞᆯ만큼 예슈교를 쳐음션포ᄒᆞ던당시 외인션교ᄉᆞ의악쳔고투ᄂᆞᆫ 실로용밍ᄒᆞ며 또ᄒᆞᆫ비참ᄒᆞᆫ일도 적지안이ᄒᆞ얏ᄂᆞᆫᄃᆡ 그즁에도 고원두우씨와ᄀᆞᆺᄒᆞᆫ이ᄂᆞᆫ 특별히유명ᄒᆞᆫ인물이라 삼십일죵로ᄭᆞ지 미망인을영졉나갓던 윤치호씨ᄂᆞᆫ 죵앙쳥년회의응졉실에셔 말ᄒᆞ야왈「이번에 미망인을마지며 고인을싱각ᄒᆞ고 즁심으로

▲비창홈을금치못 ᄒᆞ얏노라 원두우씨ᄂᆞᆫ 됴션에수다ᄒᆞᆫ션교ᄉᆞ즁에도 더욱이 공로가만흔사ᄅᆞᆷ이라 됴션에나오기도 뎨일먼쳐이니 을유년경에 원두우씨와 아펜셀라씨와시란돈모ᄌᆞ의일힝이 됴션에옴이 대뎨됴션에 예슈교션교사가오던 시초이라 그로부터삼십여년동안 별ᄉᆞ신고를다격거가면셔 이네들이 분투를ᄒᆞ야오ᄂᆞᆫᄃᆡ 금일에잇ᄂᆞᆫ 예수교관계의창셜에디ᄒᆞ야ᄂᆞᆫ 거의다원두우씨의진력으로 이루엇다ᄒᆞᆯ지라 원두우씨ᄂᆞᆫ실로 됴션

▲예슈교의긔쳑자 요또ᄒᆞᆫ데일의 은인이라 그의평셩을밧쳐셔 됴션을위ᄒᆞ야 분투ᄒᆞᆫ일은 우리의크게감사히 녁이지 안이치못ᄒᆞᆯ바이라 그ᄂᆞᆫ임의죽엇다ᄒᆞᆯ지라도 그의위대ᄒᆞᆫᄉᆞ업은 그의령혼과함긔 영구히빗날터인ᄃᆡ 이번에그의부인과 아달이비통ᄒᆞᆫ나마지에 오히려 고향을떠나셔 다시망인의유지를잇고져 됴션에이름은 더욱이칭찬ᄒᆞᆯ일이라 그아달은 한경이라이르ᄂᆞᆫᄃᆡ 장ᄎᆞ예수교관계학교에 교ᄉᆞ로 진력ᄒᆞᆯ뜻이라ᄒᆞ며 부인은그아달을의지ᄒᆞ야

▲됴션에서여년을 보니일뜻인듯ᄒᆞᆫᄃᆡ 부인은년근륙십이라 교회의녀의로ᄂᆞ와셔 됴션의동포를위ᄒᆞ야 박이의인술을베풀다가 원두우씨와결혼ᄒᆞ얏ᄂᆞᆫᄃᆡ 문장이 능난ᄒᆞ며 극히인ᄌᆞ뎡슉ᄒᆞ야 원두우씨의 비범ᄒᆞᆫ활동도 부인의니조에 힘입은바이만흔줄로녁이노라 작년에 원두우씨가「뉴욕」에셔 별셰ᄒᆞ며 그의싱시 됴션을 사랑ᄒᆞ던뜻을싱각ᄒᆞ고 시톄를 운반ᄒᆞ야 경셩에 안장ᄒᆞ랴ᄒᆞ얏스나 운구비용이 삼쳔원이나들겟ᄂᆞᆫ고로 삼쳔원을드려셔 운구ᄒᆞᄂᆞᆫ이보다 그돈을 됴션의

▲됴촌ᄉᆞ업에긔부 ᄒᆞᄂᆞᆫ것죡이 됴션에와셔 함동을ᄒᆞ랴홈과 아울러셔 아펜셀라씨유족의분투ᄂᆞᆫ 됴션예수교계에 한쌍미담이라 아펜셀라씨ᄂᆞᆫ 삼녀일남을두엇ᄂᆞᆫᄃᆡ 두달은 임의됴션에잇셔셔 죵교와밋

▲교육ᄉᆞ업에진력 ᄒᆞ며그의아달은 금일(일일)쳐녁에 경셩에도착ᄒᆞᆫ다ᄂᆞᆫᄃᆡ 됴션예수교계에 공로만흔 두원로ᄂᆞᆫ 임의고인이되얏지만은 그의유족이 또ᄒᆞᆫ그유지를이어셔 평싱을 공헌코져홈은 엇지아름다운 일이안인가」

원두우 씨 미망인 … 예수교계 한 쌍 미담

운구 비용을 교육사업에 기부

……아펜젤러 씨 유족은 삼남매가 조선에서……

조선 예수교계의 개척자로 겸하여 외국 선교사의 원로 되는 원두우 씨가 고향에 돌아갔던 중 불행히 작년 여름 미국의 뉴욕에서 세상을 버린 후 비풍참우(悲風慘雨) 이미 일 년의 세월이 지났는데, 그 부인과 영식은 망인의 뜻을 이어 조선을 위하여 정성을 다하고자 모자 손목을 이끌고 30일 밤 남대문역 도착 열차로 다시 경성에 돌아왔다.

20여 만의 신도를 끼고 오늘의 성황을 이룬 조선 예수교의 역사는 일면으로 보면 외국 선교사의 피로써 선올을 삼고, 땀으로써 가로올을 삼아서 짜낸 한 폭의 반단[斑緞]이라고도 할 만큼 예수교를 처음 선포하던 당시 외인 선교사의 악전고투는 실로 용맹하며 또한 비참한 일도 적지 아니하였는데, 그중에서도 고 원두우 씨와 같은 이는 특별히 유명한 인물이라. 30일 중로까지 미망인을 영접 나갔던 윤치호 씨는 중앙청년회의 응접실에서 다음과 같이 말하였다.

「이번에 미망인을 맞으며 고인을 생각하고 중심으로 비창(悲愴)함을 금치 못하였노라. 원두우 씨는 조선에 수다한 선교사 중에도 더욱이 공로가 많은 사람이라. 조선에 나오기도 제일 먼저이니, 을유년경에 원두우 씨와 아펜젤러 씨와 스크랜튼 모자의 일행이 조선에 옴이 대개 조선에 예수교 선교사가 오던 시초이라. 그로부터 30여 년 동안 별별 신고를 다 겪어 가면서 이네들이 분투를 하여 오는데, 금일에 잇는 예수교 관계의 창설에 대하여는 거의 다 원두우 씨의 창설로 이루었다 할지라. 원두우 씨는 실로 조선 예수교의 개척자요 또한 제일의 은인이라. 그의 평생을 바쳐서 조선을 위하여 분투한 일은 우리의 크게 감사히 여기지 않지 못할 바이라.

그는 이미 죽었다 할지라도 그의 위대한 사업은 그의 영혼과 함께 영구히 빛날 터인데, 이번에 그의 부인과 아들이 비통한 나머지에 오히려 고향을 떠나서 다시 망인의 유지를 잇고자 조선에 이름은 더욱이 칭찬할 일이라. 그 아들은 한경이라 이르는데, 장차 예수교 관계 학교에 교사로 진력할 뜻이라 하며 부인은 그 아들을 의지하여 조선에서 여년을 보낼 뜻인 듯한데, 부인은 나이 거의 60이라. 교회의 여의(女醫)로 나와서 조선의 동포를 위하여 박애의 인술을 베풀다가 원두우 씨와 결혼하였는데, 문장이 능란하며 극히 인자 정숙하여, 원두우 씨의 비범한 활동도 부인의 내조에 힘입은 바가 많은 줄로 여기노라.

작년에 원두우 씨가 뉴욕에서 별세하며 그의 생시 조선을 사랑하던 뜻을 생각하고 시체를 운반하여 경성에 안장하려 하였으나 운구 비용이 삼천 원이나 들겠는 고로, 삼천 원을 들여서 운구하는 이보다 그 돈을 조선의 좋은 사업에 기부하는 것이 도리어 고인의 뜻에 합당하다 하여 그 돈 삼천 원은 예수교 각파의 연합 경영하는 사립 영신학교의 교사 건축비로 기부하였다 들었노라.

원두우 씨의 이야기가 나면 그와 같이 조선에 나와 그와 함께 분투노력하던 고 아펜젤러 씨의 일이 생각나나니, 원두우 씨의 유족이 조선에 와서 활동을 하려 함과 아울러서 아펜젤러 씨 유족의 분투는 조선 예수교 계에 한 쌍 미담이라. 아펜젤러 씨는 3녀 1남을 두었는데 두 딸은 이미 조선에 있어서 종교와 교육사업에 진력하며 그의 아들은 오늘(1일) 저녁에 경성에 도착한다는데 조선 예수교 계에 공로 많은 두 원로는 이미 고인이 되었지만은 그의 유족이 또한 그 유지를 이어서 평생을 공헌코자 함은 어찌 아름다운 일이 아닌가.」

115. 매일신보 1917년 6월 13일

●私立醫專開校式 御成町
私立세부란스聯合醫學專門學校는今回其設置認可를承ᄒᆞ얏슴으로十三日午後二時四十五分同校에셔開校式을擧行ᄒᆞᆫ다더라

사립 의전 개교식

어성정(御成町) 사립 세브란스연합의학전문학교는 이번에 그 설치인가를 받았으므로 13일 오후 2시 45분 동교(同校)에서 개교식을 거행한다더라.

116. 매일신보 1917년 6월 15일

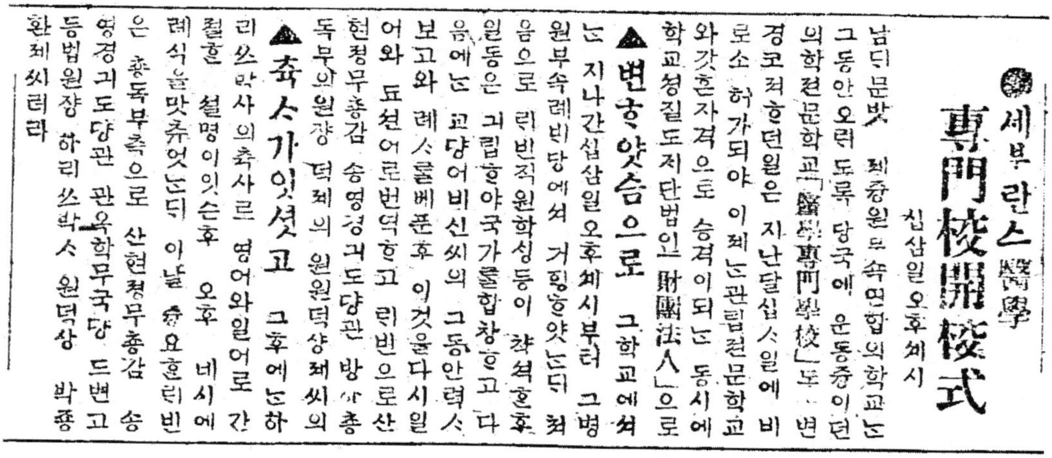

세부란스醫學 專門校開校式

십삼일오후세시

남ᄃᆡ문밧 졔즁원부속연합의학교ᄂᆞᆫ 그동안오ᄅᆡ도록 당국에 운동즁이던 의학젼문학교「醫學專門學校」로 변경코져ᄒᆞ던일은 지난달십ᄉᆞ일에 비로소 허가되야 이졔ᄂᆞᆫ관립젼문학교와갓ᄒᆞᆫ자격으로 승격이되ᄂᆞᆫ 동시에 학교셩질도지단법인「財團法人」으로

▲변ᄒᆞ얏슴으로 그학교에셔ᄂᆞᆫ 지나간십삼일오후셰시부터 그병원부속례ᄇᆡ당에셔 거ᄒᆡᆼᄒᆞ얏ᄂᆞᆫᄃᆡ 쳐음으로 ᄅᆡ빈직원학ᄉᆡᆼ등이 착셕ᄒᆞᆫ후 일동은 긔립ᄒᆞ야국가를합창ᄒᆞ고 다음에ᄂᆞᆫ 교댱에비신씨의 그동안력ᄉᆞ보고와 례ᄉᆞ를베픈후 이것을다시일어와 됴션어로번역ᄒᆞ고 ᄅᆡ빈으로산현졍무총감 송영경긔도댱관 방ᄭᅡ총독부의원댱 덕졔의원원덕샹졔씨의

▲츅ᄉᆞ가잇섯고 그후에ᄂᆞᆫ하리쓰박사의츅사로 영어와일어로간졀ᄒᆞᆫ 셜명이잇슨후 오후 네시에 례식을맛츄엇ᄂᆞᆫᄃᆡ 이날 즁요ᄒᆞᆫᄅᆡ빈은 총독부측으로 산현졍무총감 송영경긔도댱관 관옥학무국댱 드변고등법원쟝 하리쓰박ᄉᆞ 원덕상 박죵환졔씨러라

세브란스의학전문학교 개교식

13일 오후 3시

남대문 밖 제중원부속연합의학교가 그동안 오래도록 당국에 청원 중이던 의학전문학교로 변경하고자 하던 일은 지난달 14일에 비로소 허가되어 이제는 관립전문학교와 같은 자격으로 승격이 되는 동시에 학교 성격도 재단법인으로 변하였으므로, 그 학교에서는 지나간 13일 오후 3시부터 그 병원 부속 예배당에서 거행하였다. 우선 내빈, 직원, 학생 등이 착석한 후 일동 기립하여 국가를 합창하고, 다음에는 교장 에비슨 씨의 그동안 역사 보고와 인사말을 베푼 후, 이것을 다시 일본어와 조선어로 번역하고, 내빈으로 산현 정무총감, 송영 경기도장관, 방이 총독부의원장, 덕제의원 원덕상 제씨의 축사가 있었고, 그 후에는 하리스 박사의 축사로 영어와 일어로 간곡한 설명이 있은 후 오후 4시에 예식을 마쳤는데, 이날 중요한 내빈은 총독부 측 산현 정무총감, 도변 고등법원장, 하리스 박사, 원덕상, 박종환 제씨라더라.

117. 매일신보 1917년 6월 27일

私立專門學校 設置에 對ᄒᆞ야

過般朝鮮호텔의私立延禧專門學校私立世富蘭偲聯合醫學專門學校의財團法人及學校設立認可의披露會席上에셔關屋學務局長의談話要領은左와如ᄒᆞ더라

私立延禧專門學校並私立世富蘭偲聯合醫學專門學校의設置에就ᄒᆞ야ᄂᆞᆫ學事當局者로滿腔의賀意를表ᄒᆞᆷ에其理由ᄂᆞᆫ二가有ᄒᆞ니

一、內容의改善 從來專門校의名稱은無ᄒᆞ얏스나類似의學校에在ᄒᆞ야學校關係外國人에在ᄒᆞ야ᄂᆞᆫ此를大學이라ᄒᆞ고新ᄒᆞᆫ者도此를譯ᄒᆞ면大學인ᄃᆡ何等差異가無ᄒᆞᆫ듯ᄒᆞ나新學校ᄂᆞᆫ敎育令의所謂專門學校로學科課程、入學資格等從來의學校와ᄂᆞᆫ大異ᄒᆞ도다從來도成은相當히高尙ᄒᆞᆫ學科를敎ᄒᆞ얏슴더이나單히學問잇ᄂᆞᆫ人物을造ᄒᆞᆫ다ᄒᆞᆷ에在ᄒᆞᆷ과如ᄒᆞ고今은不然ᄒᆞ야一面高等의學術技藝를敎ᄒᆞᄂᆞᆫ同時에忠良ᄒᆞᆫ國家有用의人材를造코져ᄒᆞᆷ이是也니此二事에對ᄒᆞ야組織을變更ᄒᆞᆷ을重大ᄒᆞᆫ事件으로認ᄒᆞ노라政府ᄂᆞᆫ昨年에專門學校規則을發布ᄒᆞ얏다ᄒᆞᆯ지라도今日에ᄂᆞᆫ專門學校의數가甚少ᄒᆞ니此ᄂᆞᆫ朝鮮今日의時勢及民度로브터來ᄒᆞᆫ自然의結果오政府가故意로制限을設ᄒᆞᆷ이안이라現在政府ᄂᆞᆫ來年度에農業의專門學校를設立ᄒᆞᆯ計畫이니思컨ᄃᆡ今後必要에應ᄒᆞ야漸次設置를見ᄒᆞᆷ에至ᄒᆞ리라左右間舊韓國時代主權의存在가明確치못ᄒᆞ야社會百般의事物이不便ᄒᆞ던時에魚丕信氏等의努力ᄒᆞᆫ事ᄂᆞᆫ實로感歎을不勝ᄒᆞ겟고加之而今後新設의二專門學校가政府의施設을補ᄒᆞᆷ에多大ᄒᆞᆫ稗益을朝鮮에與ᄒᆞ얏슴을認ᄒᆞ노라다만徒然히其名을美케ᄒᆞᆷ이업시其建築의高大를誇ᄒᆞᆷ이업시優良ᄒᆞᆫ敎員을充實ᄒᆞ야恒常朝鮮의時勢民度에適合케ᄒᆞᆷ을期ᄒᆞ고高等의學術技藝를有ᄒᆞ며優秀ᄒᆞᆫ品性을存ᄒᆞᆫ社會의上級에立ᄒᆞᆯ有用의材를育成케ᄒᆞᆷ을希望ᄒᆞ노라單히高等의學術技藝를修ᄒᆞᆷ뿐으로其品格이此에伴치못ᄒᆞ고國家에忠良ᄒᆞᆫ精神을有치못ᄒᆞ면決코專門學校設立의目的에副ᄒᆞᆫ者ㅣ안이니此點에就ᄒᆞ야ᄂᆞᆫ魚丕信氏의意見도余의意見과全然同一ᄒᆞᆯ줄로思ᄒᆞ고且學校關係者諸君은深히此에留意ᄒᆞ기를望ᄒᆞ노라本校設立에際ᄒᆞ야校長及理事長된魚丕信氏의勞가頗大ᄒᆞᆷ은吾人의推奬ᄒᆞᆷ을吝치안ᄂᆞᆫ바財團의規則及學校의規則等은外國人諸君에게解釋키難ᄒᆞᆯ것입으로如其設立이許可된時ᄭᅡ지에ᄂᆞᆫ不少ᄒᆞᆫ勞苦가有ᄒᆞ얏슬줄로吾人은推察ᄒᆞᄂᆞᆫ바ㅣ오且魚丕信氏의言을依ᄒᆞᆫ즉政府와學校關係者間에誤解가有ᄒᆞᆷ으로認可가延引됨과如히言ᄒᆞ얏스나余의知ᄒᆞᄂᆞᆫ範圍로ᄂᆞᆫ本件에關ᄒᆞ야何等誤解가無ᄒᆞᆷ으로信ᄒᆞ고若誤解가有ᄒᆞ다ᄒᆞ면敎育과宗敎의關係에就ᄒᆞᆷ일지나敎育宗敎分離問題에關ᄒᆞ야ᄂᆞᆫ旣히屢次說明을試ᄒᆞᆫ바인즉今에다시贅言ᄒᆞᆯ必要가無ᄒᆞ리로다此의祝辭를了ᄒᆞᆷ에當ᄒᆞ야想起ᄒᆞᆷ을禁치못ᄒᆞᄂᆞᆫ바ᄂᆞᆫ故元杜尤博士ㅣ라今日과如ᄒᆞᆫ祝賀의席에셔故人된博士의遺遊를痛悼ᄒᆞᆷ은其處를不得ᄒᆞᆷ과如ᄒᆞ나本校特히延禧專門學校와博士와ᄂᆞᆫ可히離치못ᄒᆞᆯ關係가有ᄒᆞᆷ은諸君의共知ᄒᆞᄂᆞᆫ바인즉諸君과共히故博士의勞를感謝치아니치못ᄒᆞᆯ지오吾人은二校가健全의發達을遂ᄒᆞ되財團設立當初의目的과吾人의[illegible]가相副ᄒᆞ기를關係者를爲ᄒᆞ야又[illegible]朝鮮을爲ᄒᆞ야切望ᄒᆞᄂᆞᆫ바ㅣ라

사립전문학교 설치에 대하여

지난번 조선호텔의 사립 연희전문학교, 사립 세브란스연합의학전문학교의 재단법인 및 설립인가의 피로회 석상에서 관옥(關屋) 학무국장의 담화 요령은 아래와 같더라.

사립 연희전문학교 및 사립 세브란스연합의학전문학교의 설치에 대하여는 학무국장된 자로 만강(滿腔)의 축의를 표함에 그 이유는 둘이 있으니

일, 내용의 개선. 종래 전문교의 명칭은 없었으나 유사의 학교에 있어서 학교 관계 외국인에 있어서는 이를 대학이라 하고, 새로운 것도 이를 번역하면 대학인데, 하등 차이가 없는 듯하나, 신(新)학교는 교육령의 소위 전문학교로, 학과과정, 입학 자격 등 종래의 학교와는 크게 다르도다. 종래도 혹은 상당히 고상한 학과를 가르쳤을 터이나, 단순히 학문 있는 인물을 만든다 함에 재(在)함과 같고, 지금은 그렇지 아니하여 일면 고등의 학술기예를 가르치는 동시에 충량한 국가 유용의 인재를 만들고자 함이 옳음이니, 이 두 가지 일에 대하여 조직을 변경함을 중한 사건으로 인식하노라. 정부는 작년에 전문학교규칙을 발포하였다 할지라도 오늘날에는 전문학교의 수가 매우 적으니, 이는 조선 오늘날의 시세 및 민도(民度)로부터 오는 자연의 결과요, 정부가 고의로 제한을 설치함이 아니라. 현재 정부는 내년도에 농업 전문학교를 설립할 계획이니, 생각건대 지금 이후 필요에 응하여 점차 설치를 보기에 이르리라. 좌우간 구한국 시대 주권의 존재가 명확하지 못하여 사회 백반의 사물이 불편하던 때에 에비슨 씨 등이 노력한 일은 실로 감탄을 이기지 못하겠고, 게다가 지금 이후 신설의 두 전문학교가 정부의 시설을 보완함에 다대한 도움[裨益]을 조선에 주었음을 인정하노라. 다만 종연(從然)의 그 이름을 아름답게 함이 없이, 그 건축의 높고 큼을 과시함이 없이, 우량한 교원을 충실(充實)하여 항상 조선의 시세민도(時勢民度)에 적합하게 함을 기하고, 고등의 학술기예를 보유하며 우수한 품성을 가진 사회의 상급(上級)에 세울 유용한 재목을 육성하게 함을 희망하노라. 단순히 고등의 학술기예를 닦을 뿐 그 품격이 이에 동반하지 못하고 국가에 충량한 정신을 가지지 못하면 결코 전문학교 설립의 목적에 부합할 자가 아니니, 이 점에 대하여는 에비슨 씨의 의견도 나의 의견과 모두 동일한 줄로 생각하고, 또 학교 관계자 제군(諸君)은 매우 이에 유의하기를 희망하노라. 본교 설립에 즈음하여 교장 및 이사장 된 에비슨 씨의 노고가 파대(頗大)함은 우리들

의 추장(推奬)함을 아끼지 않는 바, 재단의 규칙 및 학교의 규칙 등은 외국인 제군(諸君)이 해석하기 어려울 것이므로 그 설립이 허가된 때까지는 적지 않는 노고가 있었을 줄로 우리들은 미루어 짐작하는 바이오. 또 에비슨 씨의 말에 의한 즉, 정부와 학교 관계자 간에 오해가 있으므로 인가가 연기됨과 같이 말하였으나, 내가 아는 범위로는 본 건에 관하여 하등 오해가 없으므로 믿고, 만약 오해가 있다 하면 교육과 종교의 관계에 관한 것일지나 교육 종교 분리 문제에 관해서는 그렇게 누차 설명을 시도한 바인즉 지금 다시 부언할 필요가 없으리로다. 이 축사를 마침에 당하여 상기함을 금치 못하는 바는 고 언더우드 박사이라. 오늘과 같은 축하의 자리에서 고인된 박사의 원유(遠遊)를 슬퍼함[痛悼]은 그 자리를 얻지 못함과 같으나 본교 특히 연희전문학교와 박사와는 가히 분리하지 못할 관계가 있음은 제군이 모두 아는 바인 즉, 제군과 함께 고(故) 박사의 노고를 감사하지 아니하지 못할지오. 나는 두 학교가 건전한 발달을 따르되 재단설립 당초의 목적과 나의 □期가 서로 부합하기를 관계자를 위하여 또는 조선을 위하여 절실히 희망하는 바라.

118. 매일신보 1917년 8월 28일

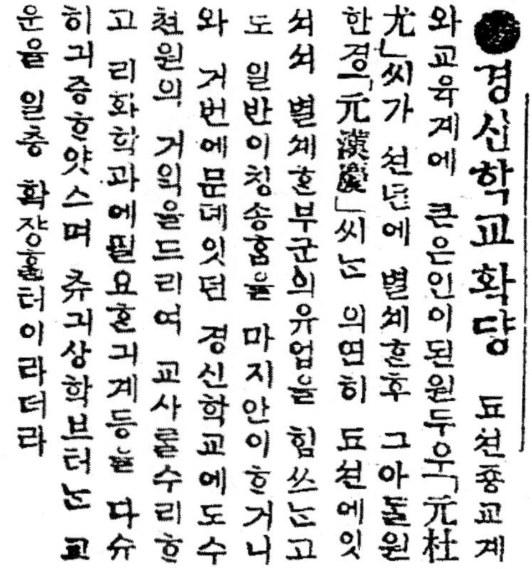
◉경신학교확댱 됴션종교계
와교육계에 큰은인이된원두우「元杜
尤」씨가 쟉년에 별셰혼후 그아들원
한경「元漢慶」씨는 의연히 됴션에잇
셔셔 별셰혼부군의유업을 힘쓰는고
도 일반이칭송홈을 마지안이혼거니
와 거번에문뎨잇던 경신학교에도수
쳔원의 거익을드리여 교사를수리혼
고 리화학과에필요혼긔계등을 다슈
히긔증혼얏스며 츄긔상학브터는 교
운을 일층 확장홀터이라더라

경신학교 확장

조선종교계와 교육계에 큰 은인이 된 언더우드(원두우) 씨가 전년에 별세한 후 그 아들인 원한경 씨는 의연히 조선에 머무르며 별세한 부군의 유업에 힘쓰는 것을 일반이 칭송함을 마지않거니와, 저번에 문제가 되었던 경신학교에도 수천 원의 거액을 들여 교사를 수리하고 이학, 화학과에 필요한 기계 등을 다수 기증하였으며, 가을 학기부터는 교원을 한층 확장할 터이라더라.

119. 매일신보 1917년 9월 6일

◉山縣悌三郎氏 開城好壽敦女塾教師로多年同地內鮮人一般의信賴가厚ᄒᆞ던山縣悌三郎氏(山縣셔울푸릐쓰社長令兄)는今般培材學堂及延禧專門學校講師로被聘ᄒᆞ야日前에入京ᄒᆞ얏더라

산현제삼랑(山縣悌三郎) 씨

개성 호수돈여숙 교사로 다년간 동지(同地) 내선인 일반의 신뢰가 두텁던 산현제삼랑(山縣悌三郎) 씨[산현(山縣) 서울프레스 사장 형님]는 이번에 배재학당 및 연희전문학교 강사로 초빙되어 일전에 입경하였더라.

120. 매일신보 1918년 1월 20일

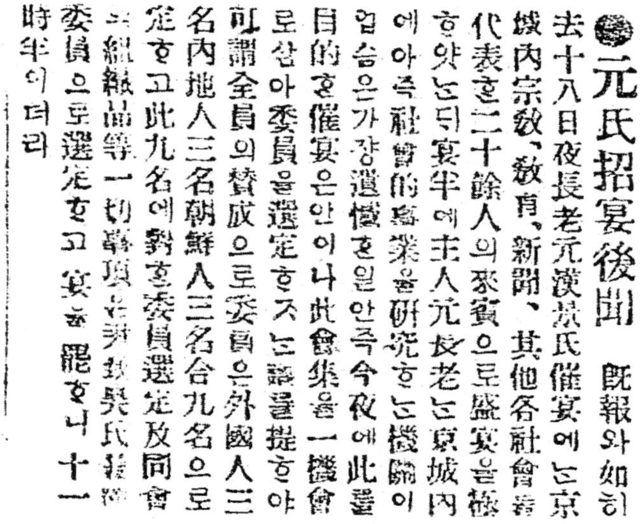
◉元氏招宴後聞　旣報와如히去十八日夜長老元漢慶氏催宴에ᄂᆞᆫ京城內宗敎、敎育、新聞、其他各社會를代表ᄒᆞᆫ二十餘人의來賓으로盛宴을極ᄒᆞ얏ᄂᆞᆫ되宴半에主人元長老ᄂᆞᆫ京城內에아즉社會的事業을硏究ᄒᆞᄂᆞᆫ機關이업슴은가장遺憾ᄒᆞᆫ일인즉今夜에此를目的ᄒᆞᆫ催宴은안이나此會集을一機會로삼아委員을選定ᄒᆞᄌᆞᄂᆞᆫ議를提ᄒᆞ야可謂全員의贊成으로委員은外國人三名內地人三名朝鮮人三名合九名으로定ᄒᆞ고此九名에對ᄒᆞᆫ委員選定及同會의組織品等一切事項은尹致昊氏를總委員으로選定ᄒᆞ고宴을罷ᄒᆞ니十一時半이더라

원 씨 초연(招宴) 후문

이미 보도한 것과 같이 지난 18일 밤 장로 원한경(元漢慶) 씨 주최 연회에는 경성 내 종교, 교육, 신문 기타 각 회사를 대표한 20여 인의 내빈으로 성대한 연회에 이르렀는데, 연회 중반에 주인 원 장로는 경성 내에 아직 사회적 사업을 연구하는 기관이 없음은 가장 유감한 일인즉 오늘 밤에 이를 목적한 연회는 아니나 이 회집을 하나의 기회로 삼아 위원을 선정하자는 뜻을 제기하여 가히 전원의 찬성으로 위원은 외국인 3명, 내지인 3명, 조선인 3명 합 9명으로 정하고 이어서 9명에 대한 위원 선정 및 동회의 조직 품등 일체의 사항은 윤치호(尹致昊) 씨를 총위원으로 선정하고 연회를 파하니 11시 반이더라.

121. 매일신보 1918년 2월 28일

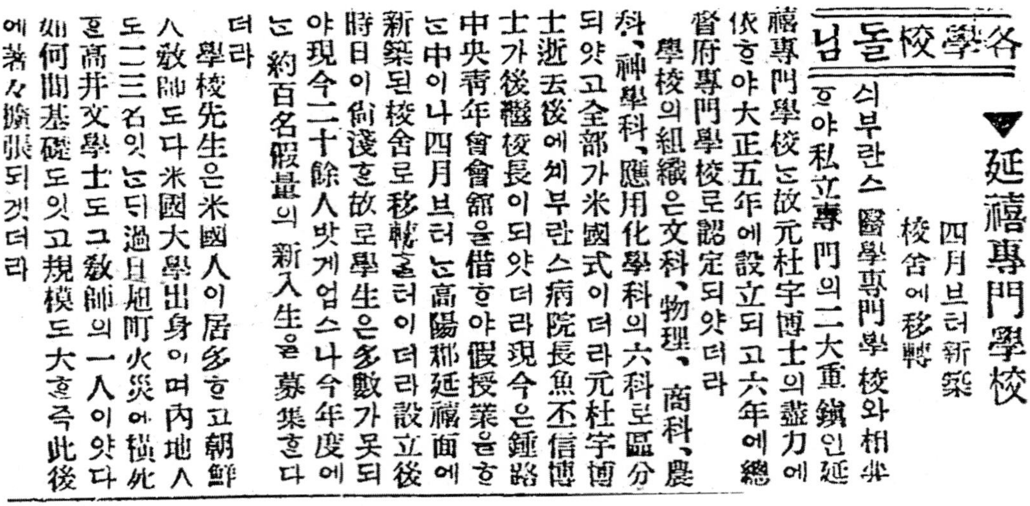
各學校돌림

▼延禧專門學校

四月브터新築
校舍에移轉

세부란스醫學專門學校와相半ᄒᆞ야私立專門의二大重鎭인延禧專門學校ᄂᆞᆫ故元杜宇博士의盡力에依ᄒᆞ야大正五年에設立되고六年에總督府專門學校로認定되얏더라

學校의組織은文科、物理、商科、農科、神學科、應用化學科의六科로區分되얏고全部가米國式이더라元杜宇博士逝去後에세부란스病院長魚丕信博士가後繼校長이되얏더라現今은鍾路中央靑年會會館을借ᄒᆞ야假授業을ᄒᆞᄂᆞᆫ中이나四月브터ᄂᆞᆫ高陽郡延禧面에新築된校舍로移轉ᄒᆞᆯ터이더라設立後時日이尙淺ᄒᆞᆫ故로學生은多數가못되야現今二十餘人밧게업스나今年度에ᄂᆞᆫ約百名假量의新入生을募集ᄒᆞᆫ다더라

學校先生은米國人이居多ᄒᆞ고朝鮮人敎師도다米國大學出身이며內地人도二三名잇ᄂᆞᆫ딕過日旭町火災에橫死ᄒᆞᆫ高井文學士도그敎師의一人이얏다如何間基礎도잇고規模도大ᄒᆞᆫ즉此後에着々擴張되겟더라

각 학교 돌림

연희전문학교

4월부터 신축교사로 이전

세브란스의학전문학교와 상□하여 사립전문의 2대 중진인 연희전문학교는 고 언더우드 박사의 노력에 의해 1916년에 설립되고, 1917년에 총독부 전문학교로 인정되었더라.

학교의 조직은 문과, 물리, 상과, 농과, 신학과, 응용화학과의 6과로 구분되었고, 전부가 미국식이더라. 언더우드 박사 서거 후에 세브란스병원장 에비슨 박사가 후임 교장이 되었다. 지금은 종로 중앙청년회 회관을 빌려 임시 수업을 하는 중이나, 4월부터는 고양군 연희면에 신축된 교사로 이전할 터라더라. 설립 후 시간이 부족하여 학생은 많지 않고 지금 20여 명밖에 없으나, 올해부터는 약 백여 명가량의 신입생을 모집한다더라.

학교 선생은 미국인이 제일 많고, 조선인 교사도 다 미국대학 출신이며, 내지인도 2, 3명 있는데 지난날 욱정(旭町, 회현동) 화재로 사망한 고정문 박사도 그 교사 중 하나였다. 여하간 기초도 있고 규모도 큰즉 차후에 차차 확장이 되겠더라.

122. 매일신보 1918년 3월 28일

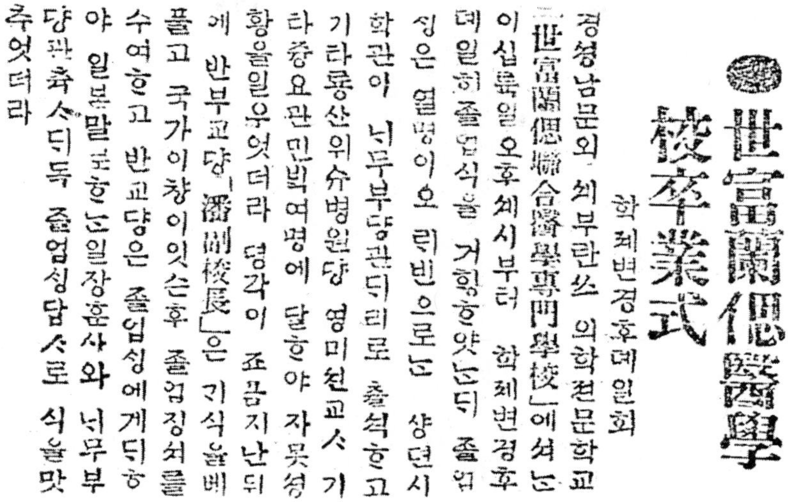

世富蘭偲醫學校卒業式

학졔변경후뎨일회

경성남문외 셰부란쓰 의학젼문학교「世富蘭偲聯合醫學專門學校」에셔ᄂᆞᆫ 이십륙일오후셰시부터 학졔변경후뎨일회졸업식을 거ᄒᆡᆼᄒᆞ얏ᄂᆞᆫᄃᆡ 졸업ᄉᆡᆼ은 열명이오 ᄅᆡ빈으로ᄂᆞᆫ 샹뎐시학관이 ᄂᆡ무부댱관ᄃᆡ리로 츌셕ᄒᆞ고 기타룡산위슈병원댱 영미션교ᄉᆞ 기타즁요관민빅여명에 달ᄒᆞ야 자못셩황을일우엇더라 뎡각이 조곰지난뒤에 반부교댱「潘富校長」은 기식을베풀고 국가이창이잇슨후 졸업징셔를수여ᄒᆞ고 반교댱은 졸업ᄉᆡᆼ에게ᄃᆡᄒᆞ야 일본말로ᄒᆞᄂᆞᆫ일쟝훈ᄉᆞ와 ᄂᆡ무부댱관츅ᄉᆞᄃᆡ독 졸업ᄉᆡᆼ답ᄉᆞ로 식을맛추엇더라

세브란스의학교 졸업식

학제 변경 후 제1회

경성 남문 밖 세브란스의학전문학교「세브란스연합의학전문학교」에서는 26일 오후 3시부터 학제 변경 후 제1회 졸업식을 거행하였는데 졸업생은 10명이오. 내빈으로는 상전 시학관이 내무부장관 대리로 출석하고, 기타 용산 위수병원장, 영미선교사 기타 중요 관민 100여 명에 달하여 자못 성황을 이루었더라. 정각이 조금 지난 뒤에 반복기(반버스커크, Van Burskirk) 부교장은 개식을 베풀고 국가 제창이 있은 후, 졸업증서를 수여하고 반교장은 졸업생에게 대하여 일본말로 하는 일장 훈사와 내무부 장관 축사 대독, 졸업생 답사로 식을 마쳤더라.

123. 매일신보 1918년 6월 21일

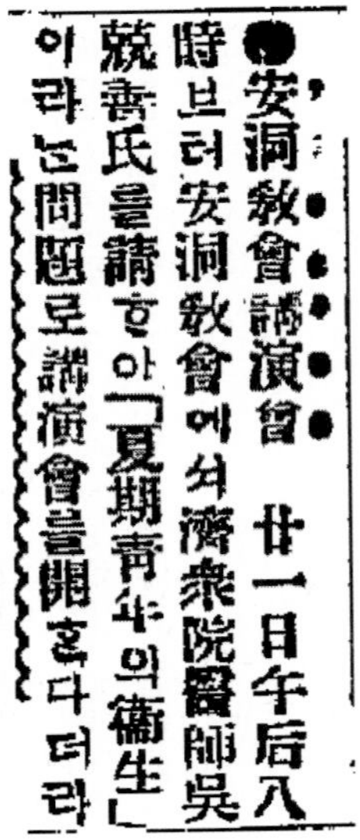

●安洞敎會講演會 廿一日午后八時브터安洞敎會에셔濟衆院醫師吳兢善氏를請ᄒᆞ야「夏期靑年의衛生」이라ᄂᆞᆫ問題로講演會를開ᄒᆞᆫ다더라

안동교회 강연회

21일 오후 8시부터 안동교회에서 제중원 의사 오긍선(吳競善) 씨를 청하여『여름철 청년의 위생』이라는 문제로 강연회를 개최한다더라.

124. 매일신보 1918년 10월 1일

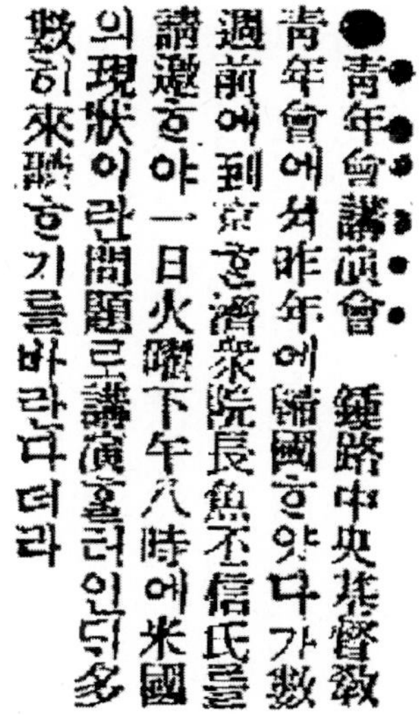

●青年會講演會 鍾路中央基督敎靑年會에셔昨年에歸國ᄒᆞ얏다가數週前에到京ᄒᆞᆫ濟衆院長魚丕信氏를請邀ᄒᆞ야一日火曜下午八時에米國의現狀이란問題로講演ᄒᆞᆯ터인ᄃᆡ多數히來聽ᄒᆞ기를바란다더라

청년회 강연회

종로중앙기독교청년회에서 작년에 귀국하였다가 몇 주 전에 서울에 도착한 제중원장 에비슨 씨를 초청하여 1일 화요일 오후 8시에 미국의 현상이란 문제로 강연할 터인데 많이 와서 듣기를 바란다더라.

125. 매일신보 1918년 12월 22일

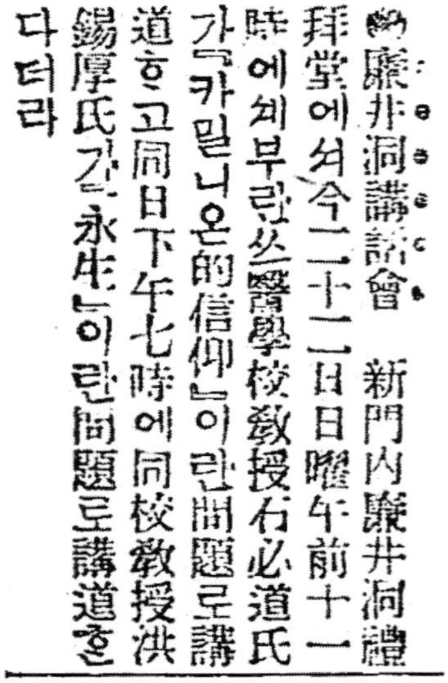
◎廉井洞講話會 新門內廉井洞禮拜堂에셔今二十二日日曜午前十一時에셰부란쓰醫學校敎授石必道氏가『카밀니온的信仰』이란問題로講道ᄒᆞ고同日下午七時에同校敎授洪錫厚氏가『永生』이란問題로講道ᄒᆞᆫ다더라

염정동 강화회

새문안 염정동 예배당에서 오늘 22일 일요일 오전 11시에 세브란스의학교 교수 석필도(石必道, F. W. Schofield) 씨가 『카멜레온적 신앙』이란 문제로 강도(講道)하고, 같은 날 오후 7시에 같은 학교 교수 홍석후(洪錫厚) 씨가 『영생』이란 문제로 강도한다더라.

126. 매일신보 1918년 12월 29일

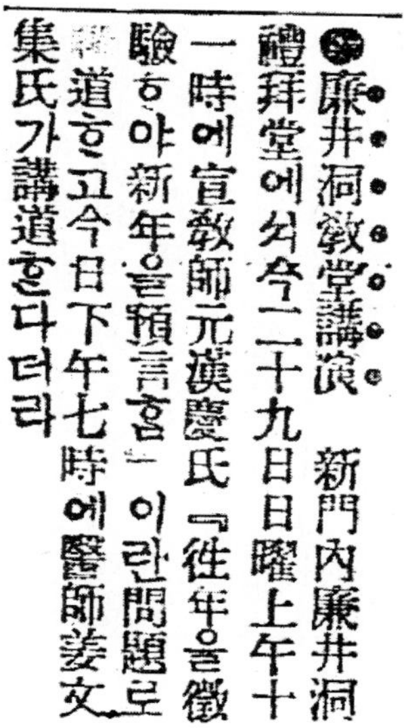
◉廉井洞敎堂講演 新門內廉井洞禮拜堂에셔今二十九日日曜上午十一時에宣敎師元漢慶氏『往年을徵驗ᄒᆞ야新年을預言ᄒᆞᆷ』이란問題로講道ᄒᆞ고今日下午七時에醫師姜文集氏가講道ᄒᆞᆫ다더라

염정동 교당 강연

새문안 염정동 예배당에서 오늘 29일 일요일 오전 11시에 선교사 원한경(元漢慶) 씨가 『왕년을 징험(徵驗)하여 신년을 예언함』이란 문제로 강도(講道)하고 오늘 오후 7시에 의사 강문집(姜文集) 씨가 강도한다더라.

127. 매일신보 1919년 3월 19일

家宅搜索乎

셰부란스병원과
동의학젼문학교

다수의소요자를낸셰부란스의학젼문학교와 밋엄밀히 감시ᄒᆞ던남대문통 셰부란스병원은 십칠일졍오십이시삼십분쯤되야경무총감부의 지휘ᄒᆞᄂᆞᆫ경찰관의 일대와밋본뎡경찰서로부터 응원 경관대약오십명이 주위를에워싸고 통용문졍문을 폐쇄ᄒᆞ고무슨 일인지질풍신뢰뎍으로 취됴를밧엇더라 가택수색인지수모쟈검거인지알수는업스나 이때에주목ᄒᆞᆯ사건이 싱긴것은 일호도의심업ᄂᆞᆫ일인ᄃᆡ 경관대의일행은 오후두시에 일으나것치가지 안코본관 동편 어구로 부터병원학교로 통ᄒᆞᆫ길에도 몃명의경관이엄중히 감시ᄒᆞ던바 그가온ᄃᆡ는제복순사ᄉᆞ복순사의 급히 왕릭ᄒᆞᄂᆞᆫ 모양이 야단이엿고 본관이칭동창에셔ᄂᆞᆫ 됴션인한아이 경관압에셔옷을벗고 취됴를밧더라 ᄂᆞᆫᄃᆡ무슨일인가ᄒᆞ고 모든 군중은병원담에모혀셔 구경을ᄒᆞ엿다더라

가택수색

세브란스병원과 동 의학전문학교

다수의 소요자를 낸 세브란스의학전문학교와 엄밀한 감시를 받던 남대문통 세브란스병원을 17일 정오 12시 30분쯤 경무총감부가 지휘하는 경찰관 한 부대 및 본정(현 충무로) 경찰서로부터 파견된 경관대 약 50명이 주위를 에워싸고 통용문 정문을 폐쇄하고 무슨 일인지 거세게 취조를 받았더라. 가택수색인지 주모자 검거인지 알 수 없으나, 이때 주목할 사건이 생긴 것은 한 치의 의심도 없는 일인데, 경관대 일행은 오후 2시에도 떠나지 않고, 본관 동편 어구로부터 병원 학교로 통하는 길에도 몇 명의 경관을 두어 엄중히 감시하고 있었는데, 그 가운데 제복 순사와 사복 순사가 급히 왕래하는 모양이 야단이었고, 본관 2층 동창에서는 조선인 하나가 경관 앞에서 옷을 벗고 취조를 받았는데, 무슨 일인가 하고 모든 군중이 병원 담에 모여 구경을 하였다더라.

128. 매일신보 1919년 5월 17일

私立校長 召集內容

外人四名參加

安心開校諭示

昨紙所報의京城府主催에係ᄒᆞᆫ市內中等學校以上의私立學校長召集은同日午後一時四十分브터府樓上에셔行ᄒᆞ얏ᄂᆞᆫᄃᆡ出席者ᄂᆞᆫ鮮人外人合計二十四名이오其內에ᄂᆞᆫ『셰부란스』病院醫學校의『쎄、듸、반바스、갈크』儆新學校의『따부류、군스』貞信女學校의『로이스』梨花學堂의『엠、이、아펀셀라』氏等이오官吏側은金谷府尹、鹽澤警務部長、小牟田本町署長、神崎鍾路署長其他가列席ᄒᆞ야爲先金谷府尹이起ᄒᆞ야京城騷擾以來鮮人側學校ᄂᆞᆫ一時全部休校의不得已에至ᄒᆞ야久히休校ᄒᆞ얏스나各普通學校가먼져開校ᄒᆞ야今에余히復舊ᄒᆞ고次에十二日一部中等學校의開校를見ᄒᆞ기에至ᄒᆞ얏스나右開校數ᄂᆞᆫ九校로尙且十五校의未開校가有ᄒᆞ야敎育上實로寒心ᄒᆞᆯ바인ᄃᆡ右未開校理由인生徒의缺席에就ᄒᆞ야一般의傳ᄒᆞᄂᆞᆫ바를依ᄒᆞᆫ즉一次騷擾에參加ᄒᆞ야萬歲를唱ᄒᆞᆫ者ᄂᆞᆫ此際에登校ᄒᆞ면直時法司에引致된다稱ᄒᆞᆷ에在ᄒᆞ다ᄒᆞ나騷擾의際暴擧를敢爲ᄒᆞᆫ者ᄂᆞᆫ現히法의規定에依ᄒᆞ야處分을終ᄒᆞ얏슴으로今後再次暴擧妄動치안이ᄒᆞ면旣히此以上檢擧를爲치안이ᄒᆞᆯ다ᄒᆞᆫ즉暴動에關ᄒᆞ가無ᄒᆞᆫ者ᄂᆞᆫ勿論이오又曾往當ᄒᆞᆫ者이라도其後改悛ᄒᆞᆫ者에對ᄒᆞ야ᄂᆞᆫ當局은何等處分을用치안이ᄒᆞᆯ方針인즉各校々長은此意味를了解ᄒᆞ고一般學生에게此旨의通牒을發ᄒᆞ기를希望ᄒᆞ노라

云가終ᄒᆞ미鹽澤警務部長도騷擾事件以來當局의執ᄒᆞᆫ一般方針의槪要를說明ᄒᆞ야此以上은檢擧치안이ᄒᆞᆯ方針인즉安心ᄒᆞ고登校케ᄒᆞᆯ旨를諄諭示ᄒᆞ얏ᄂᆞᆫᄃᆡ校長側에셔도多少意見並其後의狀況을具陳ᄒᆞ고二時半散會ᄒᆞ얏더라

사립교장 소집 내용

외국인 4명 참가

안심 개교 유시(諭示)

어제 신문에서 보도한 경성부 주최에 관계된 시내 중등학교 이상의 사립학교장 소집은, 같은 날 오후 1시 40분부터 경성부 건물에서 행하였는데, 출석자는 조선인, 외국인 합계 24명이오. 그 속에는 『세브란스』병원 의학교의 『J. D. 반버스커크』, 경신학교의 『E. W. 쿤스』, 정신여학교의 『루이스』, 이화학당의 『M. E. 아펜젤러』 씨 등이오. 관리측은 금곡(金

谷) 부윤, 염택(鹽澤) 경무부장, 소모전(小牟田) 본정경찰서장(本町署長), 신기(神崎) 종로 서장 등이 열석하였다. 우선 금곡 부윤이 일어나 경성 소요 이래 조선인 측 학교는 일시 전부 휴교가 부득이하여 오랫동안 휴교하였으나, 각 보통학교가 먼저 개교하여 지금 모두 개교하였고, 다음에 12일 일부 중등학교의 개교를 보았으나, 개교한 학교수는 9개 교로 오히려 15개 교의 미개교가 있어 교육상 실로 한심한 바인데, 위 미개교 이유인 생도의 결석에 대하여 일반의 전하는 바에 의거한즉, 일차 소요에 참가하여 만세를 부른 자는 차제 등교하면 즉시 법사(法司)에 인치(引致)된다 칭함에 있다 하나, 소요의 틈에 폭거를 감히 한 자는 현재 법의 규정에 의하여 처분을 마쳤으므로, 지금 이후 재차 폭거를 망동치 아니하면 이미 더 이상 검거를 하지 아니한다 한즉, 폭동에 관계가 없는 자는 물론이오, 또 일찍이 뇌동한 자라도 그 후 개전(반성)한 자에 대하여 당국은 하등 처분을 시행하지 아니할 방침인 즉, 각 학교 교장은 이 의미를 자세히 이해하고 일반 학생에게 이 뜻의 통첩을 발하기를 희망하노라.

위와 같은(말을) 마침에 염택 경무부장도 소요사건 이래 당국이 집행한 일반 방침의 개요를 성명하여 이 이상은 검거치 아니할 방침인 즉, 안심하고 등교하게 할 뜻을 순유(諄諭)하여 보였는데, 교장 측에서도 다소의 의견과 아울러 그 후의 상황을 자세히 진술하고 2시 반 회의를 해산하였더라.

129. 매일신보 1919년 7월 15일

夏季에 對한 衛生問題

이더워지는 이때에는 더욱 음식과거쳐관계로 여러가지못된병이 생기여 필경은 그러한병이 우리의생명까지쌔앗고 마는일이만타 우리는 여름날에 뎍당한 위생을하여야만 여름날에 살수가잇겟다 말미암아 여러대가의 고론탁설을 추후 쇼기하겟노라

蔬菜에 가쟝 注意하라

세부란스病院 洪錫厚氏談

위생이라함은 쇼시를 물론하고 사람의생활상 필요할것이지만은 특별히 여름으로말하면일반하등동물의 번식이 왕셩한때임으로 이에따러셔 브피되는물건이만흔즉 다른때보다는 한칭더 주의함이 가하겟도다 그런데우리됴션사람의 뎡도를 살펴보건데 위생에주의하지안음은 안이나쳣재로가옥졔도가완전치못하야 위생의실상리익을 엇기어려운즉 니생각에는 다른것보다도 가옥졔도를 기량함이 됴켓다고 생각하노라 됴션의가옥은 빈부귀쳔의구별이업시모도다 부엌과변소와 광과또거쳐하는방이 서로맛붓헛스니 이러케되야셔야 엇지위싱의 참뜻을 낫타니리요 쳣재부엌으로 말하면 동셔양인들물론하고 그가뎡즁에 가장쳥결하여야할것이어늘우리됴션집의 부엌은 이와반대로한 가뎡즁에 데일더러운곳이라 음식물을 함부로버려노코또여러가지 더러운물건을 함께두어니음식가 코를씨르게되니 파리는 사방으로 부러모혀들고음식물은 모다썩어저셔 실상은 부엌이병을 면키하는곳이되고 말엇도다 어느집이던지다이러할것은 아나지만은즁류이하의 가뎡을보면거의 이범위에셔 지나지못하는도다 그럼으로 위생을렬더히 실힝하랴하면쳣재는가옥졔도를좀기량함이조켓고 만일그렇치못하거던 부엌이나 변소갓흔곳은 될슈잇는데로 쳥결하게함이올켓도다 그다음에 음식물에대하야는 물론쳥결함을 위주하지만은 특별히채소를먹을때에주의할것은 원래채소에는

더러운곤츙 들이만히붓허잇슬뿐아니라채소를씨슬때에똥물과 갓흔더러운물에다 씨셔가지고 파니이런것을 만일쥬의치안으면 꼿무셥고 두려운병에걸일것이라 그럼으로 채소갓흔것은될수잇는 데로익혀셔 먹는것이됴코 만일그렇치안커던 여러번쳥한물에씻셔셔 버릴알것흔것을 떠러바리고 먹음이됴켓도다 그뿐아니라 종래로됴선셔는음식물을길가에 버려노코파는악습이잇는데이것은

진실노위험 한것이라도로상에잇는더러운몬지가 켜켜로안진음식물은 물논이고 파리와기타여러가지 악독한버레가 움질움질하야썩고 냄새나는 물건을팔즉이것을 먹지안음은 요힝이요결단코 그물건이 쳥결한섯닭은아니로다 이여러 가지에대하야는 당국에셔도 물논쥬의하는바이지만은 더욱엄즁히 취톄하야이러한악풍이업도록함이됴켓스며또

변소와쓰레 기통은될수잇는데로자조자조 쳐가셔더러운물건이 쌔여잇지 안토록하기를바라는바이로다 또 녀름에는비가만히 와셔집안이 누추하기쉬운즉 의복과쳥구는 자조자조 루밋이나 긔쳔갓흔곳을 쳥결히하야일광이 잘통하게할지며 마자자 햇빗에말니고 방안을 쳥결하게함이됴켓도다 이외에도 주의할것은 만치만은 아즉이만 말하고 끗헤 한마듸더 말할것은 기인위생은 물논이오

공즁위싱을 더욱즁히 녁이가하지니만일기인이나한가뎡에셔만은위싱을힘쓸지라도동리가불결할진데더러운공긔와버레들이 드러와셔결국은 다시불결하게될것이며 또부픽하고더러운 쓰레기갓흔것을 함부로니버리면 자긔집은 졍하더라도쓰레기에는 근쳐는 불결하게될터인즉 이뎜에대하야는 특히주의하고셔로 경계하야 위싱의참본의를 잇지안음이 가하도다

여름철에 대한 위생 문제

이 더워지는 이때에는 더욱 음식과 거처 관계로 여러 가지 못된 병이 생겨 필경은 그러한 병이 우리의 생명까지 빼앗고 마는 일이 많다. 우리는 여름 달에 적당한 위생을 하여야만 여름날에 살 수가 있겠다. 이에 여러 대가의 공론탁설을 추후 소개하겠노라.

소채(蔬菜)에 가장 주의하라.

세브란스병원 홍석후(洪錫厚) 씨 담(談)

위생이라 함은 사계절을 막론하고 사람의 생활상 필요한 것이지만은 특별히 여름으로 말하면, 일반 하등 동물의 번식이 왕성한 때이므로 이에 따라서 부패되는 물건이 많은즉, 다른 때보다는 한층 더 주의함이 가하겠도다. 그런데 우리 조선 사람의 정도를 살펴보건대 위생에 주의하지 않음은 아니나, 첫째로 가옥 제도가 완전치 못하여 위생의 실상 이익을 얻기 어려운즉, 내 생각에는 다른 것보다도 가옥 제도를 개량함이 좋겠다고 생각하노라. 조선의 가옥은 빈부귀천의 구별이 없이 모두 다 부엌과 변소와 광과, 또 거처하는 방이 서로 맞붙어 있으니, 이렇게 되어서야 어찌 위생의 참뜻을 나타내리요. 첫째, 부엌으로 말하면 동서양인을 막론하고 그 가정 중에 가장 청결하여야 할 것이어늘, 우리 조선 집의 부엌은 이와 반대로 한 가정 중에 제일 더러운 곳이라. 음식물을 함부로 벌려 놓고, 또 여러 가지 더러운 물건을 함께 두어 냄새가 코를 찌르게 되니, 파리는 사방으로부터 모여들고 음식물은 모두 썩어서 실상은 부엌이 병은 매개하는 곳이 되고 말았도다. 어느 집이든지 다 이러할 것은 아니지만은 중류 이하의 가정을 보면 거의 이 범위에서 지나지 못하는도다. 그러므로 위생을 철저히 실행하려 하면 첫째는 가옥 제도를 좀 개량함이 좋겠고, 만일 그렇지 못하거든 부엌이나 변소 같은 곳은 될 수 있는 대로 청결히 함이 옳겠도다.

그 다음에 음식물에 대하여는 물론 청결함을 위주로 하지만은 특별히 채소를 먹을 때에 주의할 것은, 원래 채소에는 더러운 곤충들이 많이 붙어있을 뿐 아니라 채소를 씻을 때에 똥물과 같은 도랑물에다 씻어 가지고 파니, 이런 것을 만일 주의치 않으면 곧 무섭고 두려운 병에 걸릴 것이라. 그러므로 채소 같은 것은 될 수 있는 대로 익혀서 먹는 것이 좋고, 만일 그렇지 않거든 여러 번 깨끗한 물에 씻어서 벌레 알 같은 것을 떨어버리고 먹음이 좋겠도다. 그뿐 아니라 종래 조선서는 음식물을 길가에 벌여 놓고 파는 악습이 있는데 이것은 진실로 위태한 것이라. 도로상에 있는 더러운 먼지가 켜켜이 앉음은 물론이고, 파리와 기타 여러 가지 악독한 벌레가 움찍움찍하여 썩고 냄새나는 물건을 판즉, 이것을 먹고 죽지 않음은 요행이요, 결단코 그 물건이 청결한 까닭은 아니로다. 이 여러 가지에 대해서는 당국에서도 물론 주의하는 바이지만은 더욱 엄중히 취체하여 이러한 악풍이 없도록 함이 좋겠으며, 또 변소와 쓰레기통은 될 수 있는 대로 자주자주 치워서 더러운 물건이 쌓여 있지 않도록 하기를 바라는 바이로다.

또 여름에는 비가 많이 와서 집안이 누추하기 쉬운즉, 의복과 침구는 자주자주 햇빛에 말리고 방안을 청결히 하여 햇빛이 잘 통하게 할지며 마루 밑이나 개천 같은 곳은 특별히 깨끗하게 함이 좋겠도다. 이 외에도 주의할 것은 많지만 이제 이만 말하고 끝에 한 마디 더 말할 것은 개인 위생은 물론이오 공중 위생을 더욱 중히 함이 가할지니 만일 개인이나 한 가정에서 많은 위생을 힘쓸지라도 동네가 불결할진대 더러운 공기와 벌레들이 들어와서 결국은 다시 불결하게 될 것이며, 또 부패하고 더러운 쓰레기 같은 것을 함부로 내버리면 자기 집은 깨끗하더라도 쓰레기 있는 근처는 불결하게 될 터인즉, 이 점에 대하여는 특히 주의하고 서로 경계하여 위생의 참 본의를 잊지 않음이 가하도다.

130. 매일신보 1919년 11월 3일

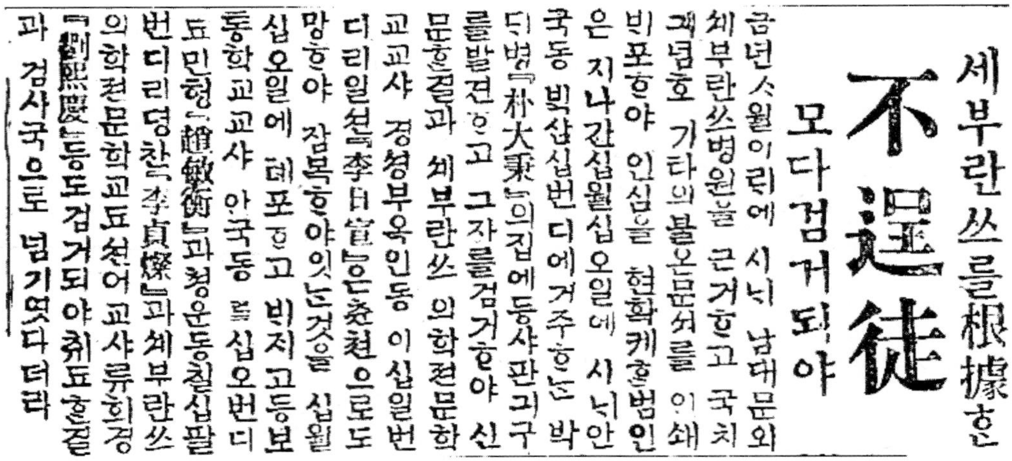

세부란쓰를根據ᄒᆞᆫ

不逞徒

모다검거되야

금년ㅅ월이릭에 시닉 남대문외
셰부란쓰병원을 근거ᄒᆞ고 국치
긔념호 기타의불온문셔를 인쇄
빈포ᄒᆞ야 인심을 현혹케ᄒᆞᆫ범인
은 지나간십월십오일에 시닉안
국동 빅삼십번디에거주ᄒᆞᄂᆞᆫ박
ᄃᆡ병「朴大秉」의집에등사판긔구
를발견ᄒᆞ고 그자를검거ᄒᆞ야 신
문ᄒᆞᆫ결과 셰부란쓰 의학젼문학
교교사 경셩부옥인동 이십일번
디리일션「李日宣」은춘천으로도
망ᄒᆞ야 잠복ᄒᆞ야잇ᄂᆞᆫ것을 십월
십오일에 톄포ᄒᆞ고 빅지고등보
통학교교사 안국동 륙십오번디
됴민형「趙敏衡」과청운동칠십팔
번디리뎡찬「李貞燦」과셰부란쓰
의학젼문학교됴션어교사류희경
「劉熙慶」등도검거되야취됴ᄒᆞᆫ결
과 검사국으로 넘기엿다더라

세브란스를 근거한

불령도(不逞徒)

모두 검거되어

올해 4월 이래에 시내 남대문 밖 세브란스병원을 근거하고 「국치기념호」 기타의 불온문서를 인쇄 배포하여 인심을 현혹하게 한 범인은 지나간 10월 15일에 시내 안국동 130번지에 거주하는 박대병(朴大秉)의 집에 등사판 기구를 발견하고 그 자를 검거하여 신문한 결과 세브란스의학전문학교 교사 경성부 옥인동 21번지 이일선(李日宣)은 춘천으로 도망하여 잠복하여 있는 것을 10월 15일에 체포하고, 배재고등보통학교 교사 안국동 65번지 조민형(趙敏衡)과 청운동 78번지 이정찬(李貞燦)과 세브란스의학전문학교 조선어 교사 유희경(劉熙慶) 등도 검거되어 취조한 결과 검사국으로 넘기었다더라.

131. 매일신보 1919년 11월 8일

一件의記錄이 三萬枚

열네번공판에 겨우ᄒᆡ결되야

田中裁判長談

어졔판결을 언도ᄒᆞᆫ피고ᄂᆞᆫ 거의 학싱피이다거괴손병희이하ᄂᆞᆫ문 하고등법원에셔 처리즁이나 어졔의피고ᄂᆞᆫ 그남아지 젼부이니 ᄯᅡ라셔 본건의 긔록은 본원에셔만 약일만쟝이오 검ᄉᆞ국과경찰셔의 것이일만오쳔쟝이나 된다 본건이 구월십오일에 예심을맛친후이래로 계판일동은 쥬야겸힝으로 침식을폐ᄒᆞ고 노력ᄒᆞᆫ결과 구월이십오일에뎨일회공판을 긔시ᄒᆞᆫ이래로 십ᄉᆞ회의공판과 이십ᄉᆞ인의변호사를 ᄉᆞ고려ᄒᆞᆫ결과 오날이야 겨우판결을ᄒᆞ게된것이다이

사건외공판 시말셔만ᄒᆞ야도 이쳔여쟝이나되며 판결셔가 삼빅여쟝이오 증거물건으ᄅᆞᆫ압수ᄒᆞᆫ것이 사빅륙십삼뎜이나된다 수자로만보드ᄅᆡ도 이ᄉᆞ건이 얼마나굉쟝ᄒᆞᆫ것을 알수가잇다 형벌을작뎡홈에ᄂᆞᆫ 각ᄉᆞ사람ᄉᆞ의 마음을참작ᄒᆞᆫ것은 물론이나 독립신문긔타의 불온문셔의인쇄ᄒᆞᆫ자에게ᄃᆡᄒᆞ야ᄂᆞᆫ출판법위반으로ᄒᆞ야 가장즁ᄒᆞ고 다만뢰동부화ᄒᆞᆫ 소위만세핑ᄂᆞᆫ 장리를들어보아셔 될수잇ᄂᆞᆫᄃᆡ로가비압게ᄒᆞ얏고집힝유예도더러되얏다 일로써 본건은일단락을고ᄒᆞ얏ᄂᆞᆫᄃᆡ 본건의 피고ᄂᆞᆫ학교별로말ᄒᆞ면

京城醫學專門學校三十二名을筆頭로京城高普廿九名、普成高普中央學校工業專門의三校가各十三名式、셰부란스聯合醫專、京城專修、朝鮮藥學、培材高普의四校가十名式、善隣普成法律商業、中東、徽新、延禧、梨花其他五校의生徒等도잇다 가장즁범쟈로ᄂᆞᆫ 남자ᄂᆞᆫᄂᆞᆫ『셰부란스』와경셩고등보통학교의 두학교요녀자로ᄂᆞᆫ 리화학당이오 종교로보면 야소교인이 일빅이십인 텬도교인이 륙십인 유교십인 무종교자가오십인、승려사인 학싱외에도목사가오인 뎐도사가ᄉᆞ인、교ᄉᆞ가ᄉᆞ인、원슌사보가일인ᄉᆞᄃᆡ목사즁에ᄂᆞᆫ『지카고』ᄃᆡ학졸업자가 두명이나잇다

1건의 기록이 3만 매, 열네 번 공판에 겨우 해결되어

전중(田中) 재판장 담(談)

어제 판결을 언도한 피고는 거의 학생들이다. 거괴 손병희 이하는 목하(目下) 고등법원에서 처리 중이나, 어제의 피고는 그 나머지 전부이니, 따라서 본건의 기록은 본원에서만 약 1만 장이오, 검사국과 경찰서의 것이 1만 5천 장이나 된다. 본건이 9월 15일에 예심을 마친 이래로 계관(係關) 일동은 주야 겸행으로 침식을 폐하고 노력한 결과, 9월 25일에 제1회 공판을 개시한 이래로, 14회의 공판과 24인의 변호사를 수고롭게 한 결과 오늘에야 겨우 판결을 하게 된 것이다.

이 사건의 공판 시말서만 하여도 2천여 장이나 되며, 판결서가 3백여 장이오, 증거 물건으로 압수한 것이 463점이나 된다. 숫자로만 보더라도 이 사건이 얼마나 굉장한 것임을 알 수가 있다. 형벌을 작정함에는 각각 사람 사람의 마음을 참작한 것은 물론이나, 독립신문 기타의 불온 문서를 인쇄한 자에게 대하여는 출판법 위반으로 하여, 가장 중하고 다만 부화뇌동한 소위 '만세패'는 장래를 들어보아서 될 수 있는 대로 가볍게 하였고, 집행유예도 더러 되었다. 이로써 본건은 일단락을 고하였는데 본건의 피고는 학교별로 보면, 경성의학전문학교 32명을 필두로, 경성고보 29명, 보성고보 · 중앙학교 · 공업전문의 3교가 각 13명씩, 세브란스연합의전 · 경성전수(京城專修) · 조선약학(朝鮮藥學) · 배재고보(培材高普)의 4교가 10명씩, 선린(善隣) · 보성법률상업(普成法律商業) · 중동(中東) · 경신(儆新) · 연희(延禧) · 이화(梨花) 기타 5교의 생도 등도 있다. 가장 중범자로는, 남자로는 세브란스와 경성고등보통학교의 두 학교요, 여자로는 이화학당이오, 종교로 보면 예수교인이 120인, 천도교인이 60인, 유교 10인, 무종교자가 50인, 승려 4인, 학생 외에도 목사가 5인, 전도사가 4인, 교사가 4인, 원순사보가 1인인데, 목사 중에는 시카고대 졸업자가 두 명이나 있다.

132. 독립신문 1919년 11월 15일

第十七章 濟衆院長

에비슨博士의報告

四月十日午前에井上이라고하는憲兵部長이來院하야在院한病者中審問할者數人이有한즉該人等은大和町憲兵隊로卽送하라하다此는外科醫류들로博士의許諾이有하여야하겟다하고該博士의게問한즉答曰「此等移轉은病者의게有害한즉院內에서審問하는것이좃다」함에井上은同意하고審問을秘密히하겟고每人에一時間式을要求하겟다하다

其日午后에長瀨憲兵部長이九名의憲兵을隨來하야審問할七人의名錄을提出하다류들로博士가同伴하야移床치못할病者를指摘하야病床에在한대로審問하게하다審問은預想外로速하게五時半頃에終完되다同部長은七人中五人은再審問을要求함으로擕去하겟고餘二人은退院前二十四時間에警察署로通告하라하다 류들로博士를呼하야該病者等의移院與否를問하나該博士曰「此病者等은治療를더要求한즉移院함이不可하다」는함에部長은憲兵隊에도醫士가有한즉相當한治療를行하겟다하다류들로博士는其中特別히三人의移院은絶對로反對하다必竟은二人을留하고下記三人은擕去하다

康明석 腹과臂에銃彈傷

宋영福 面部에銃傷、彈丸取出

李明지 腰와股에銃彈傷

外四人은病院監督에스테ㅂ娘에게委託하야退院前二十四時間에警察署로通告케하다其名은

李개동 右腰와左膝에銃彈傷

康容이 腰에銃彈傷ㆍ一部가裂落

金일남 腰와頰에銃彈傷

柳企明 兩腰에銃彈傷

한국사정 보고서

제17장 제중원장 에비슨 박사의 보고

4월 10일 오전에 정상(井上)이라고 하는 헌병부장이 내원하여 재원(在院)한 병자 중에 심문할 자 수인이 있은즉, 그 사람들을 대화정(大和町) 헌병대로 즉시 보내라 하였다. 이것은 외과의사 러들로(Alfred I. Ludlow) 박사의 허락이 있어야하겠다고 하고, 러들로 박사에게 문의한즉 답왈(答曰) "이들의 이전은 병자에게 유해(有害)한즉 원내에서 심문하는 것이 좋겠다" 하여 정상은 동의하고 심문을 비밀리에 하겠고, 한 사람에 1시간의 시간을 요구하겠다고 하였다.

오후에 장뢰(長瀨) 헌병부장이 9명의 헌병을 데리고 와서 심문할 7명의 명단을 제출하였다. 러들로 박사가 동반하여 이상(移床, 병상을 옮김)치 못할 병자를 지적하여 병상에서 심문하게 하였다. 심문은 예상외로 빨라 5시 30분경에 마무리되었다. 7명 중 5명은 재심문을 요구함으로 끌고 가겠고, 2명은 퇴원 전 24시간에 경찰서로 통고하라고 하였다. 러들로 박사를 불러 해당 병자의 이원(移院) 여부를 물으니, 박사 왈 "병자 등은 치료를 더 요구한즉 이원함이 불가하다" 함에 부장은 헌병대에도 의사가 있은즉 상당한 치료를 행하겠다고 하였다. 러들로 박사는 그중 특별히 3명의 이원은 절대로 반대하였다. 결국 2명은 두고 다음 3명은 끌고 갔다.

염명석　복부와 팔에 총탄상

송영복　얼굴에 총상(銃傷), 탄환 빼냄

이명지　허리와 허벅지에 총탄상

이외 4명은 병원감독 에스텝 양에게 위탁하여 퇴원 전 24시간에 경찰서로 통고케 하였다. 그 이름은

이개동　오른쪽 허리와 왼쪽 무릎에 총탄상

강용이　허리에에 총탄상, 일부가 열락(裂落)

김일남　허리와 뺨에 총탄상

유슌명　양쪽 허리에 총탄상

133. 매일신보 1919년 11월 23일

●青年會講演會 鍾路中央基督敎青年會에셔今日下午三時日曜講話會에濟衆院醫師「스코필드」氏가『朝鮮青年의게』라ᄂᆞᆫ問題로講演ᄒᆞᆫ다더라

청년회 강연회

종로중앙기독교청년회에서 오늘 오후 3시 일요 강화회(講話會)에 제중원 의사 스코필드 씨가 『조선청년에게』라는 문제로 강연한다더라.

134. 매일신보 1919년 12월 19일

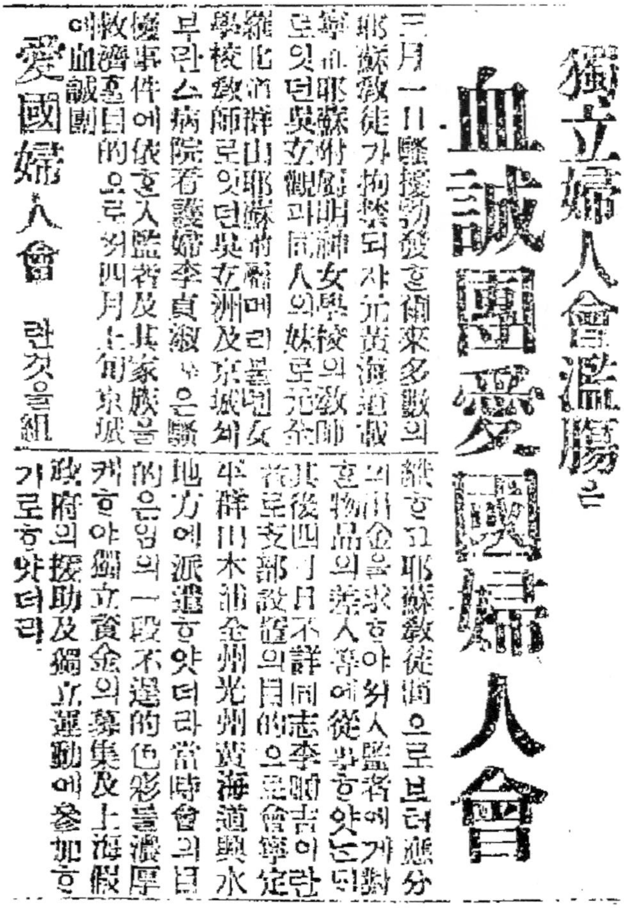

獨立婦人會濫觴은

血誠團愛國婦人會

三月一日騷擾勃發호以來多數의耶蘇敎徒가拘禁되자元黃海道載寧邑耶蘇附屬明信女學校의敎師로잇던吳玄觀과同人의姉로元全羅北道群山耶蘇附屬메리볼덴女學校敎師로잇던吳玄洲及京城세부란스病院看護婦李貞淑등은騷擾事件에依호入監者及其家族을救濟홀目的으로써四月上旬京城에血誠團

愛國婦人會 란것을組織호고耶蘇敎徒間으로브터應分의出金을求호야써入監者에게對호物品의差入等에從事호얏는데其後四月日不詳同志李明吉이란者로支部設置의目的으로[illegible]平群山木浦全州光州黃海道興水地方에派遣호얏더라當時會의目的은임의一段不逞的色彩를濃厚케호야獨立資金의募集及上海假政府의援助及獨立運動에參加호가로호얏더라

독립부인회 남상(濫觴)은

혈성단애국부인회(血誠團愛國婦人會)

3월 1일 소요 발발한 이래 다수의 예수교도가 구금되자 원래 황해도 재령(載寧) 교회 부속 명신여학교의 교사로 있던 오현관(吳玄觀, 오긍선의 동생)과 그 사람의 누이로 원래 전라북도 군산 예수부속 메리불덴 여학교 교사로 있던 오현주(吳玄洲) 및 경성 세브란스 병원 간호사 이정숙(李貞淑)은 소요 사건에 의한 입감자 및 그 가족을 구제할 목적으로써

4월 상순 경성에 혈성단애국부인회라는 것을 조직하고 예수교도간으로부터 응분의 출금을 구하여서 입감자에 대한 물품의 차입 등에 종사하였는데, 그 후 4월 알 수 없는 날 동지 이붕길이란 자로 지부 설치의 목적으로 회령, 정평, 군산, 목포, 전주, 광주, 황해도 흥수 지방에 파견하였더라. 당시 회의 목적은 이미 일단 불령적(不逞的) 색채를 농후하게 하여 독립자금의 모집 및 상해 임시정부[假政府]의 원조 및 독립운동에 참가하기로 하였더라.

135. 매일신보 1920년 1월 25일

●宗敎禮拜堂講演● 宗敎禮拜堂에셔ᄂᆞᆫ今二十五日(日曜)上午十一時『基督信者ᄂᆞᆫ爲何乎』의題로스코필醫師下午七時『宗敎의本義』이란題로傳道師洪秉璇氏의講演이有ᄒᆞ다ᄒᆞ더라

종교예배당 강연

종교예배당에서는 오늘 25일(일) 오전 11시, 『기독신자는 무엇을 하는가』의 제목으로 스코필드 의사, 오후 7시 『종교의 본의(本義)』이란 제목으로 전도사 홍병선(洪秉璇) 씨의 강연이 있다고 하더라.

136. 매일신보 1920년 1월 25일

●貞洞禮拜堂講演● 來二月一日日曜上午十時에貞洞禮拜堂에셔『케블』牧師가『順從의原則』이라ᄒᆞᄂᆞᆫ演題로講演ᄒᆞᆫ다더라

정동예배당 강연

오는 2월 1일 일요일 오전 10시 정동예배당에서 케이블(E. M. Cable) 목사가 『순종의 원칙』이라 하는 강연 제목으로 강연한다더라.

137. 매일신보 1920년 1월 30일

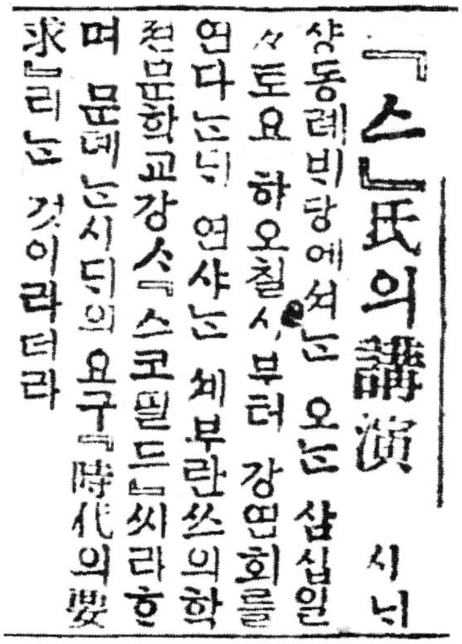

「스」氏의講演

시닉 상동례빅당에셔는 오는 삼십일
〻토요 하오칠시부터 강연회를
연다는딕 연사는 셰부란쓰의학
젼문학교강ᄉ「스코필드」씨라ᄒ
며 문뎨는시딕의요구「時代의要
求」라는 것이라더라

스코필드 씨의 강연

시내 상동예배당에서는 오는 31일 토요일 오후 7시부터 강연회를 연다는데, 연사는 세브란스의학전문학교 강사 스코필드 씨라 하며, 제목은『시대의 요구』라는 것이라더라.

138. 매일신보 1920년 2월 10일

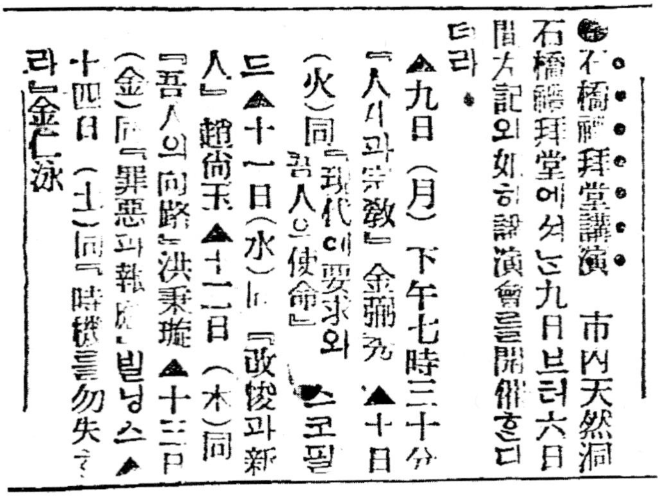
◉石橋禮拜堂講演 市內天然洞
石橋禮拜堂에셔는九日브터六日
間左記와如히講演會를開催혼다
더라
▲九日(月)下午七時三十分
『人生과宗教』金弼秀 ▲十日
(火)同『現代에要求와
吾人의使命』 스코필
드▲十一日(水)同『改悛과新
人』趙尙玉▲十二日(木)同
『吾人의向路』洪秉璇▲十三日
(金)同『罪惡과報應』빌닝스▲
十四日(土)同『時機를勿失ㅎ
라』金仁泳

석교예배당(石橋禮拜堂) 강연

시내 천연동 석교예배당에서는 9월부터 6개월 동안 아래 같은 강연회를 개최한다더라.

▲ 9일(월) 오후 7시 30분 『인생과 종교』 김필수(金弼秀)

▲ 10일(화) 같은 시간 『현대에 요구와 오인의 사명』 스코필드

▲ 11일(수) 같은 시간 『개전과 신인』 조상옥(趙尙玉)

▲ 12일(목) 같은 시간 『우리의 향로』 홍병선(洪秉璇)

▲ 13일(금) 같은 시간 『죄악과 보응』 빌링스

▲ 14일(토) 같은 시간 『시기를 잃지 마라』 김인영(金仁泳)

139. 매일신보 1920년 2월 22일

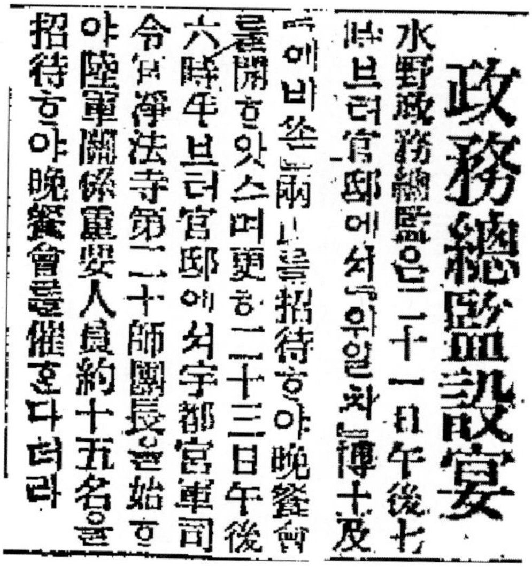

政務總監設宴

水野政務總監은二十一日午後七時브터官邸에서「위알치」博士及「에비손」兩氏를招待ᄒᆞ야晩餐會를開ᄒᆞ얏스며更히二十三日午後六時半브터官邸에서宇都宮軍司令官淨法寺第二十師團長을始ᄒᆞ야陸軍關係重要人員約十五名을招待ᄒᆞ야晩餐會를催ᄒᆞᆫ다더라

정무총감 설연(設宴)

수야(水野) 정무총감은 21일 오후 7시부터 관저에서 웰치 박사 및 에비슨 양씨를 초대하여 만찬회를 열었으며, 다시 23일 오후 6시 반부터 관저에서 우도궁(宇都宮) 군사령관 정법사(淨法寺) 제20사단장을 비롯하여 육군 관계 중요 인원 약 15명을 초대하여 만찬회를 개최한다더라.

140. 매일신보 1920년 3월 4일

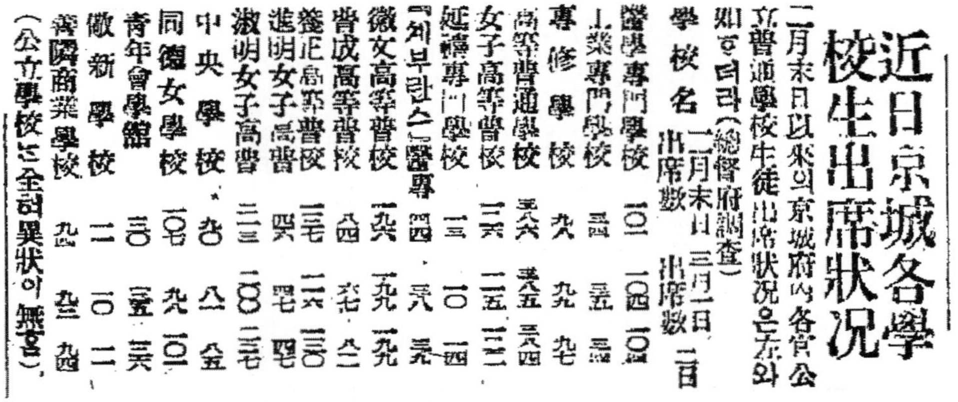

近日京城各學校生出席狀況

二月末日以來의京城府內各官公立普通學校生徒出席狀況은左와如하더라(總督府調査)

學校名	二月末日出席數	三月一日出席數	二日
醫學專門學校	一〇一	一〇四	一〇四
工業專門學校	三四	三五	三五
專修學校	九八	九九	九七
高等普通學校	三八六	三八五	三八四
女子高等普校	一二六	一一五	一二一
延禧專門學校	一三	一〇	一四
「세부란스」醫專	四四	三八	三九
徽文高等普校	一九六	一九九	一九九
普成高等普校	八四	六七	八二
養正高等普校	一三七	一一六	一三〇
進明女子高普	四六	四七	四七
淑明女子高普	二一三	二〇〇	二二七
中央學校	九〇	八一	八五
同德女學校	一〇七	九八	一〇一
青年會學館	一二〇	一二五	一二六
儆新學校	一一	一〇	一一
善隣商業學校	九二	九三	九四

(公立學校는全혀異狀이無함)

근일 경성 각 학교생 출석 상황

2월 말일 이래의 경성부 내 각 관공립보통학교 생도 출석상황은 아래와 같더라(총독부조사).

학교명	2월 말일 출석수	3월 1일 출석수	3월 2일 출석수
의학전문학교	101	104	104
공업전문학교	34	35	35
전수학교	98	99	97
고등보통학교	386	385	384
여자고등보교	126	115	121
연희전문학교	13	10	14
세브란스의전	44	38	39
휘문고등보교	196	199	199
보성고등보교	84	67	82
양정고등보교	137	116	130
진명여자고보	46	47	47
숙명여자고보	213	200	227
중앙학교	90	81	85
동덕여학교	107	98	101
청년회학관	120	125	126
경신학교	11	10	11
선린상업학교	92	93	94

(공립학교는 전혀 이상이 없음)

141. 매일신보 1920년 3월 27일

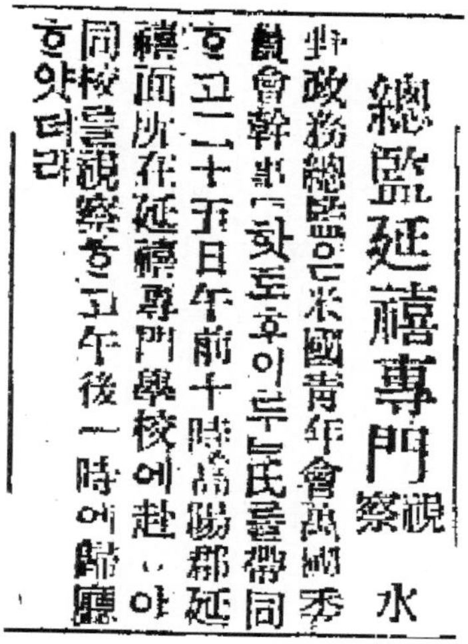

總監延禧專門視察

水野政務總監은米國青年會萬國委員會幹事핫토후이루氏를帶同ᄒᆞ고二十五日午前十時高陽郡延禧面所在延禧專門學校에赴ᄒᆞ야同校를視察ᄒᆞ고午後一時에歸廳ᄒᆞ얏더라

총감, 연희전문 시찰

수야(水野) 정무총감은 미국청년회 만국위원회 간사 핫토후이루 씨를 대동하고 25일 오전 10시 고양군 연희면 소재 연희전문학교에 나아가 동교(同校)를 시찰하고 오후 1시에 귀청(歸廳)하였더라.

142. 매일신보 1920년 4월 1일

魚博士歸米

「셰부란쓰」病院의魚不信博士及「스코필드」의兩氏는近日 京城을出發歸米홀터인ᄃᆡ發期는四月二十三日이라더라

어(魚) 박사 귀미

세브란스병원의 에비슨 박사 및 스코필드 양씨는 가까운 시일에 경성을 출발 미국으로 돌아갈 터인데 출발 시기는 4월 23일이라더라.

143. 매일신보 1920년 4월 1일

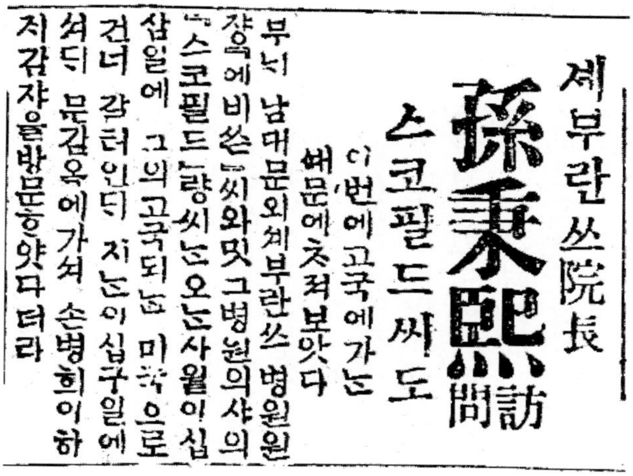

세부란쓰院長 孫秉熙訪問

스코필드씨도

이번에고국에가는 때문에차저보앗다

부닉남대문외셰부란쓰병원원쟝에비쓴씨와밋그병원의샤의스코필드량씨는오는사월이십삼일에 그의고국되는미국으로건너갈터인디 지난이십구일에셔디문감옥에가셔 손병희이하지감쟈을방문ᄒᆞ얏다더라

세브란스 원장 손병희 방문

스코필드 씨도

이번에 고국에 가기 때문에 찾아와 보았다

부내 남대문 밖 세브란스병원 원장 에비슨 씨와 그 병원 의사 스코필드 두 명은 오는 4월 23일에 그의 고국인 미국으로 건너갈 터인데, 지난 29일에 서대문 감옥에 가서 손병희 이하 수감자를 방문하였다더라.

144. 매일신보 1920년 4월 2일

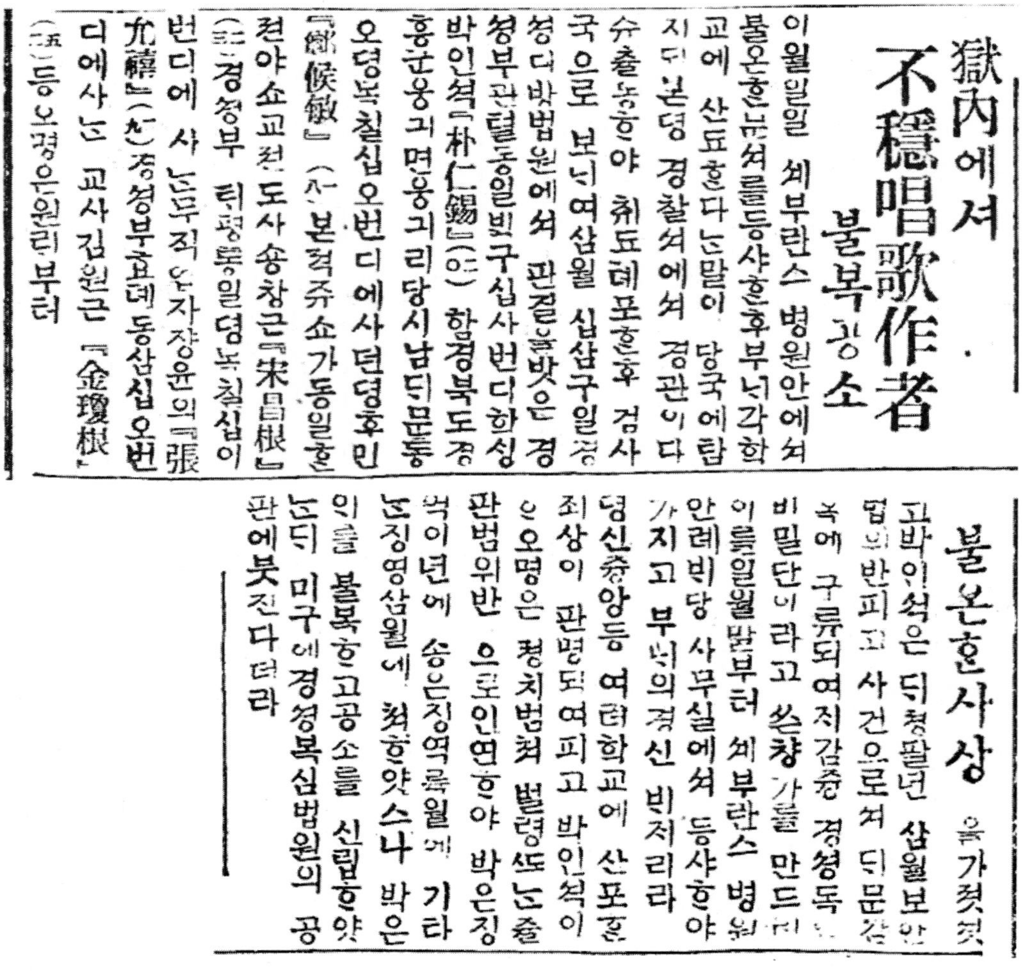

獄內에셔 不穩唱歌作者 불복공소

이월일일 셰부란스 병원안에셔 불온혼문셔를등샤혼후부닋각학교에 산됴혼다는말이 당국에탐지되야본뎡 경찰셔에셔 경관이다슈출동혼야 취됴톄포혼후 검사국으로 보닋여삼월 십삼구일경셩디방법원에셔 판결을밧은 경셩부관텰동일빅구십사번디학싱 박인셕『朴仁錫』(二一) 함경북도경흥군웅긔면웅긔리당시남디문통오뎡목칠십오번디에사뎐뎡후민『衛候敏』(二六)본적쥬쇼가동일혼젼야쇼교젼도사송창근『宋昌根』(二三)경셩부 티평통일뎡목칠십이번디에 사는무직 이자장윤의『張允禧』(二九)경셩부쥬교뎡동삼십오번디에사는 교사김원근『金瑗根』(五五)등오명은원리부터

불온혼사상을가졋것

고박인셕은 디쳥팔년 삼월보안법위반피고 사건으로셔 디문감옥에 구류되여지감즁 경셩독립비밀단이라고 쓴창가를 만드러이를일월밧부터 셰부란스 병원안례비당 사무실에셔 등샤혼야가지고 부닋의경신 비지리라뎡신츙앙등 여러학교에 산포혼죄상이 판명되여피고 박인셕이으오명은 졍치범쳐벌령또는출판법위반 으로인연혼야 박은징역이년에 송은징역륙월에 기타는징역삼월에 쳐혼얏스나 박은이를 불복혼고공소를 신립혼얏는디 미구에경셩복심법원의 공판에붓친다더라

옥내에서

불온 창가(唱歌) 만든 자 불복 공소

2월 1일 세브란스병원 안에서 불온한 문서를 등사한 후 부내 각 학교에 배포한다는 말이 당국에 탐지되어 본정 경찰서에서 경관이 다수 출동하여 취조 체포한 후 검사국으로 보내어 3월 13~9일 경성지방법원에서 판결을 받은 경성부 관철동 194번지 학생 박인석(朴

仁錫, 20), 함경북도 경흥군 웅기면 웅기리 당시 남대문동 5정목 75번지에 살던 정후민(鄭候敏, 18), 본적 주소가 동일한 전 예수교 전도사 송창근(宋昌根, 23), 경성부 태평통 1정목 72번지에 사는 무직업자 장윤희(張允禧, 19), 경성부 효제동 35번지에 사는 교사 김원근(金瑗根) 등 5명은 원래부터 불온한 사상을 가졌었다. 박인석은 대정 8년 3월 보안법 위반 피고 사건으로 서대문 감옥에 구류되어 재감 중 「경성독립비밀단」이라고 쓴 창가를 만들어 이를 1월 말부터 세브란스병원 안 예배당 사무실에서 등사하여 가지고 부내의 경신, 배재, 리라, 정신, 중앙 등 여러 학교에 산포한 죄상이 판명되어, 피고 박인석 이하 5명은 정치범 처벌령 또는 출판법 위반으로 인연하여 박은 징역 2년에, 송은 징역 6월에, 기타는 징역 3월에 처하였으나, 박은 이를 불복하고 공소를 신립하였는데, 미구에 경성복심법원의 공판에 부친다더라.

145. 동아일보 1920년 4월 17일

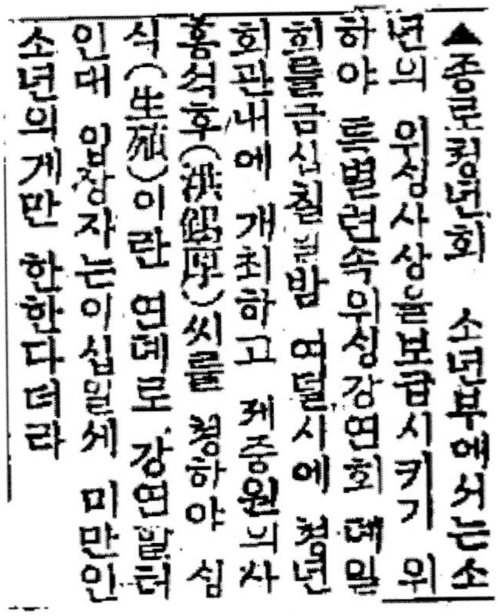

▲종로청년회 소년부에서는소년의 위생사상을보급시키기 위하야 특별련속위생강연회 뎨일회를금십칠일밤 여덜시에 쳥년회관내에 개최하고 졔중원의사홍석후(洪錫厚)씨를 쳥하야 심식(生殖)이란 연뎨로 강연할터인대 입장자는이십일세 미만인소년의게만 한한다더라

모임

종로청년회

종로청년회 소년부에서는 소년의 위생사상을 보급시키기 위하여 특별연속 위생강연회 제1회를 오늘 17일 밤 8시에 청년회관 내에 개최하고, 제중원 의사 홍석후(洪錫厚) 씨를 청하여 생식(生殖)이라는 강연 제목으로 강연할 터인데, 입장자는 21세 미만인 소년에게만 한한다더라.

146. 동아일보 1920년 4월 25일

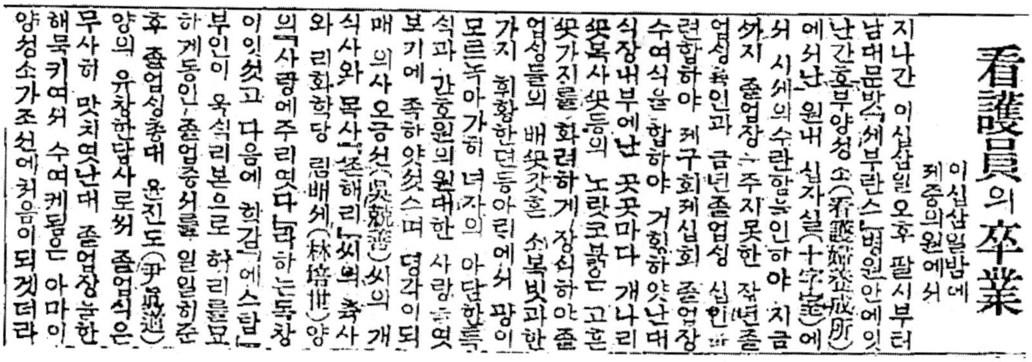

看護員의 卒業

이십삼일밤에 제중의원에서

지나간 이십삼일오후 팔시부터 남대문밧셰부란스병원안에잇는간호부양성소(看護婦養成所)에서는 원내 십자실(十字室)에서 시셰의수란함을인하야 지금까지 졸업장을주지못한 작년졸업생륙인과 금년졸업생 십인을련합하야 제구회제십회 졸업장수여식을 합하야 거행하얏는데식장내부에는 곳곳마다 개나리꼿복사꼿등의 노랏코붉은 고흔꼿가지를 화려하게장식하야졸업생들의 배꼿갓흔 소복빗과한가지 휘황한뎐등아래에서 광이모르녹아가히 녀자의 아담한특색과 간호원의원대한 사랑을엿보기에 족하얏섯스며 뎡각이되매 의사 오긍선(吳兢善)씨의 개식사와 목사「존해리」씨의 축사와 리화학당 림배세(林培世)양의『사랑에주리엿다』라하는독창이잇섯고 다음에 학감「에스텝」부인이 옥색리본으로 허리를묘하게동인 졸업증서를 일일히준후 졸업생총대 윤진도(尹眞道)양의 유창한답사로써 졸업식은무사히 맛치엿는대 졸업장을한해묵키여서 수여케됨은 아마이양성소가조선에 처음이되겟더라

간호원의 졸업

23일 밤에 제중의원에서

지나간 23일 오후 8시부터 남대문 밖 세브란스병원 안에 있는 간호부 양성소에서는 원내 십자실(十字室)에서 시세의 수란함을 인하여 지금까지 졸업장 주지 못한 작년 졸업생 6인과 올해 졸업생 10인을 연합하여 제9회, 제10회 졸업장 수여식을 합하여 거행하였는데, 식장 내부에는 곳곳마다 개나리꽃, 복사꽃 등의 노랗고 붉은 고운 꽃가지를 화려하게 장식하여 졸업생들의 배꽃 같은 소복 빛과 함께 휘황한 전등 아래에서 광이 무르녹아 가히 여자의 아담한 특색과 간호원의 원대한 사랑을 엿보기에 족하였었으며, 정각이 됨에 의사 오긍선(吳兢善) 씨의 개식사와 목사「존 해리」씨의 축사와 이화학당 임배세(林培世) 양의『사랑에 주리엿다』라 하는 독창이 있었고, 다음에 학감「에스텝」부인이 옥색 리본으로 허리를 묘하게 동여 맨 졸업증서를 일일이 준 후, 졸업생 총대 윤진도(尹眞道) 양의 유창한 답사로써 졸업식은 무사히 마치었는데 졸업장을 한 해 묵혀서 수여하게 됨은 아마 이 양성소가 조선에 처음이 되겠더라.

147. 동아일보 1920년 4월 29일

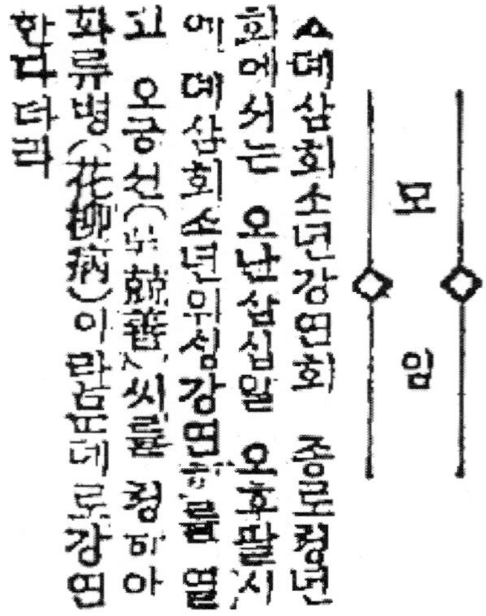

모임

△뎨삼회소년강연회 종로쳥년회에서는 오는삼십일 오후팔시에 뎨삼회소년위ᄉᆡᆼ강연회를 열고 오긍선(吳兢善)씨를 쳥하야 화류병(花柳病)이라는문뎨로강연한다더라

모임

제3회 소년강연회

종로청년회에서는 오는 30일 오후 8시에 제3회 소년위생강연회를 열고 오긍선(吳兢善)씨를 청하여 화류병(花柳病)이라는 문제로 강연한다더라.

148. 동아일보 1920년 5월 6일

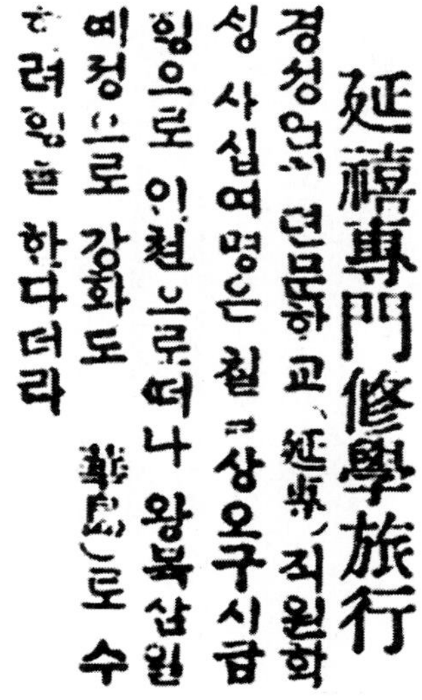

延禧專門修學旅行

경셩연희젼문학교(延專)직원학싱 사십여명은 칠일상오구시급힝으로 인쳔으로떠나 왕복삼일예정으로 강화도(江華島)로 수학려힝을 한다더라

연희전문 수학여행

경성 연희전문학교(연전) 직원, 학생 40여 명은 7일 오전 9시 급행으로 인천으로 떠나 왕복 3일 예정으로 강화도로 수학여행을 한다더라.

149. 동아일보 1920년 5월 11일

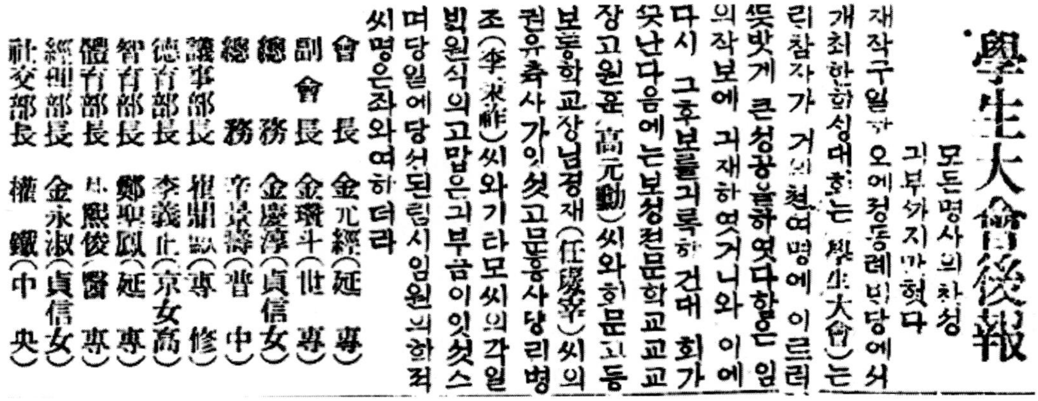
學生大會後報
모든명사의찬셩
긔부까지만헛다
재작구일하오에졍동례배당에서
개최한학생대회(學生大會)는
래참자가 거의천여명에 이르러
뜻밧게 큰셩공을하엿다함은 임
의작보에 긔재하엿거니와 이에
다시 그후보를긔록하건대 회가
맛난다음에는보셩전문학교교
장고원훈(高元勳)씨와휘문고등
보통학교장님경재(任璟宰)씨의
권유축사가잇섯고문흥사댱리병
조(李秉祚)씨와기타모씨의각일
백원식의고맙은긔부금이잇섯스
며당일에당션된림시임원의학적
씨명은좌와여하더라
會長 金允經(延專)
副會長 金瓚斗(世專)
總務 金慶淳(貞信女)
總務 辛景壽(普中)
議事部長 崔鼎默(專修)
德育部長 李義正(京女高)
智育部長 鄭聖鳳(延專)
體育部長 [illegible]熙俊(醫專)
經理部長 金永淑(貞信女)
社交部長 權 鐵(中央)

학생대회 후보(後報)

모든 명사의 찬성

기부까지 많았다.

그제 9일 하오에 정동예배당에서 개최한 학생대회는 와서 참가한 사람이 거의 1천여 명에 이르러 뜻밖에 큰 성공을 하였다함은 이미 어제 신문에 기재하였거니와, 이에 다시 그 뒷 보도를 기록하건대, 모임이 끝난 다음에는 보성전문학교 교장 고원훈(高元勳) 씨와 휘문고등보통학교 교장 임경재(任璟宰) 씨의 권유 축사가 있었고, 문흥사 사장 이병조(李秉祚) 씨와 기타 모씨의 각 1백 원씩의 고마운 기부금이 있었다. 당일에 당선된 임시 임원의 학적, 씨명은 아래와 같다라.

회장	김윤경(金允經, 延專)
부회장	김찬두(金瓚斗, 世專)
총무	김경순(金慶淳, 貞信女)
총무	신경수(辛景壽, 普中)
의사부장	최정묵(崔鼎默, 專修)

덕육(德育)부장	이의지(李義止, 京女高)
지육(智育)부장	정성봉(鄭聖鳳, 延專)
채육(體育)부장	박희준(朴熙俊, 醫專)
경리부장	김영숙(金永淑, 貞信女)
사교(社交)부장	권철(權鐵, 中央)

* 동아일보 1920년 5월 10일 「學生大會의盛況」에는 학생대회 창립총회의 사회를 본 사람은 세브란스의전의 김성국(金聖國)이었다.

150. 동아일보 1920년 5월 19일

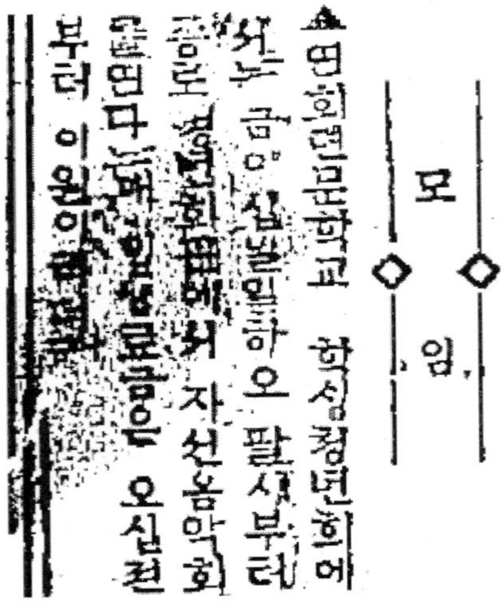
모 임

▲연희뎐문학교 학싱청년회에셔는 금번 이십일일하오 팔시부터 종로청년회관에셔 자션음악회를연다는데 입장료금은 오십젼부터 이원이라더라

모임

연희전문학교

학생청년회에서는 이번 21일 오후 8시부터 종로청년회관에서 자선음악회를 연다는데 입장요금은 50전부터 2원이라더라.

151. 동아일보 1920년 5월 23일

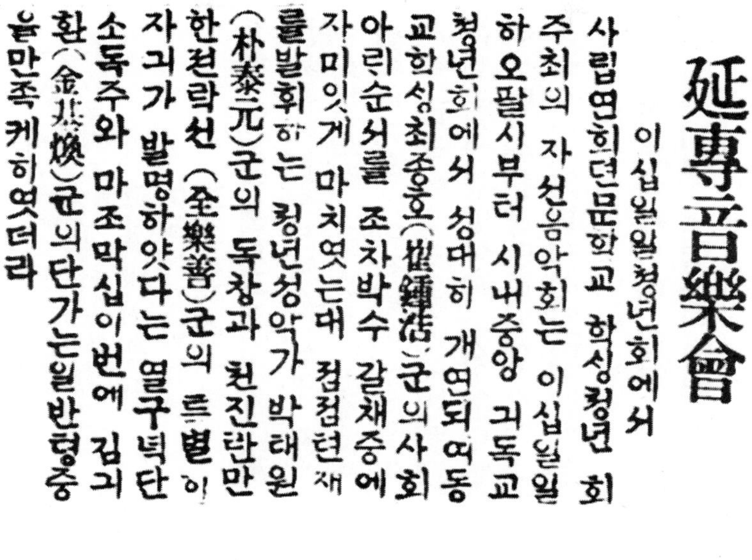

延專音樂會

이십일일청년회에서

사립연희뎐문학교 학싱쳥년회 주최의 자선음악회는 이십일일 하오팔시부터 시내중앙 긔독교쳥년회에서 셩대히 개연되여 동교학싱 최종호(崔鍾浩)군의 사회아리 순서를 조차 박수갈채중에 자미잇게 마치엿는대 졈졈 텬재를 발휘하는 쳥년셩악가 박태원(朴泰元)군의 독창과 쳔진란만한 뎐락션(全樂善)군의 특별이 자긔가 발명하얏다는 열구녁단소독주와 마조막 십이번에 김긔환(金基煥)군의 단가는 일반텽중을 만족케하엿더라

연전 음악회

22일 청년회에서

사립연희전문학교 학생청년회 주최의 자선음악회는 21일 오후 8시부터 시내 중앙기독교청년회에서 성대히 열려, 동교 학생 최종호(崔種浩) 군의 사회 아래 순서대로 박수갈채 중에 재미있게 마쳤는데, 점점 재능을 발휘하는 청년 성악가 박태원(朴泰元) 군의 독창과 천진난만한 전낙선(全樂善) 군의 특별히 자기가 발명하였다는 10구멍 단소 독주와 마지막 12번에 김기환(金基煥) 군의 단가는 일반 청중을 만족케 하였다.

152. 동아일보 1920년 6월 3일

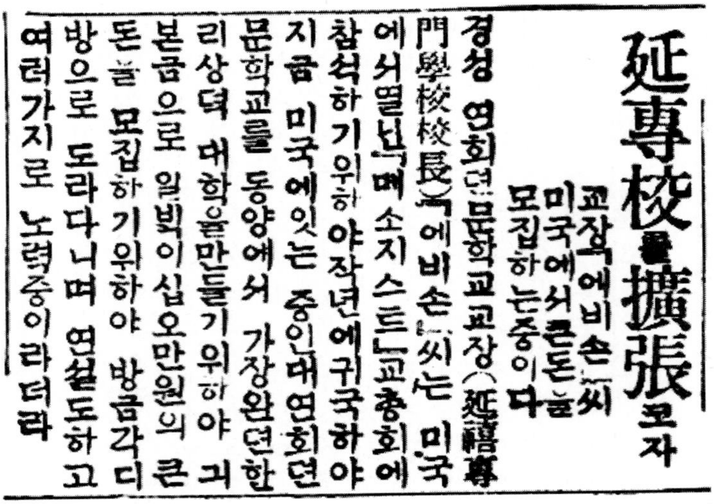

延專校를擴張코자
교장(에비손)씨
미국에서큰돈을
모집하는중이다

경성 연희뎐문학교교장(延禧專門學校校長)(에비손)씨는 미국에서열닌(메소지스트)교총회에 참석하기위하야작년에귀국하야 지금 미국에잇는 중인대연희뎐문학교를 동양에서 가장완뎐한 리상뎍 대학을만들기위하야 긔본금으로 일백이십오만원의 큰 돈을 모집하기위하야 방금각디방으로 도라다니며 연설도하고 여러가지로 노력중이라더라

연전교를 확장코자

교장『에비슨』씨 미국에서 큰 돈을 모집하는 중이다

경성 연희전문학교 교장『에비슨』씨는 미국에서 열린 감리교 총회에 참석하기 위해 작년에 귀국하여 지금 미국에 있는 중인데, 연희전문학교를 동양에서 가장 완전한 이상적 대학을 만들기 위하여 기본금으로 125만 원의 큰 돈을 모집하기 위하여 방금 각 지방으로 돌아다니며 연설도 하고 여러 가지로 노력중이라더라.

153. 매일신보 1920년 6월 3일

延禧專門學校 大擴張計劃

에비슨박사가계획즁

경셩남대문밧게잇ᄂᆞᆫ「셰부란스」의학젼문학교교장「에비슨」박사ᄂᆞᆫ지금미국에셔 기최ᄒᆞᄂᆞᆫ「메도듸스트」교춍회에 츌셕키위ᄒᆞ야 미국에도라갓ᄂᆞᆫᄃᆡ 그ᄂᆞᆫ또ᄒᆞᆫ고양군 연희면에잇ᄂᆞᆫ 연희젼문학교「延禧專門學校」교장을겸임ᄒᆞᆫ 터인바이번 미국에간긔회를타셔 연희젼문학교를 일층ᄃᆡ확장ᄒᆞ야 동양에 뎨일가ᄂᆞᆫᄃᆡ학교를 만들고져젼미국에 ᄃᆡᄒᆞ야 그긔본금으로 일ᄇᆡᆨ오십만원(一百五十萬圓)을모집ᄒᆞ기에 착슈(着手)즁이라ᄂᆞᆫᄃᆡ 여러방면에셔 이를 크게 환영ᄒᆞ야 긔부ᄒᆞᄂᆞᆫ사ᄅᆞᆷ이 만타더라

연희전문학교 대확장계획

에비슨 박사가 계획 중

경성 남대문 밖에 있는 세브란스의학전문학교장 에비슨 박사는 지금 미국에서 개최하는 '메도디스트(Methodist, 감리교)' 총회에 출석하기 위하여 미국에 돌아갔는데, 그는 또한 고양군 연희면에 있는 연희전문학교 교장을 겸임한 터인 바, 이번 미국에 간 기회를 타서 연희전문학교를 한층 대확장하여 동양에 제일가는 대학교를 만들고자 전 미국에 대하여 그 기본금으로 150만 원을 모집하기에 착수중이라는데, 여러 방면에서 이를 크게 환영하여 기부하는 사람이 많다더라.

154. 동아일보 1920년 6월 5일

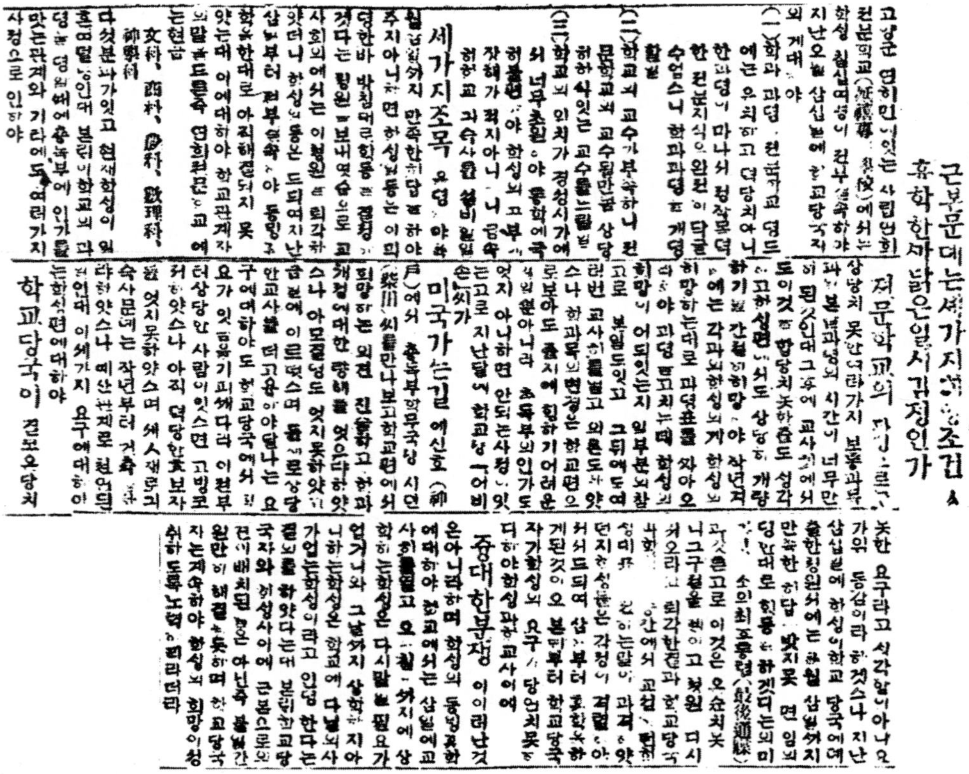

연희전문학교 동맹휴학

근본문제는 3가지 희망조건

휴학한 까닭은 일시 감정인가

고양군 연희면에 있는 사립 연희전문학교(延禧專門學校)에서는 학생 70여 명이 전부 결석하여 지난 5월 30일에 학교 당국자에게 대해

(1) 학과 과정이 전문학교 정도에는 유치하고 적당치 않은 과정이 많아서, 정작 목적한 전문지식을 완전히 닦을 수 없으니 학과 과정을 개정할 일.

(2) 학교의 교수가 부족하니 전문학교의 교수 될 만큼 상당히 학식 있는 교수를 늘릴 일.

(3) 학교의 위치가 경성 시내에서 너무 멀어 통학에 극히 불편하여 학생의 공부에 장애가 적지 않으니, 빨리 학교 기숙사를 설비할 일.

3가지 조목을 정하여 6월 3일까지 만족스러운 답을 해주지 않으면 학생 일동은 이미 정한 방침대로 행동을 결정하겠다는 청원을 보내었으므로, 교사회의에서는 이 청원을 퇴각하였더니, 학생 일동은 드디어 지난 3일부터 전부 결속하여 동맹휴학을 한 채로 아직 해결되지 못하였는데, 이에 대해 학교 관계자의 말을 들은즉

연희전문학교에는 지금 문과, 농과, 수리과, 신학과 5분과가 있고, 현재 학생이 78명인데, 본래 이 학교의 과정을 정할 때에 총독부에 인가를 받는 일 등 기타 여러 가지 사정으로 인해 전문학교 과정으로는 상당치 못한 여러 가지 보통 과목과 본과 과정의 시간이 너무 많아진 것인데, 그 후에 교사회에서도 이것이 합당치 못하다고 생각하고 학생들도 개량하기를 간절히 희망하여 작년 겨울에는 각 과 학생에게 학생이 희망하는 대로 과정표를 짜오라고 하여, 과정을 고치는데 학생의 희망이 어떠한지 일부분을 참고하기도 하였고, 그 뒤에도 여러 번 교사회를 열고 의논을 하였다. 그러나 학과목의 변경은 학교에서도 졸지에 행하기 어려운 일일 뿐 아니라, 총독부의 인가도 얻어야 하는 사정이 있는 고로, 지난달에 학교장 에비슨 씨가 미국에 가는 길에 고베(神戶)에서 총독부 학무국장 시전(柴田) 씨를 만나보고 학교에서 희망하는 의견을 진술하고 학과 개정에 대한 양해를 얻으려 하였으나, 아무 결정도 얻지 못하고 오늘날에 이르렀다. 둘째로 상당한 교사를 더 고용하여 달라는 요구에 대해서도, 학교 당국에서 필요가 있음을 깊이 깨달아 이전부터 상당한 사람이 있으면 고빙코자 하였으나, 아직 적당한 후보자를 얻지 못하였다. 셋째로 기숙사 문제는 작년부터 건축을 하려 하였으나 예산 관계로 미루어진 일이다. 이 세 가지 요구에 대해서는 학교 당국도 결코 온당치 못한 요구라고 생각하는 것이 아니라 동감이라 하겠으나 지난 30일에 학교 당국에 제출한 청원서에는 6월 3일까지 만족스런 해답을 받지 못하면 이미 정한 대로 행동을 하겠다는 의미의 소위 최후통첩과 같은 고로, 이것은 온순하지 못하니 그 구절을 빼고 청원을 다시 써오라고 퇴각한 결과, 학교 당국과 학생 중간에서 교섭하던 학생대표가 전하는 말이 과격하였던지 학생들은 감정이 격렬해져서 드디어 3일부터 휴학을 하게 된 것이오, 본래부터 학교 당국자가 학생의 요구가 당연치 못하다 하여 학생과 교사 사이에 중대한 분쟁이 일어난 것은 아니라 한다.

학생의 동맹휴학에 대해 학교에서는 3일에 교사회를 열고 오는 7일까지 등교하는 학생

은 다시 말할 필요가 없거니와, 그날까지 등교하지 않는 학생은 학교에 다닐 의사가 없는 학생이라고 인정한다는 결의를 하였다는데, 본래 학교당국자와 학생 사이에 근본적 의견이 배치된 것은 아닌즉, 조만간 원만히 해결될 듯하며 학교당국자는 계속하여 학생의 희망이 성취되도록 노력할 것이라더라.

155. 동아일보 1920년 6월 6일

延禧學生登校

명칠일부터

고양군연희면에잇는사립연희전문학교(延禧專門學校)생도칠십여명이 학과를개뎡하야 달나는것과 교수를늘니어달나는 것과 긔숙사를셜립하야 달나는세가지조건으로 동교교수회에 대하야 개혁을요구하다가 동교교수회와 의견이맛지안는 점으로 일시 오해를 이르켜휴학까지하엿스나 그후로학생 측에서는 지금이시대를당하야 학교당국자들이실행하랴 하야도 실행할수업는 조건을 제출하야 학교당국자를괴롭게하고또우리들이 하로라도휴학하는것은 문화향상에방해만될뿐이요 실효가업다하고 동교교수회와 원만히타협이되야 래칠일월요일부터 종젼과가치 출석하기로 결뎡하야 무사히해결되엿다더라

연희학생등교

내일 7일부터

고양군 연희면에 있는 사립연희전문학교(延禧專門學校) 학생 70여 명이 학과를 개정해 달라는 것, 교수를 늘려달라는 것, 기숙사를 설립해 달라는 것 3가지 조건으로 동교 교수회에 대해 개혁을 요구하다가, 동교 교수회와 의견이 맞지 않아 일시 오해를 일으켜 휴학까지 하였었으나, 그 후로 학생 측에서는 지금 이 시대를 당하여 학교 당국자들이 실행하려 하여도 실행할 수 없는 조건을 제출하여 학교 당국자를 괴롭게 하고, 또 우리들이 하루라도 휴학하는 것은 문화 향상에 방해만 될 뿐이니 실효가 없다 하고 동교 교수회와 원만히 타협하여 오는 7일 월요일부터 종전과 같이 출석하기로 결정하여 무사히 해결되었다더라.

156. 매일신보 1920년 6월 6일

延禧校生의 盟休와

學校當局者의 態度

안이오는자는퇴교식히고 모다아니오면휴교ᄒᆞᆫ다고

고양군년희면 년희젼문ᄒᆞᆨ교(高陽郡延禧面延禧專門學校)에셔도 삼십구명은 지난삼일부터 미리 학교에되ᄒᆞ야 몃가지의 요구를 ᄒᆞᆫ바 학교에셔 회답이업나고 ᄒᆞ야 동뮝휴학을ᄒᆞ얏다 ᄒᆞ는ᄃᆡ 그에되ᄒᆞ야 그학교 모직원에게 듯건ᄃᆡ학ᄉᆡᆼ들이 지난번수일목요일에 학교에되ᄒᆞ야 학과ᄒᆞᆫ기쳐ᄒᆞᆯ것과 교슈ᄒᆞᆫ더슈용 ᄒᆞᆯ과 슉사를 ᄀᆡ츅ᄒᆞ야줄 일동세가지 죠건을 들어셔청원셔를 뎨츌ᄒᆞ얏섯는ᄃᆡ, 그세가지 죠건으로 ᄒᆞᆯ것갓ᄒᆞ면 임의학교에 셔도 그에되ᄒᆞ야 뜻을두어가지고

적력ᄒᆞᆫ 결과 불원에실현케보게 될것이엿셧는 고로학ᄉᆡᆼ들의 요구를누시ᄒᆞ고 듯지안는다는것은 안이지만은 청원셔곳헤다가 무슨최후통쳡과갓치 학교에셔 오는월요일ᄭᆞ지에 상당ᄒᆞᆫ회답이 업스면우리 들의절의한바와 갓치등교치 안이 겟다는뜻을 긔록ᄒᆞ얏섯슴 고로학교에셔는 그청원셔가 불온당한것이니 다시곤쳐써셔뎨츌ᄒᆞ라고ᄒᆞ야 밧지를안이ᄒᆞ얏섯슴니다그리ᄒᆞ얏더니학ᄉᆡᆼ들의 싱각에는학교에셔 우리들의 요구를 들어쥬지 안이ᄒᆞ는모양이니 우리들는 결의한바를 실힝ᄒᆞ여야 ᄒᆞ겟다고 ᄒᆞᆫ모양이올시다

그들의 요구 ᄒᆞ는학과기청문데로 말ᄒᆞ더라도 밝셔올봄에교장이 아메리가로 건너가기젼에 당국에교셥 ᄒᆞ얏던바 그ᄯᅢ에는 학무국에셔는 직쳐를변경 ᄒᆞ기는ᄒᆞ얏스나 아직 학교케도는 완젼히 변경ᄒᆞ지 못ᄒᆞ얏다 ᄒᆞ야뒤로、밀우웟던바그후에는 시뎐학무국장(柴田學務局長)이일본으로 건너가셔잇다가 몃칠젼에야비로소 건너왓는고로 인ᄒᆞ야 학무당국과 교셥을ᄒᆞ지못ᄒᆞ얏다고요사이다시교셥을ᄒᆞ는즁이며교사를더츅빙ᄒᆞ야달나는것으로만ᄒᆞ면졀코 학교의경비가부족ᄒᆞ야츅빙치못ᄒᆞ야다던지혹은학교에무슨다른

사졍이잇셔 ᄉᆞ츅빙ᄒᆞ지안이ᄒᆞ는 것이안이요 아모리 ᄎᆞᆺ나보아도상당ᄒᆞᆫ사ᄅᆞᆷ이업셔ᄉᆞ 츄빙ᄒᆞ지못ᄒᆞ는것이요상당ᄒᆞᆫ사ᄅᆞᆷ이잇기만ᄒᆞ면곳츄빙ᄒᆞᆯ것이올시다또는 긔슉사는 말ᄒᆞ더라도 금년가을 안에는 ᄀᆡ츅ᄒᆞᆯ것이될터이니가 이번학ᄉᆡᆼ들의 요구로 말ᄒᆞ면도리혀학교에셔싱각ᄒᆞ던 바보다는 느졋다고 ᄒᆞ겟슴니다 학교에셔 지난삼일에 직원회의를열고졀의ᄒᆞᆫ 결과오는 회식은 퇴교를 명ᄒᆞᆯ것과 젼데가모다등교치안이 ᄒᆞ는경우에는 휴교를 ᄒᆞᆯ것과 셩도들이등교ᄒᆞᆫ 후에야 회답을 ᄒᆞᆯ것등을게시 ᄒᆞ얏소이다ᄒᆞ라고말ᄒᆞ며

純수ᄒᆞᆫ 大學科로 만드러달나고

일본어폐지란거짓말 ◇학ᄉᆡᆼ의변명◇

다시 학ᄉᆡᆼ편에셔ᄒᆞ는 말을듯건ᄃᆡ 쳣지학과를 변경ᄒᆞ야달나는것으로 말ᄒᆞ면 박게셔는 말ᄒᆞ기를일본말과 일본력사를 빈ᄒᆞ기실타고 ᄒᆞ얏다고하나 그는결코 그런것이 안이올시다 본ᄃᆡ우리 학교로 말ᄒᆞ면다른 학교보다일본말시간이 일쥬일에 쎄시간이나더ᄒᆞᆸ니다 그리고 력사로말ᄒᆞ면슈리학과에는 젼연히 관계가 업는것인ᄃᆡ 우리학교에 는모다 고등보통 학교에셔다 빈ᄒᆞ고오것을 다시가라치는고로, 그갓흔 쓸ᄃᆡ업는시간을허비ᄒᆞ게ᄒᆞ지말아달나는요 구이요또는

학교직제도 변경히달나는의미도포ᄒᆞᆷ되얏는바 그는 완젼한ᄃᆡ 학졔도로 곤쳐달나는것입니다 그리고교슈가 미우부족ᄒᆞᆷ으로 교수를더 구빙ᄒᆞ야달나는것과 긔슉사로말ᄒᆞ면항상 지어쥬마고 ᄒᆞ고직원들의 더퇴은지어쥬곳치도 우리들의 긔슉사는 지어주지안이ᄒᆞ는 고로지금우리들은 학교에셔 자는터이올시다 그런ᄃᆡ학교에셔는 월요일에등교 ᄒᆞᆯ것갓ᄒᆞ면 회답ᄒᆞ야쥬마고 ᄒᆞ얏스니가 우리들은다시의론ᄒᆞᆫ 결과월요 일부터는등교코자 ᄒᆞᆸ니다ᄒᆞ라고말ᄒᆞ더라

연희교생의 맹휴와 학교당국자의 태도

오지 않는 자는 퇴교 시키고 모두 오지 않으면 휴교한다고

고양군 연희면 연희전문학교 생도 69명은 지난 3일부터 미리 학교에 대하여 몇 가지의 요구를 했으나 학교에서 회답이 없다고 하여 동맹휴학을 하였다고 하는데, 그에 대하여 그 학교 모 직원에게 듣건대,

지난번 주 목요일에 학교에 대하여 학과를 개정할 것과 교수를 더 수용할 일, 기숙사를 건축해 줄 일 등 세 가지 조건을 들어서 청원서를 제출하였는데 그 세 가지 조건으로 말할 것 같으면 이미 학교에서도 그에 대하여 뜻을 두어 가지고 진력한 결과 불원에 실현을 보게 될 것이었는고로, 학생들의 요구를 무시하고 듣지 않는다는 것은 아니지만, 청원서 끝에다가 무슨 최후통첩과도 같이 학교에서 오는 월요일까지 상당한 회답이 없으면 우리들이 결의한 바와 같이 등교하지 않겠다는 뜻을 보였는고로, 학교에서는 그 청원서가 불온한 것이니 다시 고쳐서 제출하라고 하여 받지를 않았습니다. 그리 했더니 학생들의 생각에는 학교에서 우리들의 요구를 들어주지 아니하는 모양이니 우리들은 결의한 바를 실행하여야 하겠다고 한 모양이올시다. 그들이 요구하는 학과 개정 문제로 말하더라도 벌써 올 봄에 교장이 미국으로 건너가기 전에 당국에 교섭하였던 바, 그때에는 학무국에서는 직제를 변경하기는 하였으나 아직 학교 제도는 완전히 변경하지 못했다 하여 뒤로 미루었던 바, 그 후에는 시전(柴田) 학무국장이 일본으로 건너가서 있다가 며칠 전에야 비로소 건너왔는고로 인하야 학무당국과 교섭을 하지 못하였다고 요사이 다시 교섭을 하는 중이며, 교사를 더 초빙하여 달라는 것으로만 하면 결코 학교의 경비가 부족하여 초빙하지 못하였다던지 혹은 학교에서 무슨 다른 사정이 있어서 초빙하지 아니하지 않는 것이 아니요, 아무리 골라보아도 상당한 사람이 없어서 초빙하지 못하는 것이요, 상당한 사람이 있기만 하면 곧 초빙할 것이올시다. 또는 기숙사에 말하더라도 금년 가을 안에는 훌륭한 것이 될 터이니까 이번 학생들의 요구로 말하면 도리어 학교에서 생각하는 바보다는 늦었다고 하겠습니다. 학교에서 지난 3일에 직원회의를 열고 결의한 결과, 오는(*오지 않는) 학생은 퇴교를 명할 것과, 전체가 모두 등교치 아니하는 경우에는 휴교를 할 것과, 생도들이 등교한 후에야 회답을 할 것 등을 게시하였소이다

라고 말하며

순전한 대학과로 만들어 달라고

일본어 폐지란 거짓말 ······· 학생의 변명

다시 학생 편에서 하는 말을 듣건대

첫째, 학과를 변경하여 달라는 것으로 말하면 밖에서는 말하기를 일본말과 일본 역사를 배우기 싫다고 하였다고 하나, 그는 결코 그런 것이 아니올시다. 본래 우리 학교로 말하면 다른 학교보다 일본말 시간이 일주일에 3시간이나 더 합니다. 그리고 역사로 말하면 수리 학과에는 전혀 관계가 없는 것인데, 우리 학교에는 모두 고등보통학교에서 다 배우고 오는 것을 다시 가르치는고로 그와 같은 쓸데없는 시간을 허비하게 하지 말아 달라는 요구이요, 또는 학교 직제도 변경해 달라는 의미도 포함되었는 바, 그런 순전한 대학제도로 고쳐달라는 것입니다. 그리고 교수가 매우 부족함으로 교수를 더 고빙(雇聘)하여 달라는 것과 기숙사로 말하면 항상 지어주마 하고 직원들의 저택은 지어 놓고서도 우리들의 기숙사는 지어주지 아니하는 고로 지금 우리들은 학교에서 자는 터이올시다. 그런데 학교에서는 월요일에 등교할 것 같으면 회답하여주마고 하였으니까 우리들은 다시 의논한 결과 월요일부터는 등교코자 합니다

라고 말하더라.

157. 매일신보 1920년 6월 9일

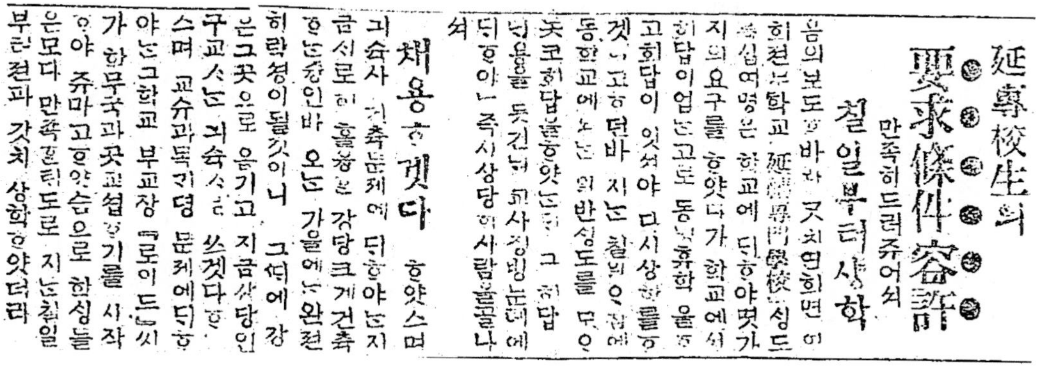

延專校生의 要求條件容許

만족히드러쥬어셔 칠일부터상학

임의보도ᄒᆞᆫ바와 ᄀᆞᆺ치연희면 연희젼문학교 延禧專門學校 학ᄉᆡᆼ 륙십여명은 학교에 ᄃᆡᄒᆞ야 몃가지의요구를 ᄒᆞ얏다가 학교에셔 회답이업ᄂᆞᆫ고로 동ᄆᆡᆼ휴학 을ᄒᆞ고회답이 잇서야 다시상학을ᄒᆞ겟다고ᄒᆞ던바 지난 칠일오젼에 동학교에셔ᄂᆞᆫ 일반ᄉᆡᆼ도를 모으고회답을ᄒᆞ얏ᄂᆞᆫᄃᆡ 그 회답ᄂᆡ용을 듯건ᄃᆡ 교사징빙문뎨에 ᄃᆡᄒᆞ야ᄂᆞᆫ 즉시상당ᄒᆞᆫ사람을골나셔

채용ᄒᆞᆯ겟다 ᄒᆞ얏스며 긔숙사 건축문뎨에 ᄃᆡᄒᆞ야ᄂᆞᆫ지금ᄉᆡ로히 훌융ᄒᆞᆫ 강당을크게건축ᄒᆞᄂᆞᆫ중인바 오ᄂᆞᆫ 가을에ᄂᆞᆫ완젼히락셩이될것이니 그ᄯᅢ에 강당은그곳으로 옴기고 지금강당인구교ᄉᆞᄂᆞᆫ 긔숙ᄉᆞ로 쓰겟다ᄒᆞ스며 교슈과목개뎡 문뎨에ᄃᆡᄒᆞ야ᄂᆞᆫ그학교 부교장 「로이드」씨가 학무국과 교셥ᄒᆞ기를 시작ᄒᆞ야 쥬마고ᄒᆞ얏슴으로 학ᄉᆡᆼ들은모다 만족ᄒᆞᆫ티도로 지난칠일부터젼과 갓치 상학ᄒᆞ얏더라

연전 학생의 요구조건 수용

만족히 들어주어서 7월부터 등교

이미 보도한 바와 같이 연희면 연희전문학교 학생 60여 명은 학교에 대해 몇 가지 요구를 하였다가 학교에서 답이 없는 고로 동맹휴학을 하고 회답이 있어야 다시 등교하겠다고 하던 바, 지난 7일 아침에 학교에서 일반 학생들을 모아놓고 답을 하였는데, 그 답변 내용을 듣건대, 교사 초빙 문제에 대해 즉시 상당한 사람을 골라서 채용하겠다 하였으며, 기숙사 건축 문제에 대해서는 지금 새로 훌륭한 강당을 크게 건축중인 바, 오는 가을에는 완전히 낙성이 될 것이니 그때에 강당은 그곳으로 옮기고 지금 강당인 구교사를 기숙사로 쓰겠다 하였으며, 교수과목 개정 문제에 대해서는 그 학교 부교장 로이드(*로즈, H. Rhodes로 보임) 씨가 학무국과 교섭을 시작하겠다고 하였으므로, 학생들은 모두 만족한 태도로 지난 7일부터 전과 같이 등교하였더라.

158. 매일신보 1920년 6월 12일

時事短評

學校盟休問題(一)

昨冬京城高等普通學校學生의教科改正運動이有ᄒᆞᆫ以來官私立學校生을勿論ᄒᆞ고各其自校의內容內革에對ᄒᆞᆫ運動은隱然中에繼續됨과如ᄒᆞ던中今月에入ᄒᆞ자此種運動은遂히勃發ᄒᆞ야正히壅水가潰ᄒᆞᄂᆞᆫ듯ᄒᆞᆫ勢를呈ᄒᆞ얏스니曰延禧專門、曰崇實中學、曰徽文、曰醫專은其中에도殊甚ᄒᆞ얏도다然而延禧ᄂᆞᆫ學生側의全勝으로解決을告ᄒᆞ고其他ᄂᆞᆫ學校側과學生側의妥協又ᄂᆞᆫ主謀學生幾人의處分으로써爲先一時의紛紜을解ᄒᆞᆫ模이며醫專學校의問題ᄂᆞᆫ今進行에在ᄒᆞ도다그런ᄃᆡ學生側으로말ᄒᆞ면비록要求가正當ᄒᆞ다ᄒᆞᆯ지라도그身分에適應ᄒᆞᆫ手段을講치안이ᄒᆞ고動輒紛擾의擧에出ᄒᆞᆷ과如ᄒᆞᆷ은其行爲를佳ᄒᆞ다認키難ᄒᆞ거니와學校當局側으로말ᄒᆞ면自己가經營ᄒᆞᄂᆞᆫ學校가何点이不備ᄒᆞ며何處가不美ᄒᆞᆷ을豫先認識ᄒᆞᆯ수有ᄒᆞ며又ᄂᆞᆫ學生의不平이何處에在ᄒᆞᆫ가를豫察善導ᄒᆞᆯ責任이有ᄒᆞᆷ에不拘ᄒᆞ고豫先此에對ᄒᆞᆫ改良策을不講ᄒᆞ며又ᄂᆞᆫ學生運動의進行을豫見치못ᄒᆞ야그學生으로ᄒᆞ야금不祥의事를起케ᄒᆞᄂᆞᆫ不得已에至케ᄒᆞ며其運動이暴發ᄒᆞᆷ에及ᄒᆞ야ᄂᆞᆫ解決策에困ᄒᆞ야或은餘地업ᄂᆞᆫ讓步로職員의威信을損ᄒᆞ며或은苛酷ᄒᆞᆫ處分으로써自己의手足과如ᄒᆞᆫ學生을犧牲ᄒᆞᄂᆞᆫ擧에出ᄒᆞᆷ과如ᄒᆞᆷ은如何ᄒᆞᆫ寬大의眼目으로써觀察ᄒᆞᆯ지라도吾人은其當을認키不能ᄒᆞᆫ바이라

學校盟休問題(二)

更히一面으로察ᄒᆞ면學校의性質如何에依ᄒᆞ야ᄂᆞᆫ비록學校當局者가自家校務의改善에向ᄒᆞ야旣히成案이有ᄒᆞ고又ᄂᆞᆫ學生側의不平이何處에在ᄒᆞᆫ가를豫見ᄒᆞᆫ바이有ᄒᆞ얏슬지라도制度問題金錢問題로因ᄒᆞ야實現을期得치못ᄒᆞᆷ과如ᄒᆞᆫ實情도其間에存在ᄒᆞ얏슬것인바此点에在ᄒᆞ야ᄂᆞᆫ幾分其情을諒ᄒᆞᆯ만ᄒᆞ나更히嚴格히말ᄒᆞ면一校의當局者ᄂᆞᆫ如何間該校의興替에關ᄒᆞᆫ大部의權義를有ᄒᆞ얏슨즉教務擴張에對ᄒᆞᆫ周圍의事情이幾分不便ᄒᆞ다ᄒᆞᆯ지라도誠心의努力이有ᄒᆞ얏스면十中八九ᄂᆞᆫ其理想을貫徹ᄒᆞ게될지오一步를讓ᄒᆞ야理想과不副ᄒᆞᆷ이有ᄒᆞ다ᄒᆞᆯ지라도其距離ᄂᆞᆫ實로不遠ᄒᆞᆯ것이며且學校當局의如許ᄒᆞᆫ誠意만有ᄒᆞ얏스면如何히熱情에奔ᄒᆞ야事理를解치못ᄒᆞᄂᆞᆫ學生이라ᄒᆞᆯ지라도敢히今日과如ᄒᆞᆫ紛擾의擧에不出ᄒᆞ얏슬것이며決코不此之爲ᄒᆞ고塗糊又ᄂᆞᆫ無爲로今日에至ᄒᆞᆷ과如ᄒᆞᆫ推測을一般으로ᄒᆞ며금懷케ᄒᆞᆷ과如ᄒᆞᆷ은學校當局者를爲ᄒᆞ야不取ᄒᆞᄂᆞᆫ바이라

學校盟休問題(三)

一般이認ᄒᆞᆷ과如히學務當局에셔도朝鮮教育制度에對ᄒᆞᆫ大改正案을具ᄒᆞ야旣히中央政府와妥協을了ᄒᆞ고臨時議會의此에對ᄒᆞᆫ豫算案의通過를姑待ᄒᆞᄂᆞᆫ中인즉朝鮮教育의根本制度도不遠에一大維新을見ᄒᆞᄂᆞᆫ同時에此間에在ᄒᆞᆫ諸種紛擾도是로써始ᄒᆞ야雲捲을見ᄒᆞᆯ줄노吾人은確信ᄒᆞ거니와教育의完成은오직制度의完成만으로써可期ᄒᆞᆯ바가안이오此制度에當ᄒᆞᄂᆞᆫ人人의施措如何에負ᄒᆞᆷ이多ᄒᆞᆯ것은舊制度下에在ᄒᆞᆫ今日이나新制度下에立ᄒᆞᆫ明日이나同然ᄒᆞᆯ것인즉此際旣히問題가起ᄒᆞᆫ學校ᄂᆞᆫ勿論이오其他何等問題가不起ᄒᆞᆫ學校의當局者諸君은特히勵誠一番으로其職에當ᄒᆞ야但히一時〳〵를塗糊ᄒᆞᆷ과如ᄒᆞᆫ姑息的解決策을勿取ᄒᆞ고快히根本的의解決을圖ᄒᆞ며又ᄂᆞᆫ此에對ᄒᆞᆫ平素의用意를勿怠ᄒᆞ야不祥事件의發生을未然에防ᄒᆞᆯ策을取ᄒᆞᆷ이可ᄒᆞᆯ지로다

시사단평

학교 맹휴(盟休) 문제(1)

지난 겨울 경성고등보통학교 학생의 교과개정 운동이 있은 이래 관·사립학교생을 물

론하고 각기 자교의 내용 내혁(內革)에 대한 운동은 은연중에 계속됨과 같던 중, 이번 달에 들어오자 이러한 종류의 운동은 따라서 발발하여 바로 옹수(壅水)가 무너지는 듯 한 형세를 드러내었으니, 연희전문, 숭실중학, 휘문, 의전(醫專)은 그 중에서도 매우 심하였도다. 그러나 연희는 학생 측의 전승으로 해결을 고하고, 기타는 학교 측과 학생 측의 타협 또는 주모 학생 몇 명의 처분으로써 우선 일시의 분운(紛紜)을 해결한 터이며, 의전학교의 문제는 지금 진행에 있도다. 그런데 학생 측으로 말하면 비록 요구가 정당하다 할지라도 그 신분에 적응한 수단을 강구하지 아니하고 걸핏하면 분요(紛擾)의 거사에 나감과 같음은 그 행위를 아름답다 인정하기 어렵거니와, 학교 당국 측으로 말하면 자기가 경영하는 학교가 어떤 점이 미비하며 어떤 곳이 불미함을 미리 인식할 수 있으며, 또는 학생의 불평이 어떤 곳에 있는가를 미리 살펴 선도할 책임이 있음에도 불구하고 미리 이에 대한 개량책을 강구하지 않으며 또는 학생운동의 진행을 예견하지 못하여, 그 학생으로 하여금 상서롭지 못한 일을 일으키게 하는 부득이함에 이르게 하며 그 운동이 폭발함에 이르러서는 해결책에 인하여 혹은 여타 없는 양보로 직원의 위신을 잃으며, 혹은 가혹한 처분으로써 자기의 수족과 같은 학생을 희생하는 거사에 나감과 같음은 어떠한 관대한 안목으로써 관찰할 지라도 나는 그 마땅함을 인정할 수 없는 바이라.

학교 맹휴 문제(2)

다시 한편으로 살펴보면 학교의 성질 여하에 의하여는 비록 학교 당국자가 자가교무(自家敎務)의 개선에 향하여 이미 완성안이 있고 또는 학생 측의 불평이 어떤 곳에 있는가를 예견한 바가 있을지라도 제도 문제, 금전 문제로 인하여 실현을 기득(期得)하지 못함과 같은 실정도 그동안에 존재하였을 것인 바, 이 점에 있어서는 어느 정도 그 사정을 믿을 만하나 다시 엄격히 말하면 학교의 당국자는 여하간 해당 학교의 흥체(興替)에 관한 대부(大部)의 권의(權義)를 가졌을 것이니, 교무 확장에 대한 주위의 사정이 어느 정도 불편하다 할 지라도 성심의 노력이 있었으면 십중팔구는 그 이상을 관철하게 될 것이오. 한 걸음 양보하여 이상과 맞지 않음이 있다 할지라도 그 거리는 실로 멀지 않을 것이며, 또 학교 당국의 어떠한 성의만 있었으면 어떠한 열정에 분(奔)하여 사리를 이해하지 못하는 학생이라 할지라도 감히 오늘과 같은 분요(紛擾)의 거사에 나가지 않았을 것이거늘, 이렇게 하지 않고 도호(塗糊) 또는 무위로 오늘에 이름과 같은 추측을 일반으로 하여금 꺼리게 함과 같음은 학교 당국자를 위하여 취하지 않아야 하는 바이라.

학교 맹휴 문제(3)

일반이 아는 것과 같이 학무 당국에서도 조선 교육제도에 대한 대개정안을 갖추어 이미 중앙정부와 타협을 완료하고 임시의회의 일에 대한 예산안의 통과를 고대하는 중인즉, 조선교육의 근본 제도도 머지않아 일대 유신을 보는 동시에 그동안에 있었던 각종 분요도 이로써 비로소 운권(雲捲, 구름이 걷힘)을 볼 줄로 나는 확신하거니와 교육의 완성은 오직 제도의 완성만으로써 가히 기할 바가 아니오. 이 제도에 당하는 사람들의 시조(施措) 여하에 부(負)함이 많은 것은 구제도하에 있는 오늘이나, 신제도하에 세울 내일이나 같을 것인 즉 차제에 이미 문제가 일어난 학교는 물론이요, 기타 하등 문제가 일어나지 않은 학교의 당국자 제군은 특히 힘써[勵誠] 일번(一番)으로 그 직을 맡아 단지 일시를 도호(塗糊)함과 같은 고식적 해결책을 취하지 말고 기꺼이 근본적인 해결을 도모하며 또는 이에 대한 평소의 용의(用意)를 게을리 하지 말아 상스럽지 못한 사건의 발생을 미연에 방지할 방책을 취함이 가할 것이다.

159. 동아일보 1920년 6월 13일

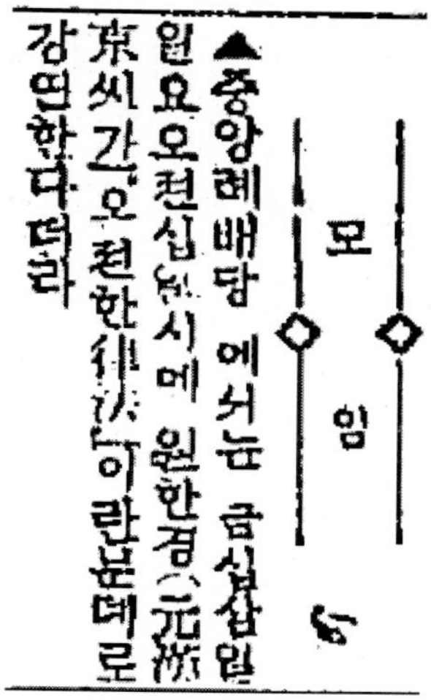
◇모임◇

▲중앙례배당에셔는 금십삼일 일요오젼십일시에 원한경(元漢慶)씨가 오젼한律法이란문뎨로 강연한다더라

모임

중앙예배당에서는 오늘 13일 일요일 오전 11시에 원한경(元漢慶) 씨가 「온전한 율법」이란 문제로 강연한다더라.

160. 조선일보 1920년 6월 16일

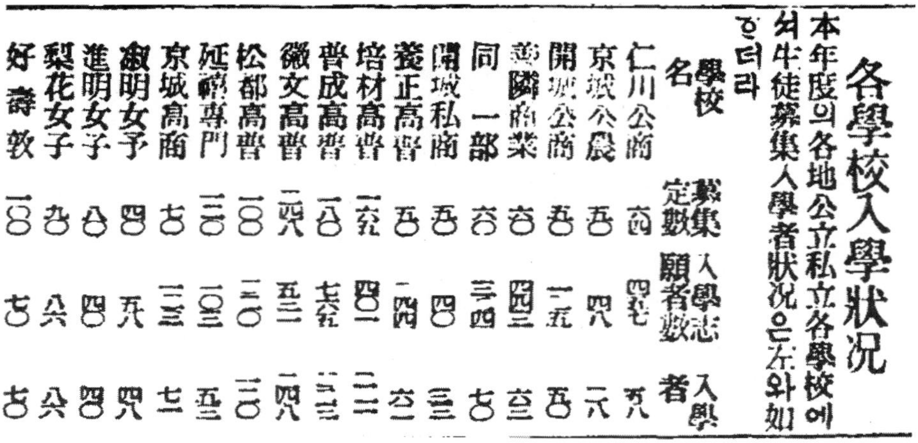

各學校入學狀況

本年度의各地公立私立各學校에서生徒募集入學者狀況은左와如ᄒᆞ더라

學校名	募集定數	入學志願者數	入學者
仁川公商	六四	四五七	五八
京城公農	五〇	四八	二八
開城公商	五〇	一〇五	五〇
善隣商業	六〇	四四二	六三
同一部	六〇	三〇四	七〇
開城私商	五〇	四〇	三三
養正高普	五〇	一四四	六二
培材高普	一六五	四〇一	一二二
普成高普	一八〇	七六五	一二三
徽文高普	一四八	五二一	一四八
松都高普	一〇〇	一二〇	一二〇
延禧專門	一二〇	一〇三	五二
京城高商	七〇	一二三	七一
淑明女子	四〇	五八	四八
進明女子	八〇	四〇	四〇
梨花女子	九〇	八六	八六
好壽敦	一〇〇	七〇	七〇

각 학교 입학 현황

본년도의 각지 공립, 사립 각 학교에서 생도 모집 입학자 현황은 아래와 같더라.

학교명(學校名)	모집정수	입학지원자수	입학자
인천공상(仁川公商)	64	457	58
경성공농(京城公農)	50	48	28
개성공상(開城公商)	50	105	50
선린상업(善隣商業)	60	442	63
동 일부(同 一部)	60	304	70
개성사상(開城私商)	50	40	33
양정고보(養正高普)	50	144	62
배재고보(培材高普)	165	401	22
보성고보(普成高普)	180	765	23
휘문고보(徽文高普)	148	521	148
송도고보(松都高普)	100	120	120
연희전문(延禧專門)	120	103	52
경성고상(京城高商)	70	123	71
숙명여자(淑明女子)	40	58	48
진명여자(進明女子)	80	40	40
이화여자(梨花女子)	90	86	86
호 수 돈(好 壽 敦)	100	70	70

161. 독립신문 1920년 6월 24일

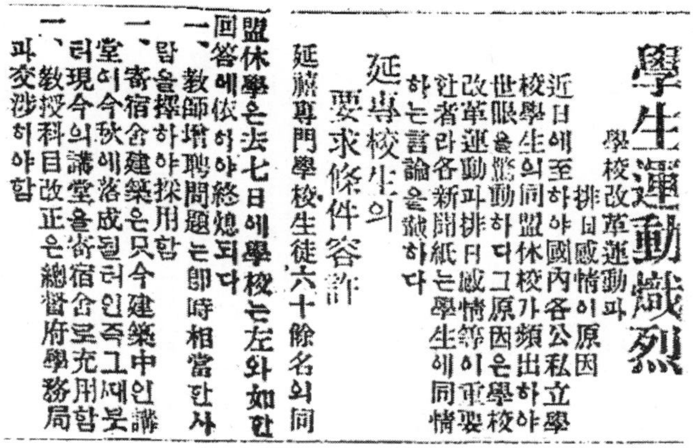

學生運動熾烈

學校改革運動과排日感情이原因

近日에至하야國內各公私立學校學生의同盟休校가頻出하야世眼을驚動하다그原因은學校改革運動과排日感情等이重要한者라各新聞紙는學生에同情하는言論을載하다

延專校生의要求條件容許

延禧專門學校生徒六十餘名의同盟休學은去七日에學校는左와如한回答에依하야終熄되다

一、敎師增聘問題는卽時相當한사람을擇하야採用함

一、寄宿舍建築은只今建築中인講堂이今秋에落成될터인즉그때붓터現今의講堂을寄宿舍로充用함

一、敎授科目改正은總督府學務局과交涉하야함

학생운동 치열

학교 개혁운동과 배일감정이 원인

근일에 이르러 국내 각 공사립학교 학생의 동맹휴교가 자주 일어나 세안(世眼)을 놀라게 하고 있다. 그 원인은 학교 개혁운동과 배일감정 등이 중요한 것이라. 각 신문지면에는 학생에 동정하는 언론이 실렸다.

연전교생의 요구조건 허용

연희전문학교 생도 60여 명의 동맹휴학은 지난 7일에 학교가 다음과 같이 회답하여 마무리되었다.

1. 교사 증빙(增聘) 문제는 즉시 상당한 사람을 택하여 채용함.
1. 기숙사 건축은 지금 건축 중인 강당이 이번 가을에 완공될 터인즉 그때부터 현재의 강당을 기숙사로 충용(充用)함.
1. 교수과목 개정은 총독부 학무국과 교섭해야 함.

(이하 생략)

162. 동아일보 1920년 6월 27일

教會의眞面目(寄)

元杜尤夫人

敎會는 有形과 無形이 잇다 眞的의 敎會는 現世나 後世나 眞實한 信徒로 組織되얏나니 그들은오직 하나님이 아신다

有形의 敎會는 우리가 名稱으로알수잇스니 即 天主敎 長老敎 監理敎라함이 그 一例이다 뎌有形의 敎會에서는 落心된자 적게 밋는者 弱한者 그릇밋는者 할것과 하지못할것의 여러가지 狀態가 잇다 不信者는 이거슬 批評하는것이며 眞實한信徒는 크나큰 痛傷의 꺼리다

肉身이 잇는 동안에는 敎會는 「完全」이란域에는 니를수 업다 그러나 敎會即 有形의 敎會는 가장 큰 機關中에 一이다 그런고로 여긔「컨틔넨트」雜誌에 記載한 論文을 譯하야 보이고저 한다

(一)오날갓치 不安의 雰圍氣가 彌滿한이時代에 가진 社會機關中 敎會만치 鞏固한 地盤을 쎄운자가 업다

(二)敎會는 人間生活의 最高道德理想을사람의 心靈에 注入하는 海峽이다

(三)敎會는 罪惡에 커진 人類를 救援할넉넉한能力을 어데던지 提供할만한 唯一의 保管人이다

(四)敎會는 다른 團體의 個性보다 公義를 渴望하는 무리로 모힌 곳이다

(五)敎會는 最大의 慈善機關이며 人類의 幸福 增進을 圖하는 最多의 宣敎理想을 包括한 源泉이다

(六)敎會는 倫理生活의 家庭과 子女의道德的品性을 陶冶하는 實際的 父母의責任을 가지게하야 社會에 及하는 影響이 다른데와 比할수업다

(七)敎會는 그歷史와 根本義와 또 敎徒의 功能이 現世의 要求를 順應하는即 改造의 希望이 다른 機關이밋칠바 아니다 實際上이나 想像上이나 누가 이 敎會를 除하고 그런 事實을 經營할수업다

(八)마즈막으로 敎會는 過去 十九世紀를 少許의 動搖 업시 서잇섯다 그리쓰도의 宣言은 死와 地獄의가장 兇猛한權力이라도 敎會를 傾覆 할수업슴을 立證 하섯다 곳 眞實은 永遠히 살아 계시는 하나님의 敎會다 敎會를 批判할은 그 眞理를 더發見할뿐이다 그러나 決코 分刻이라도 敎會를 사랑함을 失치지 말며 밋기를 끈치마라

교회의 진면목(기고)

원두우 부인

교회는 유형과 무형이 있다. 참된 교회는 현세나 후세나 진실한 시도로 조직되었나니 그들은 오직 하나님이 아신다.

유형의 교회는 우리가 명칭으로 알 수 있으니, 즉 천주교, 장로교, 감리교라 함이 그 일례이다. 저 유형의 교회에서는 낙심된 자, 적게 믿는 자, 약한 자, 그릇 믿는 자, 할 것과 하지 못할 것의 여러 가지 상태가 있다. 불신자는 이것을 비평하는 것이며 진실한 신도는 크나큰 통상(痛傷)의 꺼리다.

육신이 있는 동안에는 교회는 “완전”이라는 영역에는 이를 수 없다. 그러나 교회 즉 유형의 교회는 가장 큰 기관 중에 하나이다. 그런고로 여기 『컨티낸트』 잡지에 기재한 논문을 번역하여 보고자 한다.

(1) 오늘 같이 불안의 분위기가 미만(彌滿)한 이 시대에 가진 사회기관 중 교회만큼 공고한 지반을 세운 자가 없다.

(2) 교회는 인간생활의 최고 도덕, 이상을 사람의 심령에 주입하는 해협이다.

(3) 교회는 죄악에 젖은 인류를 구원할 넉넉한 능력을 어디든지 제공할 만한 유일의 보관인이다.

(4) 교회는 다른 단체의 개성보다 공의(公義)를 갈망하는 무리로 모인 곳이다.

(5) 교회는 최대의 자선기관이며 인류의 행복증진을 도모하는 최다의 선교이상을 포괄한 원천이다

(6) 교회는 윤리생활의 가정과 자녀의 도덕적 품성을 도야하는 실제적 부모의 책임을 가지게 하여 사회에 미치는 영향이 다른 데와 비할 수 없다.

(7) 교회는 그 역사와 근본의와 또 교도(敎徒)의 공능(功能)이 현세의 요구를 순응하는, 즉 개조의 희망이 다른 기관이 미칠 바 아니니다. 실제로나 상상으로나 누가 이 교회를 제하고 그런 사실을 경영할 수 없다.

(8) 마지막으로 교회는 과거 19세기를 소허(少許)의 동요 없이 서있었다. 그리스도의 선언은 사(死)와 지옥의 가장 흉맹(凶猛)한 권력이라도 교회를 전복할 수 없음을 입증하셨다. 곧 진실은 영원히 살아 계시는 하나님의 교회다. 교회를 비판함은 그 진리를 더 발견할 뿐이다. 그러나 결코 분각(分刻)이라도 교회를 사랑함을 놓치지 말며 믿는 것을 끊지 말라.

163. 조선일보 1920년 7월 7일

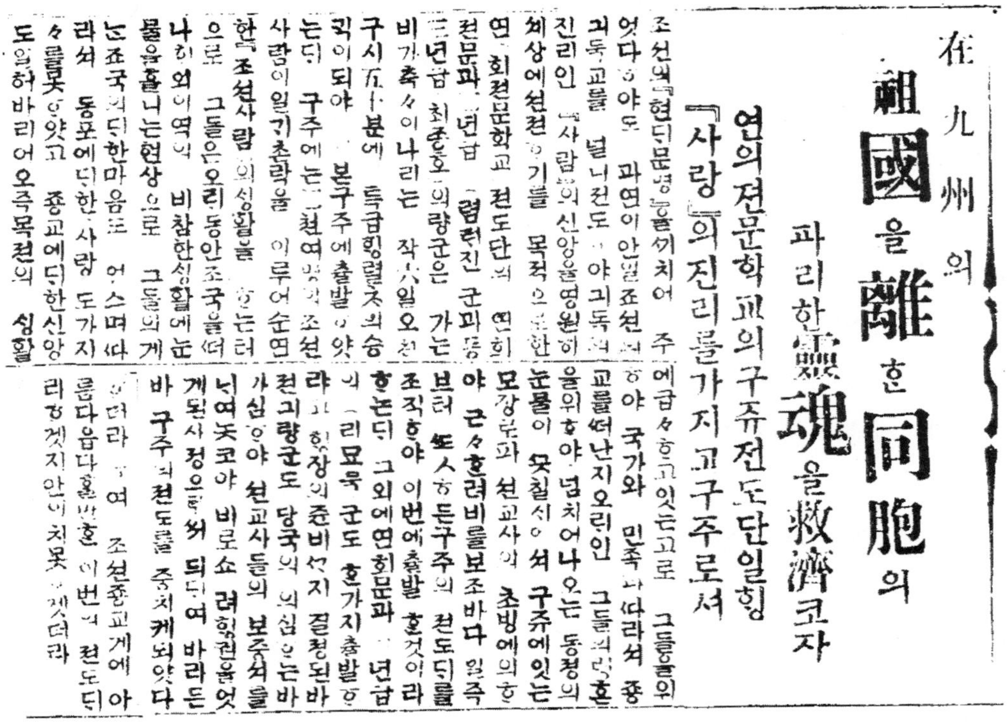

在九州의
祖國을離ᄒᆞᆫ同胞의
파리ᄒᆞᆫ靈魂을救濟코자
연희전문학교의구쥬전도단일힝
『사랑』의진리를가지고구주로서

조선에『현ᄃᆡ문명』을ᄭᆡ치어 주엇다ᄒᆞ야도 과연이안닌조션긔독교를 널니전도ᄒᆞ야긔독의진리인『사랑』의신앙을영원히셰상에션젼ᄒᆞ기를 목적으로ᄒᆞᆫ연희젼문학교 젼도단의 연희젼문문과二년급 렴ᄐᆡ진 군과동三년급 최종호의량군은 가는비가축々이나리는 작六일오젼구시五十분에 특급힝렬차의승긱이되야 일본구주에츌발ᄒᆞ얏는ᄃᆡ 구주에는二천여명의조션사람이일ᄀᆡ촌락을 이루어순연ᄒᆞᆫ『조선사람』의싱활을 ᄒᆞ는ᄃᆡ으로 그들은오ᄅᆡ동안조국을ᄯᅥ나ᄒᆡ외이역의 비참ᄒᆞᆫ싱활에눈물을흘니는현상으로 그들의게는조국의ᄃᆡᄒᆞᆫ마음도 업스며ᄯᅡ라셔 동포에ᄃᆡᄒᆞᆫ사랑도가지지를못ᄒᆞ얏고 죵교에ᄃᆡᄒᆞᆫ신앙도일허바리어오즉목젼의 싱활에급々ᄒᆞ고잇는고로 그들을위ᄒᆞ야 국가와 민족의ᄯᅡ라셔죵교를ᄯᅥ난지오리인 그들의령혼을위ᄒᆞ야 넘치어나오는 동졍의눈물이 뭇칠시 셔 구쥬에잇는모장로파 션교사의 초빙에의ᄒᆞ야 근々ᄒᆞᆫ려비를보조바다 일즉브터 또 ᄒᆞ든구주의 젼도ᄃᆡ를조직ᄒᆞ야 이번에츌발ᄒᆞᆫ것이라ᄒᆞ는ᄃᆡ 그외에연희문과 一년급의 ○리묘욱 군도ᄒᆞᆫ가지츌발ᄒᆞ라고 힝장의쥰비ᄭᅡ지 질졍된바가심ᄒᆞ야 션교사들의 보조셔를뎐긔량군도 당국의 의심을는바니여ᄭᅳᆺ코야 비로쇼 려힝권을엇게된사졍으로ᄡᅥ 되ᄃᆡ여 바라든바 구주의젼도를 중지케되얏다ᄒᆞ더라 ᄒᆞ여 조션죵교계에야롭다읍다ᄒᆞᆯ만ᄒᆞᆫ 이번의 젼도ᄃᆡ리ᄒᆞ겟지안이치못ᄒᆞ겟더라

구주(九州)에 있는 조국 떠난 동포의 파리한 영혼을 구제하고자

연희전문학교의 구주전도단 일행, 『사랑』의 진리를 가지고 구주로

조선의 『현대문명』을 깨쳐주었다 하여도 과언이 아닌 조선의 기독교를 널리 전도하여 기독의 진리인 『사랑』의 신앙을 영원히 세상에 선전하기를 목적으로 한 연희전문학교 전도단의 연희전문 문과 2년급 염태진 군과, 동 3년급 최종호의 양 군은 가는 비가 축축이 내리는 지난 6일 오전 9시 50분에 특급행 열차의 승객이 되어 일본 구주로 출발하였는데, 구주에는 2천여 명의 조선 사람이 일개 촌락을 이루어 순연한 『조선사람』의 생활을 하는 터로, 그들은 오랫동안 조국을 떠나 해외 이역의 비참한 생활을 눈물을 흘리는 현상으로 그들에게는 조국에 대한 마음도 없으며 따라서 동포에 대한 사랑도 가지지를 못하였고 종교에 대한 신앙도 잃어버리어 오직 목전의 생활에 급급하고 있는 고로, 그들을 위하여

국가와 민족과 따라서 종교를 떠난지 오래인 그들의 영혼을 위하여 넘쳐 나오는 동정의 눈물이 그칠 새, 서구주에 있는 모 장로파 선교사의 초빙에 의하여 근근한 여비를 보조 받아 일찍부터 뜻하던 구주의 전도대를 조직하여 이번에 출발한 것이라 하는데, 그 외에 연희 문과 1년급의 이묘묵 군도 한가지 출발하려고 한창의 준비까지 결정된 바, 앞서 쓴 양 군도 당국의 의심하는 바가 심하여 선교사들의 보증서를 내어 놓고야 비로소 여행권을 얻게 된 사정으로써, 드디어 바라던 바 구주의 전도를 중치하게 되었다 하더라 하여, 조선종교계에 아름답다 할 만한 이번 전도대라 하지 아니치 못하겠더라.

164. 조선일보 1920년 7월 24일

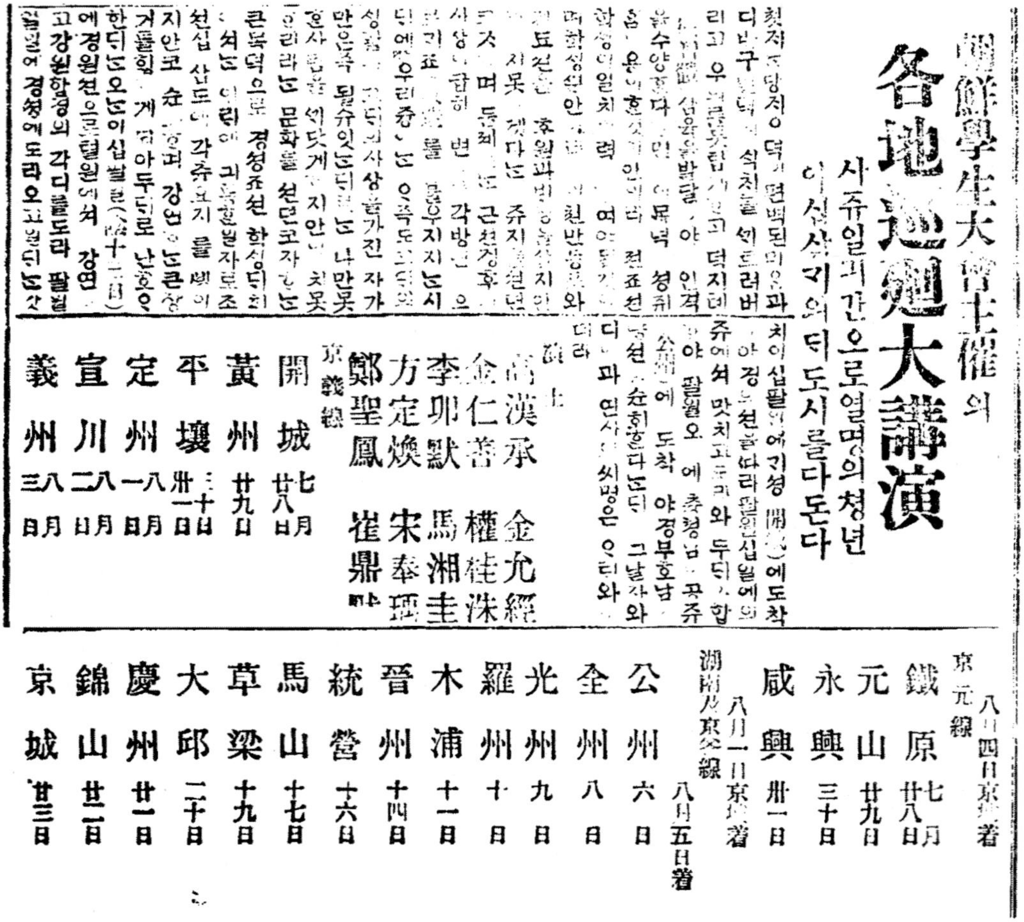

朝鮮學生大會主催의
各地巡廻大講演
사쥬일의 간으로열명의청년
이십삼개의되도시를다돈다

京義線
開城 七月廿八日
黃州 廿九日
平壤 三十一日
定州 八月一日
宣川 二日
義州 三日
八月四日京城着

京元線
鐵原 七月廿八日
元山 廿九日
永興 三十日
咸興 卅一日
八月一日京城着

湖南及京釜線 八月五日着
公州 六日
全州 八日
光州 九日
羅州 十日
木浦 十一日
晉州 十四日
統營 十六日
馬山 十七日
草梁 十九日
大邱 二十日
慶州 廿一日
錦山 廿二日
京城 廿三日

조선학생대회 주최의 각지 순회 대강연

4주일 기간으로 10명의 청년, 23개의 대도시를 다 돈다

첫째는 당쟁적인 편벽된 마음과 지방 구별적인 색채를 깨트려버리고 우의를 도탑게 하고 덕지체(德智體) 삼육을 발달하여 인격을 수양한다하면 이 목적 성취함이 용이한 것이 아니라 전 조선학생이 일치단력 하여야 될 것이며, 학생뿐 아니라 이천만 동포와 전 조선을 후원과 □□을 살지 □□지 못□겠다는 주지를 선전하고자 하며, 둘째로는 근선징후의

사상이 급히 변하는 각 방면으로 개조□□를 부르짖는 시대에 우리 중에는 아직도 고대의 생활을 고대의 사상을 가진 자가 많은 즉, 될 수 있는 대로 나만 못한 사람을 깨닫게 하지 아니치 못하리라는 문화를 선전하고자 하는 큰 목적으로 경성조선학생대회에서는 아래에 기록한 일자로 조선 13도에 각 중요지를 빼지 않고 순회하며 강연하는 큰 장거를 행하게 되어, 두 대로 나누어 한 대는 오는 28일에 경원선으로 철원에서 강연하고, 강원, 함경의 각지를 돌아 8월 1일에 경성에 돌아오고, 1대는 같이 28일에 개성에 도착하여 경의선을 따라 8월 10일에 의주에서 마치고 돌아와, 2대와 합하야 8월 5일에 충청남도 공주에 도착하여 경부호남 양 선을 순회한다는데 그 날짜와 지역과 연사의 씨명은 아래와 같더라.

연사(演士)

고한승, 김윤경, 김인선, 권계수, 이묘묵, 마상규, 방정환, 송봉우, 정성봉, 최정묵

경의선

개성 7월 28일, 황주 29일, 평양 30 · 31일, 정주 8월 1일, 선천 8월 2일,
의주 8월 3일, 8월 4일 경성 도착

경원선

철원 7월 28일, 원산 29일, 영흥 30일, 함흥 31일, 8월 1일 경성 도착

호남 및 경부선

공주 8월 5 · 6일, 전주 8일, 광주 9일, 나주 10일, 목포 11일, 진주 14일, 통영 16일,
마산 17일, 초량 19일, 대구 20일, 경주 21일, 금산 22일, 경성 23일

* 조선일보 7월 26일 자. 이후에는 일정은 같으나 연사만 교체된 것으로 보임. 연사는 가운데 마상규, 최정묵이 빠지고 신경수(辛景壽), 김찬두(金瓚斗)가 추가됨.

朝鮮學生大會主催의

各地巡廻大講演

演士

高漢承 金允經

金仁善 權桂洙

李卯默 方定煥

宋奉瑀 鄭聖鳳

辛景壽 金瓚斗

165. 매일신보 1920년 7월 27일

衛生講演會

東大門엡웟青年會主催로演士吳
競善君은夏期衛生에對한注意라
는演題로來二十九日午後八
東大門禮拜堂內에셔講演을
다더라

위생강연회

동대문에 엡윗청년회 주최로 연사 오긍선(吳兢善) 군은 여름철 위생에 대한 주의라는 연제로 오는 29일 오후 8시 동대문예배당 내에서 강연을 한다더라.

朝鮮學生大會
主催巡廻講演
各地에서大歡迎

鐵原 조션학싱단회에서쥬최한디방순회강연단 경原디ᄂᆞᆫ데 일々지나고 칠월이십팔일 오후사시십분에 예뎡디인 강原도텰原에도착ᄒᆞ야즉시즁리(中里)남감리교회당에서 강영텰씨사회하에 신경수(辛景洙)씨가 취지설명ᄒᆞ고 김인션(金仁善)씨가교육의급션무(敎育의急先務)라ᄂᆞᆫ연뎨로 ᄯᅩ 졍룡[illegible]씨가농촌파농촌[illegible]의 파[illegible]라ᄂᆞᆫ연뎨로 강연ᄒᆞ얏ᄂᆞᆫ듸 쳥ᄌᆞ가 사빅名이상이되야 ᄃᆡ단졍황을 일우엇고 단[illegible]이외에 조션쳥년이라ᄂᆞᆫ 문뎨로 남길씨가 강연이 잇슨바 당듸쳥년의 ᄃᆡ환영은 ᄇᆞᆯᄂᆞᆫ이고 경찰관의 다대후의를 밧고 그잇흔날이십구日 오젼八시 사십분에 텰原셔츌발ᄒᆞ야 오후이시에

元山에도착ᄒᆞ야오후팔시경에남산동교회의셔 영셩봉씨가 취지를설명ᄒᆞ고 신경수씨가 신구사상의츙돌(新舊思想衝突)이란문뎨 김인션씨가 공업발뎐(工業發展)이란문뎨로 송봉우(宋奉瑀)씨가현ᄃᆡ 요구ᄂᆞᆫ누구냐(現代要求ᄂᆞᆫ誰?)라ᄂᆞᆫ 문뎨로 강연ᄒᆞ얏ᄂᆞᆫ듸 쳥즁이 쳔여名의 다슈에 달ᄒᆞ야 ᄃᆡ셩황을 이루엇ᄂᆞᆫ듸 예뎡ᄃᆡ의 인영흥파 함흥(永興咸興) 두곳의셔 유지한도인단 셔 와달나ᄂᆞᆫ 부탁이 잇슴으로 두곳으로 ᄯᅥ낫다ᄒᆞ더라

開城 경의ᄃᆡᄂᆞᆫ 역시예뎡ᄃᆡ로 긔쳥에도착ᄒᆞ야 이십팔일 오후팔시삼십분의 송도고등보통학교 긔도실안에서 강연회를 시작ᄒᆞ며 돌연히 긔쳥경찰셔로셔 뎡지식이고 연사를 호츌ᄒᆞ야 학우회와 련락이 잇고 업ᄂᆞᆫ것을 뭇고 현금시셰와 신덕혁명(現今[illegible])와 的骨命이라ᄂᆞᆫ 연뎨가 위험ᄒᆞ니 도롱뎡지ᄒᆞ라 ᄒᆞ얏스나 연사측에셔 연뎨ᄂᆞᆫ 변경ᄒᆞ더ᄅᆡ도 위험여부ᄂᆞᆫ 듯기젼에 엇지안어냐고 학우회와ᄂᆞᆫ 관계가 업ᄉᆞ시니 공연히 희산ᄒᆞ라 ᄒᆞᆷ은 무리ᄒᆞ다고 항의ᄒᆞᆫ결과 셔장이 [illegible] 경부형사 순사동ᄋᆞ 젼셔員이 출셕경계즁에 긔회ᄒᆞ얏ᄂᆞᆫ듸 자녀의희방(子女의解放)이라고 긔뎡ᄒᆞᆫ 연뎨로ᄂᆞᆫ각보다 한시간이나 늣게 연사방뎡환(方定煥)씨가 략한시반 가량강연ᄒᆞᆫ후 리묘묵(李卯默)씨ᄂᆞᆫ시간이 느져 그ᄃᆡ로산회ᄒᆞ얏ᄂᆞᆫ듸 쳥즁이 칠빅명에 달ᄒᆞ얏고 그잇흔날 이십구일오호셰시이십분에

黃州에도착ᄒᆞ야 당지경찰셔의 호츌 학우회와 관계 유무를 ᄃᆡ답ᄒᆞᆫ후 ᄒᆞ 쥬쳥년회 후원으로 야쇼교당에셔 남자녀자 쳔여名의 박슈즁에 권계수(權桂洙)씨가 위싱의필요(衛生의必要)라ᄂᆞᆫ 문뎨로 고한승(高漢承)씨가 긔방(開放)이라ᄂᆞᆫ문뎨로 강연ᄒᆞᆷ을 힝ᄒᆞ얏ᄂᆞᆫ듸 장쇼가협착ᄒᆞ도록 사람이 만이와셔 문밧긔으로셧스며 졔반셜비ᄂᆞᆫ모다황쥬쳥년회의 다ᄃᆡ쳥으로밧앗다더라

조선학생대회 주최 순회강연
각지에서 대환영

철원. 조선학생대회에서 주최한 지방순회강연단 경원대(京元隊, 경원선을 따라 이동하는 강연대)는 제1일, 지나간 7월 28일 오후 4시 10분에 예정지인 강원도 철원에 도착하여 즉시 중리(中里) 남감리교회당에서 강영철 씨 사회하에 신경수 씨가 취지를 설명하고, 김인선 씨가 「교육의 급선무」라는 연제로, 정성봉 씨가 「농업개량과 농촌문제」라는 연제로 강연하였는데, 청□자가 400명 이상 되어 대단 성황을 이루었고, 단원(團員) 이외에 조선청년이라는 문제로 조남길 씨가 강연이 있은 바, 당지 청년의 대환영은 물론이고 경찰관의 다대 후의를 받고, 그 이튿날 29일 오전 □시 40분에 철원에서 출발하여 오후 2시에 원산에 도착하여, 오후 8시경에 남산동교회에서 정성봉 씨가 취지를 설명하고, 신경수 씨가 「신구사상의 충돌」이란 문제, 김인선 씨가 「공업 발전」이란 문제로, 송봉우 씨가 「현대 요구는 누구냐」라는 문제로 강연하여 천여 명의 청중으로 대성황을 이루었는데, 예정지 외 영흥과 함흥 두 곳에서 유지(有志)한 노인단에서 와달라는 부탁이 있으므로 두 곳으로 떠날 듯하더라.

개성. 경의대(京義隊)는 역시 예정대로 개성에 도착하여, 28일 오후 8시 30분에 송도고등보통학교 기도실 안에서 강연회를 시작하였는데, 돌연히 개성경찰서에서 정지시키고 연사를 호출하여 학우회와 연락이 있고 없는 것을 묻고, 「현금 시세와 심적 혁명」이라는 연제가 위험하니 도통 정지하라 하였으나, 연사 측에서 연제는 변할 터이며 위험 여부는 듣기 전에 어찌 아느냐고, 학우회와는 관계가 없으니 공연히 해산하라 함은 무리하다고 항의한 결과, 서장 이하 경부, 형사, 순사 등의 전 서원이 출석 경계 중에 개회하였는데, 「자녀의 해방」이라고 개정한 연제로 정각보다 한 시간이나 늦게 연사 방정환 씨가 약 한 시간 반가량 강연한 후, 이묘묵 씨는 시간이 늦어 그대로 산회하였는데 청중이 육칠백 명에 달하였다. 그 이튿날 29일 오후 3시 20분에 황주에 도착하여 당지 경찰서의 호출, 학우회와 관계 유무를 대답한 후, 황주청년회 후원으로 예수교당에서 남·여 천여 명의 박수 중에, 권계수 씨가 「위생의 필요」라 하는 문제로, 고한승 씨가 「개방하라」는 문제로 강연을 행하였는데, 장소가 협착하도록 사람이 많이 와서 문 밖으로 섰으며, 제반 설비는 모두 황주청년회의 다대 성의를 받았다더라.

167. 동아일보 1920년 8월 2일

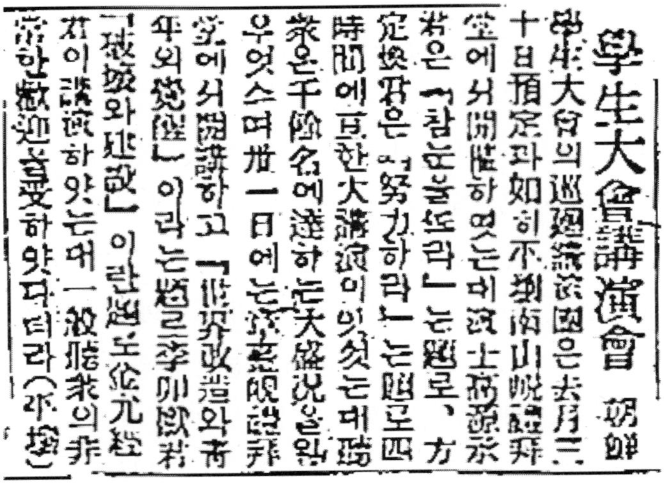

學生大會講演會

朝鮮學生大會의巡廻講演團은去月三十日豫定과如히平壤南山峴禮拜堂에서開催하엿는데演士高元勳君은「참눈을뜨라」는題로、方定煥君은「努力하라」는題로四時間에亘한大講演이잇섯는데聽衆은千餘名에達하는大盛況을일우엇스며卅一日에는章臺峴禮拜堂에서開講하고「世界改造와青年의覺醒」이라는題로李卯默君「破壞와建設」이란題로金允經君이講演하얏는데一般聽衆의非常한歡迎을受하얏다더라(平壤)

학생대회 강연회

조선청년대회의 순회강연단은 지난 달 31일 예정과 같이 평양 남산현예배당에서 개최하였는데, 연사 고원승 군은 『참 눈을 뜨라』는 제목으로, 방정환 군은 『노력하라』는 제목으로 4시간에 이르는 대강연이 있었는데, 청중은 천여 명에 달하는 대성황을 이루었으며, 31일에는 장대현예배당에서 개강하고 『세계 개조와 청년의 각성』이라는 제목으로 이묘묵 군, 『파괴와 건설』이라는 제목으로 김윤경 군이 강연하였는데, 일반 청중의 비상한 환영을 받았다더라. (평양)

168. 조선일보 1920년 8월 3일

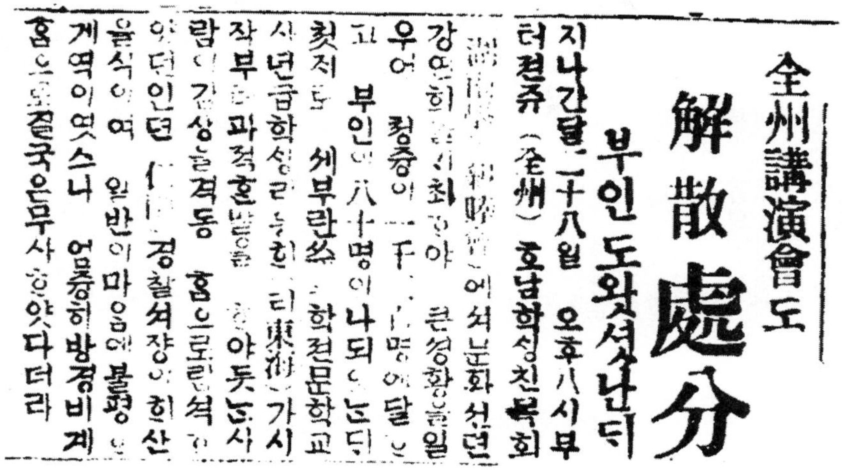

全州講演會도
解散處分
부인도왓섯난디

지나간달二十八일 오후八시부터젼쥬(全州) 호남학생친목회[illegible]에셔문화션뎐강연회를개최하야 큰셩황을일우어 쳥즁이一千二百명에달하고 부인이八十명이나되얏는디 쳣재로 셰부란쓰의학젼문학교 사년급학생리동해(李東海)가시작부터과격한말을하야 듯는사람이감상을격동함으로림셕하얏던인뎐(仁田)경찰셔장이해산을식이여 일반이마음에불평히게녁이엿스나 엄즁히방경비계함으로결국은무사하얏다더라

전주 강연회도 해산처분

부인도 왔었는데

지난 달 28일 오후 8시부터 전주 호남학생친목회에서 문화선전 강연회를 개최하여 큰 성황을 이루어 청중이 1,200여 명에 달하고 부인이 80명이나 되었는데, 첫째로 세브란스 의학전문학교 4년급 학생 이동해가 시작부터 과격한 말을 하여 듣는 사람이 감상을 격동하므로 임석하였던 인전(仁田)경찰서장이 해산을 시키어 일반이 마음에 불평하게 여기었으나 엄중히 방비경계하므로 결국은 무사하였다더라.

169. 조선일보 1920년 8월 8일

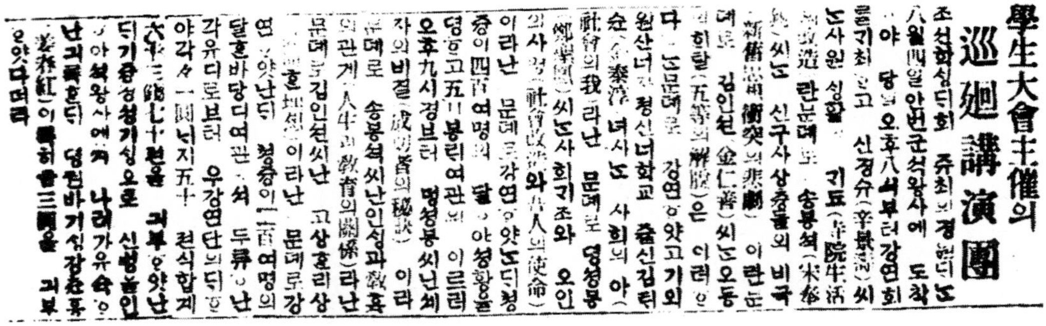

학생대회 주최의 순회강연단

조선학생대회 주최의 경원대는 8월 4일 안변군 석왕사에 도착하여 당일 오후 8시부터 강연회를 개최하고, 신경수 씨는 「사원(寺院) 생활의 개조」라는 문제로, 송봉석 씨는 「신구사상 충돌의 비극」이라는 문제로, 김인선 씨는 「우리들의 해탈은 이러하다」는 문제로 강연하였고, 그 외 원산여자정신여학교 출신 김태순 여사는 「사회의 아(我)」라는 문제로, 정성봉 씨는 「사회 개조와 우리의 사명」이라는 문제로 강연하였는데, 청중이 400여 명에 달하여 성황을 정하고 5일 봉래여관에 이르러 오후 9시경부터 정성봉 씨는 「성공자의 비결」이라는 문제로, 송봉석 씨는 「인생과 교육의 관계」라는 문제로, 김인선 씨는 「고상한 이상」이라는 문제로 강연하였는데, 청중이 200여 명에 달한 바, 당지 여관에서 체류하는 각 유지로부터 위 강연단에 대하여 각각 1원 내지 50전 씩 합계 63전 7전을 기부하였는데, 그중 경성 기생으로 신병을 인하여 석왕사에서 내려가 유숙하는 기생 강춘홍이 특히 금 3원을 기부하였다더라.

170. 매일신보 1920년 8월 9일

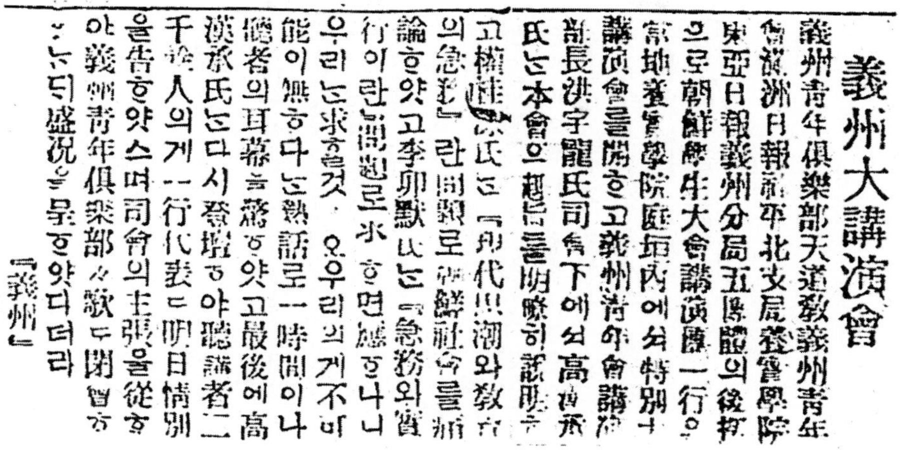

義州大講演會

義州靑年俱樂部天道教義州靑年會滿洲日報社平北支局養實學院東亞日報義州分局五團體의後援으로朝鮮學生大會講演團一行은當地養實學院庭垣內에서特別大講演會를開ᄒᆞ고義州靑年會講演部長洪宇龍氏司會下에서高漢承氏ᄂᆞᆫ本會의趣旨를明瞭히說明ᄒᆞ고權桂淳氏ᄂᆞᆫ『現代思潮와教育의急務』란問題로朝鮮社會를痛論ᄒᆞ얏고李卯默氏ᄂᆞᆫ『急務와實行이란問題로求ᄒᆞ면應ᄒᆞ나니우리ᄂᆞᆫ求ᄒᆞᆯ것. 오우리의게不可能이無ᄒᆞ다ᄂᆞᆫ熱話로一時間이나聽者의耳幕을驚ᄒᆞ얏고最後에高漢承氏ᄂᆞᆫ다시登壇ᄒᆞ야聽講者二千餘人의게一行代表로明日情別을告ᄒᆞ얏스며司會의主張을從ᄒᆞ야義州靑年俱樂部々歌로閉會ᄒᆞᄂᆞᆫᄃᆡ盛況을呈ᄒᆞ얏다더라 『義州』

의주 대강연회

의주 청년구락부, 천도교 의주청년회, 만주일보사 평북지국, 양실(養實)학원, 동아일보 의주분국 등 5단체의 후원으로 조선학생대회 강연단 일행은 당지 양실학원 연단 내에서 특별 대강연회를 열고, 의주 청년회 강연부장 홍우룡(洪宇龍) 씨 사회하에서 고한승(高漢承) 씨는 본회의 취지를 명료히 설명하고, 권계수 씨는 「현대 사조와 교육의 급무」란 문제로 조선 사회를 통론(痛論)하였고, 이묘묵 씨는 「급무와 실행」이란 문제로, 구하면 응하나니 우리는 구할 것이오 우리에게 불가능이 없다는 열화(熱話)로 1시간이나 듣는 사람의 이막(耳幕)을 경(驚)하였고, 최후에 고한승 씨는 다시 등단하여 청강자 2천여 명에게 일행 대표로 다음날 정별(情別)을 고하였으며, 사회의 주장을 따라 의주 청년구락부 부가(部歌)로 폐회하였는데 성황을 이루었다더라. 『의주』

171. 조선일보 1920년 8월 9일

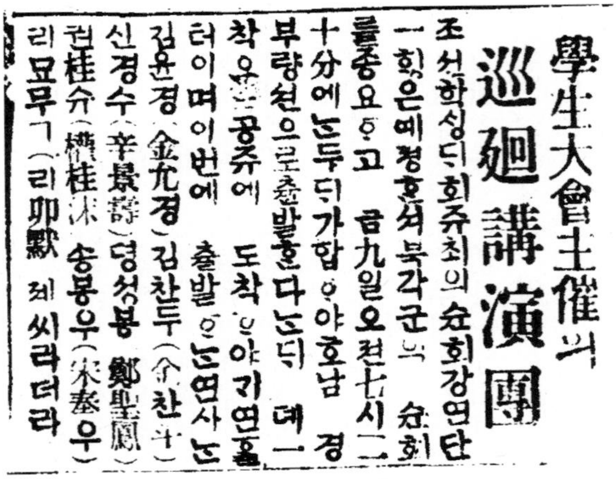
學生大會主催의
巡廻講演團
조선학ᄉᆡᆼ대회주최의 巡회강연단
一행은예정ᄒᆞᆫ서북각군의 巡회
를종료ᄒᆞ고 금九일오전七시二
十分에ᄂᆞᆫ두대가합ᄒᆞ야호남 경
부량선으로출발ᄒᆞᆫ다ᄂᆞᆫ데 뎨一
착으로공쥬에 도착ᄒᆞ야개연ᄒᆞᆯ
터이며이번에 출발ᄒᆞᄂᆞᆫ연사ᄂᆞᆫ
김윤경(金允경)김찬두(金찬斗)
신경수(辛景壽)뎡셩봉(鄭聖鳳)
권桂슈(權桂洙) 송봉우(宋奉우)
리묘무ᄀ(리卯默) 졔씨라더라

학생대회 주최의 순회강연단

조선학생대회 주최의 순회강연단 일행은 예정한 서북 각군의 순회를 종료하고 오늘 9일 오전 7시 20분에는 두 대가 합하여 호남, 경부 양 선으로 출발한다는데, 제1착으로 공주에 도착하여 개연할 터이며, 이번에 출발하는 연사는 김윤경, 김찬두, 신경수, 정성봉, 권계수, 송봉우, 이묘묵 제씨라더라.

172. 조선일보 1920년 8월 15일

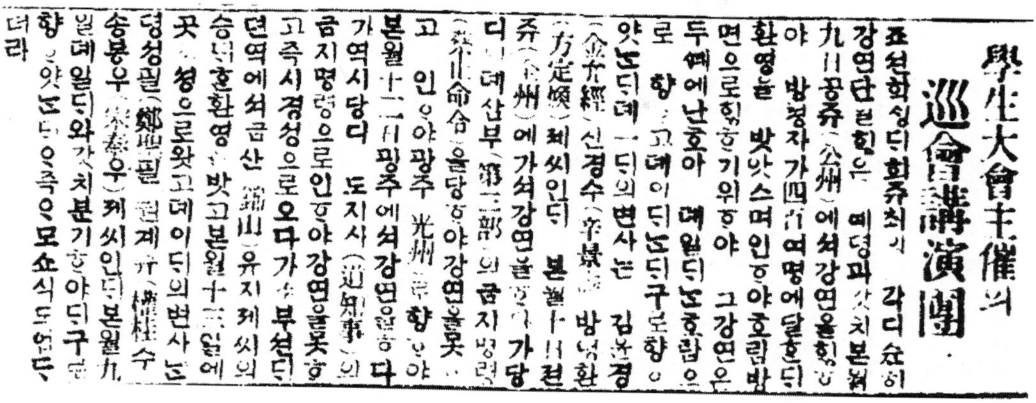

學生大會主催의 巡會講演團

조션학ᄉᆡᆼ대회쥬최의 각디순회강연단일ᄒᆡᆼ은 예뎡과갓치본월九일공쥬(公州)에셔강연을ᄒᆡᆼᄒᆞ야 방쳥자가四百여명에달ᄒᆞᆫ대환영을 밧앗스며인ᄒᆞ야호림방면으로ᄒᆡᆼᄒᆞ기위ᄒᆞ야 그강연은두ᄯᅦ에난호아 뎨일대ᄂᆞᆫ호람으로 향ᄒᆞ고뎨이대ᄂᆞᆫ대구로향ᄒᆞ얏ᄂᆞᆫ데뎨一대의변사ᄂᆞᆫ 김윤경(金允經)신경수(辛景洙) 방뎡환(方定煥)졔씨인데 본월十日젼쥬(全州)에가셔강연을ᄒᆞ다가당디뎨삼부(第三部)의금지명령(禁止命令)을당ᄒᆞ야강연을못ᄒᆞ고 인ᄒᆞ야광주(光州)로향ᄒᆞ야본월十二日광주에셔강연을ᄒᆞ다가역시당디 도지사(道知事)의금지명령으로인ᄒᆞ야강연을못ᄒᆞ고즉시경셩으로오다가경부션대뎐역에셔금산(錦山)유지졔씨의승대ᄒᆞᆫ환영을밧고본월十三日에곳경셩으로왓고뎨이대의변사ᄂᆞᆫ뎡셩필(鄭聖弼) 권계수(權桂洙)송봉우(宋奉瑀)졔씨인데본월九일뎨일대와갓치분기ᄒᆞ야대구로향ᄒᆞ얏ᄂᆞᆫ데아즉아모쇼식도업ᄂᆞᆫ더라

학생대회 주최의 순회강연단

조선학생대회 주최의 각지 순회강연단 일행은 예정과 같이 이번 달 9일 공주에서 강연을 행하여 방청자가 400여 명에 달한 대환영을 받았으며, 인하여 호림 방면으로 향하기 위하여 그 강연은 두 대에 나누어, 제1대는 호남으로 향하고, 제2대는 대구로 향하였는데, 제1대의 변사는 김윤경, 신경수, 방정환 제씨인데, 이번 달 10일 전주에 가서 강연을 하다가 당지 제3부(*보통경찰제도로 개편 후에 도 단위에 설치한 경찰 기구. 1920년 경찰부로 개칭)의 금지 명령을 당하여 강연을 못하고, 인하여 광주로 향하여 이번 달 12일 광주에서 강연을 하다가 역시 당지 도지사의 금지 명령으로 인하여 강연을 못하고 즉시 경성으로 오다가 경부선 대전역에서 금산 유지 제씨의 성대한 환영을 받고, 이번 달 13일에 곧 경성으로 왔고, 제2대의 변사는 정성필, 권계수, 송봉우 제씨인데, 이번 달 9일에 제1대와 같이 분기하여 대구로 향하였는데 아직 아무 소식도 없다더라.

173. 조선일보 1920년 8월 16일

學生大會主催
巡回講演禁止

됴션학싱디회에셔 쥬최훈디방 슌회강연단은 본월九일에츙쳥 남도공쥬에셔강연을 맛치고그 잇흔날즉십일오후팔시에 젼쥬 에도착훈디논말을들으완산쳥 년회 젼쥬쳥년회양회텬도교쳥 년회의졔단톄의 디표눈덕진역 지나와셔 동단원일동을자동차 로영졉호야드리려올시 셔문밧파 츌쇼압흘지니려홀즉쇼사눈 돌 연히 자동차를뎡지케호고동원 힝을파츌쇼로드려다노코 곳경 찰셔로 뎐화를호여보더니지체 말고경찰셔로가라고 홈으로동 원힝파각단톄디표자일인 식경 찰셔로 간즉마참셔장은엄고김 경부와형사가안져셔 일々히쥬 쇼쳥명파 직업연령을무른후에 셔장이곳드려올터이니 잠간만 기다리라고흐며니 한삼십분 동안이나 지니여셔비로쇼셔장 이나와셔말흐기를 당신네들이 어제공쥬에셔 강연홀뛰에치안 에방히되는말이잇셔셔곳검지홈 허인되흔지못호고 곳뎐보도이 곳졔삼부로 통기가잇셔々데삼 부에셔 강연을걸지흐라고명녕 이잇스니 그리알어달나고흐며 도만나는데삼부의명녕을 당시 비눈의게젼후며 동단원들이노바이라 디표자들은하는기시 막혀셔인 춤동안은 오모날도업시잇다가 그러면 니일데삼부에가셔그러 유를들어보기로흐고 여관으로 도리와류숙흐고 그이튼날즉 일々 오젼칠시집되야강연단 디표로 김윤경권계수냥씨가데 삼부에들어가셔 데삼부장의게 면회흐기를 쳥흐엿더니 데 부장의 디로 도변고등파장이 나와셔마즈무로 권 계쥬씨눈 동의리유로강연을흐기 도젼 에근지를 흐느냐고질문훈즉도 변씨눈말흐되 신네들이각지방 으로 순회강연홀뛰에불온훈언 동이만흔데우니리일례를들어말 흐면신의주에셔도불온훈언동이 만흐엿스니즉제군은쇼희강연을 흐는경우에는조션문화발젼상강연 훅은산업상발젼강연을 흐면니 어니와그러치아니흐고 번々히 불온훈말이잇스니 젼북지방에 셔는젼부강연을금지 흐노라훈 즉강연단치권겟수씨눈여러가지 로질문 흐엿스나 필경요령을 부득흐고희산을당흐게되얏다이 말을들은시민들은크게실망흐야 부는훔희이지못흐며동단원들 동과각단톄에셔 크게 유감이 아닐은아지아니흐나별수형인 치못홀비됴을각々 얼굴에뜨엇 더라 그날오후두시부터각단톄에 셔는젼쥬다가뎡으로강단을동 쇼초디흐야 오찬을디겹 흐고이 어셔 동온긔념으로사진을박흰 후에폐회흐엿고그날오후팔시에 다시젼북공회당 에셔환영회을 열엇눈디사회자의환녕사기잇슨 후동단원은각々쇼감을말흐각 단톄층에셔도 각오分간식쇼감 을열々히토흐후최후에여홍으로 유춘셥씨의류량훈독창 이잇슨 후에폐회 엿더라 동단원일힝 은십일오젼오시에자동차로뎐주 를출발흐야 동힝흔인쳔삼인 은니구도힝흐고 삼인은망쥬로 힝흐아갓더라 (全州)

학생대회 주최 순회강연 금지

조선학생대회에서 주최한 지방순회강연단은 이번 달 9일에 충청남도 공주에서 강연을 마치고, 그 이튿날 10일 오후 8시에 전주에 도착한다는 말을 들은 완산청년회, 전주청년회 양회, 천도교청년회의 세 단체의 대표는 덕진까지 나와서 동 단원 일동을 자동차로 영접하여 들어올 새, 서문 밖 파출소 앞을 지나려 한 즉 순사가 돌연히 자동차를 정지케 하고 동 일행을 파출소로 데려다 놓고 곧 경찰서로 전화를 하여보더니, 지체하지 말고 경찰서로 가라고 하므로, 동 일행과 각 단체 대표자 한 명씩 경찰서로 간 즉, 마침 서장은 없고 김경부와 형사가 앉아서 일일이 주소, 성명과 직업, 연령을 물은 후에 서장이 곧 들어올 터이니 잠깐만 기다리라고 하더니, 한 30분 동안이나 지나서 비로소 서장이 와서 말하기를, 당신네들이 어제 공주에서 강연을 할 때에 치안에 방해되는 말이 있어서 곧 금지할 터인데 하지 못하고, 곧 전보로 이곳 제3부로 통지가 있어서 제3부에서 강연을 금지하라고 명령이 있으니 그리 알아 달라고 하며, 다만 나는 제3부의 명령을 당신네들에게 전하여 들이는 바이라 하므로, 동 단원들과 각 단체 대표자들은 하도 기가 막혀서 한참 동안은 아무 말도 없이 있다가, 그러면 내일 제3부에 가서 그 이유를 들어보기로 하고 여관으로 돌아와 유숙하고, 그 이튿날 즉시 11일 아침 9시쯤 되어 강연단 대표로 김윤경, 권계수 양씨가 제3부에 들어가서 제3부장에게 면회하기를 청하였더니 제3부장 대신으로 도변 고등과장이 와서 맞으므로, 권계수 씨는 하등의 이유로 강연을 하기도 전에 금지를 하느냐고 질문한 즉, 도변 씨는 말하되 당신네들이 각 지방으로 순회강연을 할 때에 불온한 언동이 많을 뿐 아니라, 일례를 들어 말하면, 신의주에서도 불온한 언동이 많았으니, 즉 제군은 순회강연을 할 경우에는 조선문화 발전상 강연, 혹은 산업상 발전 강연을 하면 되거니와 그렇지 아니하고 번번히 불온한 일이 있으니, 전북지방에서는 전부 강연을 금지하노라 한 즉, 강연단 측 권계수 씨는 여러 가지 질문을 하였으나 필경 요령을 얻지 못하고 해산을 당하게 되었다. 이 말을 들은 시민들은 크게 실망하여 분함을 이기지 못하며 동 단원 일동과 각 단체에서 크게 유감이야 말은 하지 아니하나 일종 형언하지 못할 비조를 각각 얼굴에 띄었더라. 그날 오후 2시부터 각 단체에서는 전주 다가정으로 강연단 일동을 초대하여 오찬을 대접하고 이어서 기념으로 사진을 찍은 후에 폐회하였고, 그날 오후 8시에 다시 전북공회당에서 환영회를 열었는데, 사회자의 환영사가 있은 후, 동 단원은 각각 소감을 말한 후 각 단체 중에서도 각 5분씩 소감을 열열히 토한 후, 최후에 여흥으로 유춘섭 씨의 맑고 또렷한 독창이 있은 후에 폐회하였더라. 동 단원 일행은 12일 오전 5시에 자동차로 전주를 출발하여 일행 중 3명은 대구로 행하고 3명은 광주로 행하여 갔더라. (전주)

174. 매일신보 1920년 9월 25일

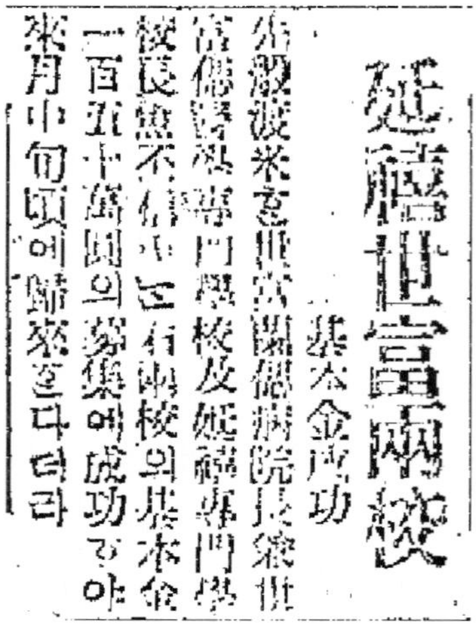

延禧世富兩校

基本金成功

昨般渡米흔世富蘭偲病院長兼世富蘭偲醫學專門學校及延禧專門學校長魚丕信씨는右兩校의基本金一百五十萬圓의募集에成功하야來月中旬頃에歸來호다더라

연희 세브란스 양교

기본금 성공

지난번 미국으로 건너간 세브란스병원장 겸 세브란스의학전문학교 및 연희전문학교장 에비슨 씨는 양교의 기본금 150만 원의 모집에 성공하여 다음 달 중순에 돌아온다더라.

175. 매일신보 1920년 11월 8일

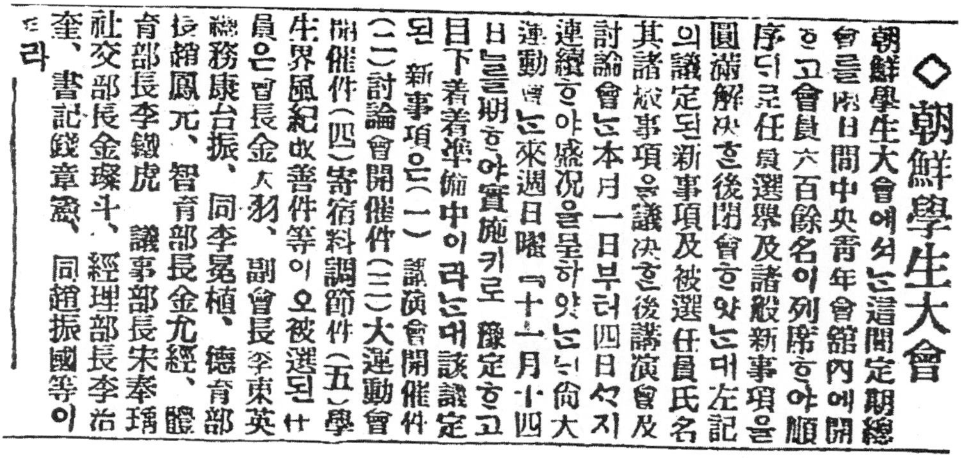

◇朝鮮學生大會

朝鮮學生大會에서는這間定期總會를兩日間中央靑年會舘內에開하고會員六百餘名이列席하야順序대로任員選擧及諸般新事項을圓滿解決한後閉會하얏는대左記의議定된新事項及被選任員氏名其諸般事項을議決한後講演會及討論會는本月一日부터四日까지連續하야盛况을呈하얏는대尙大運動會는來週日曜『十一月十四日』을期하야實施키로豫定하고目下着着準備中이라는대該議定된新事項은(一)講演會開催件(二)討論會開催件(三)大運動會開催件(四)寄宿料調節件(五)學生界風紀改善件等이오被選된任員은會長金大羽、副會長李東英總務康台振、同李冕植、德育部長趙鳳元、智育部長金允經、體育部長李鐵虎　議事部長宋奉瑀社交部長金燦斗、經理部長李治奎、書記錢章憲、同趙振國等이더라

조선학생대회

조선학생대회에서는 요즈음 정기총회를 양일간 중앙청년회관 내에서 개최하고 회원 600명이 열석(列席)하여, 순서대로 임원선거 및 제반 새로운 사항을 원만히 해결한 후 폐회하였는데, 아래의 의정된 새로운 사항 및 피선 임원 씨명, 그 제반 사항을 의결한 후 강연회 및 토론회는 이번 달 1일부터 4일까지 연속하여 성황을 이루었는데, 더욱이 대운동회는 다음 주 일요일 11월 14일을 기하여 실시하기로 예정하고 지금 착착 준비 중이라는데 의정된 새로운 사항은 (1) 강연회 개최 건, (2) 토론회 개최 건, (3) 대운동회 개최 건, (4) 기숙료 조절 건, (5) 학생계 풍기개선 건 등이오. 피선된 임원은 회장 김대우, 부회장 이동영, 총무 강태진 · 이면식, 덕육부장 조봉원, 지육부장 김윤경, 체육부장 이철호, 의사부장 송봉우, 사교부장 김찬두, 경리부장 이치규, 서기 전장헌 · 조진국 등이더라.

176. 매일신보 1920년 12월 9일

生不如死의 運命

아! 윤신원(尹信媛)의 팔자? 사회가 더럽히고 사회가 더럽게 역임은 너머 무정치 안은가?

녀자는 뎡조가 뎨일인대 그몸을 이셰상에셔 더럽힌녀자와 흡쇠 잇는것은 우리에 못그런이되고 욕이된다고『셰부란스』병원 간호부들은 요란이떠들고 이러나셔 흠의엉크러지면셔 간호부쟝에 쓰럽는집으로달는들어간것은 시 일오후에 싱긴 일이다 『셰부란스』병원의간호부즁에 요지음흔 명의신 간호부가 들어왓는대 그녀자는 윤신원(尹信媛)이란녀자로 이?에 흔번몸이 타락된일이잇는바 그것으로 인흐야 여러간호부는 요란을 이르킨것인대 간호부쟝은 여러간호부트드의 말을 듯겟느냐 흐며 듯지안코아모회답이 업슴으로 간호부들의 퇴장 협의?이 지고 동맹휴한을흥기로 되야 ?원에는 병원안 ?한명의 간호부도 집무치안이 흐고

이박여명 의 환자와의원들은 병을볼슈가업슴으로 미우곤난흔 경우를당흔 모양이다 그러면 그문뎨되는 윤신원이란 녀자는 엇더흔 녀즈인가? 작년십일월에 우리 미일신보샤에셔강호쳐현의 동정흔 비러가지고신뎡(新町)에가셔디옥생활을흐는 엇더흔녀자를 구흐여내인일이잇다 이녀자가 즉윤신원이란녀자로그녀자는경셩의

중류가뎡 에셔 출싱되얏스나 불힝흔운명이 압흘가리여져우비화(梅花)녀학교의삼년을맛츄고 그런도 읙이미진던지 비참흔운명을 익이지못흐고신뎡에잇는대화가(大和家)라는곽에『미도리』라는일홈으로 몸을더럽히게 되얏는디 밤과낫을도라보지 안이흐고 불힝흔운명을 한탄흘떠에는 눈물이압흘가리여암흑흔사회에셔신음치

안이치못 흐게 되얏다 그런대이것을우리미일신보사에셔의연금을모집흐야구흐여너인것인대 그녀자는동정흠에감읍흐?뿐만안이라다시이셰상에살어나는깃붐을 하날에 비럿다 그리셔그더럽힌 마음과 몸은나시광명흔세계로 도라오게되야 남감리파종교『宗橋』례비당에몸을밧치여던도스샹집(?)서를 니러셔온젼히 종교를 밋는동시에셔대문밧녀즈

성경학원 에 츙학흐게 되얏다 그러나샤회던지 학교던지녀우용셔가 업시 더럽히려고흐던 그녀즈의어두운 반면?이 적주지안이흔다 그러셔 어디셔지몸더럽힌 녀자라고 비방이만하셔 학교에도잇슬수업시 가련흔윤신인는 학교에셔 나와셔집업는죄인과 깃흔슬픈마음이 싸이여셔눈물을금치못흐더니다시뜻을결단흐야『셰부란스』병원의

간호부가 되얏다 그리셔한번엇지흐야 몸이 유곽에드러가셔 동물원의 동물과갓치가가에나와 안져셔 금수갓흔욕심에희싱이 되려고흐던 그녀즈도지금은 신셩흔도를 밋는녀즈인디이것을 싱각흐지 안이흐고엇지흐야 이사회는 그녀즈의암흑흐얏던과거만비방흐는가?

생불여사(生不如死)의 운명

아! 윤신원의 팔자, 사회가 더럽히고 사회가 더럽게 여김은 너무 무정치 않은가?

여자는 정조가 제일인데 그 몸을 이 세상에서 더럽힌 여자와 함께 있는 것은 우리에 부끄러움이 되고 욕이 된다고 세브란스병원 간호부들은 요란히 떠들고 일어나서 함께 엉클어지면서 간호부장 에스텝 집으로 달려 들어간 것은 4일 오후에 생긴 일이다. 세브란스병원의 간호부 중에 요즘 한 명의 새 간호부가 들어왔는데, 그 여자는 윤신원(29)이라는 여자로, 이전에 한 번 몸이 타락된 일이 있는 바, 그것으로 인하여 여러 간호부는 요란을 일으킨 것인데, 간호부장은 여러 간호부들의 말을 듣겠다고는 하여놓고 아무 회답이 없으므로 간호부들이 필경 협의하여 가지고 동맹휴업을 하기로 되어, 6일에는 병원 안 한 명의 간호부도 집무치 아니하고 200여 명의 환자와 의원들은 병을 볼 수가 없으므로 매우 곤란한 경우를 당한 모양이다. 그러면 그 문제되는 윤신원이란 여자는 어떠한 여자인가? 작년 11월 중에 우리 매일신보사에서 강호제현의 동정을 빌어가지고 신정(新町, 현재 묵정동 일대)에 가서 지옥생활을 하는 어떠한 여자를 구하여 낸 일이 있다. 이 여자가 즉 윤신원이란 여자로, 그 여자는 경성의 중류가정에서 출생되었으나 불행한 운명이 앞을 가려 겨우 배화여학교의 3년을 마치고 그래도 액이 미진하였던지 비참한 운명을 이기지 못하고 신정에 있는 대화가라는 유곽에 미도리라는 이름으로 몸을 더럽히게 되었는데, 밤과 낮도 돌아보지 않고 불행한 운명을 한탄할 때에는 눈물이 앞을 가려 암흑한 사회에서 신음할 수밖에 없었다. 그런데 이것을 우리 매일신보사에서 의연금을 모집하여 구하여 낸 것인데, 그 여자는 동정함에 감읍할 뿐만 아니라 다시 이 세상에 살아나는 기쁨을 하늘에 빌었다. 그래서 그 더럽힌 마음과 몸은 다시 광명한 세계로 돌아오게 되어 남감리파 종교(宗橋)예배당에 몸을 들여 전도사 장집 씨를 따라서 온전히 종교를 믿는 동시에 서대문 밖 여자성경학원에 통학하게 되었다. 그러나 사회든지 학교든지 용서하지 않고 더럽혀졌던 그 여자의 어두운 반면을 잊어주지 아니한다. 그래서 어디까지 몸 더럽힌 여자라고 비방이 많아서 학교에도 있을 수 없어 가련한 윤신원은 학교에서 나와서 집 없는 죄인과 같은 슬픈 마음에 쌓여서 눈물을 금치 못하더니, 다시 뜻을 결단하여 세브란스병원의 간호부가 되었다. 그래서 한번 어찌하여 몸이 유곽에 들어가서 동물원의 동물같이 가가에 나와 앉아서 금수같은 욕심에 희생이 되려고 하던 그 여자도 지금은 신성한 도를 믿는 여자인데, 이것을 생각하지 아니하고 어찌하여 이 사회는 그 여자의 암흑하였던 과거만 비방하는가?

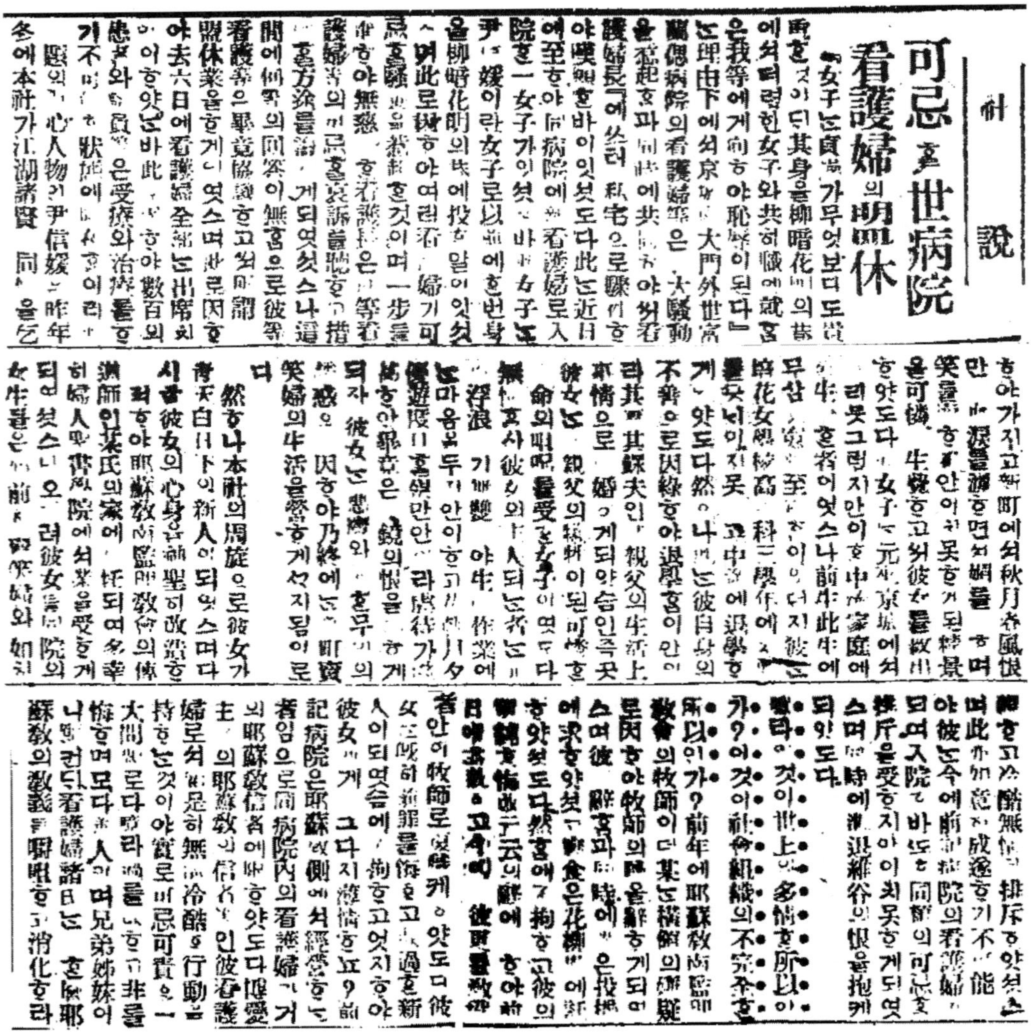

社說

可忌할 世病院 看護婦의 盟休

사설

가기(可忌)할 세브란스병원 간호부의 맹휴(盟休)

"여자는 정조가 무엇보다도 귀중한 것인데 그 몸을 유암화명(柳暗花明)의 항(巷)에서 더럽힌 여자와 같이 직(職)에 취(就)함은 우리들에게 향하여 치욕이 된다"는 이유하에서 경성 남대문 밖 세브란스병원의 간호부 등은 대소동을 야기함과 동시에 공동으로 간호부장 에스텝 사택으로 모여들어 탄원한 바가 있었도다. 이는 최근에 이르러 같은 병원의 간호부로 입원한 한 여자가 있었는 바, 여자는 윤신원이란 여자로 이전에 한번 몸을 유암화명의 항에 던진 일이 있었으며, 이로 인하여 여러 간호부가 꺼려지는 소동을 야기한 것이며, 일보를 나아가 무자비한 간호장은 이들 간호부들의 꺼려지는 애소(哀訴)를 듣고 조치할 방도를 □□게 되었었으나 저간에 어떠한 회답이 없으므로 저들 간호부는 필경 협의하고서 소위 동맹 휴업을 하게 되었으며, 이로 인하여 지난 6일에 간호부 전부는 출석하지 아니하였는 바, 이로 인하여 수백의 환자와 의원은 치료를 받거나 치료를 하기가 불가한 상태에 □□함이라. 문제의 중심인물인 윤신원은 작년 겨울에 본 신문사가 강호제현(江湖諸賢) 동정을 빌어가지고 신정(新町)에서 추월춘풍(秋月春風) 한 많은 피눈물을 흘리면서 여동생[娼]을 위하며 미소를 팔지 아니하지 못하게 된 정경(情景)을 가련히 생각하고서 그녀를 구출하였도다. 여자는 원래 경성에서 그리 부끄럽지 않은 중류가정에서 태어난 자였으나, 전생차생(前生此生)에 무슨 □원(□寃)이 다달았던지, 그는 배화여학교 고등과 3학년의 □□를 끝내지 못하고 중도에 퇴학하게 되었도다. 그러나 그는 그 자신의 불선(不善)으로 인연(因緣)하여 퇴학함이 아니라 기실 그 홀아비인 친아버지의 생활상 사정으로 □혼(□婚)하게 되었음인 즉, 곧 그녀는 친아버지의 희생이 된 가련한 운명의 저주(咀呪)를 받은 여자이었도다. 무정하게도 그녀의 주인되는 자는 원래 부랑하기 무쌍하여 생활 작업에는 마음을 두지 아니하고 화조월석(花朝月夕) 우유도일(優遊度日)할 뿐만 아니라 학대가 극심하여 필경은 파경의 한을 □하게 되자 그녀는 악마와 같은 무리의 유혹으로 인하여 종내에는 신정 매소부(賣笑婦)의 생활을 영위하게까지 됨이로다.

그러나 본 신문사의 주선으로 그녀가 청천백일(靑天白日) 아래의 새로운 사람[新人]이 되었으며, 다시금 그녀의 심신을 신성히 개조하고자 하여 예수교 남감리교회의 전도사인 모씨의 집에 의탁되어 다행히 부인성서의원(婦人聖書醫院)에서 수업을 받게 되었었으나 오히려 그녀를 동원(同院)의 여생(女生)들은 여전히 매소부와 같이 보고 냉혹하고 무정하게 배척하였으며, 이 또한 뜻대로 성취하기 불가능하여 그는 지금 앞서 쓴 병원의 간호부가 되어 들어간 바, 또한 동류의 꺼려지는 배척을 받지 아니치 못하게 되었으며 동시에 진퇴유곡(進退維谷)의 한을 안게 되었도다.

아! 이것이 세상이 다정한 까닭인가? 이것이 사회조직이 불완전한 까닭인가? 전년에 예수교 남감리교회의 목사이던 모(某)는 횡령의 혐의로 인하여 목사의 직을 사직하게 되었으며 그가 사직함과 동시에 업은 투기(投機)에서 구하였었고, 먹고 자는 것은 화류계에 의탁하였었도다. 그럼에도 불구하고 그의 단순한 회개 운운의 말에 의하여 전일에 □□하고 지금 그를 다시 교설자(教說者) 아니 목사로 복직하게 하였도다. 그녀는 이미 전죄를 뉘우치고 개과한 새로운 사람이 되었음에도 불구하고 어찌하여 그녀에게 그다지 박정한가? 앞서 쓴 병원은 예수교 측에서 경영하는 자이므로 같은 병원 내의 간호부가 거의 예수교 신자에 한하였도다. 박애주의의 예수교의 신자들은 저 간호부로서 □시(□是)히 무정하고 냉혹한 행동을 가지는 것이야 실로 가히 꺼려지고 가히 책할만한 일대 문제로다. 아! 과(過)를 □하고 비(非)를 회(悔)하며 모두 선인(善人)이며 형제자매이니, 원컨대 간호부 제씨는 예수교의 교의를 곱씹어(저작하고) 소화(消化)하라.

178. 매일신보 1920년 12월 12일

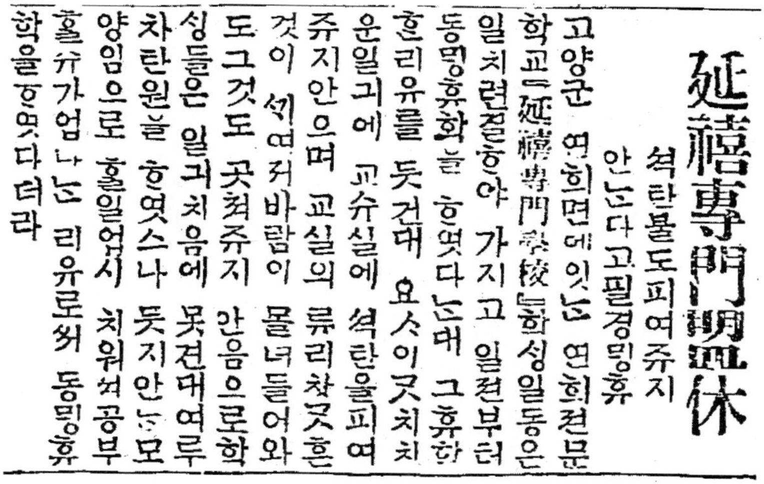

延禧專門盟休
석탄불도피여주지
안ᄂᆞᆫ다고필경ᄆᆡᆼ휴

고양군 연희면에잇ᄂᆞᆫ 연희젼문학교『延禧專門學校』학ᄉᆡᆼ일동은 일치련결ᄒᆞ야 가지고 일젼부터 동ᄆᆡᆼ휴학을 ᄒᆞ엿다ᄂᆞᆫ대 그휴ᄒᆞᆨᄒᆞᆫ리유를 듯건대 요ᄉᆞ이굿치치운일긔에 교슈실에 셕탄을피여쥬지안으며 교실의 류리챵굿흔것이 ᄭᆡ여져바람이 몰녀들어와도그것도 곳쳐쥬지 안음으로학ᄉᆡᆼ들은 일긔치음에 못견대여루차탄원을 ᄒᆞ엿스나 듯지안ᄂᆞᆫ모양임으로 ᄒᆞᆯ일업시 치워셔공부ᄒᆞᆯ슈가업ᄂᆞᆫ 리유로써 동ᄆᆡᆼ휴ᄒᆞᆨ을ᄒᆞ엿다더라

연희전문 맹휴

석탄불도 피워주지 않는다고 필경 맹휴

고양군 연희면에 있는 연희전문학교 학생 일동은 일치 연결하여 가지고 일전부터 동맹휴학을 하였다는데, 그 휴학한 이유를 듣건대, 요즘 같이 추운 일기에 교수실에 석탄을 피워주지 않으며, 교실의 유리창 같은 것이 깨져 바람이 몰려들어와도 그것도 고쳐주지 않으므로 학생들은 일기 추움에 못 견디어 누차 탄원을 하였으나 듣지 않는 모양이므로 할 일 없이 추워서 공부할 수가 없다는 이유로써 동맹휴학을 하였다더라.

179. 매일신보 1920년 12월 16일

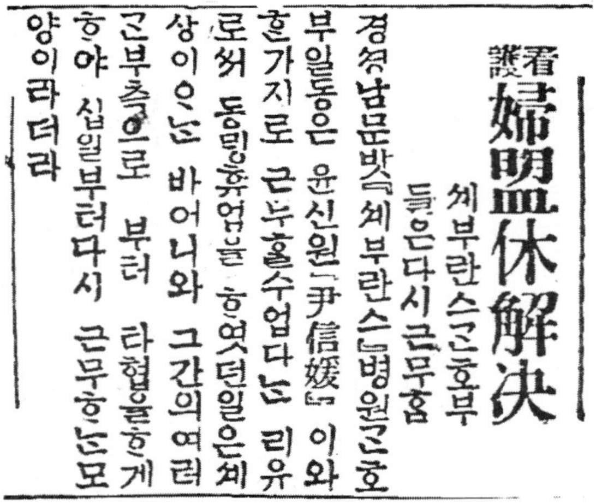
看護 婦盟休解決
세부란스간호부
들은다시근무홈
경셩남문밧세부란스병원간호
부일동은 윤신원「尹信媛」이와
홈가지로 근무홀수업다는 리유
로써 동밍휴업을 ᄒᆞ엿던일은셰
상이아는 바어니와 그간의여러
근부측으로 부터 타협을ᄒᆞ게
ᄒᆞ야 십일부터다시 근무ᄒᆞᄂᆞᆫ모
양이라더라

간호부 맹휴 해결

세브란스 간호부들은 다시 근무함

경성 남대문 밖 세브란스병원 간호부 일동이 윤신원 씨와 함께 근무할 수 없다는 이유로 동맹휴업을 하였다는 것은 세상이 아는 바이어니와, 그간 간부 측과 타협을 하여 10일부터 다시 근무하는 모양이라더라.

180. 매일신보 1921년 1월 28일

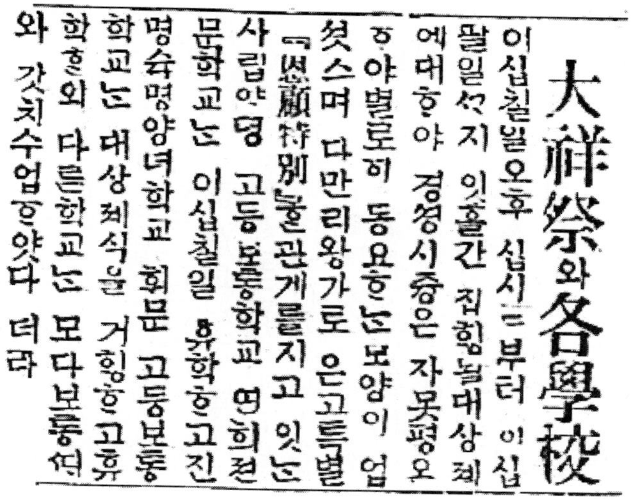

大祥祭와各學校

이십칠일오후 십시브터 이십
팔일ᄭᆞ지 잇흘간 집ᄒᆡᆼ될대상졔
에대ᄒᆞ야 경셩시즁은 자못평오
ᄒᆞ야별로히 동요ᄒᆞᄂᆞᆫ보양이 업
셧스며 다만리왕가로 은고특별
「恩顧特別」ᄒᆞᆫ관게를지고 잇ᄂᆞᆫ
사립양뎡 고등보통학교 연희젼
문학교ᄂᆞᆫ 이십칠일 휴학ᄒᆞ고진
명숙명양녀학교 휘문 고등보통
학교ᄂᆞᆫ 대상졔식을 거ᄒᆡᆼᄒᆞ고휴
학ᄒᆞ와 다른학교ᄂᆞᆫ 모다보통ᄯᅢ
와 갓치수업ᄒᆞ얏다 더라

대상제(大祥祭)와 각 학교

27일 오후 10시부터 28일까지 이틀간 집행될 대상제(*고종 붕어 2주기)에 대하여 경성 시중은 자못 평온하여 별로 동요하는 모양이 없었으며, 다만 이왕가에 은혜를 입어 특별한 관계를 가지고 있는 사립 양정고등보통학교, 연희전문학교는 27일 휴학하고, 진명·숙명 두 여학교, 휘문고등보통학교는 대상제식을 거행하고 휴학하였다. 다른 학교는 모두 보통 때와 같이 수업하였다더라.

181. 매일신보 1921년 2월 24일

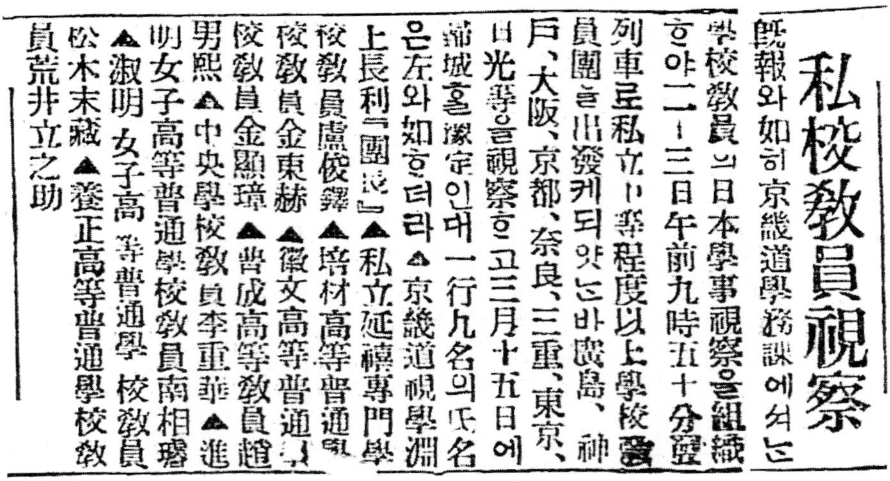

私校教員視察

既報와如히京畿道學務課에셔는學校教員의日本學事視察을組織ᄒᆞ야二十三日午前九時五十分發列車로私立中等程度以上學校教員團을出發케되얏는바廣島、神戶、大阪、京都、奈良、三重、東京、日光等을視察ᄒᆞ고三月十五日에歸城ᄒᆞᆯ豫定인대一行九名의氏名은左와如ᄒᆞ더라▲京畿道視學淵上長利『團長』▲私立延禧專門學校教員盧俊鐸▲培材高等普通學校教員金東赫▲徽文高等普通學校教員金顯璋▲普成高等教員趙男熙▲中央學校教員李重華▲進明女子高等普通學校教員南相璿▲淑明女子高等普通學校教員松本末藏▲養正高等普通學校教員荒井立之助

사립학교 교원 시찰

이미 보도한 바와 같이 경기도 학무과(學務課)에서는 학교 교원의 일본 학사 시찰을 조직하여, 2~3일 오전 9시 50분발 열차로 사립 중등 정도 이상 학교 교원단을 출발하게 되었는 바, 히로시마(廣島), 고오베(神戸), 오사카(大阪), 교토(京都), 나라(奈良), 미에(三重), 도쿄(東京), 닛코(日光) 등을 시찰하고 3월 15일에 돌아올 예정인데, 일행 9명의 이름은 다음과 같다.

▲경기도 시학(視學) 연상장리(淵上長利)『단장(團長)』▲사립연희전문학교 교원 노준탁(盧俊鐸) ▲배재고등보통학교 교원 김동혁(金東赫) ▲휘문고등보통학교 교원 김현장(金顯璋) ▲보성고등 교원 조남희(趙男熙) ▲중앙학교 교원 이중화(李重華) ▲진명여자고등보통학교 교원 남상선(南相璿) ▲숙명여자고등보통학교 교원 송본말장(宋本末藏) ▲양정고등보통학교 교원 황정립지조(荒井立之助)

四十萬圓의寄附金

연희전문과제중원을위하야서 『에비손』씨가미국에서거더와

가큰렬차로 도라온 세부란스병원장『에비손』씨는일년만에 조선땅을 다시대한 감상을말하되

조선은내가 근삼십년이나 머물너잇든나의 둘재고향이라 거의일년만에 다시조선땅을 밟게되니깃분마음은 측량할길이 업소 우리마누라도 정부선 차속에서 얼골에희색을씌우며『조선은 공긔가참조타』고합듸다 나는조선을떠난지일년동안을두고천히

조선의문화

를계발함에 쓸과부금을모집하고자가나다와 미국안에서 유명하다는 도회에는다도라다니엇소 그리하야 일년동안려행한연장을처보니까 이만오천『마일』이나됩듸다 다

힘하야세계뎍『世界的』으로살자하는미국동포의동정을어더 사십만원가량 이나과부를 어덧수니까그돈으로는천히연희뎐문학교와세부란스 병원을위하야 쓸터인대 먼저연희뎐문학교에는 새로히 모범긔숙사와 중긔긔관을 설비하며화학(化學)실험실과교사의사회를 새로히지을 러이요 특별히도라근천교장

『원두우』박사

를위하야 긔념관(紀念館)을세울터인대이재회은천부리사회(理事會)의토의를거처어즉시착수하겟스며다시세부란스병원에는『엑스』광선실과 소독실을새로히 작만하고이뻐까지소아과가업서서대단불편하얏스나까새로히소아과를설치하고 자긔의아들인 조선부산에서나서미국『추란토』대학의과를 졸업하고도라온『덕글내스』에게천임하겟스며 형편을보아이년이내로는『문동병』환자실도설립하고자하며 이번에는특『쏫쓰』라하는치과의사를 한분다리고왓소이다 미국에 잇슬뻐에는조선사람들을 만히맛나 보왓슴니다 누구를보던지 원긔가조케일을잘합듸다

더욱히반가

운소식은조선사람이 데일만히모히어 사는『포아』에를오는길에 들녓는대 특히조선사람 청년회에서는자긔를위하야 환영회까지 여러주엇스며 요사이는 차々조선사람이 상공업계에 힘을써가는현상이며 일잘하고 부즈런하다는층찬을만하듯는중이외다하더라

40만 원의 기부금

연희전문과 제중원을 위하여서 에비슨 씨가 미국에서 걷어와

같은 열차로 돌아온 세브란스병원장 에비슨 씨는 1년 만에 조선 땅을 다시 대한 감상을 말하되, "조선은 내가 근 30년이나 머물러 있던 나의 둘째 고향이라. 거의 1년 만에 다시 조선 땅을 밟게 되니 기쁜 마음은 측량할 길이 없소. 우리 마누라도 경부선 차속에서 얼굴에 희색을 띄우며 '조선은 공기가 참 좋다'고 합디다. 나는 조선을 떠난 지 1년 동안을 두고 오로지 조선의 문화를 계발함에 쓸 기부금을 모집하고자 캐나다와 미국 안에서 유명하다는 도회에는 다 돌아다녔소. 그리하여 1년 동안 여행한 연장을 쳐보니까 이만 오천 마일이나 됩디다. 다행히 세계적으로 살자하는 미국 동포의 동정을 들어서 40만 원가량이나 기부를 얻었으니 그 돈으로는 모두 연희전문학교와 세브란스병원을 위하여 쓸 터인데, 먼저 연희전문학교에는 새로이 모범기숙사와 증기기관을 설비하며 화학실험실과 교사의 사택을 새로이 지을 터이요. 특별히 돌아가신 전 교장 언더우드 박사를 위하여 기념관을 세울 터인데, 이 계획은 전부 이사회의 토의를 거쳐 즉시 착수하겠으며, 다시 세브란스병원에는 엑스광선과 소독실을 새로이 장만하고, 이때까지 소아과가 없어서 대단히 불편하였으니까 새로이 소아과를 설치하고 나의 아들인 조선 부산에서 태어나서 미국 토론토대학 의과를 졸업하고 돌아온 더글라스에게 전임하겠으며, 형편을 보아 2년 이내로는 문둥병 환자실도 설립하고자 하며, 이번에는 부스(J. L. Boots)라고 하는 치과의사를 한 분 데리고 왔소이다. 미국에 있을 때에는 조선 사람들을 많이 만나 보았습니다. 누구를 보던지 원기가 좋게 일을 잘합니다. 더욱이 반가운 소식은 조선 사람이 제일 많이 모여 사는 '하와이'를 오는 길에 들렸는데, 특히 조선사람 청년회에서는 나를 위하여 환영회까지 열어주었으며 요사이는 차차 조선사람이 상공업계에 힘을 써가는 현상이 일 잘하고 부지런하다는 칭찬을 많이 듣는 중이외다" 하더라.

183. 동아일보 1921년 3월 24일

光榮스러운 卒業式

◇사오년동안형설의공을닥근결과◇

延禧專門校

작일오젼십시

농업과한과만

고양군 연희면에잇는 연희젼문학교(延禧專門學校)에서는 작일오젼십시에 동교 강당내에서 동교농업과 뎨일회졸업식이 잇섯는대 교원과생도일동이 렬석한후 군대(君代)창가々잇고 졸업증서수여식이 잇슨후에 교댱「어비신」씨의「사회를위하야몸을 희생에밧치라」는 간졀한훈유가잇슨후 릭빈의축사가 잇고 생도일동이 교가를부른후에 폐회하얏더라

광영스러운 졸업식

◇ 사오 년 동안 형설의 공을 닦은 결과 ◇

연희전문교

어제 오전 10시, 농업과 한 과만

고양군 연희면에 있는 연희전문학교에서는 어제 오전 10시에 동교 강당 내에서 동교 농업과 제1회 졸업식이 있었는데, 교원과 생도 일동이 열석한 후 군대(君代, 일본국가) 창가가 있고 졸업증서 수여식이 있은 후에 교장 에비슨 씨의 「사회를 위하여 몸을 희생에 바치라」는 간절한 훈유가 있은 후, 내빈의 축사가 있고, 성도 일동이 교가를 부른 후에 폐회하였더라.

(*매일신보 1921년 3월 25일자에는 농과 졸업생 3명으로 보도)

184. 동아일보 1921년 3월 24일

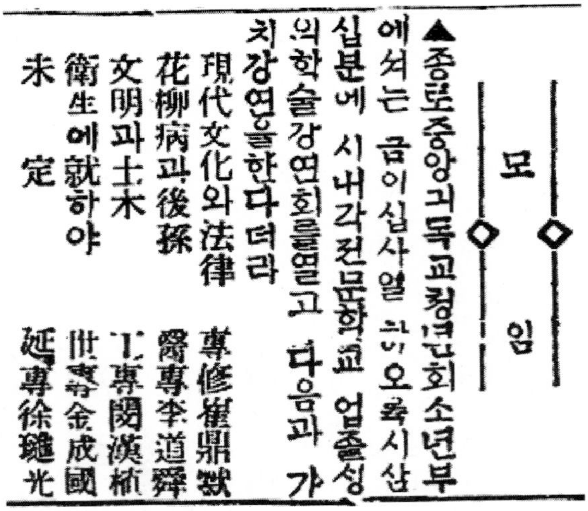

모임

▲종로중앙긔독교쳥년회소년부에셔는 금이십사일 하오륙시삼십분에 시내각젼문학교 업졸싱의학술강연회를열고 다음과 가치강연을한다더라

現代文化와法律 專修崔鼎默
花柳病과後孫 醫專李道舜
文明과土木 工專閔漢植
衛生에就하야 世專金成國
未定 延專徐鎭光

모임

종로 중앙기독교청년회 소년부에서는 오늘 24일 오후 6시 30분에 시내 각 전문학교 졸업생의 학술강연회를 열고 다음과 같이 강연을 한다더라.

현대문화와 법률	전수(專修) 최정묵
화류병(花柳病)과 후손	의전(醫專) 이도순
문명과 토목	공전(工專) 민한식
위생에 취(就)하여	세전(世專) 김성국
제목미정	연전(延專) 서진광

185. 동아일보 1921년 3월 26일

米國人의寄附金

學校와病院의擴大
泰和女子館의新設

個人에게對하야國家、社會의恩惠가잇는것과갓치 國家、社會에對하야는世界、人類의恩惠가잇는것이니 吾人은此를思할時마다實노感謝함을 이기지못하는同時에人類를愛慕하는생각이더욱懇切하도다 朝鮮의文化를볼지어다 印度에負한바가얼마며 漢民族에負한바가얼마며 歐米各國에負한바가또한얼마이뇨 朝鮮에 幾多한困難을冒險하고新宗敎를傳하야永生의道理와神聖한光明을普及한 舊敎徒(天主敎)의佛國人에게對하야吾人은感謝의意를맛당히表할지며 一層의活力과一層의熱心으로써新敎를朝鮮各地에傳하야朝鮮人의精神的生活을革新하며此와件하야各種의學校를設立하며病院을創立하야朝鮮人의社會的生活을改善하는米國人의誠意에對하야또한深大한謝意를表함이맛당하도다더욱히그들이 하나님을깃부시게하는敬虔한마음과 사람을사랑하는純潔한情으로써이모든事業을經營함에對하야서는實노吾人은欽服할수밧게업스며 오작自勉自勵하야그厚意에報答할수밧게업도다

吾人은일즉히聞한바이잇나니米國或地方의一老農婦는그貧寒한生活中에서若干金을貯蓄하야이를自己所屬의敎會聖壇압헤獻하고跪拜하야祈禱하기를『이돈이비록約少하나 먼日本이는異邦에서主를爲하야活動하는新島襄의게有益이되도록使用하야지이다』하얏다함이니吾人은此를聞하고實노그아름다운情에눈물을흘리엇노라 아ㅣ朝鮮社會에서各種事業에活動하는모든宣敎師男女의背後에또한이와갓흔아름다운情이잇슬지며 사랑이두터울지니 此를感하는吾人이엇지 스스로感激하지아니하며 感謝하지아니하리오 이로써實노吾人은人類를愛慕하는생각이더욱懇切하도다

延禧專門學校校長이오또『셰부란스』病院의院長인 魚不信氏가米國에歸하야朝鮮의文化啓發을爲하야各都會地에巡回하야寄附金을請求한結果『世界的으로살고자하는米國人의同情을어더 四十萬圓의寄附金을募集하고』朝鮮에歸來한事實은本報에임의報道한바이어니와 그金錢은純然히 延禧專門學校와『셰부란스』病院을爲하야使用하되 前者에在하야는寄宿舍와舍宅建築에 蒸汽機關과化學試驗室設置에使用하고 後者에在하야는『엑쓰』光線室 消毒室을新設하며 小兒科設置와齒科改良에使用할지며 二年以內에는特히癩病患者室을設立할터이라하니 吾人은米國人의厚意를感謝하는同時에그施設의適宜에또한感服하겟도다

朝鮮人의今日急務는吾人의累々히主張提唱한바와갓치實際科學의發達이니그中에도特히物理化學이라 物理化學의發達이無하고엇지工業의發達을期하며 또한그他諸般自然科學의進步를圖하리오 產業의發達과自然界의征服이實노焦眉의急務인朝鮮社會의朝鮮人은모름즉히 옷을關束하고『化學試驗室』에入하여야할지니朝鮮의諸般發明과따라朝鮮人의文明生活이此로조차來하리로다 然則延禧學校의此新施設이엇지時務에適宜하지아니하며 模範的學校의理想을追求하야 模範的寄宿舍와敎員의社宅建築을企圖함이또한그엇지아름답지아니한가 吾人은此際에特히同校의發展을祝하는同時에故元杜宇氏의紀念館을建築하는데對하야無限한感慨를抱하며同氏의朝鮮에對한功勞를思하야그靈이天國에平安하기를默禱하야마지아니하노라

셰부란스病院의朝鮮人에對한多大한寄與와貢獻은이제吾人의筆로써能히記하기難하도다或慈母와갓흔愛情을表한事도有하며 或嚴父와갓흔愛護를加한事도有하니此에生命을救한 貧寒한子弟가幾何며 此에保護를受한無告의煢獨이幾何뇨 噫라吾人은南大門外에屹立하는同院에對하야無限한敬意를表하는同時에今次의一層擴張改良을祝하며 우리朝鮮人의同事業에對한無援助를스스로赤面치아니치못하노라 特히癩病患者室을新設하야此界에一大福音을傳함이리오

마이어스夫人이 米國婦人外國宣敎部의委托을受하야朝鮮女子의文明進步를期하고자巨大의金額을投하야泰和女子館을設立하고 宗敎部以下六部를置하야着々히活動의步를進하는것은朝鮮女子界의一大福音이라本報에이미報道한바이어니와 이제同夫人의談을聞하건대 朝鮮의急務中一은女子敎育問題인데그中에도家庭婦人의그것이가장緊急하지라그럼으로泰和女子館은此點婦人의게普通常識을敎授함으로써爲主하되(一)은『朝鮮人의家庭을宗敎的家庭으로化하야淸潔하고神聖하게할것이오(二)는朝鮮人의家庭을各方面에亘하야改造할것이라』하며 特히此外에困難을當하는婦人은本館을慈母와如히思하야相議하면萬事에盡力하리라하니 그愛情의深厚와는勿論이어니와 그事業과施設의適宜함은果然吾人의欽服할바이로다

人類의文明이女子의貢獻에待하는바多하며 朝鮮社會의文化가女子의開明에期하는바大함은吾人의贅言을要할바아니라 現代의推勢가此를證明하나니吾人은朝鮮의女子界가漸次覺醒하야오는것을衷心으로부터歡喜하는同時에敎育의機會를失한家庭婦人에對하야切實한敎養機關이缺乏함을 일즉히부터痛恨하얏노라 이제家庭의淸潔한宗敎化와生活의各方面改良을目的하되特히實地에着目하야 敎兒法 料理法 裁縫法 社交術 音樂 外國語 算術數學其他常識을敎授함으로써爲主하야家庭婦人의就學에關한各般施設을完備한同館의出現을見하니 이엇지朝鮮婦人界의一大福音이아니며光明이아니리오吾人은朝鮮婦人이充分히此機關을利用하야文化의光明을見하며 그恩惠에充分히浴하기를希望하노라

大槪吾人이世界人類의恩惠에報答하는道理가무엇이며 米國人의此厚意에感謝하는道理가무엇인고스스로 힘쓰며 스스로나아가文明에就함에在하다하노니 恩惠를受하는者는 또한맛당히생각할지어다

미국인의 기부금

학교와 병원의 확대

태화여자관의 신설

개인에게 대하여 국가, 사회의 은혜가 있는 것과 같이 국가, 사회에 대하여는 세계, 인류의 은혜가 있는 것이니, 우리는 이를 생각할 때마다 실로 감사함을 이기지 못하는 동시에 인류를 애모(愛慕)하는 생각이 더욱 간절하도다. 조선의 문화를 볼지어다. 인도(印度)에 부(負)한 바가 얼마며, 한민족에 부한 바가 얼마며, 구미 각국에 부한 바가 또한 얼마이뇨. 조선에 기다(幾多)한 곤란을 모험하고 신종교를 전하여 영생의 도리와 신성한 광명을 보급한 구교도(천주교)의 프랑스인에게 대하여 우리는 감사의 뜻을 마땅히 표할지며, 일층의 활력과 일층의 열심으로써 신교를 조선 각지에 전하여 조선인의 정신적 생활을 혁신하며 이와 동시에 각종의 학교를 설립하며 병원을 창립하여 조선인의 사회적 생활을 개선하는 미국인의 성의에 대하여 또한 심대한 사의(謝儀)를 표함이 마땅하도다. 더욱이 그들이 하나님을 기쁘시게 하는 경건한 마음과 사람을 사랑하는 순결한 정으로서 이 모든 사업을 경영함에 대하여서는 실로 우리는 탄복할 수밖에 없으며, 오직 자면자려(自勉自勵)하여 그 후의에 보답할 수밖에 없도다.

우리는 일찍이 들은 바 있으니, 미국 어느 지방의 한 늙은 농부는 그 빈한한 생활 중에서 약간의 돈을 저축하여 이를 자기 소속의 교회 성단 앞에 바치고 꿇어앉아 기도하기를 「이 돈이 비록 약소하나 먼 일본이라는 이방에서 주를 위하여 활동하는 신도들에게 유익이 되도록 사용할지어다」 하였다 함이니, 우리는 이를 듣고 실로 그 아름다운 정에 눈물을 흘리었노라. 아! 조선사회에서 각종 사업에 활동하는 모든 선교사 남녀의 배후에 또한 이와 같은 아름다운 정이 있을지며 사랑이 두터울지니, 이를 느끼는 우리가 어찌 스스로 감격하지 아니하며 감사하지 아니하리오. 이로써 실로 우리는 인류를 애모하는 생각이 더욱 간절하도다.

연희전문학교 교장이오, 또 「세브란스」 병원의 원장인 에비슨 씨가 미국에 돌아가서 조선의 문화 계발을 위하여 각 도회지에 순회하여 기부금을 청구한 결과 「세계적으로 살고자 하는 미국인의 동정을 얻어 40만 원의 기부금을 모집하고」 조선에 돌아온 사실은 본보에 이미 보도한 바이어니와, 그 금전은 순연(純然)히 연희전문학교와 「세브란스」 병원을 위하여 사용하되, 전자에 있어서는 기숙사와 사택건물에 증기기관과 화학실험실 설치에 사용하고, 후자에 있어서는 X-광선실, 소독실을 신설하며, 소아과 설치와 치과 개량에 사용할지며 2년 이내에는 특히 나병환자실을 설립할 터이라 하니, 우리는 미국인의 후의를 감사하는 동시에 그 시설의 적의(適宜)에 또한 감복하겠도다.

조선인의 금일 급무는 내가 누누이 주장, 제창한 바와 같이 실제 과학의 발달이니, 그 중에도 특히 물리 · 화학이라. 물리 · 화학의 발달이 없고 어찌 공업의 발달을 기대하며 또한 여타 제반 자연과학의 진보를 도모하리오. 산업의 발달과 자연계의 정복이 실로 초미의 급무인 조선 사회의 조선인은 모름지기 옷을 단속하고 「화학실험실」에 들어가야 할지니, 조선의 제반 발명에 따라 조선인의 문명생활이 이로써 도래하리로다. 그런즉 연희학교의 이런 신시설이 어찌 시무에 적의하지 아니하며, 모범적 학교의 이상을 추구하여 모범적 기숙사와 교원의 사택건축을 기도함이 또한 그 어찌 아름답지 아니한가. 나는 이 기회에 특히 동교의 발전을 축하하는 동시에 고 원두우 씨의 기념관을 건축하는데 대하여 무한한 감개를 포(抱)하며, 그분의 조선에 대한 공로를 생각하여 그 영이 천국에 평안하기를 묵도하여 마지아니하노라.

세브란스병원의 조선인에 대한 다대한 기여와 공헌은 이제 나의 필(筆)로써 능히 기록하기가 어렵도다. 혹 자모(慈母)와 같은 애정을 표한 일도 있으며, 혹은 엄부(嚴父)와 같은 애호를 가한 일도 있으니, 이에 생명을 구한 빈한한 자제가 얼마이며 이에 보호를 받은 돌아오지 않는 외로운 이가 얼마이뇨. 아아, 우리는 남대문 밖에 우뚝 솟은 이 병원에 대하여 무한한 경의를 표하는 동시에 이번의 일층 확장 개량을 축하하며 우리 조선인의 이 사업에 대한 무원조를 스스로 부끄러워하지 아니치 못하노라. 특히 나병환자실을 신설하여 차계(此界)에 일대 복음을 전함이리오.

(후략)

186. 매일신보 1921년 3월 27일

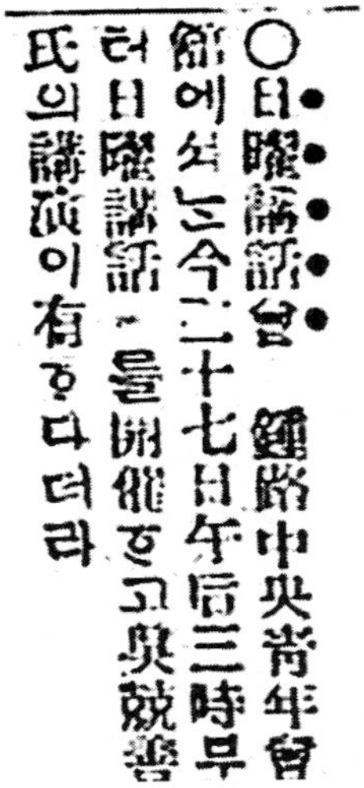

○日•曜•講•話•會 鍾路中央靑年會館에서는今二十七日午后三時부터日曜講話를開催ᄒᆞ고吳兢善氏의講演이有ᄒᆞ다더라

일요강화회(日曜講話會)

종로중앙청년회관에서는 오늘 27일 오후 3시부터 일요강화회를 개최하는데, 오긍선(吳兢善) 씨의 강연이 있다더라.

187. 동아일보 1921년 4월 3일

家庭生活의改造

緊急한衛生問題

먼저행랑을뒤로보내고 수채를개량함이좃켓다

濟衆院醫師 洪錫厚氏談

가뎡위싱이라하면 가뎡안에서 의복을 졍결이한다든지 또는음식을 잘해먹는다든지하야 그범위가々뎡에 한하는듯하나 가뎡이모히어 사회가되고 사회가모히어 국가々되는이상에 이가뎡위싱은그민족에게 중대한관계가잇다고하겟습니다 그런대 이

위생이라 는것은그나라의긔후 풍속 인민의뎡도를따라서 다를것이요 더욱나아가말하면 가튼조선사람중에도 빈부의뎡도를따라서 다르겟습니다 그러면 조선사람의 일반뎍으로개량할가뎡위싱 몃가지를들어 말하겟습니다 첫재로 조선사람이곳칠것은 조선의 가옥제도이외다 이것은무슨경제가 허락지안는처지에잇는 우리로서 외국사람들과가치 양옥을짓고 살으라함이아니라 가튼돈을 드리고도 위치를변경하라는말이외다 뎨일로폐지할것은 조선의 힝랑방이니손이차저오드린도그불결한

행랑방이 잇는것이비상히 불쾌할지며 힝랑방을지나서 드러서면 안마당에서 안부억이 보히고 또는수채가보히며 뒤안도보힙니다 이것도 위싱에좃치못하고 또조선부억은 매양안방에 달녀서잇슴으로 안방뒤ㅅ문맛이 부억이되옵니다 그리하야 내여버린 더러운것이 그곳에서 썩어악취를발할뿐아니라 겨울이되면 그것이 얼어붓헛다가봄이되면 그것이풀니어서 그습긔는 젼부방으로 드러오기때문에 조선사람들은 이습긔로 인하야 루마지스가튼병에걸리는일이 만습니다 그런대 져서양사람들의집을보건대

문간에는 화초를심고안마당도졍결하며변소와부억가튼 보기에불결한곳은 모다 뒤루두되 더욱변소는 멀리떼어짓는것이외다 그럼으로 우리네의집도 가튼제도로라도 위치만 변경하야 문간은졍결하게하고 안방과 건넌방을 대문안에두고 부억과 힝랑방은 집뒤에붓치고 변소는 보히지안는 뒤편에 떼여지엇스면 조켓습니다 또조선사람의온돌제도々 위싱에해롭사외다 온돌이라는것은 방바닥만 더웁고 공긔가 평균히더웁지도 못하외다 서양사람의집의 증긔관로는 바닥은 뜨겁지아니하되 평균으로 더웁기때문에 매우위싱에좃코또

경제상에 도온돌제도는 좃치못하니 내의실험을 보건대 누리집 여덜간방을 더웁게하는데 한겨울에빅여원이 들엇는바 엇더한 서양사람이 사십여간의 집의 일개월간 증긔관로비가겨우 칠십원밧게 되지아니한다하오 이것은웨ㅣ그러냐하면 온돌은아궁이에 불을때이는것이 그멸긔를 모다 일허버리는것이요 관로에때이는것은 석탄 한뎡어리를너흐면 반듯기 석탄한뎡어리의 멸긔는그곳에잇는 싸닭이요 그러나관로설비에는 처음에 돈이좀만히 들지마는 한번설비만하면 비상히 유익한옵니다 또

조선음식 도 개량하여야하겟습니다 원료를그대로 먹지말고 그곳의자양분만 취하야먹을연구를하여야하겟고의복은조선옷이 일할때에손아불이 걸닐때도잇스나 동작이매우 편리하고 외양이아름다워서 세계에자랑할만하오 또한가지 말할것은 조선사람의 어린아해 기르는데대한 개량이오 어린 아해의두뇌는 맛치사진긔계와갓흐니 사진긔계가 무엇이든지 지나가는대로 박이는것과가치 어린애는 무엇이던지 보는대로하게 되옵니다 그런대조선가뎡의 무식한부인들은 어린애를 귀여한다고 그 놀니어 주는품과웃기는품 울니는품이 여간이아니고

모든것을 불규측하게 식히어 그때해가평싱에 밋치어서 학교에서 규측뎍으로 무엇을가르켜주어도 그것을 그대로밧지 못하고 가뎡에서 배운질서업는 심각이 나게되옵니다 이외의여러가지는후일을기다리겟습니다

가정생활의 개조
긴급한 위생문제

먼저 행랑을 뒤로 보내고, 수채를 개량함이 좋겠다

제중원 의사 홍석후 씨 담(談)

가정위생이라 하면 가정 안에서 의복을 깨끗이 한다든지 또는 음식을 잘 해먹는다든지와 같이 그 범위가 가정에 한하는 듯하나, 가정이 모여 사회가 되고 사회가 모여 국가가 되는 이상에 이 가정위생은 그 민족에게 중대한 관계가 있다고 하겠습니다. 그런데 이 위생이라는 것은 그 나라의 기후, 풍속, 인민의 정도에 따라서 다를 것이요, 더욱 나아가 말하면 같은 조선 사람 중에도 빈부의 정도에 따라서 다르겠습니다. 그러면 일반적인 조선 사람이 개량할 가정 위생 몇 가지를 들어 말하겠습니다.

첫째로 조선 사람이 고칠 것은 조선의 가옥제도이외다. 이것은 무슨 경제가 허락지 않는 처지에 있는 우리로서 외국 사람들과 같이 양옥을 짓고 살라 함이 아니라, 같은 돈을 들이고도 위치를 변경하라는 말이외다. 제일로 폐지할 것은 조선의 행랑방이니, 손님이 찾아오더라도 그 불결한 행랑방이 있는 것이 매우 불쾌할지며 행랑방을 지나서 들어서면 안마당에서 안부엌이 보이고 또는 수채가 보이며 뒷간도 보입니다. 이것도 위생에 좋지 못하고, 또 조선 부엌은 항상 안방에 달려 있으므로 안방 뒷문 밖이 부엌이 됩니다. 그리하여 내다 버린 더러운 것이 그곳에서 썩어 악취를 발할 뿐 아니라, 겨울이 되면 그것이 얼어붙었다가 봄이 되면 그것이 녹아서 그 습기가 전부 방으로 들어오기 때문에 조선 사람들은 이 습기로 인하여 류마티스같은 병에 걸리는 일이 많습니다. 그런데 저 서양 사람들의 집을 보건대, 문간에는 화초를 심고 안마당도 정결하며 변소와 부엌 같은 보기에 불결한 곳은 모두 뒤로 두되, 더욱 변소는 멀리 떼어 짓습니다. 그러므로 우리네의 집도 같은 제도로라도 위치만 변경하여 문간은 정결하게 하고, 안방과 건넌방을 대문 안에 두고, 부엌과 행랑방은 집 뒤로 붙이고 변소는 보이지 않는 뒤편에 떼어서 지었으면 좋겠습니다.

또 조선 사람의 온돌제도도 위생에 해롭습니다. 온돌이라는 것은 방바닥만 덥고 공기를 동일하게 덥히지도 못하외다. 서양 사람의 집의 증기난로는 바닥은 뜨겁지 아니하되 평균으로 덥기 때문에 매우 위생에 좋고, 또 경제적으로도 온돌제도는 좋지 못하니, 나의 실험을 보건대 우리집 8칸 방을 덥게 하는데 한겨울에 100여 원이 들었는데, 어떤 서양인의 40여 칸 집의 1개월간 증기난로비가 겨우 70원 밖에 되지 아니한다 하오. 이것은 왜 그러냐 하면 온돌은 아궁이에 불을 때어 그 열기를 모두 잃어버리는 것인데, 난로를 때는 것은 석탄 한 덩어리를 넣으면 반드시 석탄 한 덩어리의 열기는 그곳에 있기 때문이요. 난로설비는 처음에는 돈이 좀 많이 들지마는 한번 설비만 하면 매우 유익합니다.

또 조선음식도 개량하여야 하겠습니다. 원료를 그대로 먹지 말고 그것의 자양분만 취하여 먹을 연구를 하여야 하겠고, 의복은 조선 옷이 일할 때에 옷자락이 걸리적거릴 때도 있으나 동작이 매우 편리하고 외양이 아름다워서 세계에 자랑할 만하오.

또 한 가지 말할 것은 조선 사람의 어린 아이 기르는 데 대한 개량이오. 어린 아이의 두뇌는 마치 사진 기계와 같으니, 사진 기계가 무엇이든지 지나가는 대로 베끼는 것과 같이 어린애는 무엇이든지 보는 대로 하게 됩니다. 그런데 조선 가정의 무식한 부인들은 어린애를 귀여워한다고 그 놀아 주는 품과 웃기는 품, 울리는 품이 여간이 아니고 모든 것을 불규칙하게 시키어 그 폐해가 평생에 미쳐서, 학교에서 규칙적으로 무엇을 가르쳐 주어도 그것을 그대로 받지 못하고 가정에서 배운 질서 없는 생각이 나게 됩니다. 이 외의 여러 가지는 후일을 기다리겠습니다.

188. 매일신보 1921년 5월 22일

二百萬圓의豫算으로 朝鮮에理想村建設

『어비신』박ᄉᆞ의큰고안으로 평등ᄌᆞ유의리상촌건설

경셩셰부란스 의학뎐문 학교쟝(世富蘭偲醫學專門學校長)으로 고양군연희면연희뎐문 학교장(高陽郡延禧面延禧專門學校長)을겸ᄒᆞ야 열심으로 양교의확쟝에 대ᄒᆞ야 일을ᄒᆞ며 오든미국션교사 어비신박ᄉᆞ(國宣敎師魚丕信博士)ᄂᆞᆫ 작년도에 연희뎐문학교를대학(大學)으로 승격ᄒᆞ고 고등교확쟝에대ᄒᆞ야미국젼도본부(米國傳道本部)와협의ᄒᆞ기위ᄒᆞ야 본국으로 드러갓다가 금년삼월에 원ᄂᆡ허볼일을 모다뜻대로맛치고 다시경셩으로 도라와오날ᄭᆞ지

열심으로 교사(校舍) 건축과 기타여러가지 설비에분주ᄒᆞᄂᆞᆫ즁인대 다시학교의 쟝리를위ᄒᆞ야 그부근에리상촌(理想村)을만드러어ᄂᆞᆫᄉᆞ람이나 모다ᄌᆞ유와평등으로 ᄒᆞᆫ평화ᄒᆞᆫ 싱활을ᄒᆞ게ᄒᆞᆫ다ᄂᆞᆫ 신계획이 잇다ᄒᆞᆷ은 듯ᄒᆞᆫ 긔자ᄂᆞᆫ그의인애(仁愛)ᄒᆞᆫ사업의감사ᄒᆞᆷ을 표ᄒᆞ기겸ᄒᆞ야 그 ᄌᆞ션사업의 내용을 알고져 남대문밧게잇ᄂᆞᆫ 셰부란스 병원으로차자 박사의게면회를 쳥ᄒᆞ엿다 박사ᄂᆞᆫ 뭇친ᄌᆞ션로뎡의 몸으로 각애와 ᄉᆞ랑이 그의질거온낫에 가득ᄒᆞᆫ듯 친절ᄒᆞᆫ쳠대로 방문ᄒᆞᆫ긔자를 동박ᄉᆞ실로온근히 인도를 ᄒᆞᆫ뒤에

리상촌에 대ᄒᆞᆫ ᄂᆡ용을 뭇자 리상촌이란ᄂᆞᆫ말은 본ᄂᆡ 연희젼문학교에셔 잇ᄂᆞᆫ 문뎨이라 그일로ᄂᆡ 작년봄에 미국젼도부로 드러갓다가 금년봄에도라와 지금ᄭᆞ지 힘을드려될수잇ᄂᆞᆫ대로 일을ᄒᆞᄂᆞᆫ즁이올시다 본ᄃᆡ 연희젼문학교가칠팔년젼원두우(元杜宇)씨가셜시ᄒᆞ야지금청년회관의부근에셔자못미미ᄒᆞ게경영ᄒᆞ엿습되다 그후원두우씨가 이셰상을 떠난후아모것도잘 아지못ᄒᆞᄂᆞᆫ 나로ᄒᆞ야곰 무거운짐을 지게되엿습니다 그ᄒᆞᆫ저졍에 곤란을밧아 여러가지 풍파가만하 잇섯ᄂᆞᆫ지 작년에

지금장소 로 이뎐ᄒᆞᆫ후 젼도본부(傳道本部)의동졍을밧아대학(大學)으로승격ᄒᆞ고지금착착 진ᄒᆡᆼᄒᆞᄂᆞᆫ즁 인대완젼ᄒᆞᆫ대학을 만드랴면 부득이특별ᄒᆞᆫ설비가 업서셔ᄂᆞᆫ 안되기에젼도본부로 이빅만원의 동졍을 어더금년도붓터교사(校舍)를증츅ᄒᆞᄂᆞᆫ즁인대 완젼ᄒᆞ게 다맛치도록오년긔한에 자본금 이빅만원의예산으로농장(農場) 과뎐문대(天文臺)수도ᄒᆞ수발뎐소(水道下水發電所)등셜비를 완젼하맛친후ᄂᆞᆫ 농촌(農村)부근에리상촌(理想村)을만드러셔양사람이나

동양ᄉᆞ람 이나 차별이 업시모다 ᄉᆞ람된 근본을차ᄌᆞ사람답게 리샹적ᄉᆡᆼ활을 ᄒᆞ게ᄒᆞᆯ터이올시다 본ᄅᆡ우리사람을 ᄒᆞ나님ᄭᅴ셔 창조ᄒᆞ실ᄯᅢᄂᆞᆫ 어느누구던지 모다ᄒᆞᆫ가지 평등으로ᄌᆞ유롭게평화뎍 ᄉᆡᆼ활을 ᄒᆞ라ᄂᆞᆫ것이올시다 만약ᄒᆞᆫ사람의 무슨일로 강ᄒᆞᆫ사람의게 압박을 바드며ᄯᅩ라셔 강ᄒᆞᆫ사람이무엇을 위ᄒᆞ야 약ᄒᆞᆫᄉᆞ람을 압박ᄒᆞ리오 ᄒᆞ나님압헤ᄂᆞᆫ 우리십륙억인류가 모다 차별이업시 평등이올시다ᄂᆞᆫ고루 창ᄒᆞᆫ말로 자미잇ᄂᆞᆫ말이 ᄭᅳᆺ치엿ᄂᆞᆫ대지금 설계로ᄂᆞᆫ 오기년긔한으로

이빅만원 의 ᄌᆞ본을가지고ᄒᆞᆯ예뎡이나금후리상촌의완셩ᄒᆞ기ᄭᆞ지ᄂᆞᆫ 형편에 언ᄒᆞ야다시오빅만원ᄭᆞ지 지출ᄒᆞ게 될지도알수업ᄂᆞᆫ일이라고말ᄒᆞ더라

◇魚丕信博士의理想村設計圖◇ (이빅만원으로진ᄒᆡᆼᄒᆞᄂᆞᆫ대계획)ᄉᆞ진은어비신박사

이백만 원의 예산으로 조선에 이상촌 건설

『에비슨』 박사의 큰 고안으로 평등 자유의 이상촌 건설

경성 세브란스의학전문학교 교장으로 고양군 연희면 연희전문학교 학교장을 겸하여 열심히 양교의 확장 방침에 대하여 일을 하여 오든 미국 선교사 에비슨 박사는, 작년도에 연희전문학교를 대학으로 승격하고 동교를 확장하는 것에 대하여 미국 전도본부와 협의하기 위하여 본국으로 들어갔다가 금년 3월에 원만히 볼일을 모두 뜻대로 마치고 다시 경성으로 돌아와 오늘까지 열심히 교사 건축과 기타 여러 가지 설비에 분주하는 중인데, 다시 학교의 장래를 위하여 그 부근에 이상촌을 만들어 어떤 사람이나 모두 자유와 평등으로 화평한 생활을 하게 한다는 새 계획이 있다 함을 듣고, 기자는 그의 인애한 사업에 감사함을 표할 겸하여 그 좋은 사업의 내용을 알고자 남대문밖에 있는 세브란스병원을 찾아 박사에게 면회를 청하였다. 박사는 풍채 좋은 노래(老來)의 몸으로 자애와 사랑이 그의 즐거운 얼굴에 가득한 듯 친절한 접대로 방문한 기자를 동 박사실로 은근히 안내를 한 뒤에 이상촌에 대한 내용을 서서히 입을 열고 말을 한다.

"이상촌이라 하는 말은 본래 연희전문학교에서는 문제라. 그 일로 나는 작년 봄에 미국 전도부로 들어갔다가 금년 봄에 돌아와 지금까지 힘을 들여 될 수 있는 대로 일하는 중이올시다. 본래 연희전문학교가 7~8년 전 원두우 씨가 설립하여 지금 청년회관의 부근에서 자못 미미하게 경영하였습니다. 그 후 원두우 씨가 이 세상을 떠난 후 아무 것도 잘 알지 못하는 나로 하여금 무거운 짐을 지게 되었습니다. 그 후 재정에 곤란을 받아 여러 가지 풍파가 많이 있었는데 재작년에 지금 장소로 이전한 후 전도본부의 동정을 받아 대학으로 승격하기 위해 지금 착착 진행하는 중인데, 완전한 대학을 만들려면 부득이 특별한 설비가 없어서는 안되기에 전도본부로 이백만 원의 동정을 얻어 금년도부터 교사를 증축하는 중인데, 완전하게 다 마치도록 5년 기한에 자본금 이백만 원의 예산으로 농장과 천문대, 수도하수발전소 등 제반 설비를 완전히 마친 후 농촌 부근에 이상촌을 만들어서 서양사람이나 동양사람이나 차별이 없이 모두 사람된 근본을 찾아 사람답게 이상적 생활을 하게 할 터이올시다. 본래 우리 사람을 하나님께서 창조하실 때는 어느 누구든지 모두 한가지 평등으로 자유롭게 평화적 생활을 하라는 것이올시다. 만약 한사람이 무슨 일로 강한 사람에게 압박을 받으며 따라서 강한 사람이 무엇을 위하야 약한 사람을 압박하리오.

하나님 앞에는 우리 16억 인류가 모두 차별이 없이 평등이올시다"고 유창한 말로 재미있는 말이 그치었는데, 지금 설계로는 5년 기한으로 이백만 원의 자본을 가지고 할 예정이나 금후 이상촌을 완성하기까지는 형편에 따라 다시 오백만 원까지 지출하게 될지도 알 수 없는 일이라고 말하였다.

사진 설명

◇에비슨 박사의 이상촌 설계도◇

(이백만 원으로 짓는다는 대계획) 사진은 에비슨 박사

189. 동아일보 1921년 6월 24일

世專의卒業式

졸업생십사명

◇『세부란스』의학전문졸업생일동◇

이십이일동교후뎡에서

세브란스의전 졸업식

졸업생 14명

시내 남대문 밖에 있는 사립 세브란스의학전문학교에서는 그제 오후 4시 반에 남대문 예배당 안에서 동교가 전문학교가 된 후 제4회의 졸업식이 거행되었는데, 붉은 월계화로 찬란히 장식한 식장에 식이 열리니, 교장 에비슨 씨는 온후한 자태로 강단에 나서서 식사를 하였는데, 이 학교는 13년 전에 제1회로 7명의 졸업생을 낸 후로, 어언 13년 동안에 104명의 의사를 내었으며, 처음 학교를 창설할 때는 교사가 겨우 두 사람이더니 지금은 교사가 25명이라. 그러나 모든 설비에 부족한 점이 있어 1백만 원을 들여 크게 확장할 계획이며 또 이 학교의 졸업으로 만족하지 않고 일본과 중국에 유학을 보냈는 바, 올해에는 의사 홍석후(洪錫厚) 씨를 미국으로 유학을 보낼 터이라. 자기가 미국에서 나올 때에는 친구가 조선에 나가서 의사 8명만 양성하면 성공이라 하였는데 104명의 졸업생을 내었으니 죽어도 원이 없겠다고 얼굴에 성공을 자랑하는 웃음을 띠우고 감개한 어조로 말한 후, 김성국(金成國) 외 14명에 대하여 졸업증서를 수여하니, 사각모에 검은 대학 복장을 입은 김성국 군이 졸업생을 대표하였고, 내빈으로 공등(工藤) 경기도지사, 이상재(李商在) 씨 외 여러 손님의 권면이 있고, 졸업생 중으로 김성국 군의 답사가 있은 후 폐식하였는데, 내빈은 영국, 미국 영사 외에 사회 각급 명사가 3백여 명이나 되었더라.

190. 매일신보 1921년 7월 2일

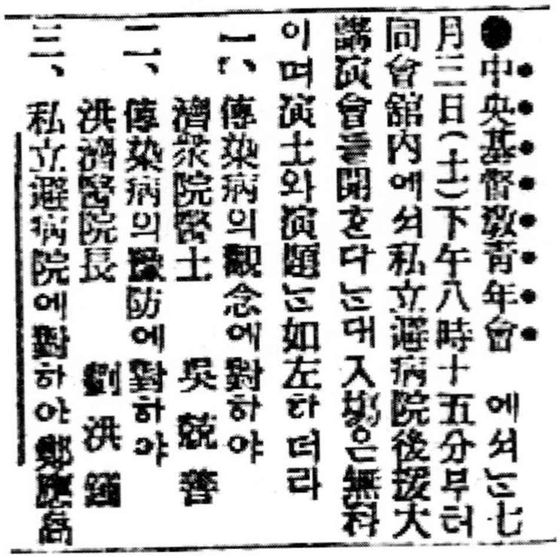

●中央基督敎青年會에서는七月三日(土)下午八時十五分부터同會館內에서私立避病院後援大講演會를開혼다는데入場은無料이며演士와演題는如左하더라

一、傳染病의觀念에對하야 濟衆院醫士 吳兢善

二、傳染病의豫防에對하야 洪濟醫院長 劉洪鍾

三、私立避病院에對하야 鄭應卨

중앙기독교청년회 강연회

중앙기독교청년회에서는 7월 3일 토요일 오후 8시 15분부터 동(同) 회관 내에서 사립 피병원(避病院) 후원 대강연회를 개최한다는데, 입장은 무료이며 연사(演士)와 연제(演題)는 다음과 같다더라.

1. 전염병의 관념에 대하여 — 제중원 의사 오긍선
2. 전염병의 예방에 대하여 — 홍제병원장(洪濟病院長) 유홍종
3. 사립 피병원(避病院)에 대하여 — 정응설

191. 동아일보 1921년 7월 5일

各地靑年團體

寧邊靑年會講演會

寧邊靑年會에서는六月三十日午後三時부터當地私立崇德學校內에서講演會를開催하얏는대京城延禧專門學生鄭聖鳳君의歸省한時期를利用하야同君의講演을請한바「人生의要求와藝術의權威」라는演題로長時間의雄辯을吐하야拍手喝采의大歡迎을博하고同四時三十分頃에散會하얏다더라(寧邊)

영변청년회 강연회

영변청년회에서는 6월 30일 오후 3시부터 당지 사립 숭덕학교 내에서 강연회를 개최하였는데 경성 연희전문 학생 정성봉 군의 귀성한 시기를 이용하여 동(同) 군의 강연을 청한 바 「인생의 요구와 예술의 권위」라는 연제로 장시간의 웅변을 토하여 박수갈채의 대환영을 받고 4시 30분경에 산회하였다더라. (영변)

192. 조선일보 1921년 7월 6일

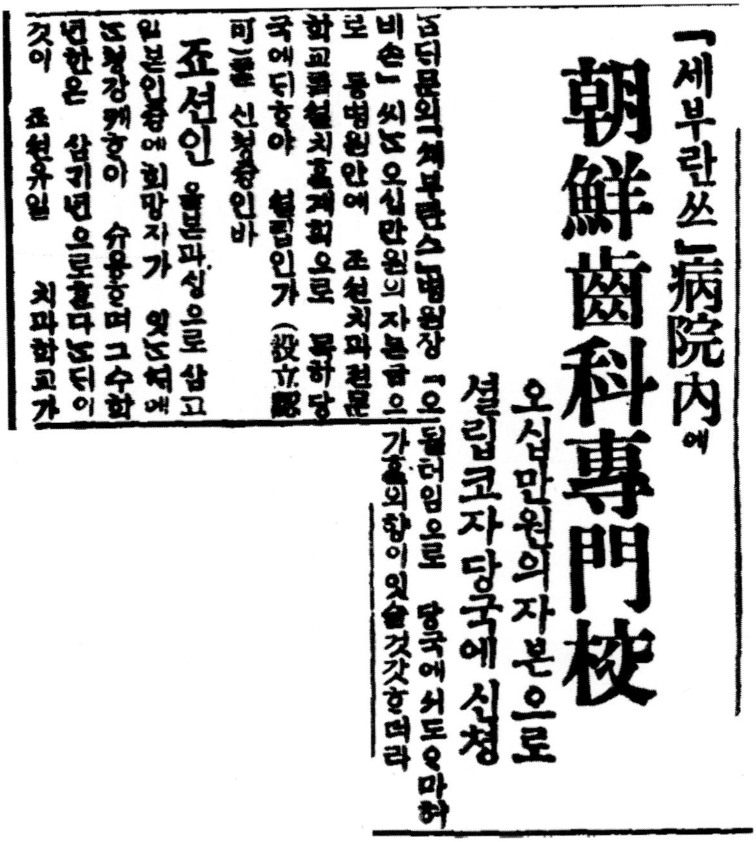
「세부란쓰」病院內에
朝鮮齒科專門校
오십만원의자본으로
설립코자당국에신청

세브란스병원 내에 조선치과전문학교

50만 원의 자본으로 설립코자 당국에 신청

남대문 밖 세브란스병원장 에비슨 씨는 50만 원의 자본금으로 동 병원 안에 조선치과전문학교를 설치할 계획으로, 지금 당국에 대해 설립인가를 신청 중이다. 조선인을 본과생으로 삼고 일본인 중에 희망자가 있으면 청강케 하여 수용하며, 수학 연한은 3년으로 한다는데, 이것이 조선 유일 치과학교가 될 터이므로 당국에서도 아마 허가할 의향이 있을 것 같다고 하더라.

193. 조선일보 1921년 7월 15일

延禧校傳道隊講演

京城延禧專門學校宗敎部主催傳道隊一行은去一日江陵에到着야十日間豫定으로傳道講演을ᄒᆞ얏ᄂᆞᆫᄃᆡ當日下午八時大正町禮拜堂庭園에서吳祐政君의脫舊와朴泰喜君의樂園이라ᄂᆞᆫ演題로講演ᄒᆞᆫ바數千의人衆에게多大ᄒᆞᆫ感化를與ᄒᆞ야入敎ᄒᆞᆫ者가多數ᄒᆞ다더라(江陵)

연희교 전도대 강연

경성 연희전문학교 종교부 주최 전도대 일행은 지난 1일 강릉에 도착하여 10일간 예정으로 전도강연을 하였는데, 당일 오후 8시 대정정(大正町) 예배당 정원에서 오우정(吳祐政) 군의 「탈구(脫舊)」와 박태희(朴泰喜) 군의 「낙원(樂園)」이라는 연제(演題)로 강연한 바, 수천의 청중에게 다대한 감화를 주어 입교(入敎)한 자가 다수 있다더라. (강릉)

194. 동아일보 1921년 7월 16일

세부란스傳道一行

京城세부란스醫學生은夏期休暇를利用하야傳道隊를編成하야朝鮮十三道에分派傳道함은一般共認하는바어니와李冕植朴容來兩氏는特히中國에移住인朝鮮人信者를爲하야遠히奉天及安東縣에往하야傳道講演을하고還京途次에去十一日義州에來하야當日下午八時에當地西會堂內에傳道會를開케되엿다順序에入하야讚頌歌祈禱及聖經朗讀과女青年會員의四部合唱이有한後에演士李冕植君이登壇하야『우리를救할者誰인가?』란題로一時間餘의講道를試하야千餘名聽衆의게大自覺을與하얏고朴容來君은翌日夜八時當地東會堂에서『聳立의大覺悟』란題로一時半이나氣焰을吐하야二千餘參聽者의게大喝采를博하고同十一時에閉會하얏다더라(義州)

세브란스 전도일행

서울 세브란스 의학생은 여름 휴가를 이용하여 전도대를 편성하여 조선 13도에 분파 전도함은 일반적으로 공인하는 바인데, 이면식(李冕植), 이용래(朴容來) 두 명은 특히 중국에 이주한 조선인 신도를 위해 멀리 봉천, 안동현까지 가서 전도 강연을 하고, 경성에 돌아온 후 지난 12일 의주로 가서 당일 오후 8시에 그곳 서회당(西會堂) 내에 전도회를 열게 되었다. 순서는 찬송가 기도와 성경 낭독, 여자청년회원의 사부 합창이 있은 후, 연사 이면식 군이 등단하여 「우리를 구할 자 누구인가」라는 제목으로 1시간여의 강연을 하여 천여 명의 청중에게 대자각(大自覺)을 주었고, 이용래 군은 다음날 밤 8시 그곳의 동회당(東會堂)에서 「용립(聳立)의 대각오」란 제목으로 1시간 반이나 기염을 토하여 2천여 청중의 큰 박수를 받고, 11시에 폐회하였다더라. (의주)

195. 조선일보 1921년 7월 27일

醫學生의 講演突然中止

세부란스학생이강연하는중에경관이중지를명령해

의학생의 강연 돌연 중지

세브란스 학생이 강연하는 중에 경관이 중지를 명령해

경성 세브란스의학전문학교 학생으로 조직한 전선(全鮮)순회전도대 일행은 오늘 평양에 도착하여 그 순서대로 연사 이면식 군이 이번 달 24일 일요일 오후 8시부터 남산현 예배당에서 강연하게 되었는데, 전날부터 이 일을 널리 광고하였으므로 그날 밤에는 각 교회에서 모여드는 사람이 물밀 듯하여 실로 예측한 것 이상의 대성황 속에서 밤예배를 진행하게 되었다. 처음에는 예배의 순서대로 찬송 기도가 있은 후 만장이 기다리던 이면식 군이 등단하여 당내를 한참 숙시(熟視)한 후 열정이 엉긴 듯한 듣기 좋은 음성으로 지금 세상에는 여러 가지 문제가 많이 일어나, 이것은 이러니 저것은 저러니 하며 의론이 분분하지만, 당연히 우리가 생각지 아니치 못한 하나님의 문제에 이르러서는 세상 사람들이 너무 등한시함이 심히 유감이라고 한 후, 말을 뒤이어 '나는 오늘밤 하나님의 근원이라는 이 큰 문제로 여러분 앞에 나의 생각하는 바를 말하겠습니다' 하고 열렬한 기상과 도도한 웅변으로 여러 가지의 증거를 들어가며 강연하는 중에 옛날 『이스라엘』 백성들이 이집트에 사로잡혀 허다한 고초를 일일이 맛보며 나중에는 『바로』 황제의 포악한 수단에 맏아들(長子)을 잃는 슬픈 경우까지 당하였음을 생각할 때 새삼스럽게 우리 조선민족도 그 같은 경우에 있지 않은가 하는 감상이 좁은 가슴 속에서 오른다는 말을 채 마치기도 전에, 돌연히 임검(臨檢)하러 왔던 경관석으로부터 마루바닥을 땅땅 두드리는 소리가 일어나며 날카롭고도 무서운 음성으로 "강연중지 강연중지" 하는 소리가 조용한 당내에 요란히 일어났다. 이러한 일은 평양에서 처음이오 또한 예배 볼 때에는 일찍이 지내보지 못한 일이라 적적(寂寂)하든 당내는 갑자기 수선수선거리며 모여든 청중은 무슨 일인지를 몰라 일시는 더욱이 수라장을 이루었는데, 조선인 경관이 일본말로 『오이 곳지고이 곳지고이(*이봐! 이리와, 이리와)』 하여 연사를 자기의 앞에 불러 세운 후 목사와는 다른 일개 학생인 연사인데 어찌하여 그런 외람된 말을 감히 하였느냐, 어찌하여 이스라엘의 백성이 조선 사람의 경우와 같단 말이냐, 한참 힐책을 당한 이면식 군은 할 수 없이 그 문제로는 강연을 진행하지 못하고 강단으로 돌아가 다른 말을 몇 마디 더 한 후 가장 처량한 얼굴로 나와 가슴에 첩첩이 쌓인 회포의 일단을 순전히 종교적 문제로 말하자 할 때에도 이같이 경관의 주의가 엄중하니 차라리 말을 하지 않음이 당연하였다. 그 외에는 여러분의 깊은 생각에 방임하노라 한 후 강연은 끝이었는데, 그 후 순검하였던 경관은 이면식 군을 경찰서까지 소환하여 심문하고 주의를 시킨 후 그날 밤에 방송(放送)하였다더라. (평양)

196. 동아일보 1921년 7월 30일

세부란스傳道巡講

세부란스傳道巡講隊一行은去二十日郭山에到着하야午後八時總督靑年會의後援으로當地耶蘇敎會堂에서講演을開하고會長姜基錫氏의司會下에長老李達承氏의祈禱와主日學校男學生의合唱讚頌과洪貞尙孃의「家庭安樂」이란獨唱及女子讚揚隊의「敎育」이란合唱이有한後五百餘聽衆의拍手裡에演士李冕植君이登壇하야「勝利的宗敎」란題로講演하는中에信者祈禱의能力이一國陸海軍의勢力보다더强할수잇다는語句에至하야臨席하얏던岡村警部以下數名의警官이突然中止를命함으로聽衆은無聊解散하얏다더라 (郭山)

세브란스 전도 순강(巡講)

세브란스 전도순강대 일행은 지난 20일 곽산(郭山)에 도착하여 오후 8시 총독부청년회의 후원으로 그곳 예수교회당에서 강연을 열고, 회장 강기석(姜基錫) 씨의 사회하에 장로 이달승(李達承) 기도와 주일학교 남학생의 합창 찬송과 홍정상(洪貞尙) 양의 「가정 안락」이란 독창과 여자찬양대의 「교육」이란 합창이 있은 후, 5백여 청중의 박수와 함께 연사 이면식(李冕植) 군이 등단하여 「승리적 종교」란 제목으로 강연하는 중에, 신자의 기도의 능력이 한 나라의 육군, 해군의 세력보다 더 강할 수 있다는 어구에 대해 임석해 있던 강촌(岡村) 경부 이하 수 명의 경관이 돌연 중지를 명하여 청중은 무료(無聊)히 해산하였다더라. (곽산)

197. 동아일보 1921년 8월 4일

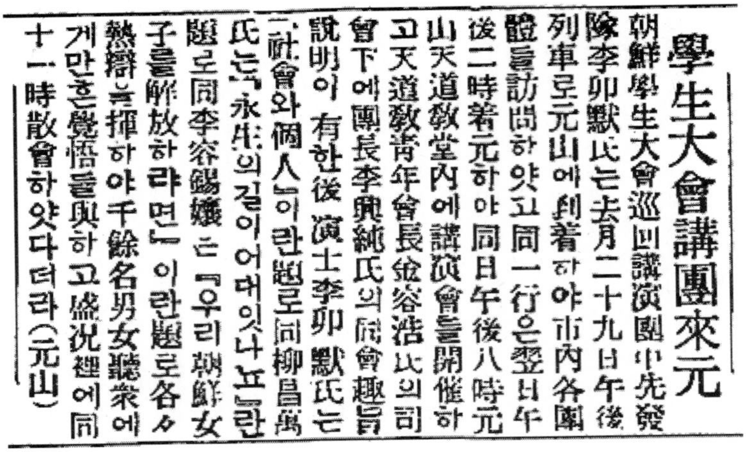

學生大會講團來元

朝鮮學生大會巡回講演團中先發隊李卯默氏는去月二十九日午後列車로元山에到着하야市內各團體를訪問하얏고同一行은翌日午後二時着元하야同日午後八時元山天道敎堂內에講演會를開催하고天道敎靑年會長金容浩氏의司會下에團長李興純氏의同會趣旨說明이有한後演士李卯默氏는「社會와個人」이란題로同柳昌萬氏는「永生의길이어대잇나뇨」란題로同李容錫孃은『우리朝鮮女子를解放하랴면』이란題로各々熱辯을揮하야千餘名男女聽衆에게만흔覺悟를與하고盛況裡에同十一時散會하얏다더라(元山)

학생대회 강연단 원산에 옴

조선학생대회 순회강연단 중 선발대 이묘묵(李卯默) 씨는 지난달 29일 오후 열차로 원산에 도착하여 시내 각 단체를 방문하였고, 동 일행은 다음날 오후 2시에 원산에 도착하여 동일 오후 8시 원산 천도교당 내에서 강연회를 개최하였다. 천도교청년회장 김용호(金容浩) 씨의 사회하에 단장 이흥순(李興純) 씨의 동회 취지 설명이 있은 후, 연사 이묘묵 씨는 「사회와 개인」이란 연제로, 유창만(柳昌萬) 씨는 「영생의 길이 어디 있느뇨」란 제목으로, 이용석(李容錫) 양은 「우리 조선 여자를 해방하려면」이란 제목으로 각각 열변을 토하여 천여 명 남녀청중에게 많은 각오를 베풀고 성황리에 11시 산회하였다더라. (원산)

198. 동아일보 1921년 8월 8일

學生講演團永興着

朝鮮學生大會講演團一行七人은二日午前九時二十分永興驛에到着하얏는대驛頭에는永興靑年俱樂部天道敎靑年會耶蘇敎本社分局其他有志靑年의出迎이잇섯고곳靑年俱樂部에抵하야休憩한後午後三時豊沛商店二層에設備한招待會에參席하얏다가邑內를散策하고午後八時부터長老敎禮拜堂에講演會를開하얏는대司會者李命燮君의開會辭와紹介로始하야團長李東英君의學生大會趣旨說明이잇섯고繼하야李柱日君이同情이란題로舌鋒이銳할지음에警官의게中止를當하고更히李興純孃은子女를두신父兄에게란問題로艶音을吐한後李卯默君이朝鮮社會와靑年이란問題로間々히警官의注意를當하면서敎育宗敎産業의大意를懸河의辯으로論斷하얏고獨唱合唱바이올린의奏樂이有하야千餘群衆에게만흔印象과興奮을與하고午後十一時三十分에閉會하얏다더라(永興)

학생강연단 영흥 도착

조선학생대회 강연단 일행 7명은 2일 오전 9시 20분 영흥역에 도착하였는데, 역 앞에 영흥청년구락부, 천도교청년회, 야소교, 본사 분국, 기타 유지 청년의 출영(出迎)이 있었다. 청년구락부에 도착하여 휴게한 후, 오후 3시 풍패상점 2층에 준비한 초대회에 참석하였다가 읍내를 산책하고 오후 8시부터 장로교 예배당에서 강연회를 열었다. 사회자 이명섭(李命燮) 군의 개회사와 소개로 시작하여 단장 이동영(李東英) 군의 학생대회 취지 설명이 있었고, 이어서 이주일(李柱日) 군이 「동정(同情)」이란 제목으로 설봉(舌鋒)이 예(銳)할 즈음에 경관에게 중지를 당하고, 다음으로 이흥순(李興純) 양은 「자녀를 두신 부형에게」란 문제로 염음(艶音)을 토한 후, 이묘묵(李卯默) 군이 「조선사회와 청년」이란 문제로 간간히 경관의 주의를 당하면서 교육, 종교, 산업의 대의를 현하(懸河)의 변으로 논단(論斷)하였고, 독창, 합창, 바이올린의 주악이 있어 1천여 군중에게 많은 인상과 흥분을 주고 오후 11시 30분에 폐회하였다더라. (영흥)

199. 동아일보 1921년 8월 12일

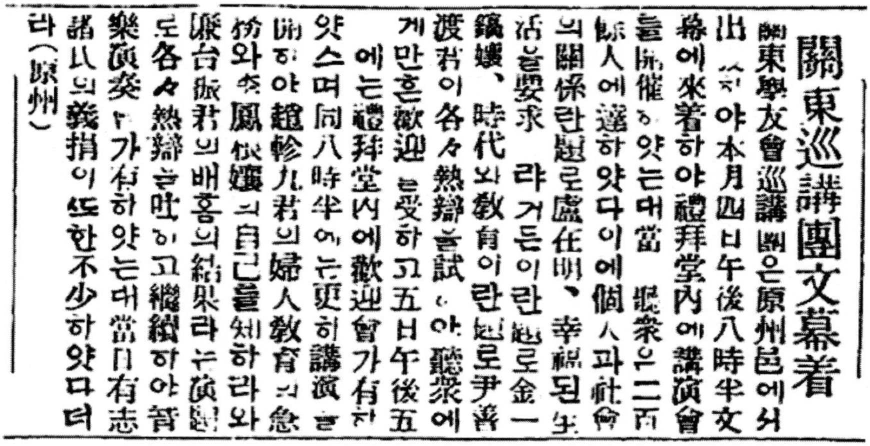

關東巡講團文幕着

關東學友會巡講團은原州邑에서出發하야本月四日午後八時半文幕에來着하야禮拜堂內에講演會를開催하얏는대當日聽衆은二百餘人에達하얏다이에個人과社會의關係란題로盧在明、幸福된生活을要求하랴거든이란題로金一鎬孃、時代와敎育이란題로尹善渡君이各々熱辯을試하야聽衆에게만흔歡迎을受하고五日午後五時에는禮拜堂內에歡迎會가有하얏스며同八時半에는更히講演을開하야趙軫九君의婦人敎育의急務와李鳳根孃의自己를知하라와廉台振君의배홈의結果라는演題로各々熱辯을吐하고繼續하야音樂演奏가有하얏는대當日有志諸氏의義捐이또한不少하얏다더라(原州)

관동순강단(關東巡講團) 문막 도착

관동학우회순강단은 원주읍에서 출발하여 본월 4일 오후 8시 반 문막에 도착하여 예배당 내에서 강연회를 개최하였는데, 당일 청중은 이백여 명에 달하였다. 이에 「개인과 사회의 관계」란 제목으로 노재명(盧在明), 「행복된 생활을 요구하려거든」이란 제목으로 김일호(金一鎬) 양, 「시대의 교육」이란 제목으로 윤선도(尹善渡) 군이 각각 열변을 시(試)하여 청중에게 많은 환영을 받고, 5일 오후 5시에는 예배당 내에서 환영회가 있었으며 동 8시 반에는 다시 강연을 열어 조진구(趙軫九) 군의 「부인교육의 급무」와 이봉근(李鳳根) 양의 「자기를 지(知)하라」와 염태진(廉台振) 군의 「배움의 결과」라는 연제로 각각 열변을 토하고 계속하여 음악연주회가 있었는데, 당일 유지 제씨의 의연(義捐)이 또한 적지 않았다더라. (원주)

200. 동아일보 1921년 8월 15일

學生大會講團着咸

朝鮮學生大會巡回講演團北鮮第一隊一行男女七人은去月二十五日正午列車로來咸하야多數人士의迎接裡에新昌里朴鎔夏氏家로案內되고午後五時咸興館에서更히有志의歡迎會가開하얏는바高志英氏의司會와李舜基氏及金慶淳孃의歡迎辭團長李東英氏의答辭가有한後共卓懇談하얏고同八時三十分부터中荷里會堂에서講演會를開한바崔淳鐸氏의司會下에金光票牧師의祈禱가有한後如左한順序로進行되얏는대男女聽衆이五百餘名에達하야大盛況을呈하얏스며一行은翌日午後四時二十分西湖津으로向하고女子二人은病勢로因하야七日午前八時列車로不得已上京하얏다더라

一、開會辭 司會者
一、奏樂(戴冠式) 朴敬鎭君李容錫孃
一、學生大會趣旨 李東英君
一、獨唱 李興純孃
一、永生에對한나의管見 柳昌萬君
一、四絃琴獨奏 朴敬鎭君
一、우리의살님 李柱日君
一、合唱 李容錫李興純兩孃朴敬鎭君
一、朝鮮靑年의使命 李卯默君
一、獨唱 柳昌萬君
一、四絃琴獨奏 朴敬鎭君

(咸興)

학생대회 강단 함흥 도착

조선학생대회 순회강연단 북선(北鮮) 제1대 일행 남녀 7인은 지난 25일 정오 열차로 내함(來咸)하여 다수 인사의 영접 속에 신창리 박용하(朴鎔夏) 씨 집으로 안내되고, 오후 5시 함흥관에서 재차 유지의 환영회가 열렸는 바, 고지영(高志英) 씨의 사회와 이순기(李舜基) 씨 및 김경순(金慶淳) 양의 환영사, 단장 이동영(李東英) 씨의 답사가 있은 후 함께 둘러앉아 이야기하였고, 이후 8시 30분부터 중하리 회당에서 강연회를 연 바, 최순탁(崔淳鐸) 씨의 사회하에 김광표(金光票) 목사의 기도가 있은 후 아래와 같은 순서로 진행되었는데, 남녀 청중이 4백여 명에 달하여 대성황을 이루었으며, 일행은 다음날 오후 4시 30분 서호진으로 향하고, 여자 2인은 병세로 인하여 7일 오전 8시 열차로 부득이 상경하였다더라.

1. 개회사	사회자
1. 주악(대관식)	박경진(朴敬鎭) 군, 이용석(李容錫) 양
1. 학생대회 취지	이동영(李東英) 군
1. 독창	이흥순(李興純) 양
1. 영생에 대한 나의 관견	유창만(柳昌萬) 군
1. 사현금 독주	박경진 군
1. 우리의 살림	이주일(李柱日) 군
1. 합창	이용석 · 이흥순 양, 박경진 군

1. 조선청년의 사명	이묘묵(李卯默) 군
1. 독창	유창만 군
1. 사현금 독주	박경진 군

(함흥)

201. 동아일보 1921년 8월 19일

學生講演團北鮮隊

學生大會巡廻講演團北鮮第一隊一行은九日下午新浦港에서開講하야趣旨說明二十分間에朝鮮人刑事의無條件中止의命을當하야新浦人士와限업는作別을하고十日下午十一時北青에到着하야翌日上午十時當地警察署의注意를受하고同下午一時北青青年會午餐會에參席하얏다가九時西里青年會館內에서講演을開催한바男女聽衆千餘裡에青年會長韓國鍾氏司會로李東英氏의趣旨說明이有한後演士朴敬鎭君은「女子敎育에對하야」란題李卯默君은「青年의使命」이란題柳昌萬君은「永生의道는」이란題로各其長時間熱辯을吐하야拍手소리가不絕하얏스며間々히朴敬鎭君의四絃琴奏樂은더욱喝采를博하얏다更히「여러분安寧이게시오」란獨唱은多情多限한男女의게熱淚를下케하얏다同十二時에閉會하고十二日下午二時新昌으로出發하얏는데同時天道敎青年會北青支會에서金一封을表情하얏다더라 (北青)

학생강연단 북선대(北鮮隊)

학생대회 순회강연단 북선 제1대 일행은 9일 오후 신포항에서 개강하여 취지 설명 20분간에 조선인 형사의 무조건 중지의 명을 당하여 신포 인사와 한없는 작별을 하고, 10일 오후 11시 북청에 도착하여 다음날 아침 10시 당지 경찰서의 주의를 받고, 오후 1시 북청 청년회 오찬회에 참석하였다가, 9시 서리 청년회관 내에서 강연을 개최한 바 ,남녀 청중 천여 명에 청년회장 한국종(韓國鍾) 씨의 사회로 이동영(李東英) 씨의 취지 설명이 있은 후, 연사 박경진(朴敬鎭) 군은 「여자 교육에 대하여」란 제목, 이묘묵(李卯黙) 군은 「청년의 사명」이란 제목, 유창만(柳昌萬) 군은 「영생의 도」란 제목으로 각기 장시간 열변을 토하여 박수 소리가 끊이지 않았으며, 간간(間間)히 박경진 군의 사현금 주악은 더욱 갈채를 받았다. 다시 「여러분 안녕히 계시오」란 독창은 다정다한(多情多恨)한 남녀에게 눈물을 흐르게 하였다. 12시에 폐회하고 12일 오후 2시 신창으로 출발하였는데, 동시(同時) 천도교청년회 북청지회에서 금일봉을 표정(表情)하였다더라. (북청)

202. 매일신보 1921년 8월 20일

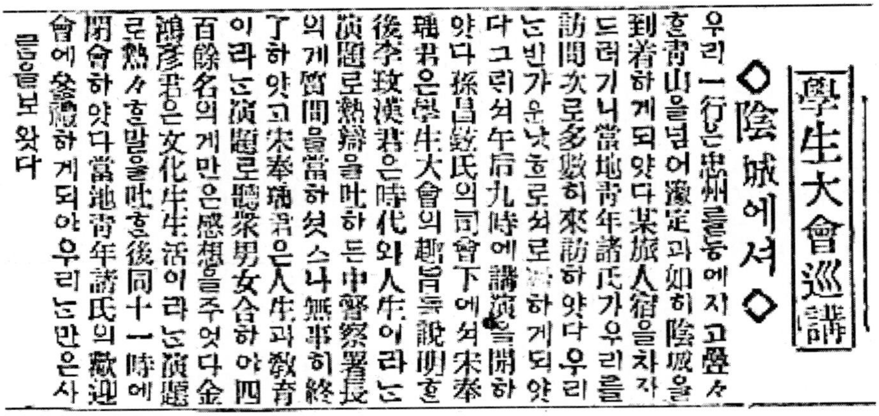

學生大會巡講

◇陰城에서◇

우리一行은忠州를등에지고疊々혼靑山을넘어豫定과如히陰城을到着하게되얏다某旅人宿을차자드러가니當地靑年諸氏가우리를訪問次로多數히來訪하얏다우리는반가운낫으로서로□하게되얏다그래서午后九時에講演을開하얏다孫昌鉉氏의司會下에서宋奉瑀君은學生大會의趣旨를說明혼後李玟漢君은時代와人生이라는演題로熱辯을吐하든中警察署長의게質問을當하엿스나無事히終了하얏고宋奉瑀君은人生과敎育이라는演題로聽衆男女合하야四百餘名의게만은感想을주엇다金鴻彦君은文化生生活이라는演題로熱々혼말을吐혼後同十一時에閉會하얏다當地靑年諸氏의歡迎會에參禮하게되야우리는만은사름을보왓다

학생대회 순강(巡講)

◇ 음성(陰城)에서 ◇

우리 일행은 충주(忠州)를 등지고 첩첩한 청산(靑山)을 넘어 예정과 같이 음성에 도착하게 되었다. 모 여인숙에 찾아들어가니, 당지 청년 제씨가 우리를 방문차로 여럿 내방하였다. 우리는 반가운 낯으로 서로 □하게 되었다. 그래서 오후 9시에 강연을 개최하였다. 손창현(孫昌鉉) 씨의 사회하에 송봉우(宋奉瑀) 군은 학생대회의 취지를 설명한 후, 이민한(李玟漢) 군은 「시대와 인생」이라는 연제로 열변을 토하던 중, 경찰서장에게 질문을 당하였으나, 무사히 종료하였고, 송봉우 군은 「인생과 교육」이라는 연제로 청중 남녀 합하여 4백여 명에게 많은 감상을 주었다. 김홍언(金鴻彦) 군은 「문화생 생활(文化生 生活)」이라는 연제로 열렬한 말을 토한 후 11시에 폐회하였다. 당지 청년회 제씨의 환영회에 참여하게 되어 우리는 많은 사람을 보았다.

203. 동아일보 1921년 8월 23일

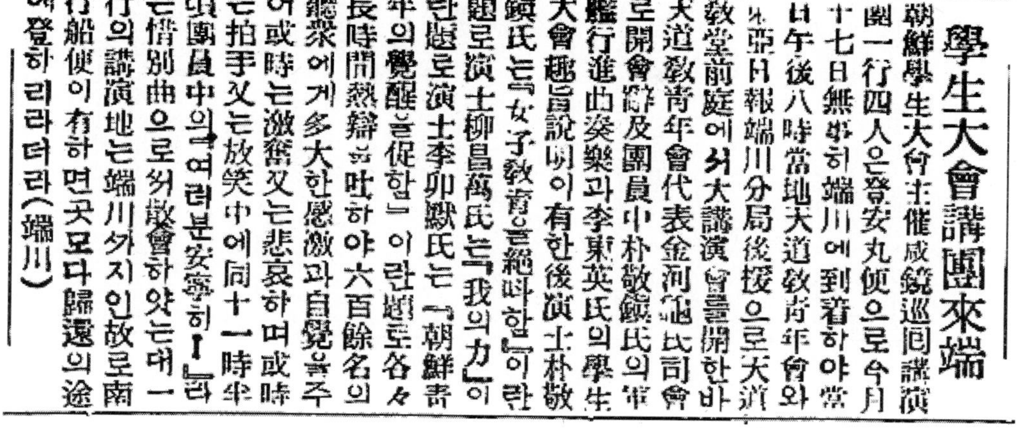

學生大會講團來端

朝鮮學生大會主催咸鏡巡回講演團一行四人은登安丸便으로今月十七日無事히端川에到着하야當日午後八時當地天道敎靑年會와東亞日報端川分局後援으로天道敎堂前庭에서大講演會를開한바天道敎靑年會代表金河龜氏司會로開會辭及團員中朴敬鎭氏의軍艦行進曲奏樂과李東英氏의學生大會趣旨說明이有한後演士朴敬鎭氏는「女子敎育을絶叫함」이란題로演士柳昌萬氏는「我의力」이란題로演士李卯默氏는「朝鮮靑年의覺醒을促함」이란題로各々長時間熱辯을吐하야六百餘名의聽衆에게多大한感激과自覺을주어或時는激奮又는悲哀하며或時는拍手又는放笑中에同十一時半頃團員中의「여러분安寧히!」라는惜別曲으로써散會하얏는데一行의講演地는端川까지인故로南行船便이有하면곳모다歸還의途에登하리라더라(端川)

학생대회 강단 단천에 옴

조선학생대회 주최 함경순회강연단 일행 4인은 등안호(登安丸)편으로 금월 17일 무사히 단천에 도착하여 당일 오후 8시 당지 천도교청년회와 동아일보 단천분국 후원으로 천도교당 앞뜰에서 대강연회를 개최한 바, 천도교청년회 대표 김하구(金河龜) 씨 사회로 개회사 및 단원 중 박경진(朴敬鎭) 씨의 군함행진곡 주악과 이동영(李東英) 씨의 학생대회 취지 설명이 있은 후 연사 박경진 씨는 「여자교육을 절규(絕叫)함」이란 제목으로, 연사 유창만(柳昌萬) 씨는 「우리의 힘」이란 제목으로, 연사 이묘묵(李卯默) 씨는 「조선청년의 각성을 촉구함」이란 제목으로 각각 장시간 열변을 토하여 6백여 명의 청중에게 다대한 감격과 자각을 주어, 혹시는 격분 또는 비애하며, 혹시는 박수 또는 방소(放笑) 중에 11시 반경 단원 중의 「여러분 안녕히!」라는 석별곡으로 산회하였는데, 일행의 강연지는 단천까지인 고로 남행선편이 있으면 곧 모두 귀환의 길에 오르리라더라. (단천)

204. 동아일보 1921년 8월 26일

關東學友會巡講團

關東學友會巡回講演團嶺東隊一行은本月八日에襄陽에來到한바本郡으로부터出迎한自働車로暫時洛山寺의絶勝을探賞한後入邑하야當夜로부터三日間淡北書堂廣場에서開講하얏는바聽講者가每日四五百人에達한中에二三十里遠村에서도來聽者가多數하얏다그런데第一日에는『爲先敎育問題를解決하라』란演題下에洪淳赫君『社會發展의原動力』이란演題로朴夏卿孃『三勢論』이란演題로金樂善君第二日에는『人生々活의改善策』이란演題로洪淳赫君『女子解放』이란演題로李淑貞女史『三勢論續』金樂善君第三日은人生々活의改善策續洪淳赫君『女子와눈물』이란演題로李恩愛孃三勢論續金樂善君의各々熱辯이有하야聽衆의拍手聲은連續不絶하얏스며李恩愛朴夏卿兩孃의淸雅한音樂은一層興味를起케하얏고更히本郡女子中趙和璧金貞淑兩孃의一行을爲하야歡迎歌가有하얏스며十日午後에는郡守以下有志諸氏의歡迎會가有하얏고十一日에는在襄學生發起로川獵會를開催하야一行을慰勞하얏다더라(江陵)

관동학우회 순강단

관동학우회순회강연단 영동대(嶺東隊) 일행은 양양에 도착한 바, 본군(本郡)으로부터 출영한 자동차로 잠시 낙산사의 절경을 탐상(探賞)한 후, 읍내에 들어가 그날 밤부터 3일간 담북(淡北)서당 광장에서 개강하였는 바, 청강자가 매일 4~5백 인에 달한 중에, 20~30리 먼 마을에서도 내청자가 다수 있었다. 그런데 첫 번째 날에는「우선 교육문제를 해결하라」라는 연제하에 홍순혁(洪淳赫) 군,「사회발전의 원동력」이란 연제로 박하경(朴夏卿) 양,「삼세론(三勢論)」이란 연제로 김낙선(金樂善) 군, 두 번째 날에는「인생 생활의 개선책」이란 연제로 홍순혁 군,「여자 해방」이란 연제로 이숙정(李淑貞) 여사,「삼세론 속(續)」 김낙선 군, 세 번째 날은「인생생활의 개선책 속(續)」 홍순혁 군,「여자의 눈물」이란 연제로 이은애(李恩愛) 양,「삼세론 속」 김낙선 군의 각각 열변이 있어, 청중의 박수소리는 연속 멈추지 않았다. 이은애 · 박하경 양(兩) 양(孃)의 청아한 음악은 일층 흥미를 돋우었고, 다시 본군 여자 중 조화벽(趙和璧) · 김정숙(金貞淑) 양(兩) 양(孃)의 일행을 위한 환영가가 있었고, 11일에는 재양(在襄) 학생 발기로 천렵회(川獵會)를 개최하여 일행을 위로하였다더라. (강릉)

205. 동아일보 1921년 9월 1일

關東學友會巡講隊

關東學友會巡廻講演嶺東隊一行은八月十三日에來江한바出迎키爲하야北距五十里되는注文津까지專送한自働車를乘하고各新聞支局代表及靑年有志諸氏의歡迎裡에一行은德潤旅館으로入하야當日은疲困한몸을閑養하고翌日로부터四日間公立普通學校內에講演會를開催하얏는바每日聽衆은四五百名에達하얏다第一日은『關東의敎育現狀과本學友會의使命』洪淳赫君『社會發展策』朴夏卿孃『活路의指針』金樂善君二日은『時代와覺悟』洪淳赫君『女子解放』李恩愛孃『改造의本意』金樂善君三日은『新生活의開拓』洪淳赫君『風俗的說話』金樂善君『子女를同一히愛하라』朴夏卿孃『靑年의岐路』金樂善君、四日은『孤兒의熱淚』金樂善君『朝鮮女子의現狀과敎育』李恩愛孃『우리의家庭을樂園으로만듬』朴夏卿孃『吾의反省과父母及靑年』洪淳赫君等의上記問題의熱辯을吐하야聽講者의拍手聲이連續不絕하얏스며金樂善君의新發明인十三穴短簫聲과李朴兩孃의淸雅한音樂及梨花在學生의後援인三人合唱은多大한興味를起케하얏스며十六日午後에는本郡有志의發起로歡迎會가有하얏고十七日에는一行을本郡의絕景인鏡浦臺로案內하얏고十八、九兩日에는注文津에서講演을試하고二十日三陟郡을向하야出發하얏다더라(江陵)

관동학우회 순강대(巡講隊)

관동학우회 순회강연 영동(嶺東)대 일행은 8월 13일에 강릉에 온 바, 출영하여 위하여 북거 50리 되는 주문진까지 전송한 자동차를 탑승하고 각 신문지국 대표 및 청년, 유지 제씨의 환영 속에 일행은 덕윤여관으로 들어가 당일은 피곤한 몸을 한양(閑養)하고, 다음 날부터 4일간 공립 보통학교 내에 강연회를 개최하였는바, 매일 청중은 4~5백 명에 달하였다. 제1일은 「관동의 교육현상과 본 학우회의 소명」 홍순혁(洪淳赫) 군, 「사회발전책」 박하경(朴夏卿) 양, 「활로의 지침」 김낙선(金樂善) 군. 2일은 「시대와 각오」 홍순혁 군, 「여자해방」 이은애(李恩愛) 양, 「개조의 본의」 김낙선 군. 3일은 「신생활의 개척」 홍순혁 군, 「풍속적 설화」 김낙선 군, 「자녀를 동일히 사랑하라」 박하경 양, 「청년의 기로」 김낙선 군. 4일은 「고아의 열누(熱淚)」 김낙선 군, 「조선여자의 현상과 교육」 이은애 양, 「우리의 가정을 낙원으로 만듬」 박하경 양, 「우리의 반성과 부모 및 청년」 홍순혁 군 등의 상기 문제의 열변을 토하여 청강자의 박수소리가 연속해서 끊이지 않았으며, 김낙선 군의 신발명인 십삼혈단소성(十三穴短簫聲)과 이은애 · 박하경 양의 청아한 음악 및 이화 재학생의 후원인 삼인 합창은 다대한 흥미를 일으키게 하였으며, 16일 오후에는 본군 유지들의 발기로 환영회가 있었고, 17일에는 일행을 본군의 절경인 경포대로 안내하였고, 18, 19 양일에는 주문진에서 강연을 시행하고 20일 삼척군으로 향하여 출발하였다더라. (강릉)

206. 동아일보 1921년 9월 2일

關東學友巡講狀況

關東學友巡講中央團一行六人은橫城原州文幕을經하야平昌旌善寧越外지에講演을終了하얏는대其經過狀況을聞하건대一行中女演士二人은文幕外시講演後元來纖弱한婦人의氣質로캄캄한우리社會의前途를啓發키爲하야無限한喫苦를堪하면서到處에舌戰을試한餘에疲勞가太甚하야不得已歸鄕케되고又一行中趙軫九君은西嶺隊를組織次로上京하얏고其餘演士는八月七日午後八時頃自働車로平昌邑에來着하야當地諸氏의後援으로翌八日午後四時當郡煙草收納場에서開講한바公醫金翔坤氏司會下에盧在明君은「時代의變遷과우리의할일」이란題로廉台振君은「現代生活과人類의動搖」란題로尹善渡君은「早婚의弊害」란題로各々熱辯을吐하야聽衆百餘名에게不少한感動을與하얏고同午後八時半更히同所에서盧君은「關東의難關」이란題로廉君은「人生과教育의關係」란題로尹君은「女子教育의急務」란題로聽衆三百餘名에게大覺醒을與하야滿場拍手聲裡에閉會後當夜當地青年諸氏의晩餐會에參席하얏스며

翌九日午前九時平昌을떠나午後八時頃旌善邑青年團體의大々的歡迎裡에同地에到着하야翌十日午後三時頃朝陽江邊에서青年二百餘名과共히川獵會가有하고同午後八時半에當地公立普通學校에서金正鉉氏司會로開講하야尹君은「女子를幸福케하라면」이란題로盧君은「人生의價値」란題로廉君은「時代에順應」이란題로各々雄辯을揮하야聽衆四百餘名에게大興奮을起케하야拍手喝采裡에閉會하얏스며八月十一日旌善을出發하야當日午後十一時寧越에到着하야當地青年의歡迎會가有하고同青年團體의後援으로當地公立普通學校에서開講한바嚴達煥氏의司會로盧君은「돈」이란題로尹君은「早婚의弊害와社會의關係」란題로長時間을亘하야熱情잇는그言說은一般에게深刻한感想을與한바但廉君은事勢에依하야同日上京한故로不參하얏고翌十三日午後八時半更히同所에서尹君은「朝鮮青年의압일과할일」이란題로盧君은「우리의覺醒과實現」이란題로講演을試하야또한盛況을呈하얏다然而巡講團一行은無非事情에依하야一二人式中路에서各歸하고但尹、盧兩君만最後外지巡講을終了하고各其歸鄕의路에登하얏다더라

(春川)

관동학우 순강(巡講) 상황

관동학우 순강중앙단 일행 6인은 횡성, 원주, 문막을 경유하여 평창, 정선, 영월까지의 강연을 종료하였는데 그 경과상황을 듣건대, 일행 중 여(女) 연사 2인은 문막까지 강연 후 원래 섬약(纖弱)한 부인의 기질로 캄캄한 우리 사회의 전도를 계발키 위하여 무한한 끽고(喫苦)를 감수하면서 도처에 설전을 시행한 나머지 피로가 극심하여 부득이 귀향케 되고, 또 일행 중 조진구(趙軫九) 군은 서영대(西嶺隊, 영동지방 서쪽 순회대)를 조직하기 위해 상경하였고, 남은 연사들은 8월 7일 오후 8시경 자동차로 평창읍에 내착(來着)하여 당지 제씨의 후원으로 다음날 8일 오후 4시 당군 연초 수납장에서 개강한 바, 공의(公醫) 김상곤(金翔坤) 씨 사회하에, 노재명(盧在明) 군은 「시대의 변천과 우리의 할 일」이란 제목으로, 염태진(廉台振) 군은 「현대 생활과 인류의 동요(動搖)」란 제목으로, 윤선도(尹善渡) 군은 「조혼의 폐해」란 제목으로 각각 열변을 토하여 청중 100여 명에게 적지 않은 감각

(感覺)을 주었고, 동일 오후 8시 반경에 같은 장소에서 노군은 「관동의 난관」이란 제목으로, 염군은 「인생과 교육의 관계」란 제목으로, 윤군은 「여자교육의 급무」란 제목으로 청중 3백여 명에게 대각성을 주어 만장의 박수소리 속에 폐회 후 당지 청년 제씨의 만찬회에 참석하였다.

다음날 9일 오전 9시 평창을 떠나 오후 8시경 정선읍 청년 단체의 대대적 환영 속에 정선에 도착하여, 다음날 10일 오후 3시경 조양강변에서 청년 20여 명과 함께 천렵회(川獵會)가 있었고, 동일 오후 8시 반에 당지 공립보통학교에서 김정현(金正鉉) 씨 사회로 개강하여, 윤군은 「여자를 행복케 하려면」이란 제목으로, 노군은 「인생의 가치」란 제목으로, 염군은 「시대에 순응」이란 제목으로 각각 웅변을 발휘하여 청중 4백여 명에게 대흥분을 일으키게 하여 박수갈채 속에 폐회하였으며, 8월 11일 정선을 출발하여 당일 오후 11시 영월에 도착하여 당지 청년의 환영회가 있고, 동 청년 단체의 후원으로 당지 공립보통학교에서 개강한 바, 엄달환(嚴達煥) 씨의 사회로 노군은 「돈」이란 제목으로, 윤군은 「조혼의 폐해와 사회의 관계」란 제목으로 장시간에 걸쳐 열정있는 그 언설(言說)은 일반에게 심각한 감상을 준 바, 다만 염군은 사세(事勢)에 의하여 동일 상경한 고로 불참하였고, 다음날 13일 오후 8시 반경 같은 장소에서 윤군은 「조선 청년의 앞일과 할 일」이란 제목으로, 노군은 「우리의 각성과 실현」이란 제목으로 강연을 시하여 또한 성황을 이루었다. 그런 후 순강단 일행은 어쩔 수 없는 사정에 의하여 한두 명씩 중간에서 각자 돌아가고 다만 윤·노 양 군만 최후까지 순강을 종료하고 각기 귀향길에 올랐다더라. (춘천)

207. 동아일보 1921년 10월 3일

延禧專校增築定礎式

來水曜日擧行

高陽郡延禧面延禧專門學校에서는來水曜日(本月五日)에目下新築中에在한二軒의新築校舍定礎式을擧行할터인대當日下午一時半에式을開始할터이더라

그런대新築校舍二軒中一은同校의創立者이오且第一次의校長인故元杜宇牧師를記念키爲하야「언더우드 홀」即元杜宇館이라命名할터인대目下同校의教授인氏의親子「에치、에치、언더우드」氏가其礎石을置할터이라同館은紐育에居하는元杜宇氏의兄「쫀티、언더우드」氏가其建築費를寄附하야建築하는者인바全部石材와「콩크리트」를用하야建築할터이라同館은三層으로할터이니長百七十呎廣四十五呎이며又五層의樓가含하얏는대全部敎室로使用할터이며建築費는二十萬圓이오其設計技師는近者北京에開校한北京醫科大學校舍의設計者인「머-피」「미깁」「헴린」의三氏이더라

其他의一軒은「사이엔스 홀」(科學館)인대其中에實驗室을含할터이며其式은以上「언더우드 홀」과同할터인바一年前에竣工한「쓰팀손 홀」의妹姊館이될터이더라

同館은長百十六呎廣四十三呎이며亦三層인대米國「매쎄추세츠」州「피츠필드」의第一監理敎會의寄附에依한者이며建築費十萬圓을要할터인대「웰치」監督이其礎石을置할터이더라以上二軒의新築校舍와「쓰팀손 홀」은四角形을成하야同校의主要建物이될터이더라

當日式에는主要한朝鮮人數役者들도「프로그램」에入할터이며其他來賓의祝辭도有할터이라더라

연희전문학교 증축 정초식

오는 수요일 거행

고양군 연희면 연희전문학교에서는 오는 수요일(이달 5일)에 지금 신축 중에 있는 2채의 신축 교사(校舍) 정초식을 거행할 터인데, 당일 오후 1시 30분에 식을 개시할 터라더라. 그런데 식축 교사 2채 중 하나는 동교의 창립자이자 초대 교장인 고(故) 원두우 목사를 기념하기 위하여『언더우드 홀』, 즉「원두우관」이라 명명할 터인데, 지금 동교 교수인 그의 친자 H. H. 언더우드 씨가 그 초석을 올릴 터라 한다. 이 건물은 뉴욕에 살고 있는 언더우드 씨의 형 존. T. 언더우드 씨가 그 건축비를 기부하여 건축하는 것인 바, 전부 석재와 콘크리트를 사용하여 건축할 터라더라. 이 건물은 3층으로 할 것이며, 높이 170척,

너비 45척이며, 또 5층의 누(樓)가 있는데, 전부 교실로 사용할 터이며, 건축비는 20만 원이오, 설계사는 최근 베이징에 개교한 베이징의과대학교 건물을 설계한 머피, 맥김, 햄린 3명이다.

또 다른 1채는 『사이언스 홀』(과학관)인데, 그중에 실험실을 포함할 터이며, 그 양식은 『언더우드 홀』과 같을 터인 바, 1년 전에 준공한 『스팀슨 홀』의 자매관이 될 터이라더라. 이 건물은 높이 116척, 너비 43척이며 역시 3층인데, 미국 매사츄세츠 주 피츠필드의 제일감리교회의 기부에 의한 것이며, 건축비 10만 원을 요할 터인데, 웰치 감독이 그 초석을 놓을 터라더라.

이상 2채의 신축 교사와 스팀슨 홀은 사각형을 형성하며 동교의 주요 건물이 될 터이라더라. 당일 정초식에는 주요 조선인 교육자들도 프로그램에 참여할 것이며, 기타 내빈의 축사도 있을 것이라더라.

208. 매일신보 1921년 10월 3일

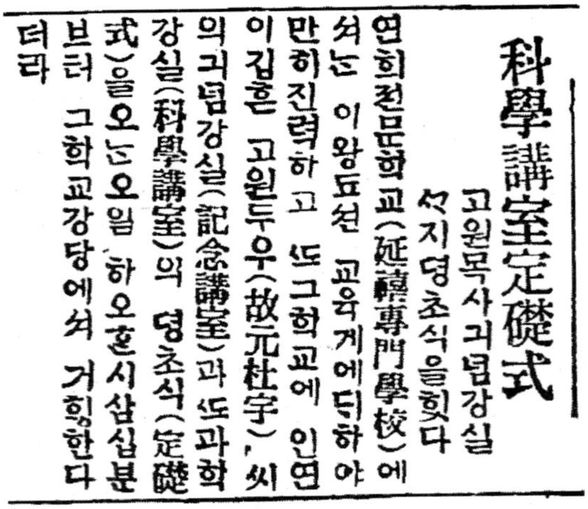

科學講室定礎式

고원목사긔념강실
셕지뎡초식을힛다

연희젼문학교(延禧專門學校)에셔는 이왕됴션 교육계에딕하야 만히진력하고 또그학교에 인연이깁흔 고원두우(故元杜宇)씨의긔념강실(記念講室)과또과학강실(科學講室)의 뎡초식(定礎式)을오는오일 하오흔시삼십분브터 그학교강당에셔 거힝한다더라

과학강실 정초식

고 언더우드 목사 기념강당까지 정초식을 했다

연희전문학교에서는 조선 교육계를 위해 노력하고, 또 그 학교에 인연이 깊은 고 원두우 씨의 기념 강당과 과학 강당 정초식을 오는 5일 오후 1시 30분부터 그 학교 강당에서 거행한다더라.

209. 매일신보 1921년 10월 7일

오일 연희전문학교 뎡초식
‖중앙은고원두우씨뎡식원장로 ‖오인편은교장에비신씨

故元杜宇氏의記念
延禧校定礎式
이세상과따로떠러진모범촌
에리과학강실뎡초식을거힝

고 언더우드 씨 기념

연희교 정초식

이 세상과 따로 떨어진 모범촌에

이과 학강실 정초식을 거행

경성의 북쪽 고양군 연희면 신촌 근처 큰 소나무숲 속에 모범을 만들었다는 연희전문학교의 정초식은 지난 5일 오후 2시부터 가장 크게 거행되었다. 이날 이곳에 출석한 이들로는, 경성에 있는 프랑스, 미국, 러시아의 각 영사와 목사 등 수십 명의 외국인과 총독부 측에서 출석한 편집과장 소전성오(小田省五) 씨, 민간 측의 단우청차랑(丹羽淸次郎) 씨와 산현제삼랑(山縣悌三郎) 씨, 조선인 측에서는 윤치호 씨, 이상재 씨, 윤익선 씨와, 곧 부영사로 임명될 김우영 씨 내외를 위시하여 내국인, 외국인 백수십 명의 내빈과 세브란스의학전문학교, 이화학당 학생 등 3백여 명이 있었다. 12시 20분 남대문발 열차로 신촌역에 도착하여, 그 역에서부터 계속하여 울창한 푸른 언덕을 긴 뱀 같은 행렬을 지어 10정가량을 걷자, 소나무숲을 개척한 높은 곳에 우뚝이 서 있는 돌로 지은 3층 대강당이 하늘을 찌르듯이 서 있고, 건축의 재목이 무수히 서 있는 그 학교 뜰을 식장으로 쓰게 되었다. 일본, 영국, 미국 국기와 학교기가 맑은 가을바람에 번득이며 보는 자로 하여금 다시금 구경케 하였다. 시간이 되자 교장 에비슨 씨가 개회를 한 바, 「본교는 5년 전에 미국에서 세상을 떠난 언더우드 목사가 창설한 터로, 그 고인의 유지를 본받아 공사와 사업을 진행하여, 4개의 건축물을 완공하였고 지금은 1곳만 작업 중이올시다. 교사(校舍) 준공 후 약 8백 명의 학생을 수용하여 가르칠 예정이라, 오늘 정초식을 거행함에 당하여 언더우드 씨의 강당은 창설자인 그를 영원히 기념하고 또 영원히 그 공로와 그 덕을 숭양코자 함이라. 그리고 오늘 정초식을 거행하는 이과 학당(學堂)은 조선의 과학 발전을 도모하고, 또 조선인 과학자가 배출되기를 기약하는 뜻에서 설치하는 것이라. 또 머지않아 일본인, 조선인 교사의 숙소를 건축하고, 또 이 학교 전체에 전기를 공급하기 위해 발전소를 설치하고, 운동장과 하수구의 설비를 완성하고, 수영장을 설치하여 내년 가을까지에는 본교의 특색이라 할 만한 모범촌 건설에 착수할 터이라. 이 모범촌은 생각하기로 아내 있는 학생을 위해 한 마을을 특설하고 모범적으로 경영하여 간다는 이상(理想)으로부터 생긴 터이올시다. 본교는 원래 오늘까지 미국북장로파 또는 감리파의 자본금으로 운영해 왔는데, 이 뒤부터는 조선인 각위 등의 동정으로 기부를 받아서 경비를 보충하고, 저희 학생 중 빈곤한 자를 도우며 졸업생 또는 교사의 일본 또는 해외유학 비용으로 보태 쓰겠다」는 인사가 있었고, 또 「오늘은 총독각하가 임장하여 주기를 청하였었는데, 다른 데 볼 일이 있어서 참석하기 어렵다 한 것은 진실로 유감이다」라고 말하고 계속하여 소전(小田) 과장과 이상재 씨와, 개성에 있는 게일 박사 등의 축사가 있었다. 그리고 정한 바와 같이 두 강당의 정초식을 행하고 오후 2시 반에 폐회한 후 경성에서 출발한 내빈은 동 4시 15분발 열차로 돌아왔더라.

210. 동아일보 1921년 10월 13일

世富蘭醫專盟休
삼년생일동이학교확장과
선생기선을조건으로휴학

세브란스의학전문학교 동맹휴학

3학년 일동이 학교 확장과 선생 개선을 조건으로 휴학

올해 봄으로부터 학교의 동맹휴학이 유행하여 한참 동안은 교육계에 큰 영향을 일으켰던 바, 남대문 밖 세브란스병원에 있는 학교(세의전)에서 또 3학년생 전부가 어제부터 일제히 동맹을 하고 등교를 하지 않으며, 또 계속하여 다른 학년의 학생들도 동맹휴학에 참가하려는 동정이 있으므로 그 학교 교장 에비슨 씨를 비롯한 교직원 사이에서 큰 소동이 일어났으며, 학교에 매우 불안한 공기가 가득하게 되었다는 바, 그 내용을 자세히 들은즉 학생 편에서는 올해 봄부터 학교의 설비와 강사가 불충분하다는 이유로 적지 않은 문제가 되어 있던 중, 지난달 학생 편에서 참다 못하여 우선 긴급한 문제로 자격이 불충분한 강사 몇 명을 내보내고 다른 자격 있는 강사를 고빙하여 달라고 사무소에 청원서를 제출하였다. 그때는 마침 그 학교 교장 에비슨 씨가 베이징에 가고 없었던 때이므로, 학교 당국자 편에서는 교장이 없다는 이유로 그럭저럭 문제가 알지 못하는 새 묻혀버렸던 것인데, 학교 당국자 측에서 학생이 제출한 문제를 받아들이지 아니하므로 요사이 학생 측에서는 또다시 3학년 생도 전부의 연명으로, 학과를 개량하여 의학전문학교로서 충분한 과목을 가르치게 할 일, 또 지금 있는 강사 중에 그 자격이 의학전문학교의 학생들을 가르칠 만한 실력이 없는 강사를 속히 개선하여 다른 자격과 실력이 충분한 강사를 고빙하여 줄 일과, 기타 교실의 설비를 확장하여 달라는 등의 청구를 기록한 탄원서를 지난 10일에 교장에게 제출하고 실행을 기다렸으나, 학교 당국자편에서는 도통 실행하는 동정이 보이지 않으므로, 학생 측에서는 부득이 어제부터 등교를 하지 않는 것으로, 교장 에비슨 씨는 이와 같은 운동을 일으킨 배후에 어떤 선동자가 있는가 하여 그제 연명한 학생들을 한 명씩 불러 조사를 하였으나, 선동을 받은 흔적은 없고 모두 자기들의 의사에서 나온 일이라 하므로, 교장은 학생들은 어떤 요구가 있든지 학업을 중단하고 실행을 강력히 요청하는 것은 불미스러운 일인즉 무조건 등교를 하라고 권유를 하였으며, 만일 등교를 아니하면 모두 퇴학을 명한다 하였으나, 학생 측에서는 의연히 등교를 아니하고 어제 수업을 쉬었으며, 또 다른 학년의 학생들도 참가할 염려가 있다 하며, 소관 본정경찰서에서는 사복 순사를 파견하여 내용을 조사하는 중이라더라.

211. 매일신보 1921년 10월 13일

世富蘭偲醫專校 三年生全部盟休

요구조건은교ᄉ증축과교슈 를더느리고기셜을히달나고

근일학생의 동맹휴교는 류힝뎡이라고도 말홀만하게 격렬하면 언의곳에서던지 맹휴가 싱기는 것은가리울수업는 사실이다 그런대 그와갓치 맹휴가 싱기게되는원인의 결뎜은어대에 잇는가 공평하게 말하면 학교당국에여하훈 결뎜이잇는 싸닭에학싱으로 하여금불만족홈을 부르지게하며 필경에는 맹휴라는불상사가싱기는것이미이와갓흔불상사를 이르키게 되는것은원인은학교 당국에 잇겟지만는불상사를 이르키는 학싱측도온건하다고 말홀수업는 것이다 그런대『세부란스』의학젼문 학교(醫學專門學校)어비신(魚丕信)박사의 경영하는 종교인의 학교로지우금서지 미우온건하게 나려왓는대표면으로만 온건 홈뿐이오리면에는엇더훈 불평이 싱기●와던서닭에 십일월에 동교삼학년싱도젼부가 일치가결로 학교에 요구됴건을 데출하야 회답을들은결과 요구를 드러주지안이하면동맹 휴교라도 이르키겟는우동이싱기며서 결의된바를실힝훈결과십이일아참에삼학년싱젼부가회답을기대리기위하야

일시학교 에모히엿셧스나학교 당국으로부터 원만훈회답이업슴으로 삼사년싱도 십칠명은일제히 척보를 엽혜쉬고 교문을 버서나아가며 동맹휴교된 삼년급 교실에는 아참이빗이 동편류리창으로 붓치며 드러올따름이대 그요구됴건은 학교에서 예산훈 바와갓치 륙만원의예산으로구니에 교사(校舍)를증축하여주며 또교수(敎授)십삼명으로 과뎡을 시간대로 비호아갈수업스니 교슈를 이십명 가량으로주원을

식히여서 완젼한 교슈를식히여주며 또한설비에 대하야도불완젼 홈에한가지나 두가지가안이즉 설비를 완젼무결케하여달나는요구라더라

目下形便은 現狀維持

지금형편으로도넉넉히하야나갈모양

◇學校側主張◇

그런대 젼긔삼년싱의 맹휴에대하야 학교당국자는 말하되『싱도츙슈는대쳐팔년도에 쇼요로 인하야년급의음모가업셧스미현저이년급은졀급중임으로사년급떠덜명과삼년급십칠명과일년급십팔명합게사십삼명인대 학교증축의 문데로말하면입의예산은쳐이고는돈이되지못하야 지우금 연긔되야오는중이며 교슈로말하면현지십삼인중에

시간교슈 도잇는형편입으로뎌한 과뎡을못 비호는일이 업지는안이하며 교슈를 느린다는의론도잇셔지우금업뎌셰균학(細菌學)강ᄉ도미국으로부터한명을 초빙하야곳교수를 시작홀터이며 설비로말하면 그다지불완젼하다고말홀수업슬뿐안이라훈편으로한가지두가지식이라도 더하야가는이ᄯᅢ이미경비의문데로인하야륙만원의교ᄉ(校舍)를는명간으로곳증축홀수도업는것오교수도

한사람에 대하야이빅원 가량의보수를준다고하더라도륙칠인을 고빙하면그 예산도젹지 아니훈바이며 설비는 대긔현상 유지로도 능히히나아갈수가잇스며모든것이 불만족하다하더라도예산이 ᄯᅡ라스는대로유지하여갈수밧게 업는대 특히삼년급에서 맹휴를홈에 대하야는이상 의사정을 설명하고 일이일간좀의시일을주어가지고

깁히반셩 하라는긔간을 주엇고 이에만일거스를것갓흐면단호훈 쳐분을 나리겟다고하얏노라고 말하더라

圓滿解決은 在於學校側

속히히결하여주기만고대홀뿐입

◇學生側主張◇

그리고 맹휴한삼년급 싱도의말을듯건대『이번맹휴의 운동은금작히싱긴것이 안이오 교사증츅과교슈증원과설비완젼에대하야 이왕브터 학교당국에 요구하여오던바인대 학교에서는 차일피일로미루어 갈쉰이미 우리가비홀날은 일년이란단시일이 압헤 잇슬ᄯᆞ름이오 비호는것은불완젼홈으로

하로라도 속히요구를드러달나고 하얏스나 원만한회답은업는 싸닭에필경은 홀슈업시 맹휴가 싱기는것이미 이러한일이외부에 낫하나면 불상ᄉ인줄은싱각하는바이지마는이것은우리가 이학교에잇는 동안에완젼훈학문을 비호기위하야 또는뒤호로비호아 나아오는 동창을위하야우리의 몸이희싱이 되도록요구한바의 목뎍을 달하고져하는바입으로져금은

삼년급만 먼저맹휴가된 것이지마는우리가맹휴가되얏다가원만한 히결을 엇지못하는경우에는 사년급이나 일년급에서도방관홀슈가 업슬것이오 이와갓치되면 의젼의 불상ᄉ는점점확대하게 될터이미 될수잇는대로는그에 서지입으기젼에 속히문데가 히결이되기를 바라는바인대 실로학교당국에서는 엇더한싱각을가지고잇는지단지그것만기대리고잇슬ᄯᆞ름이라고말하더라

세브란스의학교 3년생 전부 맹휴

요구 조건 교사 증축과 교수를 더 늘이고 개선을 해 달라고

근래 학생의 동맹휴교는 유행이라고도 말할 만하게 걸핏하면 어느 곳에서든지 맹휴가 생기는 것은 가릴 수 없는 사실이다. 그런데 그와 같이 맹휴가 생기게 되는 원인의 결점은 어디에 있는가. 공평하게 말하면, 학교 당국에 여하한 결점이 있는 까닭에 학생으로 하여금 불만족함을 부르짖게 하며, 필경에는 맹휴라는 불상사가 생기는 것이매, 이와 같은 불상사를 일으키게 되는 것의 원인은 학교 당국에 있겠지만 불상사를 일으키는 학생 측도 온건하다고 말할 수 없는 것이다.

그런데 「세브란스」의학전문학교는 에비슨 박사가 경영하는 종교인의 학교로, 지금까지 매우 온건하게 내려왔는데, 표면으로만 온건할 뿐이요 이면에는 어떠한 불평이 생겨왔던 까닭에 11일에 동교 3학년 생도 전부가 일치 가결로 학교에 요구 조건을 제출하여 회답을 들은 결과, 요구를 들어주지 아니하면 동맹휴교라도 일으키자는 운동이 생겨서 결의된 바를 실행한 결과, 12일 아침에 3학년생 전부가 해답을 기다리기 위하여 일시 학교에 모였으나 학교 당국으로부터 원만한 회답이 없으므로 3학년 생도 17명은 일제히 책보를 옆에 끼고 교문을 벗어 나아가게 되었다. 이에 동맹 휴교된 3학년 교실에는 아침의 빛이 동편 유리창으로 비쳐 들어올 따름인데, 그 요구 조건은 학교에서 예산한 바와 같이 6만 원의 예산으로 구내에 교사(校舍)를 증축하여 주며, 또 교수 13명으로 과정을 시간대로 배워갈 수 없으니 교수를 20명가량으로 증원을 시켜서 완전한 교수를 시켜주며, 또한 설비에 대해서도 불완전함이 한 가지나 두 가지가 아닌즉, 설비를 완전무결케 하여 달라는 요구라더라.

목하 형편은 현상 유지
지금 형편으로도 넉넉히 해나갈 모양
◇학교 측 주장◇

그런데 전기 3학년 학생의 맹휴에 대하여 학교 당국자는 말하기를, 『생도 총수는 대정 8년(1919년)도에 소요로 인해 1학년 응모가 없었으매, 현재 2학년은 결급(缺級) 중이므로, 4학년 8명과 3학년 17명과 1학년 18명, 합계 43명인데, 대학교 증축의 문제로 말하면 이미 예산을 헤아려 보고 돈이 되지 못하여 지금 연기되어 오는 중이며, 교수로 말하면 현재

13인 중에 시간 교수도 있는 형편이므로, 정한 과정을 못 배우는 일이 없지는 아니하매, 교수를 늘인다는 의론도 있어, 지금 어떤 세균학 강사도 미국으로부터 1명을 초빙하여 곧 교수를 시작할 터이며, 설비로 말하면 그다지 불완전하다고 말할 수 없을 뿐 아니라 한편으로 한 가지 두 가지 씩이라도 더하여 가는 이때, 이미 경비의 문제로 인하여 6만 원의 교사(校舍)를 금명간으로 곧 증축할 수도 없는 것이오, 교수도 한 사람에 대하여 2백 원가량의 보수를 준다고 하더라도 6, 7인을 고빙하면 그 예산도 적지 아니한 바이며, 설비는 대개 현상 유지로도 능히 하여 나아갈 수가 있으매, 모든 것이 불만족하다 하더라도 예산이 돌아서는 대로 유지하여 갈 수밖에 없는데, 특히 3학년에서 맹휴를 함에 대하여는 이상의 사정을 설명하고 1, 2일간쯤의 시일을 주어 깊이 반성하라는 기간을 주었고, 이에 만일 거스를 것 같으면 단호한 처분을 내리겠다고 하였노라』고 말하더라.

원만 해결은 학교 측에 달려

속히 해결해 주기만 고대할 뿐임

◇학생 측 주장◇

그리고 맹휴한 3학년 생도의 말을 듣건대, 『이번 맹휴 운동은 갑자기 생긴 것이 아니요, 교사 증축과 교수 증원과 설비 완전에 대해 이왕부터 학교 당국에 요구하여 오던 바인데, 학교에서는 차일피일 미루어 갈 뿐이므로, 우리가 배울 날은 1년이란 시일이 앞에 있을 따름이오, 배우는 것은 불완전하므로 하루라도 속히 요구를 들어달라고 하였으나, 원만한 해답은 없는 까닭에 필경은 할 수 없이 맹휴가 생기는 것이며, 이러한 일이 외부에 나타나면 불상사인 줄은 생각하는 바이지만은, 이것은 우리가 이 학교에 있는 동안에 완전한 학문을 배우기 위하여, 또는 앞으로 배워 나오는 동창들을 위하여 우리의 몸을 희생하여 요구한 바의 목적을 달하고자 하는 바이므로, 지금은 3학년만 먼저 맹휴가 된 것이지만 우리가 맹휴가 되었다가 원만한 해결을 얻지 못하는 경우에는 4학년이나 1학년에서도 방관할 수가 없을 것이오. 이와 같이 되면 의전(醫專)의 불상사는 점점 확대하게 될 터이매, 될 수 있는 대로는 그에까지 이르기 전에 속히 문제가 해결 되기를 바라는 바이다. 실로 학교 당국에서는 어떠한 생각을 가지고 있는지 단지 그것만 기다리고 있을 따름』이라고 말하더라.

212. 매일신보 1921년 10월 16일

世富蘭偲 醫專校 盟休事件과

그후퇴학명한데대하야학교측의태도

남대문밧세부란스의학교전문학교삼년성의동맹휴학한사건에대하야는누々히보도한바어니와그후학성편에서는갈사록더욱강경한태도로학교당국자의명령을응치안이홈으로학교에서는십삼일에동맹휴학한학싱즁에열두명을퇴학식히엿는바그퇴학을당한학싱들은자긔네가퇴학을당홀지라도

그사건에 대더한질문과회결을하겟다하야질문을하며야단을하는등도리어자긔들이션싱을압두코져하는지라이에션싱들은학싱에게단톄또는기인기인으로불너다가젼후사연을말하고십이일오후셰시에등교하겟다는통지가업스면퇴학을명령하겟다는통지셔를보니엿는데그즁에여섯명은등교하겟다고통지가잇섯스나

열두명은 죵시하등의통긔가업는고로십삼일에이열누명에대하야퇴학을명하엿는대퇴학을당한학싱도들은이러니저러니하고질문셔를뎨출하엿스나학교에셔는임의퇴학을명한학싱인고로그사람들의질문셔를퇴각하고금일에도그학싱들이학교에와셔무삼말을하기교쟝으로부터너의가임의퇴학을당한사롬인즉

다시학싱의 자격과단톄의힝동으로무삼말을쳥구홀수가업스니혹기인기인으로와셔사과하며기쥰홀만갓흐면우리션싱편에셔다시회의한결과엇더케하던지쳔단하여쥬겟다고말하야보닉여다더라

세브란스의학전문학교

맹휴사건과 그 후 퇴학을 명한 것에 대해 학교 측의 태도

남대문 밖 세브란스의학전문학교 3학년이 동맹휴학한 사건에 대해서는 여러 차례 보도한 바이어니와, 그 후 학생 편에서는 갈수록 더욱 강경한 태도로 학교 당국자의 명령에 응하지 아니하므로 학교에서는 13일에 동맹휴학한 학생 중 12명을 퇴학을 시켰는데, 그 퇴학을 당한 학생들은 자기들이 퇴학을 당할지라도 그 사건을 위해 철저한 질문과 해결을 하겠다 하여, 질문을 하며 야단을 하는 등 도리어 자기들이 선생을 앞두고자 하는지라, 이에 선생들은 학생에게 전체 또는 개인개인으로 불러다 전후 사연을 말하고, 12일 오후 3시까지 등교하겠다는 통지가 없으면 퇴학을 명령하겠다는 통지서를 보냈는데, 그중 6명

은 등교하겠다는 통지가 있었으나, 12명은 여전히 어떤 통지가 없는 까닭으로, 13일에 이 12명에 대해 퇴학을 명하였는데, 퇴학을 당한 학생들은 이러니 저러니 하는 질문서를 제출하였으나 학교에서는 이미 퇴학을 명한 학생인고로 그 사람들의 질문서를 퇴각하고 오늘도 그 학생들이 학교에 와서 무슨 말을 하기에 교장이 너희는 이미 퇴학을 당한 사람인즉, 다시 학생의 자격과 단체행동으로 무슨 말을 청구할 수가 없으니, 혹 개인개인으로 와서 사과하며 개전(改悛, 반성)한다면 우리 선생들이 다시 회의하여 어떻게 하든 처리하여 주겠다고 말해서 보냈다더라.

213. 매일신보 1921년 10월 20일

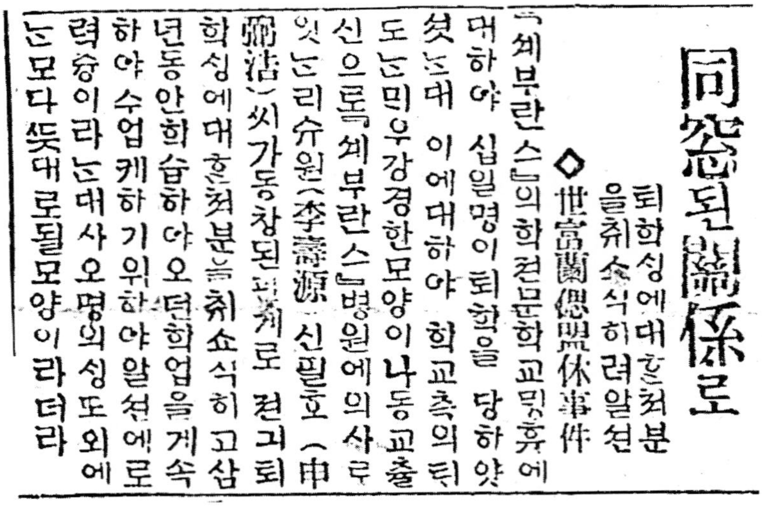

同窓된關係로

퇴학싱에대훈처분을취소식히려알션

◇世富蘭偲盟休事件

「셰부란스」의학젼문학교맹휴에대하야 십일명이퇴학을 당하얏섯는대 이에대하야 학교측의틱도는미우강경한모양이나동교츌신으로셰부란스」병원에의사로잇는리슈원(李壽源)신필호(申弼浩)씨가동창된관계로 젼긔퇴학싱에대훈처분는取消식히고삼년동안학습하야오던학업을계속하야수업케하기위하야알션에로력즁이라는대사오명의싱도외에는모다뜻대로될모양이라더라

동창된 관계로

퇴학생에 대한 처분을 취소시키려 알선

세브란스 맹휴 사건

세브란스의학전문학교 맹휴에 대하여 11명이 퇴학을 당하였었는데 이에 대하여 학교측의 태도는 매우 강경한 모양이나, 동교 출신으로 세브란스병원에 의사로 있는 이수원(李壽源), 신필호(申弼浩) 씨가 동창된 관계로 전기 퇴학생에 대한 처분을 취소시키고 3년 동안 학습하여 오던 학업을 계속하여 수업케 하기 위하여 알선에 노력 중이라는데, 4, 5명의 생도 외에는 모두 뜻대로 될 모양이라더라.

214. 매일신보 1921년 10월 21일

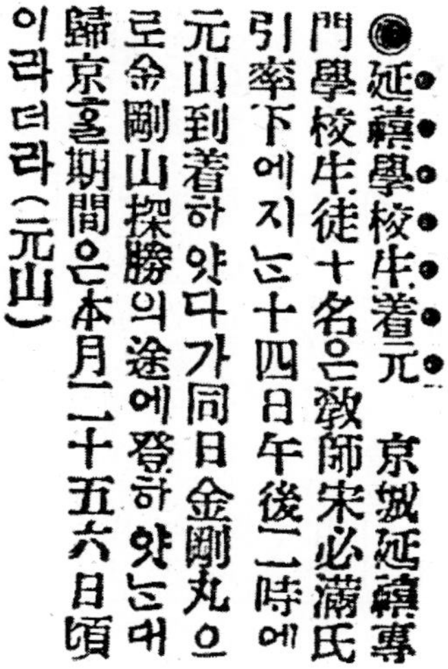

◉延禧學校生着元 京城延禧專門學校生徒十名은敎師宋必滿氏引率下에지난十四日午後二時에元山到着하얏다가同日金剛丸으로金剛山探勝의途에登하얏는대歸京홀期間은本月二十五六日頃이라더라(元山)

연희학교 학생 원산 도착

경성 연희전문학교 학생 10명은 교사 송필만 씨 인솔하에 지난 14일 오후 2시에 원산에 도착하였다가, 같은 날 금강호를 타고 금강산 여행의 길에 올랐는데, 귀경 날짜는 이번 달 25, 26일경이라더라. (원산)

215. 매일신보 1921년 10월 28일

醫專盟休 尙未解決

퇴학명령을ᄅᆡ년 삼월ᄭᆞ지보류케

남대문밧게부란쓰의학젼문학교ᄉᆡᆼ도가 그학교의 ᄂᆡ용을츙실히하며 학교를 ᄉᆡ로히건축하며 션ᄉᆡᆼ과 교과셔를 이동식혀달라는여러가지 됴건으로 학교당국에의견셔를 뎨출한후 ᄯᅡ라셔자긔들의 쳥구ᄒᆞᆫ바 몃가지됴건을 젼부실ᄒᆡᆼ하기ᄭᆞ지에 동ᄆᆡᆼ휴학ᄒᆞᆫ다는 결의문을 뎨츌ᄒᆞᆫ바학교에셔는 쳥구ᄒᆞᆫ 됴건에가히 취ᄒᆞᆯ것은차차 실ᄒᆡᆼ하여 가즈고두차 타일넛스나 그즁에열두명의 학ᄉᆡᆼ은죵시 슌죵치안이ᄒᆞᆷ으로 학교에셔는 부득이 그학ᄉᆡᆼ에게 퇴학명령을 ᄂᆡ리엿다ᄒᆞᆷ은임의보도ᄒᆞᆫ바이어니와그후

졸업ᄉᆡᆼ편 에셔도즁지에

졸업ᄉᆡᆼ편 에셔도즁지에 극히로력하엿고일변으로학ᄉᆡᆼ들도자긔들의 잘못ᄒᆞᆷ을 ᄭᆡ닷고ᄀᆡᄀᆡ인으로 학교에사과장을 뎨츌하고다시 학교에드려 달나고간쳥ᄒᆞᆷ으로 학교당국에셔도 그ᄉᆞ이에 두번이나교슈회의를 열고깁히ᄉᆡᆼ각하고익히의론ᄒᆞᆫ결과공연히 동ᄆᆡᆼ휴학을하는등 학교에대단ᄒᆞᆫ 미혹을ᄭᅵ치는것이 ᄒᆞᆫ심관이된모양인즉아모조록엄졍ᄒᆞᆫ수단을쓰지안이하면안이되겟다하야임의ᄂᆡ리운퇴학명령을명년삼월ᄭᆞ지 보류하야 두고그사이에그학ᄉᆡᆼ들의품ᄒᆡᆼ과마음을됴사하야 확실미쥰 ᄒᆞᆫ것이분명하면그ᄯᅢ에가셔야다시복교케하던지혹은그냥퇴학을식히던지하기로결뎡되엿다하며이십팔일에는학부형측에셔회의를열고뎡학퇴학문뎨에대하야의론ᄒᆞᆫ후학교당국자와협의하리라더라

세전 맹휴 아직 미해결

퇴학명령을 내년 3월까지 보류

남대문 밖 세브란스의학전문학교 학생이 그 학교의 내용을 충실히 하며, 학교를 새로 건축하여 선생과 교과서를 바꿔달라는 여러 가지 조건으로 학교 당국에 의견서를 제출한 후, 자기들의 청구한 몇 가지 조건을 전부 실행할 때까지 동맹휴학을 한다는 결의문을 제출한 바, 학교에서는 청구한 조건 중 취할 것은 차차 실행하여 가겠다고 여러 차례 타일렀으나 그중에 12명의 학생은 계속 받아들이지 아니하므로 학교는 부득이 그 학생들에게

퇴학명령을 내렸다 함은 이미 보도한 바이다. 그 후 졸업생 편에서 중재에 극히 노력하였고, 한편으로 학생들도 자기들의 잘못을 깨닫고 개인개인으로 학교에 사과장을 제출하고, 다시 학교에 받아달라고 간청하므로 학교 당국에서도 그 사이에 두 번이나 교수회의를 열고 깊이 생각하고 논의한 결과, 공연히 동맹휴학을 하는 등 학교에 대단한 손해를 끼치는 것이 한 습관이 된 모양인즉 모쪼록 엄정한 수단을 쓰지 아니하면 안되겠다 하여, 이미 내린 퇴학명령을 내년 3월까지 보류하여 두고, 그 사이에 그 학생들의 품행과 마음을 조사하여 확실히 개전(改悛)한 것이 분명하면 그때 가서 다시 복교케 하던지, 혹은 그냥 퇴학을 시키던지 하기로 결정되었다 하며, 28일에는 학부형 측에서 회의를 열고 정학, 퇴학 문제에 대해 의논한 후 당교 당국자와 협의하리라더라.

216. 동아일보 1921년 10월 30일

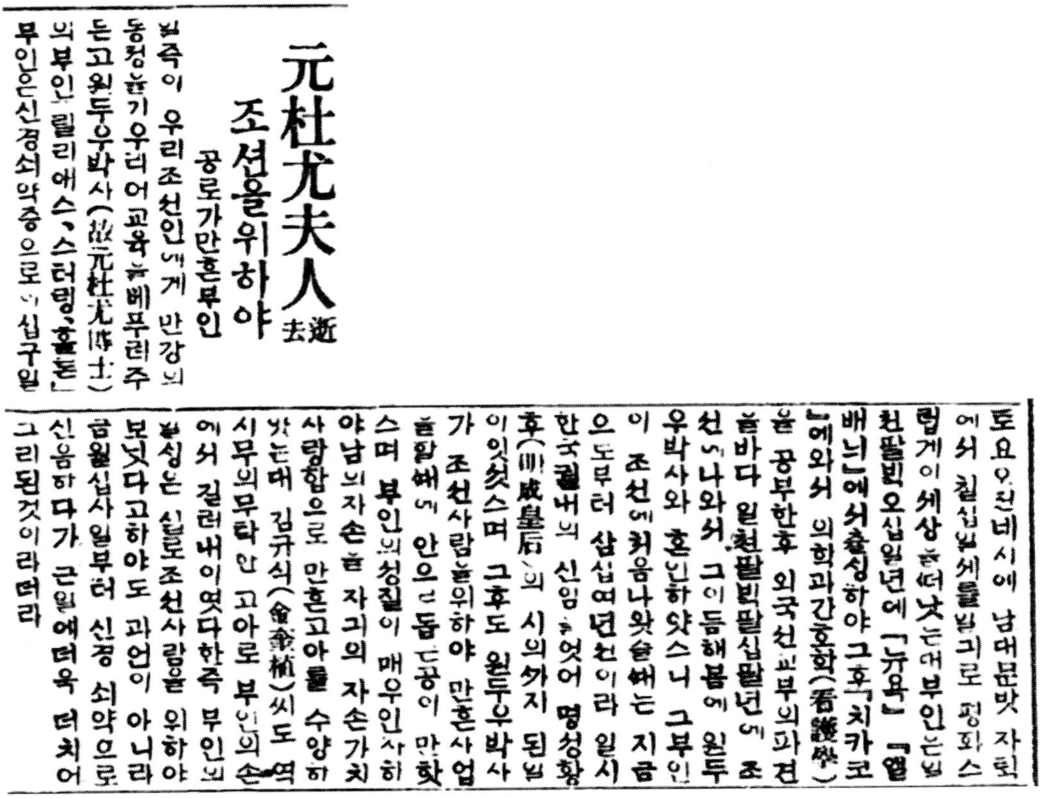

元杜尤夫人 逝去

조선을위하야

공로가만흔부인

일즉이 우리조선인에게 만강의 동정을기우려어교육을베푸러주든고원두우박사(故元杜尤博士)의부인 릴리에스、스터령、홀톤」부인은신경쇠약증으로이십구일토요일오젼네시에 남대문밧 자택에서 칠십일세를일긔로 평화스럽게이세상을떠낫는대부인은일천팔빅오십일년에「뉴욕」「알배니」에서출싱하야그후「시카고」에와서 의학과간호학(看護學)을 공부한후 외국선교부의파견을바다 일천팔빅팔십팔년에 조선에나와서 그이듬해봄에 원두우박사와 혼인하얏스니 그부인이 조선에처음나왓슬때는 지금으로부터 삼십여년전이라 일시한국궐내의 신임을엇어 명성황후(明成皇后)의 시의까지 된일이잇섯스며 그후도 원두우박사가 조선사람을위하야 만흔사업을할때에 안으로돕는공이 만핫스며 부인의성질이 매우인사하사랑함으로 만흔고아를 수양하얏는대 김규식(金奎植)씨도 역시무의무탁한고아로 부인의손에서 길러내이엿다한즉 부인의별싱은 실로조선사람을 위하야 보냇다고하야도 과언이아니라 금월십사일부터 신경쇠약으로 신음하다가 근일에더욱 더치어 그리된것이라더라

원두우 부인 서거

조선을 위하여 공로가 많은 부인

일찍이 우리 조선인에게 만강의 동정을 기울여 교육을 베풀어주던 고 원두우 박사의 부인 릴리어스 스털링 호튼 부인은 신경쇠약증으로 29일 토요일 오전 4시에 남대문 밖 자택에서 71세를 일기로 평화스럽게 이 세상을 떠났는데, 부인은 1851년에 뉴욕 알바니에서 출생하여 그 후 시카고에 와서 의학과 간호학을 공부한 후 외국선교부의 파견을 받아 1888년에 조선에 나와서 그 이듬해 봄에 원두우 박사와 혼인하였다. 그 부인이 조선에 처음 나왔을 때는 지금으로부터 30여 년 전이라, 일시 한국 궐내에 사람을 얻어 명성황후의

시의까지 된 적이 있었으며, 그 후도 원두우 박사가 조선 사람을 위하여 많은 사업을 할 때 안으로 돕는 공이 많았으며, 부인의 성질이 매우 인자하여 남의 자손을 자기의 자손같이 사랑함으로 많은 고야를 수양하였는데, 김규식(金奎植) 씨도 역시 무의무탁(無依無托)한 고아로 부인의 손에서 길러내었다 한즉, 부인의 일생은 실로 조선 사람을 위하여 보냈다고 하여도 과언이 아니라. 금월 14일부터 신경쇠약으로 고생하다가 근일에 더욱 덧나게 되어 그리된 것이라더라.

217. 동아일보 1921년 10월 31일

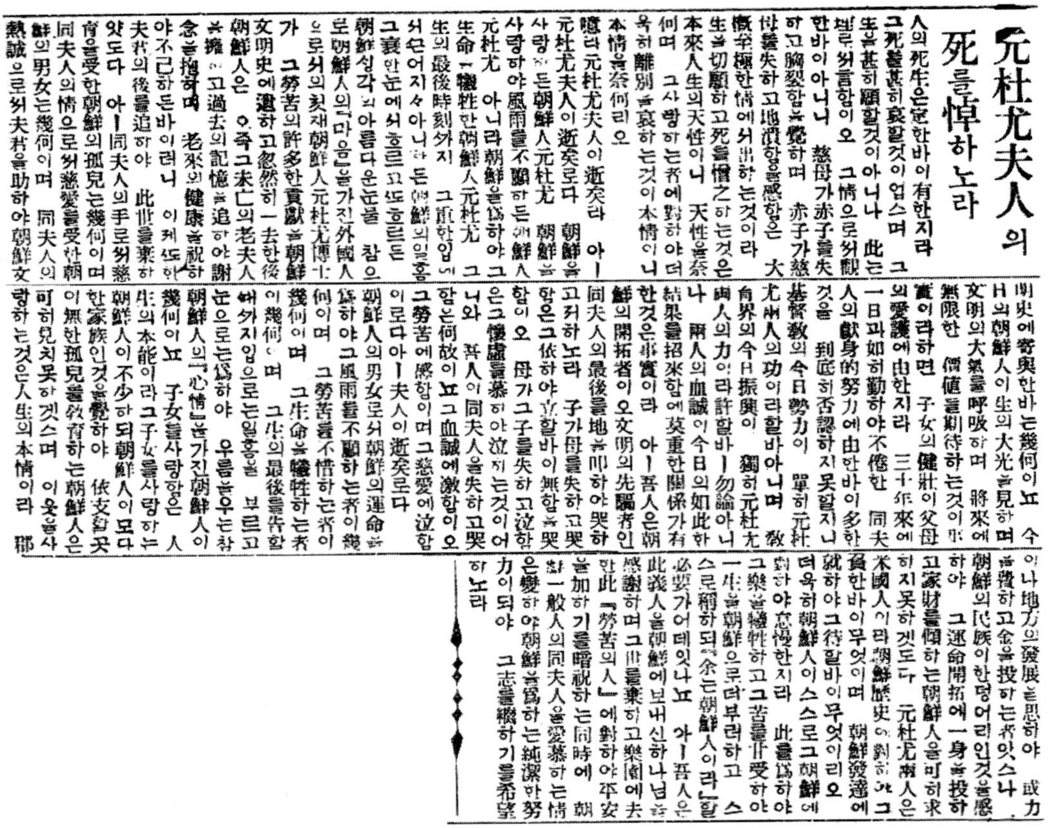

元杜尤夫人의 死를悼하노라

人의死生은定한바이有한지라 그死를甚히哀할것이업스며 그生을甚히願할것이아니나 此는理로써言함이오 그情으로써觀한바이아니니 慈母가赤子를失하고胸裂함을覺하며 赤子가慈母를失하고地潰함을感함은 大槪至極한情에서出하는것이라 生을切願하고死를憎之하는것은本來人生의天性이니 天性을奈何며 그사랑하는者에對하야더욱히離別을哀하는것이本情이니 本情을奈何리오

噫라元杜尤夫人이逝矣라 아ㅣ元杜尤夫人이逝矣로다 朝鮮을사랑하든朝鮮人元杜尤 朝鮮을사랑하야風雨를不顧하든朝鮮人元杜尤 아니라朝鮮을爲하야 그生命ㅣ犧牲한朝鮮人元杜尤 그生의最後時刻까지 그面한입에서ㄴ어지ㅅ아니하든朝鮮의일홈 그衰한눈에서흐르고또흐르든朝鮮식각의아름다운눈물 참으로朝鮮人의마음을가진外國人으로써의첫재朝鮮人元杜尤博士가 그勞苦의許多한貢獻을朝鮮文明史에遺하고忽然히一去한後朝鮮人은 오죽그未亡의老夫人을擁하고過去의記憶을追하야謝念을抱하며 老來의健康을祝하야不已하든바이러니 이제또하夫君의後를追하야 此世를棄하얏도다 아ㅣ同夫人의手로써慈育을受한朝鮮의孤兒는幾何이며 同夫人의情으로써慈愛를受한朝鮮의男女는幾何이며 同夫人의熱誠으로써夫君을助하야朝鮮文明史에寄與한바는幾何이뇨 今日의朝鮮人이生의大光을見하며 文明의大氣를呼吸하며 將來에無限한 價値를期待하는것이事實이라하면 子女의健壯이父母의愛護에由한지라 三十年來에一日과如히勤하야不倦한 同夫人의獻身的努力에由한바이多한것을 到底히否認하지못할지니 基督敎의今日勢力이 單히元杜尤兩人의功이라할바아니며 敎育界의今日振興이 獨히元杜尤兩人의力이라許할바ㅣ勿論아니나 兩人의血誠이今日의如此한結果를招來함에莫重한關係가有한것은事實이라 아ㅣ吾人은朝鮮의開拓者이오文明의先驅者인同夫人의最後를地를叩하야哭하고져하노라 子가母를失하고哭함은그依하야立할바이無함을哭함이오 母가그子를失하고泣함은그懷抱를慕하야泣하는것이어니와 吾人이同夫人을失하고哭함은何故이뇨그血誠에激함이오그勞苦에感함이며그慈愛에泣함이로다아ㅣ夫人이逝矣로다 朝鮮人의男女로써朝鮮의運命을爲하야그風雨를不顧하는者이幾何이며 그勞苦를不惜하는者이幾何이며 그生命을犧牲하는者이幾何이며 그生의最後를告할때까지입으로는일홈을 부르고눈으로는爲하야 우름을우는참朝鮮人의『心情』을가진朝鮮人이幾何이뇨 子女를사랑함은人生의本能이라그子女를사랑하는朝鮮人이不少하되朝鮮人이모다한家族인것을覺하야 依支할곳이無한孤兒를敎育하는朝鮮人은可히見치못하겟스며 이옷을사랑하는것은人生의本情이라 郡이나地方의發展을思하야 或力을費하고金을投하는者잇스나 朝鮮의民族이한덩어리인것을感하야 그運命開拓에一身을投하고家財를傾하는朝鮮人을可히求하지못하겟도다 元杜尤兩人은米國人이라朝鮮歷史에對하야그負한바이무엇이며 朝鮮發達에就하야그待할바이무엇이리오 더욱히朝鮮人이스스로그朝鮮에對하야冷淡한지라 此를爲하야그樂을犧牲하고그苦를甘受하야一生을朝鮮으로더부러하고 스스로稱하되『余는朝鮮人이라』할必要가어데잇나뇨 아ㅣ吾人은此義人을朝鮮에보내신하나님을感謝하며그世를棄하고樂園에去한此『勞苦의人』에對하야平安을加하기를暗祝하는同時에 朝鮮一般人의同夫人을愛慕하는情은變하야朝鮮을爲하는純潔한努力이되야 그志를繼하기를希望하노라

원두우 부인의 죽음을 슬퍼하노라

사람이 죽고 사는 것은 정해진 바가 있는지라. 그 죽음을 심히 슬퍼할 것이 없으며, 그 생을 심히 원할 것이 아니나, 이는 이(理)로써 언급함이오, 그 정(情)에 관한 것이 아니니, 자모(慈母)가 적자(赤子)를 잃고 가슴 아파함을 깨달으며, 적자(赤子)가 자모(慈母)를 잃고 땅이 무너지는 듯한 것은 대개 지극한 정에서 나오는 것이라. 생(生)을 절실히 원하고 사(死)를 증오하는 것은 본래 인생의 천성이니, 천성을 어찌하며 그 사랑하는 자에 대하여 더욱이 이별을 슬퍼하는 것이 본정(本情)이니 본정을 어찌하리오.

슬프도다, 원두우 부인이 가셨구나. 아! 원두우 부인이 가셨도다. 조선을 사랑하던 조선인 원두우, 조선을 사랑하야 비바람을 돌아보지 아니하던 조선인 원두우, 이 나라 조선을 위하여 그 생명을 희생한 조선인 원두우. 그 생의 최후 시각까지 그 중(重)한 입에서 끊어지지 아니하던 조선의 그 이름. 그 쇠(衰)한 눈에서 흐르고 또 흐르던 조선 생각의 아름다운 눈물. 참으로 조선인의 마음을 가진 외국인으로서의 첫째 조선인 원두우 박사가 그 노고의 허다한 공헌을 조선문명사에 남기고 홀연히 떠난 후, 조선인은 오직 그 미망의 노부인을 껴안고 과거의 기억을 추억하여 사념을 둘러안고 노래(老來)의 건강을 기원하던 바이러니, 이제 또한 부군의 뒤를 따라 이 세상을 떠났도다. 아, 부인의 손으로 자육(慈育)을 받은 조선의 남녀는 몇이며, 부인의 열성으로 부군을 도와 조선문명사에 기여한 바는 얼마뇨.

금일 조선인이 생(生)의 대광(大光)을 바라보며, 문명의 대기(大氣)를 호흡하며, 장래에 무한한 가치를 기대하는 것이 사실이라 하면, 자녀의 건장(健壯)이 부모의 애호(愛護)에서 말미암은 것이라. 30년을 하루와 같이 부지런하여 게으름이 없었던 부인의 헌신적 노력에 말미암은 바, 이 많은 것을 도저히 부인하지 못할지니, 기독교의 금일 세력이 오로지 원두우 내외의 공(功)이라 할 바 아니며, 교육계의 금일 진흥이 오로지 원두우 내외의 힘(力)이라 할 바 물론 아니나, 두 사람의 혈성(血誠)이 금일의 이러한 결과를 초래함에 막중한 관계가 있는 것은 사실이라. 아! 우리는 조선의 개척자요, 문명의 선구자인 부인의 최후를 땅을 치며 곡(哭)하고자 하노라.

자(子)가 모(母)를 잃고 곡함은 의지할 곳 없음에 곡하는 것이요, 모(母)가 그 자(子)를 잃고 읍(泣)함은 그 회허(懷虛)를 모(慕)하여 읍하는 것이어니와, 우리가 부인을 잃고 곡함은 어째서이뇨. 그 혈성에 격(激)함이오 그 노고에 감사함이며, 그 자애에 읍함이로다. 아! 부인이 가셨도다.

조선인의 남녀로서 조선의 운명을 위하여 그 풍우(風雨)를 돌아보지 않는 자가 몇이며, 그 노고를 애석해하지 않는 자가 몇이며, 그 생명을 희생하는 자가 몇이며, 그 생의 최후를 고할 때까지 입으로는 이름을 부르고 눈으로는 위하여 울음을 우는 참 조선인의 심정을 가진 조선인이 몇이뇨. 자녀를 사랑함은 인생의 본능이라, 그 자녀를 사랑하는 조선인은 불소(不少)하되, 모두 한 가족인 것을 생각하여 의지할 곳이 없는 고아를 교육하는 조선인은 가히 보지 못하였으며, 이웃을 사랑하는 것은 인생의 본정(本情)이라, 군(郡)이나 지방의 발전을 위하여 힘을 보태고 돈을 기부하는 자 있으나, 조선의 민족이 한 덩어리인

것을 감(感)하여 그 운명 개척에 일신(一身)과 가재(家財)를 바치는 조선인을 가히 구하지 못하겠도다.

원두우 내외는 미국인이라 조선 역사에 대해 받은 것이 무엇이며, 조선 발달로부터 취할 것이 무엇이리오. 더욱이 조선인이 스스로 그 조선에 대해 태만한지라, 이를 위하여 그 즐거움을 희생하고 고통을 감수하여 일생을 조선과 더불어 하고 스스로 칭하되『나는 조선인이라』할 필요가 어디 있나뇨. 아! 우리는 이 의인(義人)을 조선에 보내신 하나님에 감사하며 세상을 떠나 낙원으로 간 이『노고의 사람』에 대하여 평안하기를 마음으로 기원하는 동시에 조선 일반인의 부인을 애모하는 정은 변하여 조선을 위하는 순결한 노력이 되어 그 뜻을 잇기를 희망하노라.

218. 매일신보 1921년 10월 31일

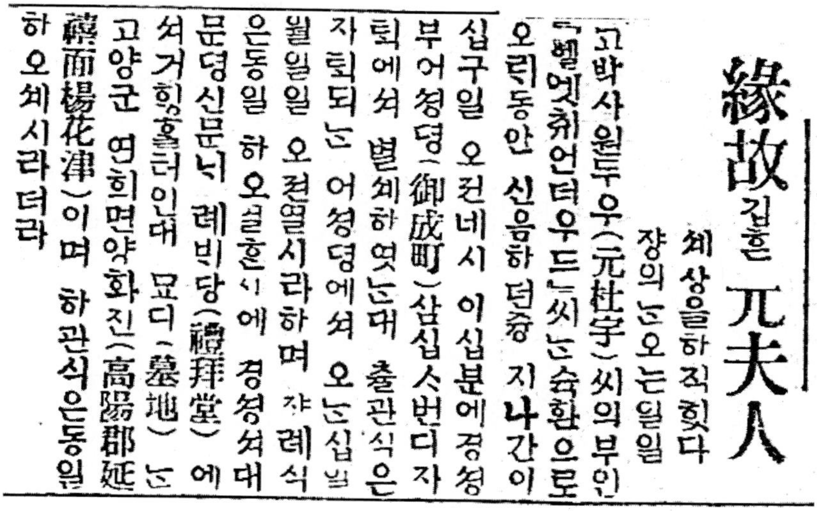

緣故깁흔 元夫人

셰상을하직힛다
쟝의는오는일일

고박사원두우(元杜宇)씨의부인「헬엔취언더우드」씨는숙환으로오릭동안 신음하던즁 지나간이십구일 오전네시 이십분에경셩부어셩뎡(御成町)삼십스번디자튁에셔 별셰하엿는대 츌관식은자튁되는 어셩뎡에셔 오는십일월일일 오젼열시라하며 쟝례식은동일 하오설흔시에 경셩셔대문뎡신문닉 레빅당(禮拜堂)에셔거힝홀터인대 묘디(墓地)는고양군 연희면양화진(高陽郡延禧面楊花津)이며 하관식은동일하오셰시라더라

연고깊은 언더우드 부인

세상을 하직했다

장례는 오는 1일

고 언더우드 박사의 부인 L. H. 언더우드 씨는 오랜 병으로 오랫동안 신음하던 중, 지난 29일 오전 4시 20분에 경성부 어성정(御成町, 현재 남대문로 5가) 30번지 자택에서 별세하였는데, 출관식은 자택인 어성정에서 오는 11월 1일 오전 10시라 하며, 장례식은 동일 오후 11시에 경성 서대문정 신문내 예배당에서 거행할 터인데, 묘지는 고양군 연희면 양화진이며 하관식은 동일 오후 3시라더라.

219. 매일신보 1921년 11월 8일

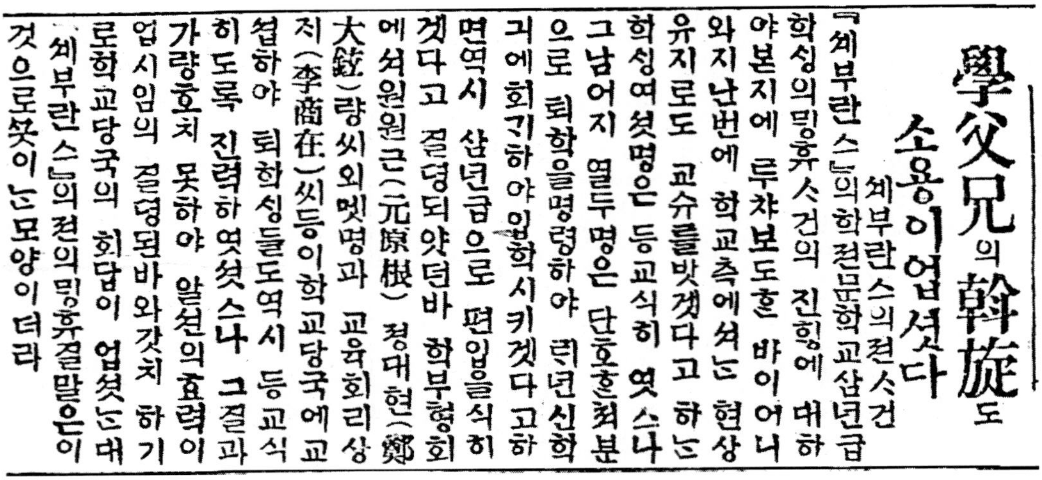

學父兄의 斡旋도 소용이 업섯다

셰부란스의젼스건

『셰부란스』의학젼문학교삼년급학싱의밍휴스건의 진힝에 대하야본지에 루차보도홈 바이어니와지난번에 학교측에셔는 현상유지로도 교수를밧겟다고 하는학싱여섯명은 등교식히 엿스나그남어지 열두명은 단호훈쳐분으로 퇴학을명령하야 릭년신학긔에 회긔하야 입학시키겟다고하면역시 삼년급으로 편입을식히겟다고 결뎡되얏던바 학부형회에셔원원근(元原根) 정대현(鄭大鉉)량씨외멧명과 교육회리상직(李商在)씨등이학교당국에교셥하야 퇴학싱들도역시 등교식히도록 진력하엿섯스나 그결과가량호치 못하야 알션의효력이업시임의 결뎡된바와갓치 하기로학교당국의 회답이 업섯는데『셰부란스』의젼의밍휴결말은이것으로쯧이난모양이더라

학부형의 알선도 소용이 없었다

세브란스의전 사건

세브란스의학전문학교 3학년 학생의 맹휴 사건의 진행에 대해 본지에 여러 차례 보도한 바이어니와, 지난번에 학교 측에서는 현상 유지로도 수업을 받겠다고 하는 학생 6명은 등교를 시켰으나, 그 나머지 12명은 단호한 처분으로 퇴학을 명령하여 내년 신학기에야 입학을 시키되, 역시 3학년으로 편입을 시키겠다고 결정되었던 바, 학부형회에서 원원근, 정대현 2명 외 몇 명과 교육회 이상재 씨 등이 학교 당국과 교섭하여 퇴학생들도 역시 등교를 시키도록 노력하였으나 그 결과가 양호치 못하여 알선의 효력이 없이 이미 결정된 바와 같이 한다고 학교 당국의 회답이 없었는데, 세브란스의전의 맹휴 결말은 이것으로 끝이 난 모양이더라.

220. 동아일보 1921년 12월 9일

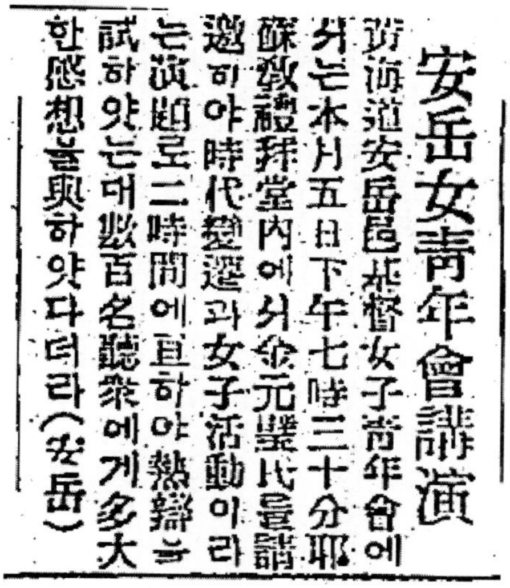

安岳女靑年會講演

黃海道安岳邑基督女子靑年會에서는本月五日下午七時三十分耶蘇敎禮拜堂內에서金元璧氏를請邀하야時代變遷과女子活動이라는演題로二時間에亘하야熱辯을試하얏는대數百名聽衆에게多大한感想을與하얏다더라(安岳)

안악 여자청년회 강연

황해도 안악읍 기독여자청년회에서는 본월 5일 오후 7시 30분 예수교 예배당 내에서 김원벽(金元璧) 씨를 초청하여 「시대변천과 여자활동」이라는 연제로 2시간에 걸쳐 열변을 시(試)하였는데 수백 명 청중에게 다대한 감상을 주었다더라. (안악)

221. 동아일보 1921년 12월 10일

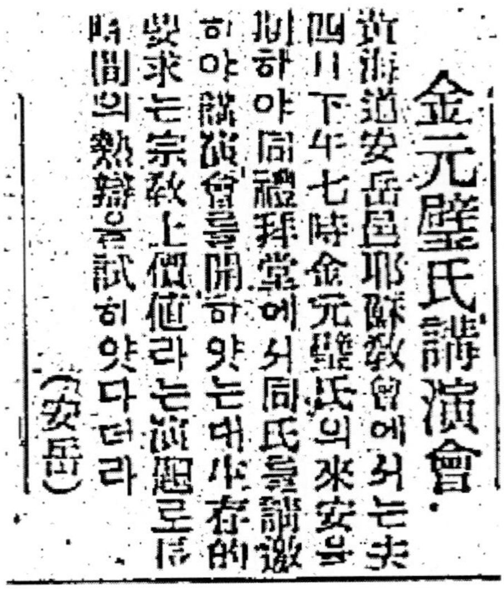

金元璧氏講演會

黃海道安岳邑耶蘇敎會에서는去四日下午七時金元璧氏의來安을期하야同禮拜堂에서同氏를請邀하야講演會를開하얏는데生存的要求는宗敎上價値라는演題로長時間의熱辯을試하얏다더라(安岳)

김원벽 씨 강연회

황해도 안악읍 예수교회에서는 지난 4일 오후 7시 김원벽(金元璧) 씨의 안악에 올 것을 기하여 동 예배당에서 김원벽 씨를 초청하여 강연회를 열었는데 「생존적 요구는 종교상 가치」라는 연제로 장시간의 열변을 시행하였다더라. (안악)

222. 동아일보 1921년 12월 16일

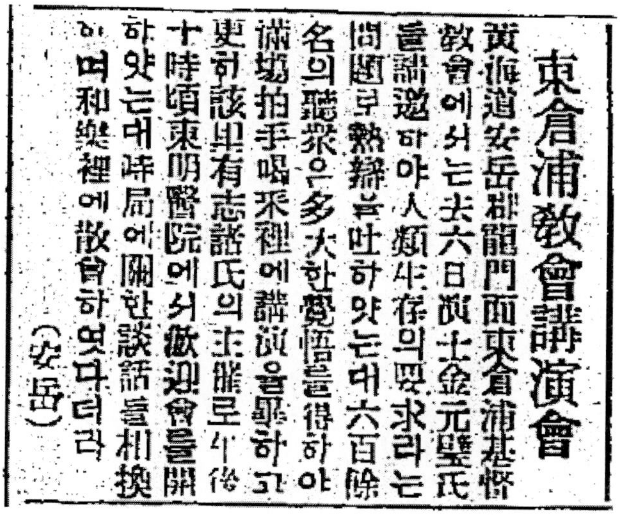

東倉浦敎會講演會

黃海道安岳郡龍門面東倉浦基督敎會에서는去六日演士金元璧氏를請邀하야人類生存의要求라는問題로熱辯을吐하얏는데六百餘名의聽衆은多大한覺悟를得하야滿場拍手喝采裡에講演을畢하고更히該里有志諸氏의主催로午後十時頃東明醫院에서歡迎會를開하얏는데時局에關한談話를相換하며和樂裡에散會하엿다더라(安岳)

동창포(東倉浦) 교회 강연회

황해도 안악군 용문면 동창포 기독교회에서는 지난 6일 연사 김원벽(金元璧) 씨를 청요하여 「인류생존의 요구」라는 제목으로 열변을 토하였는데, 6백여 명의 청중은 다대한 각오를 얻어 만장박수 속에 강연을 마치고 다시 그 마을 유지 제씨의 주최로 오후 10시경 동명의원에서 환영회를 열었는데, 시국에 관한 담화를 서로 교환하며 한 가운데 산회하였다더라. (안악)

223. 동아일보 1921년 12월 19일

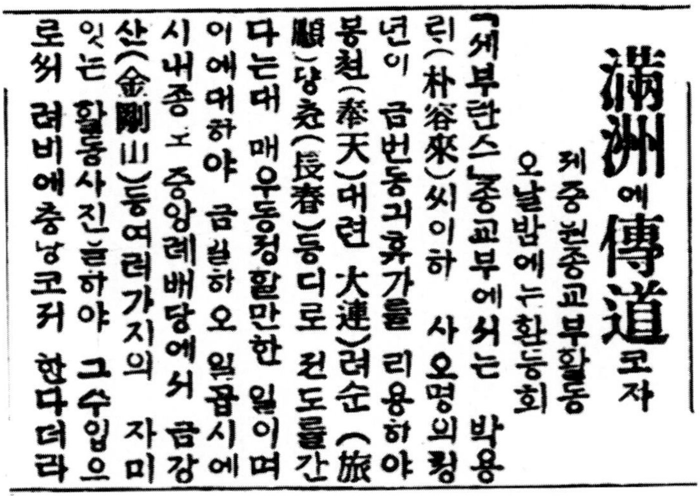
滿洲에傳道코자
제중원종교부활동
오날밤에는환등회
「세부란스」종교부에서는 박용린(朴容來)씨이하 사오명의청년이 금번동긔휴가를 리용하야 봉천(奉天)대련(大連)려순(旅順)댱춘(長春)등디로 뎐도를간다는대 매우동정할만한 일이며 이에대하야 금일하오 일곱시에 시내종로중앙례배당에서 금강산(金剛山)등여러가지의 자미잇는 활동사진을하야 그수입으로써 려비에츙당코저 한다더라

만주에 전도코자

제중원 종교부 활동

오늘 밤에는 환등회

세브란스 종교부에서는 박용래(朴容來) 씨 이하 4, 5명의 청년이 이번 겨울 휴가를 이용하여 봉천(奉天), 대련(大連), 여순(旅順), 장춘(長春) 등지로 전도를 간다는데, 매우 동정할만한 일이며, 이에 대하여 오늘 오후 7시에 시내 종로중앙예배당에서 금강산 등 여러 가지의 재미있는 활동사진을 상영하여 그 수입을 여비에 충당코자 한다더라.

224. 매일신보 1921년 12월 23일

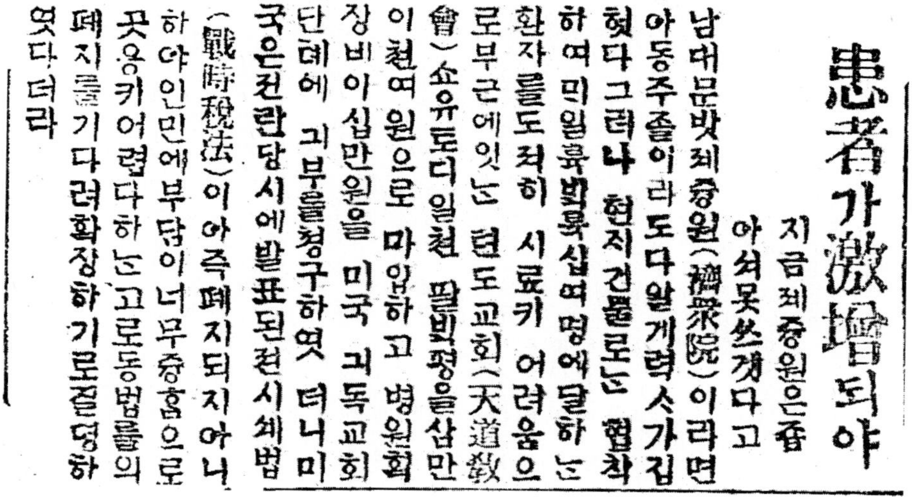

患者가激增되야
지금졔중원은좁아셔못쓰겟다고

남대문밧졔즁원(濟衆院)이라면
아동주졸이라도다알게력ㅅ가깁
헛다그러나 현지건물로는 협착
하여미일륙빅륙십여명에달하는
환자를도뎌히 시료키 어려움으
로부근에잇는 텬도교회(天道敎
會)쇼유토디일천 팔빅평을삼만
이쳔여원으로 마입하고 병원확
장비이십만원을 미국 긔독교회
단톄에 긔부를청구하엿 더니미
국은젼란당시에발표된젼시셰법
(戰時稅法)이아즉폐지되지아니
하야인민에부담이너무즁홈으로
곳응키어렵다하는고로동법률의
폐지를기다려확장하기로결뎡하
엿다더라

환자가 격증되어, 지금 제중원은 좁아서 못쓰겠다고

남대문 밖 제중원이라면 아동 주졸(走卒)이라도 다 알게 역사가 깊었다. 그러나 현재 건물로는 협착하여 매일 660여 명에 달하는 환자를 도저히 치료키 어려움으로 부근에 있는 천도교회 소유 토지 1천8백 평을 3만 2천여 원으로 매입하고 병원 확장비 20만 원을 미국 기독교회단체에 기부를 청구하였더니, 미국은 전란 당시에 발표된 전시세법(戰時稅法)이 아직 폐지되지 아니하여 인민의 부담이 너무 중함으로 곧 응하기 어렵다 하는 고로, 동 법률의 폐지를 기다려 확장하기로 결정하였다더라.

225. 매일신보 1922년 1월 11일

退學된母校를도라보고

世醫專門 一學生

筆者는去番에세부란쓰醫學專門學校盟休事件의一員이엿던同校三學年生으로結局退學의處分을受하고校門을永久히드지게된一退學生이올시다이제多年間螢雪의功을씌트리고良師友의버리우바되야學窓에무친몸으로無 히期望하던一種의希望도一朝草露갓치슬어지는同時에煩惱와彷徨으로暗黑面에陷한運命을作하게됨에一端의悲懷는知己의게풀고져하며冷情히고抑鬱함을陳하야母校에囑望하 려함 니다그리고哀怨에 부르지집을입의 이事實을熟知하시는半島人士의게呼訴하려나이다原來生等의同盟休學의理由는誰何를勿論하고相當히諒察할바일뿐不啻라母校로브터의諒察도無理히看做치는안아슬것이외다그르니이제다시그理由며其動機를論할까닭이업슴니다當時輿論과뎃學校當局의態度를觀察하야生等은그熱心的監督을뒤트리고다시改悛習學을自願하엿슴도亦是一般이共知하시는事實인바自恥自愧의行動임을모로는바가아니엿스나生等의萬不得已한事情으로一時强硬한結約을堅守치못하고慘愧莫測히過悛狀을提出함을自白하노이다그러나學校當局에서는改悛에도早晩이有하다는理由로學校에서指定한期日에改悛狀을提出한五名의게對하야는依前上學케하고追后改悛狀을提出한十二名에限하야는全然退學을命하고拒絶하얏슴도亦是事實이올시다是以로進退兩難의處地에陷한我十二名은各面으로恥辱을未免한生이요一点同情을渴求할곳이업섯나이다그리하야最終으로學父兄會를開催한后父兄네의運動으로母校에幾何交涉이잇섯스나母校는一年을經過하기前에는斷乎不諾이라하야十二名의愚者는凄慘한氣色으로鄕里에歸還할面目도업고呼訴無處하야五里霧中에近二個月을彷徨할때름이엿나이다嗚呼冷情하고同情업니고咀呪함이當然함가?仰天俯地하야 含怨함이當然함가?淚々한心思를一瀉할方道가窮한生等의身勢야말노남모르는恨吁와熱淚가그의미엉기여슬런이오都是誰怨誰仇를하리오마는母校의可憎한行動은勿論하고母校任員中에可憎한行動은到底히默過할수업나이다近者母校에代理學監位에게신어른今番問題에對하야密々한調査報告를接한所以인지手段이幼稚함인지多少의偏見을出한故인지生等十二人中某々四人만을煽動者로看做하야아조退學을命하고其外眞正首謀者를含한八人은被動者이즉退學命令을取消하고入學식혀주마하는個人의主張이幼稚함을씻닷지못하고再次敎授會議를開催하고最初로學監이以上의愚見을提案하얏다하옵데다그러나及其也先生等의當然하고公々正大한質問에失敗에歸하얏도다以上四人中所謂煽動者라고하는그中에本人도其一이라니가그煽動者의名稱이憤慨함도아니오他學生은通學하되나홀노退學을當함이抑鬱함이아니라逆測이안인事實로去番事件에進行된것과學監의愚見을貫通치못함을헤아려보면當初에主動이니被動이니할餘地가업고所謂一個專門學校의行動이이러한偏見을두고可憎스럽게受理함은其門下에서學하든筆者로도一笑치아니치못하겟도다또는憤慨히녁이지아니할수업도다四隣를둘너보시오千萬耳目이羅列하얏도다公正大道가아니면取하지마쇼設使充分한視察이업시그럿다면其體面에損傷되는줄도몰낫던가?또는平素에些少한嫌疑로偏見을利用하엿다면賊夫人之子란그者가非○君而誰ㅣ리오이社會罪人임을覺할同時에筆者는社會와共히○君의反省을勸하노라君이여反省할지어다自己子息이貴하면남의집子息도貴한것은人間公道라다시금母校에一言으로囑望하노니남의집貴重한青年子弟即退學生을爲하야서나學校自體를爲하야서나社會를爲하야서나疎行輕志는나타니이지말지어다그리고先輩님네의敎育事件이니우리學生들의修學하는本意는깁히諒察하십시오專門科學를修攻한다는者에게鞭撻叱責과갓흔幼稚한手段이나方法을쓰지마시오그리고絶對服從도時代遲이어늘絶對排斥이야그무엇을意味함인기最終으로半島輿論界의公平한批評을請함니다

퇴학된 모교를 돌아보고

세브란스의학전문 어느 학생

필자는 지난 번 세브란스의학전문학교 맹휴(盟休) 사건의 일원이었던 동교 3학년생으로 결국 퇴학의 처분을 받고, 교문을 영구히 등지게 된 한 퇴학생올시다. 이제 여러 해 형설의 공을 깨뜨리고 좋은 사우(師友)의 버려진 바 되어 학창에 묻힌 몸으로 무□히 기망(期望, 일이 이루어지기를 바람)하던 일종의 희망도 하루 아침의 풀잎 이슬같이 쓰러지는 동시에 번뇌와 방황으로 암흑면에 빠진 운명을 만들게 됨에 일단(一端)의 비회(悲懷, 슬픈 마음)를 지기(知己)에게 풀고자 하며, 냉정하고 억울함을 진(陳, 늘어 놓음)하여 모교에 촉망(矚望, 잘되기를 바람)하려 합니다. 그리고 애원에 부르짖음을 이미 이 사실을 숙지(熟知)하시는 반도 인사에게 호소하려나이다. 원래 우리 학생들의 동맹휴학의 이유는 누구를 막론하고 상당하게 양찰(諒察)할 바 일뿐 아니라 모교로부터의 양찰도 무리하게 간주(看做)하지 않았을 것입니다. 그러니 이제 다시 그 이유며, 그 공기를 논할 까닭이 없습니다. 당시 여론과 몇 학교 당국의 태도를 관찰하여, 생등(生等)은 그 열심적 맹약을 깨뜨리고 다시 개전(改悛)하여 등교를 자원하였음도 역시 일반이 공지(共知)하시는 사실인 바, 스스로 부끄러운[自耻自愧] 행동임을 모르는 바가 아니었으나, 생등의 만부득이한 사정으로 일시 강경한 결속을 견수(堅守)치 못하고 참괴(慘愧) 막측(莫測)하게 남의 말을 듣지 않았다는 증서(過愎狀)를 제출함을 자백하노이다. 그러나 학교 당국에서는 개전에도 시간의 조만(早晩)이 있다는 이유로 학교에서 지정한 기일에 개전장(改悛狀)을 제출한 5명에게 대하여는 이전처럼 상학(上學)하게 하고, 추후 개전장을 제출한 12명에 한해서는 전연 퇴학을 명하고 거절하였음도 역시 사실이올시다. 이로써 진퇴양난의 처지에 빠진 우리 12명은 각 방면으로 치욕(耻辱)을 면하지 못했을 뿐이오, 한 점 동정을 갈구할 곳이 없었나이다. 그리하여 최종으로 학부형회를 개최한 후, 부형네의 운동으로 모교에 기하(幾何) 교섭이 있었으나, 모교는 1년을 경과하기 전에는 단호하게 승낙하지 않는다고 하여, 12명의 어리석은 사람들은 처참한 기색으로 향리에 귀환할 면목도 없고 호소할 곳에 없어서 오리무중(五里霧中)에 거의 2개월을 방황할 따름이었나이다. 오호라, 냉정(冷情)하고 □정(□情) 없고 저주(咀呪)함이 당연할까? 하늘을 올려보고 땅을 내려 보아도 원한을 품는 것이 당연할까? 막막한 심사(心思)를 일쇄(一灑)할 방도가 궁(窮)한 생등의 신세야말로

남모르는 한이 서린 호소와 뜨거운 눈물이 그 익히 엉기었을 뿐이오, 아무리 해도 누구를 원망하고 누구를 원수로 여기리오만, 모교의 가증한 행동은 물론하고 모교 임원 중의 가증할 행동은 도저히 묵과할 수 없나이다. 근자에 모교에 대리 학감 지위에 계신 어떤 (분이) 금번 문제에 대하여 세밀하게 조사 보고를 접한 소이인지, 수단이 유치함인지, 다소의 편견이 나온 까닭인지, 생등 12명 가운데 누구누구 4명만을 선동자로 간주하여, 아주 퇴학을 명하고, 그 외 진정한 수모자를 포함한 8명은 피동자인즉 퇴학 명령을 취소하고, 입학시켜주마 하는 개인의 주장이 유치함을 깨닫지 못하고, 재차 교수회의를 개최하고 최초로 학감이 이상의 우견(愚見)을 제안하였다 합니다. 그러나 급기야 선생 등의 당연하고 공공정대한 질문에 실패로 돌아갔도다. 이상 4명 중 소위 선동자라고 하는, 그중에 본인도 그 하나이라. 내가 그 선동자의 명칭이 분개함도 아니오, 다른 학생들은 통학하되, 나 홀로 퇴학을 당함이 억울함이 아니라, 억측이 아닌 사실로 지난 번 사건이 진행된 것과 학감의 우견을 관통치 못함을 헤아려보면 당초에 주동이니, 피동이니 할 여지가 없고 소위 일개 전문학교의 행동이 이렇듯 편견을 두고 가증스럽게 수리함은 그 문하에서 배우던 필자로도 일소(一笑)하지 아니치 못하겠도다. 또는 분개하지 않을 수도 없도다. 사방을 둘러보시오. 천만 이목이 나열하였도다. 공정대도가 아니면 취하지 마소. 설사 충분한 시찰이 없이 그랬다면 그 체면에 손상되는 줄도 몰랐던가? 또는 평소에 사소한 혐의로 편견을 이용하였다면 남의 자식을 해친[賊夫人之子] 그 자가 ○군(○君)이 아니면 누구리오. 이 사회의 죄인임을 깨달은 동시에 필자는 사회와 함께 ○군의 반성을 권하노라. 군(君)이여, 반성할지어다. 자기 자식이 귀하면 남의 집 자식도 귀한 것은 일간 공도(公道)라. 다시금 모교에 한 마디로 촉망하노니, 남의 집 중한 청년 자제, 즉 퇴학생을 위하였으나, 학교 자체를 위하였으나, 우리 사회를 위하였으나, 소행경지(踈行輕志, 거친 걸음과 가벼운 뜻)를 나타내지 말지어다. 그리고 선배님들의 교육 사건이니, 우리 학생들의 수학하는 본의를 깊이 양찰(諒察)하십시오. 전문과학을 수학한다는 자에게 편달, 질책과 같은 유치한 수단이나 방법을 쓰지 마시오. 그리고 절대 복종도 시대에 처진 것이거늘, 절대 배척이야 그 무엇을 의미함인가. 최종으로 반도 여론계의 공평한 비평을 청합니다.

226. 매일신보 1922년 1월 17일

朝鮮敎育令이發布되면
專門學校가七個所
승격문뎨로떠들던목뎍도
불원장리에달셩홀깃분일

조선교육령이 발포되면 전문학교가 7개소

승격문제로 떠들던 목적도 불원 장래에 달성할 기쁜 일

조선의 고등교육기관인 전문학교령(專門學校令)은 지난번에 총독부에서도 조선인 교육에 관한 근본 방침을 마련하여 이것을 임시교육조사회에 자문하여서 구성안을 얻은 후, 이것을 골자로 하여 명치 44년(1911년)에 발포된 조선교육령의 개정안 및 그 부속 법령의 개정과 제정안을 중앙 당국에 제출하여 그 후 척식국에서 심의한 결과, 총독부의 원안대로 질정되었고, 또 법제국의 심사와 각의(閣議)의 가결이 되었고, 목하 추밀원에서 특별위원회의 조사가 있은 후, 오는 25일에 본회의가 열릴 터이므로, 만약 이에 대한 질문 등이 있으면 응답키 위하여 정무총감이 동상(東上, 동경으로 감)하기까지 되었다. 조선교육령이 당국이 성명하는 바와 같이, 총독부의 원안대로 가결이 되면 두 달 이내로 재가 발포될지며, 이에 따라서 전문학교령도 발표됨을 보게 되겠더라. 이것이 우리의 바라는 마음에 다만 하루라도 빨리하기를 바라는 것은 누구든지 동감하는 바이지만은, 지체되더라도 금년 신학기에는 시기를 맞추게 될 터이므로, 이제로부터는 조선전문학교가 7개소가 되겠는 바, 우리는 만강의 기쁨을 금하기 어려우며, 연래로 모모 학교에서 전학급이 단결하여 승격 운동을 하던 것도 오늘 그 목적을 달하게 된 것이라고 말할 수 있더라. 그런데 7개소의 전문학교는 어디이냐 하면 누구든지 가히 추측할 바이지만은, 다시 자세히 말하면 경성전문학교가 완전한 법률경제의 관립전문학교가 될 것이오, 사립고등상업학교가 관립으로 되며, 보성법상업학교가 이미 본지에 보도한 바와 같이 재단법인으로 되었으매 사립전문학교가 되었고, 그 외 공업, 의학, 농림도 설립 준비중이매, 조선 교육은 이로부터 점점 발전될 조정에 이를 모양이더라. 그런데 문학국의 말을 듣건대, 「조선에 전문학교는 7, 8개소나 되나 이에 입학한 학생의 자격에 대하여 어떠한 정도 이상으로 하며, 또 인원수에 대하여는 의문이 생길 점이 없을까 하여 지금 매우 고려중이나, 전문학교에 입학하는 자로 말하면 어디로 보던지 일본인 중학교 졸업 이상의 정도가 아니고는 도저히 수용하기 어려움으로 불가불 내선인을 막론하고 중학교를 졸업한 자와 고등보통학교 보습과(補習科)까지 졸업한 자에 대하여는 검정시험을 면제하고, 기타의 중등정도 학교를 졸업한 자, 즉 고등보통학교 본과만 졸업한 자에 대하여도 총독부에서 매년 검정시험을 보기로 한다는데, 보통 학력으로는 이에 합격하기가 매우 어려우리라 하며 인원은 약 7백 명으로 정원하였으나 오늘날 조선인 교육상태로 보면 합격자가 정한 인원에 달할 수 없는 염려가 없지 않다고」 말하더라.

227. 동아일보 1922년 2월 17일

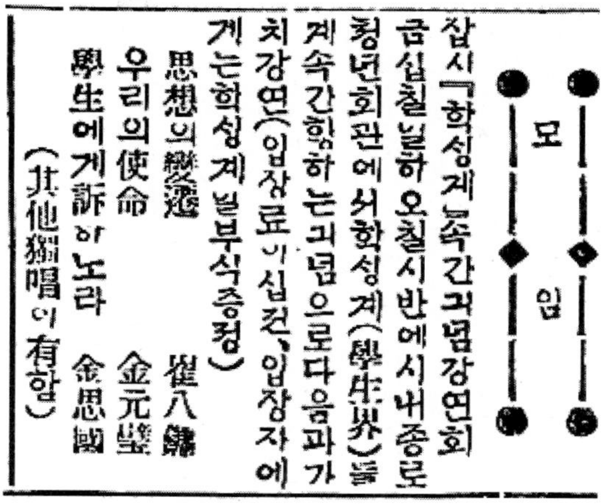
모임

잡지『학생계』속간긔념강연회

금십칠일하오칠시반에시내종로청년회관에서학생계(學生界)를계속간행하는긔념으로다음과가치강연(입장료이십전, 입장자에게는학생계일부식증정)

思想의變遷 崔八鏞

우리의使命 金元璧

學生에게訴하노라 金思國

(其他獨唱이有함)

모임

잡지『학생계』속간 기념 강연회

오늘 17일 오후 7시 반에 시내 종로청년회관에서『학생계(學生界)』를 계속 간행하는 기념으로 다음과 같이 강연(입장료 20전, 입장자에게는『학생계』일부씩 증정)

사상의 변천　　최팔용(崔八鏞)

우리의 사명　　김원벽(金元璧)

학생에게 소(訴)하노라　　김사국(金思國)

(기타 독창이 있음)

228. 매일신보 1922년 3월 6일

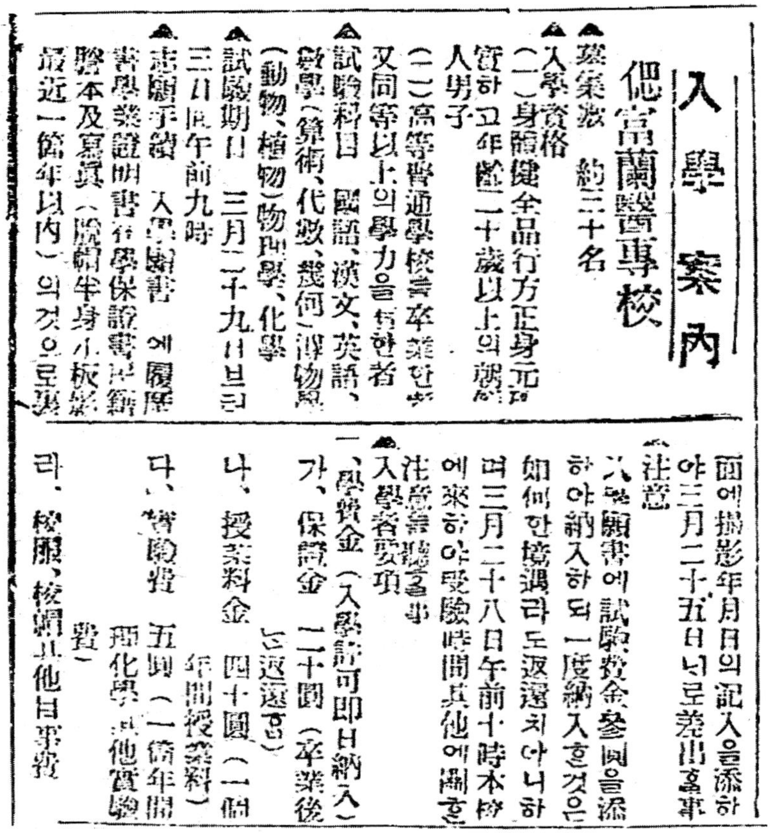

入學案內

偲富蘭醫專學校

▲募集數 約三十名

▲入學資格

(一)身體健全品行方正身元確實하고年齡二十歲以上의朝鮮人男子

(二)高等普通學校를卒業한者又同等以上의學力을有한者

▲試驗科目 國語、漢文、英語、數學(算術、代數、幾何)博物學(動物、植物)物理學、化學

▲試驗期日 三月二十九日브터三日間午前九時

▲志願手續 入學願書에履歷書卒業證明書在學保證書戶籍謄本及寫眞(脫帽半身小板縱最近一箇年以內)의것으로裏面에撮影年月日의記入을添하야三月二十五日너로差出홀事

▲注意

入學願書에試驗料金參圓을添하야納入하되一度納入홀것은如何한境遇라도返還치아니하며三月二十八日午前十時本校에來하야受驗時間其他에關훈注意를聽홀事

▲入學者要項

一、學費金(入學許可即日納入)

가、保證金 二十圓(卒業後에返還홈)

나、授業料金 四十圓(一個年間授業料)

다、實驗費 五圓(一箇年間物理化學其他實驗費)

라、校服、校帽其他日常費

입학안내

세브란스의학전문학교

▲ 모집수 약 30명

▲ 입학자격

1. 신체 건강, 품행 방정, 신원 확실하고 연령 20세 이상의 조선인 남자

2. 고등보통학교를 졸업한 자 혹은 동등 이상의 학력을 가진 자

▲ 시험과목

국어, 한문, 영어, 수학(산술, 대수, 기하), 박물학(동물, 식물), 물리학, 화학

▲ 시험기일 3월 29일부터 3일간, 오전 9시

▲ 지원수속 입학원서에 이력서, 학업증명서, 재학보증서, 민적등본, 사진(탈모, 반신, 소명함판, 최근 1년 이내의 것으로, 이면에 촬영 년, 월, 일 기입을 첨부하여 3월 25일 내로 제출해야 함)

입학원서에 시험대금 3원을 첨부하여 납입하되 한번 납입한 것은 어떠한 이유라도 반환치 아니하며, 3월 28일 오전 10시 본교에 와서 수험시간 등에 관한 주의를 들을 것.

▲ 입학자 요항

1. 학자금 (입학허가 즉일 납입)

가. 보증금 20원 (졸업 후는 반환함)

나. 수업료 40원 (1개년간 수업료)

다. 실험비 5원 (1개년간 이, 화학 기타 실험비)

라. 교복, 교모 기타 비용

229. 매일신보 1922년 3월 23일

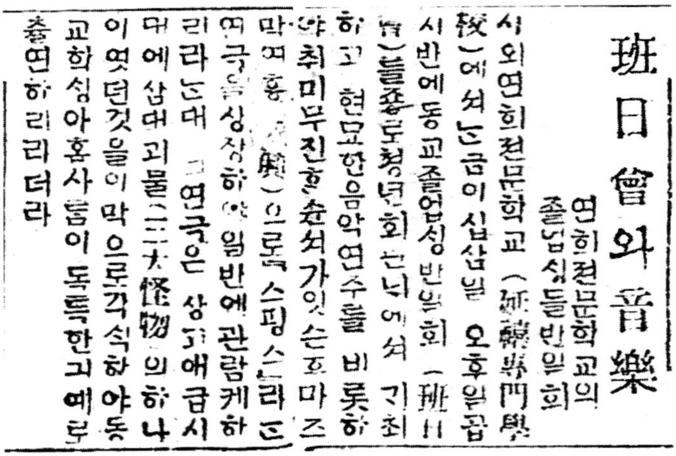

班日會와 音樂

연희전문학교의 졸업생들반일회

시외연희전문학교(延禧專門學校)에셔는금이십삼일 오후일곱시반에동교졸업싱반일회(班日會)를종로청년회관내에셔 기최하고 현묘한음악연주를 비롯하야취미무진훈슌셔가잇슨후마즈막여흥(餘興)으로「스핑스」라는연극을싱쟝하야 일반에관람케하리라는대 그연극은 상고애급시대에삼대괴물(三大怪物)의하나이엿던것을이막으로각식하야동교학싱아홉사름이독특한긔예로츌연하리리더라

반일회와 음악

연희전문학교의 졸업생들 반일회

시외 연희전문학교에서는 오는 23일 오후 7시 반에 동교 졸업생 반일회(班日會)를 종로 청년회관 내에서 개최하고, 현묘(玄妙)한 음악연주를 비롯하여 흥미진진한 순서가 있은 후 마지막 여흥으로 「스핑스」라는 연극을 하여 일반에 관람케 하리라는데, 그 연극은 고대 이집트 시대에 삼대 괴물의 하나였던 것을 2막으로 각색하여 동교 학생 9명이 독특한 기예로 출연하리라더라.

230. 매일신보 1922년 3월 24일

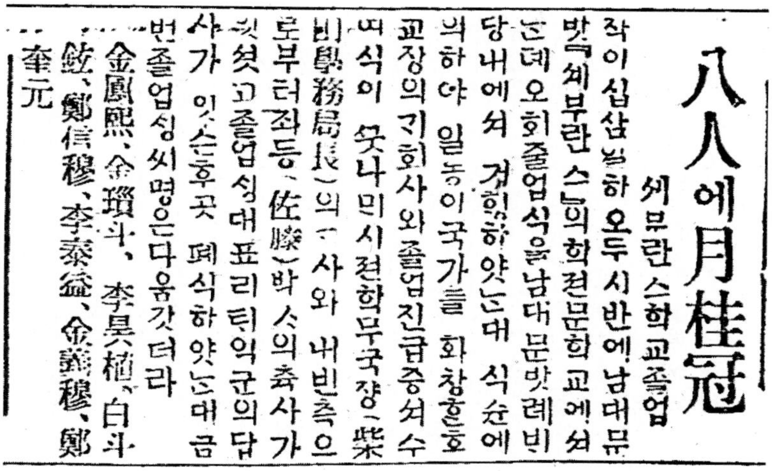

八人에月桂冠

세부란스학교졸업

작이십삼일하오두시반에남대문밧세부란스의학전문학교에셔는데오회졸업식을남대문밧례비당내에셔 거행하얏는대 식순에의하야 일동이국가를 화창한호교장의기회사와졸업진급증셔수여식이 끗나미시전학무국장(柴田學務局長)의고사와 내빈측으로부터좌등(佐藤)박사의축사가잇셧고졸업생대표리태익군의답사가 잇슨후곳 폐식하얏는대금번졸업생씨명은다음갓더라

金鳳熙、金瓚斗、李昊植、白斗鉉、鄭信穆、李泰益、金義穆、鄭奎元

8인에게 월계관

세브란스학교 졸업

지난 23일 오후 2시 반에 남대문 밖 세브란스의학전문학교에서는 제5회 졸업식을 남대문 밖 예배당 내에서 거행하였는데, 식순에 의하여 일동이 국가를 합창한 후 교장의 개회사와 졸업, 진급 증서 수여식이 끝나매 시전(柴田) 학무국장의 고사와 내빈 좌등(佐藤) 박사의 축사가 있었고, 졸업생 태표 이태익 군의 답사가 있은 후 곧 폐식하였는데, 이번 졸업생의 이름은 다음과 같더라.

김봉희, 김찬두, 이호식, 백두현, 정신목, 이태익, 김의목, 정규원

231. 동아일보 1922년 3월 25일

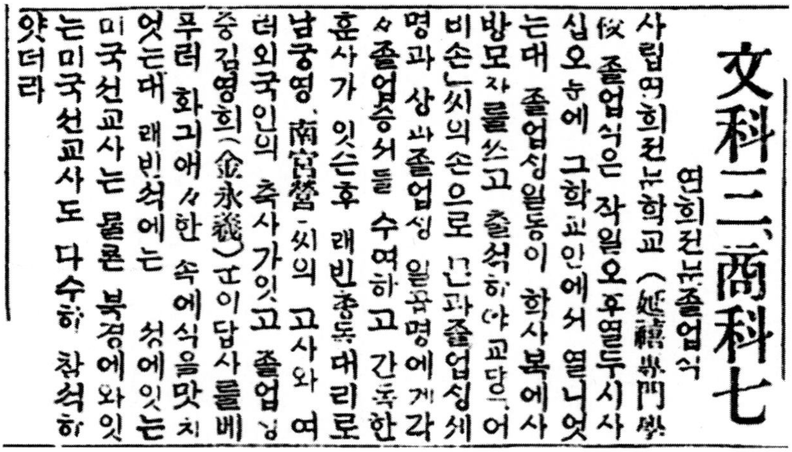

文科三, 商科七

연희전문졸업식

사립연희전문학교(延禧專門學校)졸업식은 작일오후열두시사십오분에 그학교안에서 열니엇는대 졸업생일동이 학사복에사방모자를쓰고 출석하야교댱에어비슨씨의손으로 문과졸업생세명과 상과졸업생 일곱명에게각々졸업증서를 수여하고 간곡한훈사가 잇슨후 래빈총독대리로남궁영(南宮營)씨의 고사와 여러외국인의 축사가잇고 졸업생중김영희(金永羲)군이답사를베푸러 화긔애々한 속에식을맛치엇는대 래빈석에는 경성에잇는미국선교사는 물론 북경에와잇는미국선교사도 다수히 참석하얏더라

연희전문 졸업식

문과 3명, 상과 7명

사립연희전문학교 졸업식은 어제 오후 12시 45분에 그 학교 안에서 열렸는데, 졸업생 일동이 학사복에 사방모자를 쓰고 출석하여, 교장 에비슨 씨의 손으로 문과졸업생 3명과 상과졸업생 7명에게 각각 졸업증서를 수여하고 간곡한 훈사가 있은 후, 내빈 총독대리 남궁영(南宮營) 씨의 고사와 여러 외국인의 축사가 있고, 졸업생 중 김영희(金永羲) 군이 답사를 베풀어 화기애애한 속에 식을 마쳤는데, 내빈석에는 경성에 있는 미국선교사는 물론, 북경에 와있는 미국선교사도 다수 참석하였더라.

232. 매일신보 1922년 3월 26일

嚠喨한 讃誦歌中

연희전문교졸업식

지난이십사일렬두시사십오분에시외사립연희전문학교(延禧專門學校)에서는데사회의 졸업식을동교니에서셩대히 거힝하얏는대「까운」을입은열명의졸업싱을비롯하야 동교학싱과 직원일동과밋다수한릭빈이림쟝한후교쟝의기회사가잇고 일동이 국가를화창한후문학사로졍일(盧正一)씨의셩경랑독과「빌렁스리」씨의긔도와찬송가를합창하고「게일」박사와남궁영(南宮營)씨의권셜이끗난후졸업싱 대표의 답사와동교찬양대의스부합창이잇섯스며련하야졸업증셔슈여가잇고곳폐식하얏는대 금번졸업싱은 다음과 갓더라

文學科、金允經李卯默崔宗默

商科、桂炳鎬金秉善金壽千金永義金炯三朴承浩崔平楠

사진은文學科李卯默商科崔平楠

유량한 찬송가 가운데

연희전문학교 졸업식

지난 24일 12시 45분에 시외 사립연희전문학교에서는 제4회 졸업식을 동교 내에서 성대히 거행하였는데, 가운을 입은 10명의 졸업생을 비롯하여 동교 학생과 직원 일동 및 다수의 내빈이 임장한 후, 교장의 개회사가 있고 일동이 국가를 부른 후 문학사 노정일 씨의 성경 낭독과 빌링슬리 씨의 기도와 찬송가를 합창하고, 게일 박사와 남궁영 씨의 권설이 끝난 후, 졸업생 대표의 답사와 동교 찬양대의 사부합창이 있었으며 이어서 졸업증서 수여가 있고 곧 폐식하였는데 이번 졸업생은 다음과 같더라.

문학과: 김윤경, 이묘묵, 최종묵

상과: 계병호, 김병선, 김수천, 김영희, 김형삼, 박승호, 최평집

사진은 문학과 이묘묵, 상과 최평집

(*사진 설명에 최평남은 최형집의 오식이며, 사진은 박승호로 확인. 당해 연도 연전 졸업앨범 참조.)

233. 동아일보 1922년 3월 31일

任氏米國留學

고양군 연희면창천리에 잇는연희 전문학교조교수 임용필(高陽郡延禧面滄川里延禧專門學校助敎授任用弼)씨는금번미국 류학의길을떠나는대 오는사월칠일에 경성을출발하야횡빈(橫濱)으로향하야십이일에 횡빈을떠나 미국으로갈터이라더라

임씨(任氏) 미국유학

고양군 연희면 창천리에 있는 연희전문학교 조교수 임용필(任用弼) 씨는 이번에 미국 유학의 길을 떠나는데, 오는 4월 7일에 경성을 출발하여 횡빈(横濱, 요코하마)으로 향하여, 12일에 횡빈을 떠나 미국으로 갈 터이라더라.

234. 동아일보 1922년 4월 22일

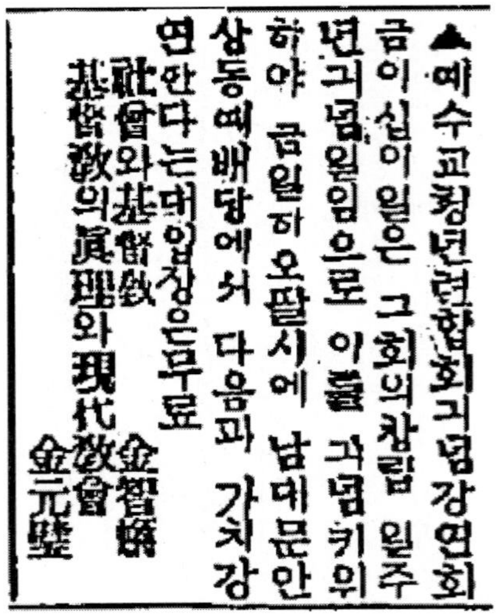
▲예수교청년연합회긔념강연회
금이십이일은 그회의창립 일주년긔념일임으로 이를 긔념키위하야 금일하오팔시에 남대문안상동예배당에서 다음과 가치강연한다는데입장은무료
社會와基督敎 金智煥
基督敎의眞理와現代敎會 金元璧

예수교 청년연합회 기념 강연회

오늘 22일은 그 회의 창립 1주년 기념일임으로 이를 기념키 위하여 오늘 오후 8시에 남대문 안 상동예배당에서 다음과 같이 강연한다는데 입장은 무료

사회와 기독교　　　　　　　김지환(金智煥)
기독교의 진리와 현대교회　김원벽(金元璧)

235. 매일신보 1922년 5월 12일

延禧生修學旅行

고적만흔곳에려힝

시외 연희젼문학교(延禧專門學校)에셔는록음을따라 각과의학싱이난호아 가지고 동교션싱의인솔아릭 평양(平壤)부여(扶餘)기셩(開城)수원(水原)등디로슈학려힝을떠낫는대 릭십삼일에는모다 도라온다더라

연희학생 수학여행

고적 많은 곳에 여행

시외 연희전문학교에서는 녹음을 따라 각 과의 학생이 나누어서 동교 선생의 인솔 아래 평양, 부여, 개성, 수원 등으로 수학여행을 떠났는데 오는 13일에 모두 돌아온다더라.

236. 매일신보 1922년 5월 13일

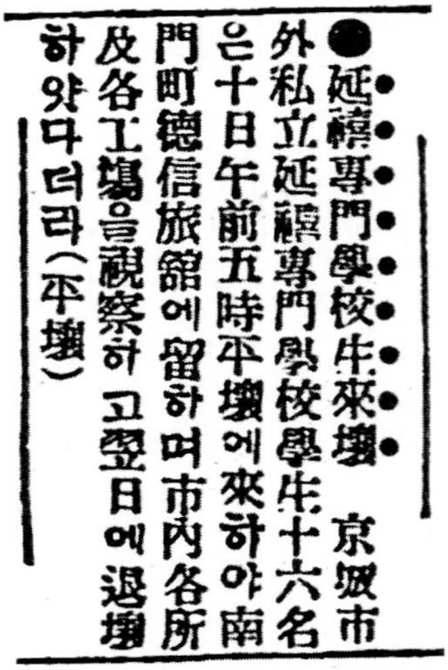
●延禧專門學校生來壤● 京城市外私立延禧專門學校學生十六名은十日午前五時平壤에來하야南門町德信旅館에留하며市內各所及各工場을視察하고翌日에退壤하얏다더라(平壤)

연희전문학교생 평양 방문

경성 시외 사립연희전문학교 학생 16명은 10일 오전 5시 평양에 와서 남문정 덕신여관에 체류하며, 시내 각 곳과 공장을 시찰하고 다음날 돌아갔다더라. (평양)

237. 동아일보 1922년 5월 14일

●延禧專門學生着發 京城延禧專門學校學生十八名은盧俊澤康憲集兩先生의引率下에去十日에平壤에來하야航空隊製糖會社牧丹峯箕子陵其他를觀覽하고十一日朝鎭南浦를向하야出發하얏다더라(平壤)

연희전문학생 출발

경성 연희전문학교 학생 18명은 노준택(盧俊澤), 강헌집(康憲集) 두 선생의 인솔하에 지난 10일 평양에 도착하여 항공대, 제당회사, 모란봉, 기자릉 등을 관람하고 11일 아침 진남포를 향하여 출발하였다더라. (평양)

238. 동아일보 1922년 5월 17일

●延禧專門校生湖南旅行 京城
延禧專門學校文科四學年商科三
學年十七名은빌닝先生引率下에
去八日朝京城을出發하야大田鷄
龍山恩津彌勒論山扶餘江景裡里
全州群山等地를旅行하고去十二
日夜大田에着하야本社支局案內
로大昌旅館에投宿後翌朝急行列
車로上京하엿다더라(大田)

연희전문교생 호남여행

경성연희전문학교 문과 4학년 상과 3학년 17명은 빌링슬리 선생 인솔하에 지난 8일 아침 경성을 출발하여 대전 계룡산, 은진미륵, 논산, 부여, 강경, 이리, 전주, 군산 등지를 여행하고, 지난 12일 밤 대전에 도착하여 본사 지국 안내로 대창여관에 투숙 후, 다음날 아침 급행 열차로 상경하였다더라. (대전)

239. 동아일보 1922년 6월 16일

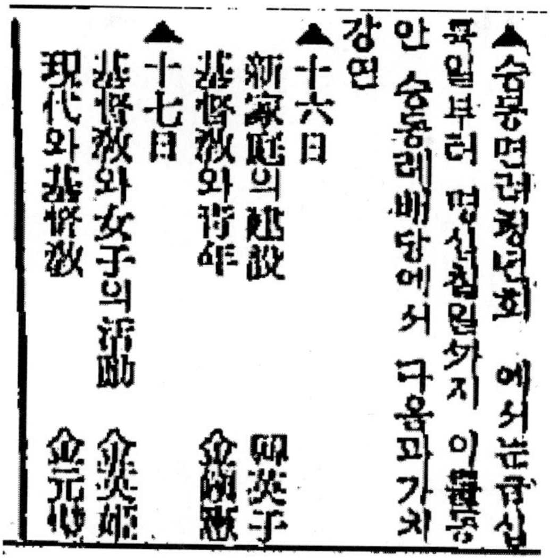
▲승동면려청년회 에서는금십륙일부터 명십칠일까지 이틀동안 승동례배당에서 다음과가치 강연
▲十六日
新家庭의建設 韓英子
基督敎와靑年 金鎭憲
▲十七日
基督敎와女子의活動 金英姬
現代와基督敎 金元璧

모임

승동면려청년회에서는 오늘 16일부터 내일 17일까지 이틀 동안 승동예배당에서 다음과 같이 강연

▲ 16일

신가정의 건설	한영자(韓英子)
기독교와 청년	김진헌(金鎭憲)

▲ 17일

기독교와 여자의 활동	김영희(金英姬)
현대와 기독교	김원벽(金元璧)

240. 매일신보 1922년 6월 17일

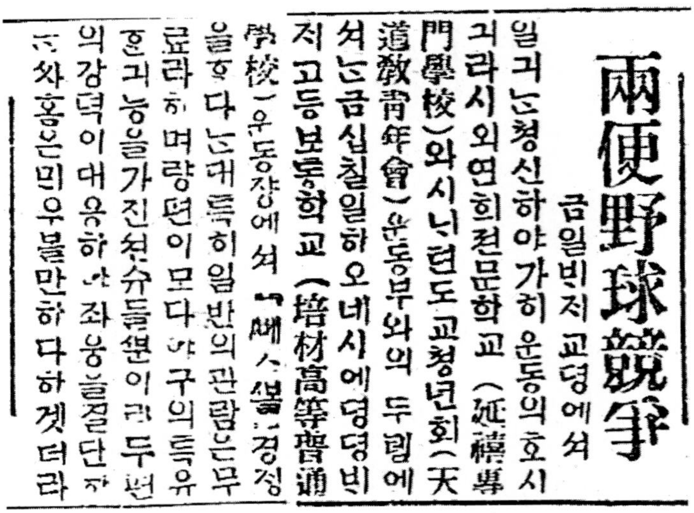
兩便野球競爭
금일ᄇᆡ지교뎡에셔
일긔ᄂᆞᆫ청신하야가히운동의호시긔라시외연희전문학교(延禧專門學校)와시ᄂᆡ텬도교청년회(天道教靑年會)운동부와의두팀에셔ᄂᆞᆫ금십칠일하오네시에뎡동ᄇᆡ지고등보통학교(培材高等普通學校)운동장에셔「ᄲᆡ스쏠」경징을ᄒᆞᆫ다ᄂᆞᆫᄃᆡ특히일반의관람은무료라ᄒᆞ며량편이모다야구의특유ᄒᆞᆫ긔능을가진션슈들뿐이라두편의강뎍이대용하야자웅을결단ᄒᆞᄂᆞᆫ싸홈은ᄆᆡ우볼만하다하겟더라

양편 야구 경쟁

오늘 배재교정에서

날씨는 청신하여 가히 운동의 좋은 시기라. 시외 연희전문학교와 시내 천도교청년회 운동부 두 팀은 오는 17일 오후 4시에 정동 배재고등보통학교 운동장에서 야구 경기를 한다는데, 특히 일반의 관람은 무료라 하며, 양편이 모두 야구에 재능을 가진 선수들뿐이라 두 강적이 대항하여 자웅을 결단하는 싸움은 매우 볼만하다 하겠더라.

241. 동아일보 1922년 6월 23일

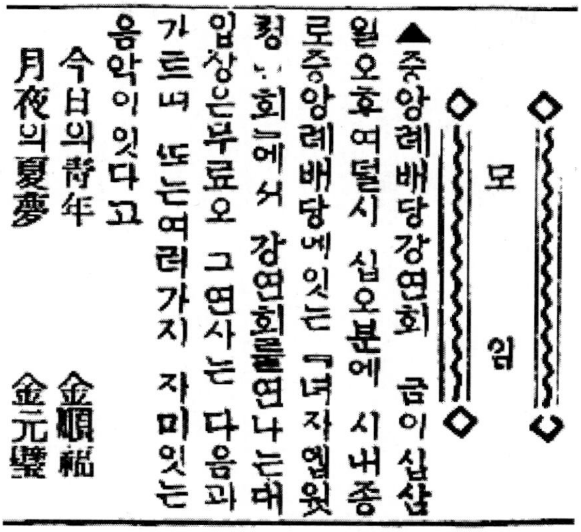

모 임

▲중앙례배당강연회 금이십삼일오후여덟시 십오분에 시내종로중앙례배당에잇는『녀자엡웟쳥년회』에서 강연회를연다는대 입장은무료오 그연사는 다음과가트며 또는여러가지 자미잇는음악이잇다고

今日의靑年 金順福

月夜의夏夢 金元璧

모임

중앙 예배당 강연회

금 23일 오후 8시 15분에 시내 종로 중앙예배당에 있는『여자 엡웟청년회』에서 강연회를 연다는데, 입장은 무료요 그 연사는 다음과 같으며 또 여러 가지 재미있는 음악이 있다고

금일의 청년	김순복(金順福)
월야(月夜)의 하몽(夏夢)	김원벽(金元璧)

242. 매일신보 1922년 6월 23일

入學試驗問題（三）

世富蘭偲聯合醫學校

國語科（一時間）

一、一時の朋友を得ることは易く眞の知己を得るこ　は難い平素歡樂を共にする間は肩を打ち手を執つて互に談笑するが一旦利害相反すれば忽ち仇敵となるやうな者は眞の知己ではない眞の知己は死生の境に臨んでも相信じて疑はないものでなければならぬ

右の文章に振假名を付け全體の意義を解くべし

漢文科（一時間）

一、「醫藥ト衞生ノ關係」一百五十字以上、純漢文或[illegible]混用

化學科（一時三十分）

一、硝酸「アムモニウム」ヲ熱スルトキ起ル所ノ化學的變化及ヒ之ニ由テ生スル瓦斯體ノ性質ヲ說明ヘシ

二、硫化水素ヲ以ッテ諸金屬ヲ類別スルヲ得ト云フ其理由如何

三、一キログラムノ木炭（百分中九十六分ノ炭素ヲ含有ス）ヲ完全ニ燃燒セシメンニハ標準溫度及ビ氣壓ニ於ケル幾許「リツトル」ノ空氣ヲ要スルカ但シ空氣ノ重量ノ比ハ酸素二十三分ト窒素七十七分トス

四、鉛白ハ時ヲ經過スルニ從ッテ黑色ニ變スルモ亞鉛白ハ然ラザルハ如何

物理學科（一時三十分）

一、高サ三尺長サ五尺ナル斜面上ニ有ル質量二十瓦ノ物體ヲ斜面ニ平行ナルニテ支スルニハ幾何ノ力ヲ要スルカ

二、「ボイル、シヤールス」ノ氣體ノ法則ヲ問フ

三、顯微鏡ノ構造如何

四、午砲ヲ發サレタル場所ヨリ三里ト五里トヲ隔テタル處ニテ各々幾何ノ時後ニ其砲聲ガ聞エルカ

五、南北ヲ指シタル磁針上ニ導線ヲ置キ之ニ南ヨリ電流ヲ通スルトキハ磁針ノ北極ハ如何ニナルカ

博物科（一時二十分）

一、葉綠質（葉綠素）トハ如何

二、有生體ト無生體ノ差異點ヲ記セ

三、有生體ノ生活機能等ハ如何

四、細胞トハ如何（圖解說明セヨ）

五、血球ノ二種ニ就イテ詳記セヨ

數學科（一時二十分）

一、或ル商品ノ賣却代金六百二十二圓ニ對シ手數料金四十四圓四十三錢ヲ支拂ヒタリト云フソノ手數料ノ步合如何（算術）

二、一工事アリ甲一人ニテ從事セバ十五日テ完工シ得乙一人ニテ從事セバ十六日ニテ完工シ得トイフ甲乙共力セバ幾日ヲ要シテ完成スヘキカ（代數）

三、直角三角形ノ斜邊ノ自乘積ハ兩垂直角邊ノ自乘積ノ和ニ等シキコトヲ證明セヨ（幾何）

英語（省略）

입학시험문제

세브란스연합의학교

국어과 (1시간)

1. 한 시간의 친구를 얻는 것은 쉽고 진정한 지기를 얻는 것은 어렵다. 평소 즐거움을 나누는 동안은 어깨를 맞대고 서로 담소를 나누지만, 이해가 상반되면 원수가 될 만한 자는 진정한 지기가 될 수 없다. 진정한 지기는 생사의 경지에 임해서도 서로 믿고 의심이 없어야 한다.
   위의 문장에 후리가나(仮名)를 붙여 전체의 의의를 해석하라.

한문과 (1시간)

1. 의약과 위생의 관계

150자 이상, 순한문 혹은 국한문(鮮漢文) 사용

화학과 (1시간 30분)

1. 초산「암모늄」을 가열하면 일어나는 화학적 변화와 그 결과 생겨난 물질의 성질을 설명하시오.
2. 유화수소(硫化水素)를 이용하여 여러 금속을 구별할 수 있는 이유는 무엇인가.
3. 1kg의 석탄(탄소 96% 함유)이 완전히 연소하기 위해서는 표준온도 및 기온의 상태에서 몇 리터의 공기가 필요한가? 단 공기 중량의 비율은 산소 23%, 질소 77%이다.
4. 연백(鉛白)은 시간이 경과하면 흑색으로 변하는데 아연백(亞鉛白)은 그렇지 않은 이유는 무엇인가.

물리학과 (1시간 30분)

1. 높이 3척 길이 5척의 비탈면(斜面) 위에 질량 20g의 물체를 비탈과 평행하게 두려면 몇 역(力)의 힘이 필요한가.
2. 보일－샤를의 기체의 법칙에 관해서 설명하시오.
3. 현미경의 구조에 대해 설명하시오.

4. 정오에 포(午砲)를 쏜 장소에서 3리, 5리 떨어진 곳에서는 각각 얼마나 지난 후에 포성을 듣겠는가?
5. 남북을 가리키고 있는 나침반 위에 도선(導線)을 두어 남쪽으로 전류를 통하게 하면 나침만의 북극은 어떻게 되는가?

박물과(1시간 20분)

1. 엽록질, 엽록소에 대해 설명하시오.
2. 생물과 무생물의 차이점을 설명하시오.
3. 생물의 생활기능 등에 대해 설명하시오.
4. 세포에 대해서 설명하시오.(그림으로 설명하시오)
5. 2종류의 혈구에 대해 상세히 기술하시오.

수학과 (1시간 20분)

1. 상품의 매각대금 622원에 대해 수수료 금 40원 34전을 지불하였다면, 수수료는 몇 퍼센트인가? (산술)
2. 한 공사를 갑 1인은 15일에 완공할 수 있고, 을 2인은 16일 만에 완공할 수 있다고 한다. 갑과 을이 함께 공사를 한다면 공사는 며칠 만에 완공되겠는가? (대수)
3. 직각 3각형의 경사면의 제곱은 다른 두 변의 제곱의 합과 같다는 것을 증명하시오. (기하)

영어 (생략)

243. 동아일보 1922년 7월 26일

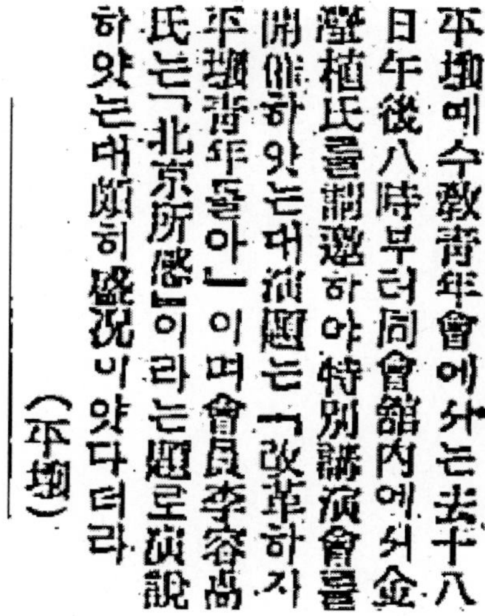
예수敎靑年講演

平壤예수敎靑年會에서는去十八日午後八時부터同會館內에서金瀅植氏를請邀하야特別講演會를開催하얏는데演題는「改革하자平壤靑年들아」이며會員李容卨氏는「北京所感」이라는題로演說하얏는데頗히盛況이얏다더라(平壤)

예수교 청년강연

평양 예수교청년회에서는 지난 18일 오후 8시부터 동 회관 내에 김형식(金瀅植) 씨를 청요하여 특별강연회를 개최하였는데, 연제는 「개혁하자 평양 청년들아」이며, 회원 이용설(李容卨) 씨는 「북경(北京) 소감」이라는 제목으로 연설하였는데 매우 성황이었다더라. (평양)

244. 동아일보 1922년 8월 2일

米國에서歸來한二人의秀才
농학의윤씨、수학의리씨

시내견지동(堅志洞)에사는윤치호(尹致昊)씨의아들윤영선(尹永善)(二七)씨는 지금부터십여년전에 개성한영서원(開城韓英書院)을졸업하고 즉시미국으로건너가 미국에잇는「마운트·헐믄」중학교를졸업하고다시「오하이오주립대학농과(農科)에 입학하야렬심으로 공부한결과 작년에 우등성적으로 졸업하고다시 그대학에서 일년간연구하야 농학사의학위를 엇은후 이십륙일에 무사히 경성에도라왓는대 윤치호씨의가족일동은 우슴이 넘치는얼골로 환영하엿스며 그와동시에 견지윤영선씨와함께 미국에건너가 수학(數學)을 전공하는리춘호(李春浩)(三?)씨도이십칠일경성에 도라왓는대 그는미국「오하이오」주에잇는감리교회의「왜술리안」대학에서문과를맛치고 또다시「오하이오주립대학에서 학사위를맛친후 그대학의조교수 (助敎授)로 고빙이되아이년동안이나 교편을잡고잇섯는대 조선청년으로는 실로풍부한수학상 수양이잇스며 장차연희전문학교에서 교편을잡겟다고 그이는말하며 지금부터조선의고유한수학을연구하야세계에소개하는 동시에 그론문으로박사의 학위를 어드려한다하며그동안 동양각국학생이 미국에유학하야 자긔나라의 수학사(數學史)등을론문의뎨목으로하야써박사의 학위를 바덧지마는조선학생은 아즉그런론문을쓴일이업슴으로 자긔는조선 수학사로론문의 뎨목을 삼겟다하더라 (사진왼편은윤영선씨오 중앙은리춘호씨)

미국에서 돌아온 2명의 수재

농학의 윤씨, 수학의 이씨

시내 견지동에 사는 윤치호(尹致昊) 씨의 아들 윤영선(尹永善, 27) 씨는 지금부터 십여 년 전에 개성한영서원을 졸업하고 즉시 미국으로 건너가 미국에 있는 『막운트 · 헐문』 중학교를 졸업하고 다시 『오하이오』주립대학 농과에 입학하여 열심으로 공부한 결과 작년에 우등성적으로 졸업하고, 다시 그 대학에서 일 년간 연구하여 농학사의 학위를 얻은 후 26일에 무사히 경성에 돌아왔는데, 윤치호 씨의 가족 일동은 웃음이 넘치는 얼굴로 환영하였으며, 그와 동시에 앞에 쓴 윤영선 씨와 함께 미국에 건너가 수학을 전공하는 이춘호(李春浩, 39, *李春昊) 씨도 27일 경성에 돌아왔는데, 그는 미국 『오하이오』주에 있는 감리교회의 웨슬리안 대학에서 문과를 마치고 또 다시 『오하이오』주립대학에서 학사학위를 마친 후 그 대학의 조교수로 고빙(雇聘)이 되어 2년 동안이나 교편을 잡고 있었는데, 조선 청년으로는 실로 풍부한 수학상 수양이 있으며 장차 연희전문학교에서 교편을 잡겠다고 그이는 말하며, 지금부터 조선의 고유한 수학을 연구하야 세계에 소개하는 동시에 그 논문으로 박사의 학위를 얻으려 한다 하며, 그동안 동양 각국 학생이 미국에 유학하여 자기 나라의 수학사(數學史) 등을 논문의 제목으로 하여서 박사의 학위를 받았지마는 조선 학생은 아직 그런 논문을 쓴 일이 없으므로 자기는 조선 수학사로 논문의 제목을 삼겠노라 하더라.

(사진 왼편은 윤영선 씨요, 중앙은 이춘호 씨)

245. 동아일보 1922년 8월 9일

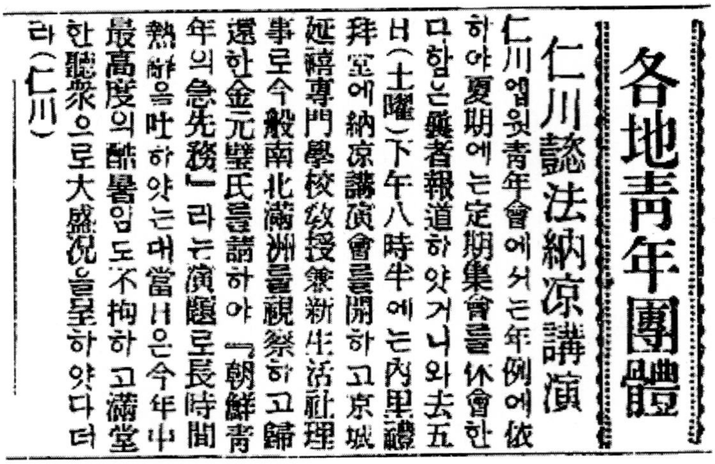

各地靑年團體

仁川懿法納凉講演

仁川엡윗靑年會에서는年例에依
하야夏期에는定期集會를休會한
다함은曩者報道하얏거니와去五
日(土曜)下午八時半에는內里禮
拜室에納凉講演會를開하고京城
延禧專門學校敎授兼新生活社理
事로今般南北滿洲를視察하고歸
還한金元璧氏를請하야『朝鮮靑
年의急先務』라는演題로長時間
熱辯을吐하얏는대當日은今年中
最高度의酷暑임도不拘하고滿堂
한聽衆으로大盛況을呈하얏다더
라(仁川)

각지 청년단체

인천 의법(懿法) 납량강연(納凉講演)

인천 엡윗청년회에서는 연례에 의하여 여름에는 정기집회를 휴회한다 함은 전에 보도하였거니와, 지난 5일 토요일 오후 8시 반에는 내리(內里)예배당에서 납량강연회를 개최하고 경성 연희전문학교 교수 겸 신생활사 이사로, 이번에 남북만주(南北滿洲)를 시찰하고 귀환한 김원벽(金元璧) 씨를 청하여 「조선청년의 급선무」라는 연제로 장시간 열변을 토하였는데, 당일은 금년 중 최고(最高) 온도의 혹서(酷暑)임도 불구하고 만당(滿堂)한 청중으로 대성황을 이루었더라. (인천)

246. 동아일보 1922년 8월 18일

平原에大講演會

今十七日上午十一時平原邑內耶蘇教堂內에서平原學友會主催로本會創立會及講演會를開催한다는데演士는曺晩植崇大生韓景職延專生崔敬植諸氏이라平原學友會員及一般人士의多數來聽을바란다더라(永柔)

평원에 대강연회

17일 오전 11시 평원 읍내 예수교회당 내에서 평원학우회 주최로 본회 창립회 및 강연회를 개최한다고 하는데 연사로는 조만식, 숭대생 한경직, 연전학생 최경식 등이라. 평원학우회원 및 일반인사 많은 사람이 와서 듣기를 바란다더라. (영유)

247. 매일신보 1922년 9월 26일

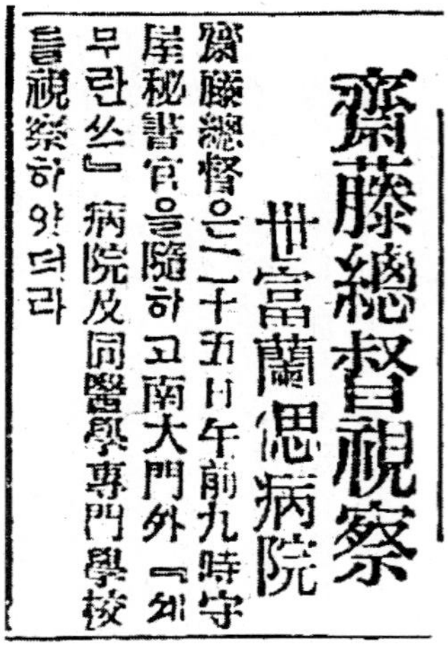

齋藤總督視察
世富蘭偲病院

齋藤總督은二十五日午前九時守屋秘書官을隨하고南大門外「세무란쓰」病院及同醫學專門學校를視察하얏더라

재등 총독 시찰

세브란스병원

재등 총독은 25일 오전 9시 수옥(守屋) 비서관을 대동하고 남대문 밖 세브란스병원과 동 의학전문학교를 시찰하였더라.

248. 동아일보 1922년 10월 1일

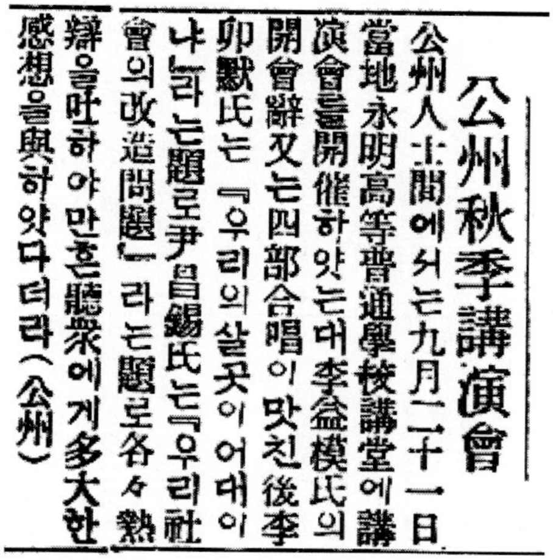
公州秋季講演會

公州人士間에서는九月二十一日當地永明高等普通學校講堂에講演會를開催하얏는데李益模氏의開會辭及는四部合唱이맛친後李卯默氏는『우리의살곳이어대이냐』라는題로尹昌錫氏는『우리社會의改造問題』라는題로各々熱辯을吐하야만흔聽衆에게多大한感想을與하얏다더라(公州)

공주 추계강연회

공주 인사(人士) 사이에서는 9월 21일 당지 영명고등보통학교 강당에서 강연회를 개최하였는데, 이익모(李益模) 씨의 개회사와 4부 합창이 마친 후 이묘묵(李卯默) 씨는 「우리의 살 곳이 어디이냐」라는 제목으로, 윤창석(尹昌錫) 씨는 「우리 사회의 개조문제」라는 제목으로 각각 열변을 토하여 많은 청중에게 다대한 감상을 주었다더라. (공주)

249. 동아일보 1922년 10월 17일

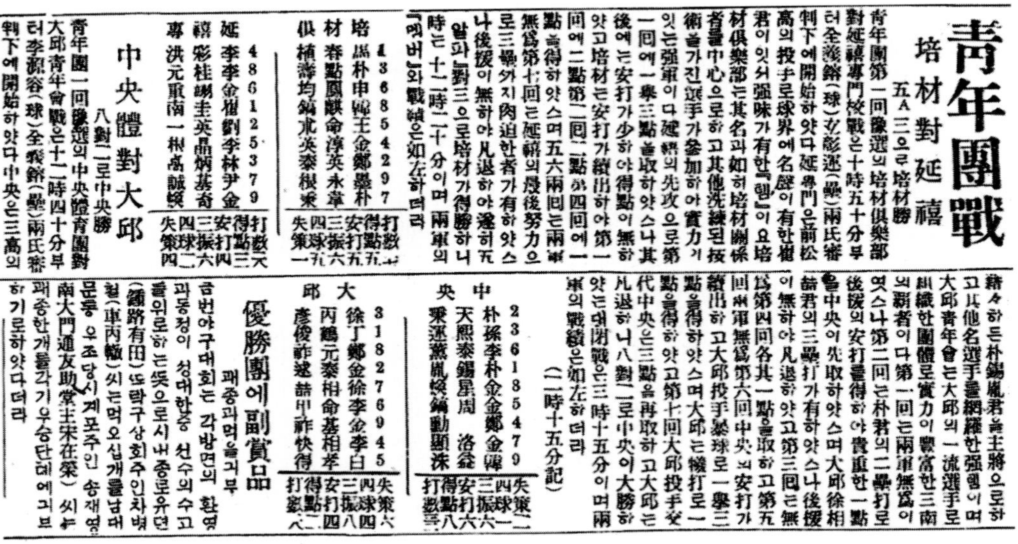

청년단전

배재 대 연희

5A3으로 배재 승

청년단 제1회 예선의 배재구락부 대 연희전문교 전(戰)은 10시 50분부터 전의용(全義鎔)(球) 현창운(玄彰運)(壘) 2명의 심판하에 개시하였다. 연희전문학교는 전 송고(松高)의 투수로 야구계에 명성이 있는 최군이 있어 강한 맛이 있는 팀이요, 배재구락부는 그 이름과 같이 배재 관계자를 중심으로 하고 기타 세련된 기술을 가진 선수가 참가하여 실력이 있는 강팀이다. 연희의 선공(先攻)으로 제1회에 한번에 3점을 얻었으나 그 후에는 안타가 적어 득점이 없었고, 배재는 안타가 속출하여 제1회에 2점, 제2회 2점, 제4회에 1점을 얻었으며 5, 6회에는 두 팀 모두 무득점, 제7회는 연희의 최후 노력으로 3루까지 육박한 자가 있었으나, 후원이 없어 범퇴(凡退)하고 말았다. 마침내 5알파 대 3으로 배재가 승리하니, 시간은 12시 20분이며, 양측의 멤버와 전적은 다음과 같더라.

〈배재구〉 마춘식(馬春植) 4, 박점수(朴點壽) 3, 신봉균(申鳳均) 6, 한기석(韓麒錫) 8, 왕

명출(王命朮) 5, 김정영(金渟英) 4, 정영태(鄭英泰) 2, 묵영근(墨永根) 9, 박위병(朴韋秉) 7

타수 17, 득점 5, 안타 5, 삼진 6, 사구 5, 실책 1

<연희전> 이채홍(李彩洪) 4, 이규원(李桂元) 8, 김익중(金翊重) 6, 최규남(崔圭南) 1, 유영일(劉英一) 2, 이정근(李晶根) 5, 임병설(林炳卨) 3, 윤기성(尹基誠) 7, 김기환(金奇換) 9

타수 28, 득점 3, 안타 4, 삼진 6, 사구 2, 실책 4

(중략)

우승단에 부상품

괘종과 먹을 기부

이번 야구대회는 각 방면의 환영과 동정이 성대한 중, 선수의 수고를 위로하는 뜻으로 시내 종로 유전(有田) 트럭상회 주인 차병철(車丙轍) 씨는 먹 50개를, 남대문통 우조당 시계포 주인 송재영(宋在榮) 씨는 괘종 한 개를 각기 우승단체에 기부하기로 하였다더라.

250. 매일신보 1922년 10월 19일

優秀의成績인
金義穆君
세부란쓰를금년 졸업한그의지죠
志賀院長談

총독부의원에셔 집힝하는 의사(醫師)시험은 민년 춘추이긔로하야 일부이부삼부로 논호아셔일부는리화학(理化學)이부는니과외과부인과 삼부는 실디시험으로하얏는대 지는월요일 까지에뎨삼부 시험ᄭ지 입격한자에대하야 작십팔일 오후한시에원장실에셔 증셔의 수여식이잇섯고금추에 새로히 시작한뎨일부시험합격자도 별항과 갓치발포되얏는바 이번에 삼부시험ᄭ지합격되야 명예로운 증셔를바든신의사중에 누가뎨일 셩젹이죠왓는가를지하(志賀)의원쟝에게무러보즉『합격자가 근이십명중에뎨긔로 말하면 셩젹이평범하다고 할수밧게업스나 발표한인명의순셔는셩젹의순셔로김의목군(金義穆君)의셩젹이뎨일죠흠으로쳣머리에씨엿는대의사시험으로말하면어렵다고하지안이홀슈업시 대부분은 일과에일부식시험을 치셔합격된다고 하더라드이년식 걸니는 사름이잇스나김 목군은금년봄에『셰부란쓰』의학전문학교를 졸업한 이십셰가량의 쳥년으로 이번에일부시험을 처거시작하야 삼부ᄭ지에우슈한 셩젹으로 합격하얏스미평쇼에공부도열심으로하얏다고하지마는실노현대의쳥년으로칭양할만한 쳥년이라』고말하더라

우수한 성적인 김의목 군, 세브란스를 금년 졸업한 그의 재주

志賀院長談

총독부의원에서 집행하는 의사 시험은 매년 춘추 2기로 하여 1부, 2부, 3부로 나누어서 일부는 이화학(理化學), 2부는 내과, 외과, 부인과, 3부는 실기 시험으로 하였는데, 지난 월요일까지 제3부 시험까지 입격한 자에 대하여 지난 18일 오후 1시에 원장실에서 증서 수여식이 있었고, 이번 가을에 새로 시작한 제1부 시험 합격자도 별항과 같이 발표되었는 바, 이번에 3부 시험까지 합격되어 명예로운 증서를 받은 신(新) 의사 중에 누가 제일 성

적이 좋았는가를 지하(志賀) 의원장에게 물어본즉, 「합격자가 근 20명 중에 대개로 말하면 성적이 평범하다고 할 수밖에 없으나, 발표한 인명의 순서는 성적의 순서로, 김의목(金義穆) 군의 성적이 제일 좋으므로 첫머리에 쓰였는데, 의사 시험으로 말하면 어렵다고 하지 않을 수 없이 대부분은 1기에 1부씩 시험을 쳐서 합격 된다고 하더라도 2년씩 걸리는 사람이 있으나 김의목 군은 금년 봄에 세브란스의학전문학교를 졸업한 20세가량의 청년으로, 이번에 1부 시험을 치기 시작하여 3부까지 우수한 성적으로 합격하였으매 평소에 공부도 열심히 하였다고 하지만은 실로 현대의 청년으로 칭찬할 만한 청년이라」고 말하였더라.

251. 매일신보 1922년 10월 23일

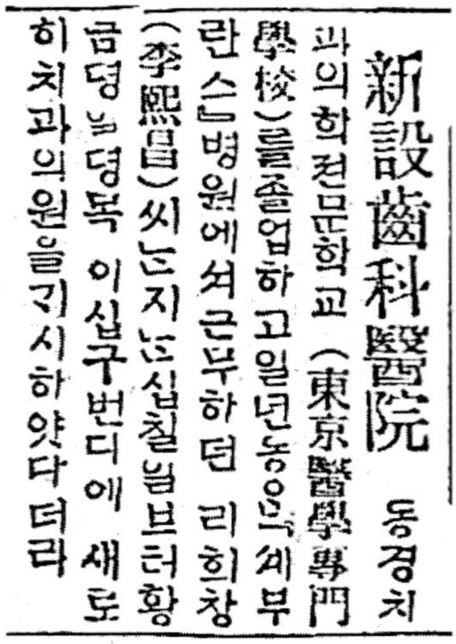

新設齒科醫院

동경치과의학젼문학교(東京醫學專門學校)를졸업하고일년동안셰부란스병원에셔근무하던 리희창(李熙昌)씨는지난십칠일브터황금뎡일뎡목 이십구번디에 새로히치과의원을개시하얏다더라

신설 치과의원

동경치과의학전문학교(東京齒科醫學專門學校)를 졸업하고 1년 동안 세브란스병원에서 근무하던 이희창(李熙昌) 씨는 지난 17일부터 황금정 1정목 29번지에 새로 치과의원을 개시하였다더라.

252. 동아일보 1922년 10월 29일

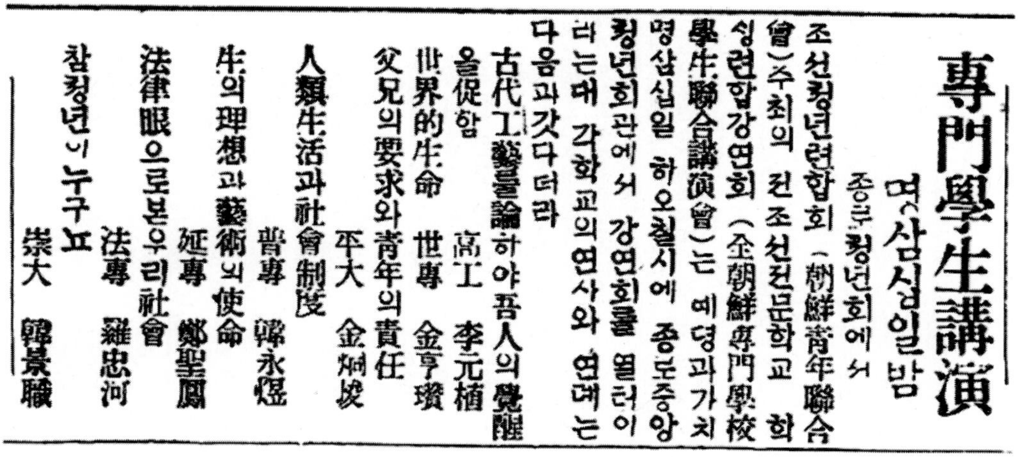

專門學生講演

명삼십일밤

종로청년회에서

조선청년련합회(朝鮮靑年聯合會)주최의 젼조션젼문학교 학싱련합강연회(全朝鮮專門學校學生聯合講演會)는 예뎡과가치 명삼십일 하오칠시에 종로중앙쳥년회관에서 강연회를 열터이라는데 각학교의연사와 연뎨는 다음과갓다더라

古代工藝를論하야吾人의覺醒을促함 高工 李元植

世界的生命 世專 金亨璨

父兄의要求와靑年의責任 平大 金炯俊

人類生活과社會制度 普專 韓永煜

生의理想과藝術의使命 延專 鄭聖鳳

法律眼으로본우리社會 法專 羅忠河

참청년이누구뇨 崇大 韓景職

전문학생 강연

내일 30일 밤

종로청년회에서

조선청년연합회 주최의 전조선전문학교 학생연합강연회는 예정과 같이 내일 30일 오후 7시 종로중앙청년회관에서 강연회를 열 터이라는데 각 학교의 연사와 연제는 다음과 같다더라.

고대 공예를 논하여 우리의 각성을 촉(促)함	고공(高工) 이원식(李元植)
세계적 생명	세전(世專) 김형찬(金亨璨)
부형(父兄)의 요구와 청년의 책임	평대(平大) 김형준(金炯俊)
인류생활과 사회제도	보전(普專) 한영욱(韓永煜)
생의 이상과 예술의 사명	연전(延專) 정성봉(鄭聖鳳)
법률안으로 본 우리 사회	법전(法專) 나충하(羅忠河)
참 청년이 누구뇨	숭대(崇大) 한경직(韓景職)

253. 동아일보 1922년 11월 1일

盛況의 學生講演會

재작야 종로청년회관에서 일곱학교학생의대강연회

청년연합회(靑年聯合會)주최의 전문학교 학생강연회(專門學校學生講演會)는 예뎡과가치재작 삼십일 오후일곱시에 종로중앙 청년회관에 열니엿는바 뎡각전부터 군중은사면으로 모혀들어 그수효가무려

오륙백명 에 달하엿스며 그군중의 대부분은 전문학교생도이엇다시간이되자 최순탁(崔淳鐸)씨의개회사가잇슨후에 고등공업학교 (高工) 학생리원식(李元植)군의 고대공예를 통하야 오인의각성을촉함(古代工藝를通하야吾人의覺醒을促함)이라는 자미잇는강연이 잇섯고 다시세부란스 의학교학생 김형찬 (金亨燦)군의 세계뎍생명(世界的生命)이라는문뎨로생명에 귀한즉 어섬명을국부뎍(局部的)으로살지말고 세계뎍의 미와 자유(自由)와 박애(博愛)로 살아야된다는말이잇섯스며 구다음

평민대학 (平大)학생 김형준(金亨俊)군의장연이잇섯고 다시보성전문학교학생(普專)한영우(韓永愚)군의인류의생활과 사회제도 (人類의生活과社會制度)라는문뎨로 사회제도의변천과현대인의 생활을말 하엿스며 나시실의리상과 예술의사명(事實의理想과藝術의使命)이라는문뎨로 연희전문학교학생 정석봉(鄭錫鳳)군의쾌락(快樂)을엇고자하는것이 인의리상이며 쾌락을어드라면미(美)를구하야 어들수가잇스며 미는조화(調和)에 잇고조화는 예술의사명(藝術의使命)이라는

자미잇는 강연이 잇섯는데군중은 말끗마다 박수하엿스며그다음법학전문학교(法專)학생라충하(羅忠夏)군의사회는어느뎡도까지 법률이지배하고 그법률은인민의의사(人民의意思)로만되는것이나 조선는 힘개총독의제령(制令)하나로모든법률이시행된다는 의미의 열렬한강연이이엇스며 다시숭실대학(崇大)한경직(韓景職)군의「참된것은누구냐」하는문뎨의 열렬한강연이잇슨후 동십시경에 무사히폐회하엿더라

◇전문학생련합강연회 (기사참조)

성황의 학생강연회

지난 밤 종로청년회관에서
일곱 학교 학생의 대강연회

청년연합회 주최의 전문학교 학생강연회는 예정과 같이 지난 밤 30일 오후 7시에 종로청년회관에서 열렸는데, 정각 전부터 군중은 사면으로 모여들어 그 수효가 무려 5, 6백 명에 달하였으며, 그 군중의 대부분은 전문학교 생도였다. 시간이 되자 최순탁(崔順鐸) 씨의 개회사가 있은 후에 고등공업학교 학생 이원식(李元植) 군의 「고대 공예를 논하여 우리의 각성을 촉함」이라는 재미있는 강연이 있었고, 다시 세브란스의학교 학생 김형찬(金亨璨) 군의 「세계적 생명」이라는 제목으로 생명이 귀한 즉 이 생명을 국부적으로 살지 말고 세계적 의미의 자유와 박애로 살아야 된다는 말이 있었으며, 그 다음 평민대학 학생 김형준(金炯俊) 군의 강연이 있었고, 다시 보성전문학교 학생 한영욱(韓永煜) 군의 「인류의 생활과 사회제도」라는 문제로 사회제도의 변천과 현대인의 생활을 말하였으며, 다시 「생의 이상과 예술의 사명」이라는 제목으로 연희전문학교 학생 정성봉(鄭聖鳳) 군의 쾌락을 얻고자 하는 것이 생의 이상이며, 쾌락을 얻으려면 미(美)를 통하여 얻을 수가 있으며, 미는 조화에 있고 조화는 예술의 사명이라는 재미있는 강연이 있었는데, 군중은 말끝마다 박수하였으며, 그 다음 법학전문학교 학생 나충하(羅忠河) 군의 사회(社會)는 어느 정도까지 법률이 지배하고 그 법률은 인민의 의사로 만드는 것이나 조선은 일개 총독의 제령(制令) 하나로 모든 법률이 시행된다는 의미의 열렬한 강연이 있었으며, 다시 숭실대학 한경직(韓景職) 군의 「참 청년은 누구냐」 하는 제목의 열렬한 강연이 있은 후 동 10시경에 무사히 폐회하였더라.

254. 동아일보 1922년 11월 19일

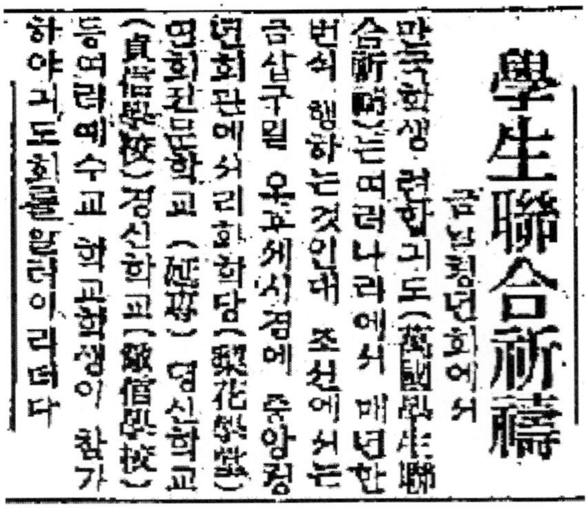
學生聯合祈禱

금일청년회에서

만국학생 련합긔도(萬國學生聯合祈禱)는 여러나라에서 매년한번씩 행하는것인대 조선에서는 금십구일 오후세시경에 중앙청년회관에서리화학당(梨花學堂)연희전문학교(延專) 뎡신학교(貞信學校)경신학교(儆信學校)등여러예수교 학교학생이 참가하야긔도회를할터이라더라

학생 연합기도(祈禱)

금일 청년회에서

만국학생 연합기도는 여러 나라에서 매년 한 번씩 행하는 것인데 조선에서는 오늘 19일 오후 3시경에 중앙청년회관에서 이화학당, 연희전문학교, 정신학교, 경신학교 등 여러 예수교 학교 학생이 참가하여 기도회를 할 터이라더라.

255. 동아일보 1923년 1월 1일

朝鮮人은 何를 改할가 何를 棄할가

京城在留諸外國人의所見

◇외국사람이말한조선사람의여러가지결점◇

우리 조선사람은 남의게자랑할 여러가지미뎜과 남이부러워할 만흔장처를가지고 잇는것은 우리가밋는것이오 외국사람도 인명하는바이 올시다 그러나 또한편으로 우리를도라보면 우리의일이 매우쇠잔한것이만코 외국인의게 농멸을 밧는일이 만치아니합니까 아-우리는 쇠잔한것을 볼때에 얼마나가슴이압흣스며 모욕을바들때에 얼마나 니를가랏슴닛가 그러면 쇠잔은무슨까닭이며 농멸은무슨까닭인지 쇠잔한때는결뎜이잇슬것이며 농멸되는때는단처가잇슬것이니쇠잔한것을회복하랴면결뎜을기워서 완전의미뎜을 온전히나타내이고 모욕밧는 것을 면하랴면 단처를버리고 본래의당처를 원만히기르지 아니하면안될것이 올시다 그러나 녯사람이 이른바제허물은 제가모른다는 셈으로 우리는 자연히우리의 결뎜과 단처를 알기가 어려운고로 엇더한것을버리고 엇더한일을 고칠는지여긔 대하야는 허심탄회로 남의말을 드를필요가 잇슬것이올시다

우리는이러한 의미로 우리조선사람과 친숙이만흔 경성재류여러외국 사람의게 각기감동되고 생각한대로「조선사람은 무엇을고쳐야 할가조선사람은 무엇을버려야할가」이두가지에 대하야긔탄업는 소견을 아래에소개합니다 그러나 여러나라 사람의 소견중에는 매우편벽된말가혹한말도잇고 그못안것잘못본것도잇서우리의게 당하야는 분개할뎜도적지안코 억울한뎜도 만습니다 더욱이 우리조선사람 끼리도 아니오 타국사람의게 이러한 말을 드르면창피스럽기도 하고 분해하기도합니다 그러나 독약이 입에는쓰지마는 병에는 리하다하얏나니 우리는도량을 넓피가지고 먼저그들의 말에귀를 기우린후 마음을랭정히하야 자긔의 그릇된자를도라볼가치는 잇슬가 생각합니다

無慾、虛名

실상이적어

米國 언더우드氏談

조선사람의 결점에대하야 조선에서 성당하야 근삼십년동안조선사람과 친숙한조선의 은인「언더우드」씨의 아들미국인「언더우드」씨는말하기를 조선사람의첫재결점는 현대문명한 학문에대하야그지식을자긔의것을만들려하지 아니하고「아라보려는 마음이 업는것이올시다

무슨학문 이나물건이나 긔계를 볼때에 그것을나도아라서 하야보고만드러보고자 하지 안습니다 그저보기만 합니다쓰기만합니다 듯기만합니다 그것은그런가보다 합니다 그것은나도하여야하겟다 하지안습니다. 웨-그럿케되는 리치를 똑려지게 아라 여디업시해보려는 마음이업습니다 둘재는무슨일을 하는데「공연히떠버리기만」합니다 실상보다일홈이만습니다 무슨장사를 하려면벌서집을굉장히 설비하고 그런필요치아니한 사람을몃식두어 월급을먹이고 무슨설비도 만히하야놋코합니다 그러나원래 그리만치도아니한 자본이 시작에죄들고 정말할일에는 돈이 업서서고만

일이실패 가됨니다웨-처음부터 조곰식조곰식 차々성공할생각을 아니합닛가 집을밋헤서부터 주추를 단々히다아차々크게 하지아니하고 긴요한밋흔허술히하고 눈에 띄이는꼭다이만 굉장히하다가 바람이불면 꽉-너머지게 됨니다 셋재는일반이 사람의표준을「인격으로보지아니하고」지식으로 보는것이올시다 누가재조가 잇서학식이좀잇다하면 인격은 여하간그저「-슝배만 합니다 이러하야그사람은

자연교만 한마음이나서 사람을 버리게되고 사회는실망을하게됩니다 지금조선에는「좋스、셀류」가만히잇습니다그럿케장하지도 못한사람을 그저장하다장하다하야사람을버려줍니다

無識、無善

불평을참으라

加奈院 어비슨氏談

조선인의 결뎜에대하야 삼십여년동안남대문밧「세부란스」병원장으로잇섯고 현재는 그부속의세전문학교교장(醫學專門學校長)이요또연희전문학교장(延禧專門學校長)인「어비슨」박사는 어비슨씨를방문하니 박사는 쳥々한얼굴에 오히려화긔를 가득히써우고「허々조선사람의 결점이요 곳치면고만아니요 내가조선오길요

삼십년전 이요내가오든여와는 만히달나젓소 만히진보되엿소 어느나라든지 그나라가잘되려면착한(善)것과 지식(智識)이잇서야합니다 그런데조선이오늘날 이럿케된것도 역시착한것과 지식이업서々 이러되엿소그럼으로 조선의대업 결뎜는「무식과착하지못함이오」조선이이러된것이 전혀 교육이업기때문에 현재지식을 모르고또는착한마음이 부족하야 서로미워하고모함하고 의심한 까닭이라하면 다시사라나는도리도 역시교육과종교를힘써서

지식과선 을기름에잇소 과연 조선사람의 교육뎡도은좀나을게 진보되며그새다름의 형세가과연 무섭소 그러나이와가치깨닷는동시에 따라서 이러나는폐단은 너무나 자존심이만흔것이요 즉조선사람도 현재다른나라사람과 똑갓흔대우를 달나는생각이라 그러나 모든일은차례가잇는것이라 엇지 졸연히그리되겟소 차々광명이 빗쳐오겟지요그러나 조선사람들은 너무자존심이 만하고 너무 조급히굴다가자긔손으로 자긔압길을 막는일이만소 가령학교의 일례를들어말하야도 조선인 선생들의불평이 간혹잇스니 그것은

모든대우 를일본인교수와가치하야 달나는 것이라그런나일본인 교사들은 먼곳에서청해오고또유명한사람을고빙하려면그들은인정풍속상낫선외국에오는것이라어 곳에사는조선인선생보다대우를낫게합니다그러면그것을 불공평하다 말하는사람이잇슴니다 그러면 학교당국자는 조선인과 대우를갓치하려하나그것은 경비가 허락지아니합니다 그리하야 할수업시조선인교사와 대우를 가치할일본인선생을 청해오느라고 자연무실한사람도 오게되니 조선사람은 좀더생각을 너그러히 머어줄

부족한일 이잇드래도이것은 나라를위하는 일로알고 참아서 우리들과가치 희생을하야주면 미구에 조토록될것인데 일이 그럿케못되니 참어렵습니다 또학생들이 동맹휴학을하는일이 만흔데 이것은아모유익업는일이올시다 원래 교회학교는 선교회에매이고 또여긔선교회도 미국에잇는 선교회의말을 들어서하는것이라 동맹휴학을한다고 엇지졸디에 학생의 요구를들어 줄수잇겟슴닛가 이런폐단이 모다자존심에서 생기는줄압니다 민족뎍 자존심이 각성된것은 대단 고마운일이올시다 그러나얼마간만 참아야지만일그것을 미리부터쓰면 일도되기전에 남의동정을일허 자긔압길을 자긔가막습니다 십오년을두고 주소로조선인이 잘되기를바라는 내뜻조차를나주는 사람이잇는것은 너무섭々합니다」하고 감개무량하게 말한다

家庭偏重

사회련락을하라

米國 아편설라孃談

조선사람의 결뎜에대하야 근십년동안 조선녀자교육에 힘을쓰는리화학당당(梨花學堂長)「아편설라」양(孃)은말하되 조선녀자들는아죽 가뎡만너무 중시하고사회를 리해하려는 마음이적은듯합니다가뎡이 불도히잇는것이아니라사회가운데에잇는 한분자이 낫가잘사회에 관한일을연구하야 가뎡과련락을 취하게하여야 할지니가령청중 위생을연구하야 일반에전염병이 자긔가뎡에 큰관계가잇슴을 깨닷고시세와 물가를 연구하야가뎡에 돈쓰는것을맛당히하는것이한견례이라하겟슴니다

조선인은 무엇을 고치고 무엇을 버려야 하나

경성에 체류중인 외국인의 소견

외국사람이 말한 조선사람의 여러 가지 결점

우리 조선 사람은 남에게 자랑할 여러 가지 미점(美點)과 남이 부러워할 만한 장점을 가지고 있는 것은 우리가 믿는 것이오, 외국 사람도 인정하는 바이올시다. 그러나 또 한편으로 우리를 돌아보면 우리의 일이 매우 쇠잔한 것이 많고 외국인에게 능멸을 받는 일이 많지 아니합니까.

아! 우리는 쇠잔한 것을 볼 때에 얼마나 가슴이 아팠으며 모욕을 받을 때에 얼마나 이를 갈았습니까? 그러면 쇠잔은 무슨 까닭이며 능멸은 무슨 까닭인지, 쇠잔한데는 결점이 있을 것이며 능멸되는 데는 단점이 있을 것이나, 쇠잔한 것을 회복하려면 결점을 고쳐서 천생의 미점을 온전히 나타내고, 모욕받는 것을 면하려면 단점을 버리고 본래의 장점을 원만히 기르지 아니하면 안 될 것이올시다. 그러나 옛사람이 이른 바, 제 허물은 제가 모른다는 것으로, 우리는 자연히 우리의 결점과 단점을 알기가 어려운 고로, 어떠한 것을 버리고 어떠한 일을 고칠는지 여기에 대해서 허심탄회하게 남의 말을 들을 필요가 있을 것이올시다.

우리는 이러한 의미에서 우리 조선 사람과 접촉이 많은 경성 재류 여러 외국 사람에게 각기 느끼고 생각한 대로 조선 사람은 무엇을 고쳐야 할까? 조선 사람은 무엇을 버려야 할까? 이 두 가지에 대하여 기탄없는 소견을 아래에 소개합니다. 그러나 여러 나라 사람의 소견 중에는 매우 편벽된 말, 가혹한 말도 있고, 그릇 안 것, 잘못 본 것도 있어 우리로서는 분개할 점도 적지 않고 억울한 점도 많습니다. 더욱이 우리 조선 사람끼리도 아니고 타국 사람에게 이러한 말을 들으면 창피스럽기도 하고 불쾌하기도 합니다. 그러나 독약이 입에는 쓰지마는 병에는 이롭다 하였으니, 우리는 도량을 넓게 가지고 먼저 그들의 말에 귀를 기울인 후 마음을 냉정히 하여 자기의 그림자를 돌아볼 가치는 있으리라 생각합니다.

무욕, 허명

실상이 적어

미국 언더우드[원한경] 씨 담(談)

조선 사람의 결점에 대하여 조선에서 성장하여 근 30년 동안 조선 사람과 접촉한 조선의 은인 언더우드 씨의 아들 미국인 언더우드 씨는 말하기를, 조선 사람의 첫째 결점은 현대문명한 학문에 대하여 그 지식을 자기의 것을 만들려 하지 아니하고, 알아보려는 마음이 없는 것이올시다. 무슨 학문이나 물건이나 기계를 볼 때에 그것을 나도 알아서 해보고 만들어 보고자 하지 않습니다. 그저 보기만 합니다. 쓰기만 합니다. 듣기만 합니다. 그것은 그런가보다 합니다. 그것은 나도 하여야 하겠다 하지 않습니다. 왜 그렇게 되는지 이치를 뚫어지게 알아 여지없이 해보려는 마음이 없습니다.

둘째는 무슨 일을 하는데 공공연히 떠벌이기만 합니다. 실상보다 이름이 많습니다. 무슨 장사를 하려면 벌써 집을 굉장히 설비하고, 그리 필요치 않은 사람을 몇씩 두어 월급을 먹이고, 무슨 설비도 많이 해놓고 합니다. 그러나 원래 그리 많지도 않은 자본이 시작에 죄다 들고 정말 할 일에는 돈이 없어서 그만 일이 실패하고 맙니다. 왜 처음부터 조금씩 조금씩 차차 성공할 생각을 아니합니까? 집을 밑에서부터 주춧돌을 단단히 다져 차차 크게 하지 않고 긴요한 밑은 허술히 하고 눈에 뜨이는 꼭대기만 굉장히 하다가 바람이 불면 휙 넘어지게 됩니다.

셋째는 일반 사람의 표준을 인격으로 보지 않고 지식으로 보는 것이올시다. 누가 재주가 있어 학식이 좀 있다 하면 인격은 여하간 그저 숭배만 합니다. 이리하여 그 사람은 자연 교만한 마음이 나서 사람을 버리게 되고, 사회는 실망을 하게 됩니다. 지금 조선에는 '폴스 밸류(false value)'가 많이 있습니다. 그렇게 장하지도 못한 사람을 그저 장하다 장하다 하여 사람을 버립니다.

무식, 무선(無善)

불평을 참으라

캐나다 어비슨 씨 담

조선인의 결점에 대하여 30여 년 동안 남대문 밖 세브란스병원장으로 있었고, 현재는 그 부속의학전문학교 교장이요, 또 연희전문학교 교장인 캐나다 사람 에비슨 씨를 방문하니, 백발이 성성한 얼굴에 오히려 화기를 가득히 띄우고 허허 조선사람의 결점이요 고치면 그만 아니요, 내가 조선에 오길 30년 전이요. 내가 오던 때와는 많이 달라졌소. 많이 진보되었소. 어느 나라던지 그 나라가 잘되려면 착함(善)과 지식(智識)이 있어야 합니다. 그런데 조선이 오늘날 이렇게 된 것도 역시 착한 것과 지식이 없어 이리 되었소. 그러므로 조선의 제일 결점은 무식과 착하지 못함이오. 조선이 이리 된 것이 전혀 교육이 없기 때문에 현재 지식을 모르고 또는 착한 마음이 부족해서 서로 미워하고 모함하고 의심한 까닭이라 하면, 다시 살아나는 도리도 역시 교육과 종교를 힘써서 지식과 선을 기름에 있소. 과연 조선 사람의 교육열은 놀라웁게 진보되어 그 깨달음의 형세가 과연 무섭소. 그러나 이와 같이 깨닫는 동시에 따라서 일어나는 폐단은 너무나 자존심이 많은 것이요. 즉 조선 사람도 현재 다른 나라 사람과 똑같은 대우를 달라는 생각이라, 그러나 모든 일은 차례가 있는 것이라 어찌 돌연히 그리 되겠소? 차차 광명이 비쳐오겠지요. 그러나 조선 사람들은 너무 자존심이 과하고 너무 조급히 굴다가 자기 손으로 자기 앞길을 막는 일이 많소. 가령 학교의 일례를 들어 말하여도, 조선인 선생들의 불평이 간혹 있으니 그것은 모든 대우를 일본인 교수와 같이 해 달라는 것이라. 그러나 일본인 교사들은 먼 곳에서 청해오고, 또 유명한 사람을 고빙하려면 그들은 인정풍속상 낯선 외국에 오는 것이라 이곳에 사는 조선인 선생보다 대우를 좀 낫게 합니다. 그러면 그것을 불공평하다 말하는 사람이 있습니다. 그러면 학교 당국자는 조선인과 대우를 같이 하려 하나, 그것은 경비가 허락지 아니합니다. 그리하여 할 수 없이 조선인 교사와 대우를 같이 할 일본인 선생을 청해오느라고 자연히 부실한 사람도 오게 되니, 조선 사람은 좀 더 생각을 너그러이 먹고 좀 부족한 일이 있더라도 이것은 나라를 위하는 일로 알고 참아서 우리들과 같이 희생을 해주면 곧 좋게 될 것인데 일이 그렇게 못 되니 참 어렵습니다. 또 학생들이 동맹휴학을 하는 일이 많은데 이것은 아무 유익이 없는 일이올시다. 원래 교회학교는 선교회에 매이고, 또 여기 선교회도 미국에 있는 선교회의 말을 들어서 하는 것이라, 동맹휴학을 한다고 어찌 졸지에 학생의 요구를 들어줄 수 있겠습니까. 이런 폐단이 모두 자존심에서 생기는 줄 압니다. 민족적 자존심이 각성된 것은 대단 고마운 일이올시다. 그러나 얼마간만은 참아야지 만일 그것을 미리부터 쓰면 일도 되기 전에 남의 동정을 잃어 자기 앞길을 자기가 막습니다. 15년을 두고 밤낮으로 조선인이 잘되기를 바라는 내 뜻조차 몰라주는 사람이 있는 것은 너무 섭섭합니다 하고 감개무량하게 말한다. (후략)

256. 동아일보 1923년 1월 8일

十八年間을 努力한
『세부란스』병원의『헐스트』씨
귀국함을앗기어성대한석별회

18년간을 노력한
『세브란스』 병원의 『허스트』 씨

귀국함이 아까워 성대한 석별회

조선에서 18년 동안이나 많은 고생을 하며 세브란스병원에 있으면서 조선 사람을 위하여 많은 노력을 한 그 병원 내과 담임으로 있던 허스트(Jesse Hirst) 씨는 자기의 신병도 있고, 또 그 외 여러 가지 사정이 있어서 오래 있던 조선을 떠나 오는 9일 아침에 자기의 고국인 미국으로 떠나게 되었는데, 그의 조선을 떠나는 것이 매우 섭섭하다 하여 그저께 6일 오후에는 세브란스병원장인 에비슨 씨 집에서 석별회를 열고 사회의 여러 유지를 초청하여 다과를 먹으며 간담을 교환하였는데, 그날 오후 4시부터 동 6시까지 모여 온 손님은 조선 사람, 일본 사람, 서양 사람을 합하여 수백여 명에 달하였으며 손님들은 그를 영원히 기념하기 위하여 각각 서명을 하였고, 특별히 김규진(金圭鎭) 씨는 기념화를 그렸다더라.

257. 동아일보 1923년 1월 10일

醫學界의 大恩人

신병으로귀국한『헐스트』씨
병만나흐면또조선에온다고

『세부란스』병원에내과(內科)담임으로잇든『헐스트』씨는임의보도한바와가치 작구일아츰 열시에 자긔부인과함씌 경성을떠나 자긔고국인미국으로향하엿는데 뎡거장에는 서양사람은 물론이오 조선사람과일본사람을합하야 젼송하는사람이 일백오륙십명에달하엿스며더욱히긔차가 남대문을 떠날때에는『헐스트씨! 잘가시오』하는 소래가 우뢰가치 떠러지고 또는그이와의리별을 애석히녀여 손수건을 흔드는모양은 마치 느진봄바람에락화가나는듯하엿다 씨는본래 미국『마사추세스』주 사람으로『푸란스톤』대학과『제포손』대학을졸업한사람으로부학사와의학박사의 학위를가젓스며 일천구백사년구월에 조선에건너와 그동안이십년동안이나조선사람의병을위하야 하로도 쉬지아니하고 열심으로치료하엿는대 씨는 과연

조선사람 의은인이라 하겟스며처음『세부란스』병원의긔초가튼々치못할때에그병원의원당인『에비슨』씨는『세부란스』학생에게 의학을 교수하고 씨는일반의치료를 전담하야 가지고 일을보앗다한다 그러나 씨는 이십년동안이나 주야로 근무한결과인지 얼마전부터 신병이 돌발하야 오래동안 정양하든조선을 떠나부득이 고국으로 향하지아니하면 아니되게되엿는대 씨는 감상을말하되『나는조선에와서 나의하는일을나의

평생사업 으로알고 할수잇는데까지는협력과힘을다하엿습니다 그러나 나는나의사무에 만분주하기때문에 조선말을잘 배우지못하야 조선사람과 만히친숙하지못하엿슴을 심히유감으로 생각합니다 나는비록조선을떠난다하여도 조선을 영원히 이저바리지못하겟습니다 나의평생소원은 나의해골을 조선땅에 뭇고저함이외다 나의병이 조금쾌차되면 다시 조선의따을 밟고저합니다』하더라

귀국한『헐스트』씨부처
어제아츰경성역에서

의학계의 대 은인

신병으로 귀국한 허스트 씨

병만 나으면 또 조선에 온다고

세브란스병원에 내과 담임으로 있던 허스트 씨는 이미 보도한 바와 같이 지난 9일 아침 10시에 부인과 함께 경성을 떠나 고국인 미국으로 향하였는데, 정거장에는 서양 사람은 물론이오 조선 사람과 일본 사람을 합하여 전송하는 사람이 150~160명에 달하였으며, 더욱이 기차가 남대문을 떠날 때에는 허스트 씨! 잘가시오! 하는 소리에 우레같이 떨어지고 또는 그와의 이별을 애석해하며 손수건을 흔드는 모양이 마치 늦은 봄바람에 꽃이 떨어

지는 듯하였다.

허스트 씨는 본래 미국 매사추세츠 주 사람으로, 프린스턴 대학과 제퍼슨 대학을 졸업하여 문학사와 의학박사의 학위를 가졌으며, 1904년 9월에 조선에 건너와 20년 동안이나 조선 사람의 병을 위하여 하루도 쉬지 않고 열심히 치료하였는데, 허스트 씨는 과연 조선 사람의 은인이라 하겠으며, 처음 세브란스병원의 기초가 튼튼치 못할 때에 그 병원의 원장 에비슨 씨는 세브란스 학생에게 의학을 가르치고, 허스트 씨는 일반의 치료를 전담하여 일을 보았다고 한다. 그러나 허스트 씨는 20년 동안이나 주야로 근무한 결과인지 얼마 전부터 신병이 생겨 오래 정든 조선을 떠나 부득이 고국으로 향하지 않으면 안되게 되었는데, 허스트 씨는 감상을 말하되 "나는 조선에 와서 내 일을 나의 평생 사업으로 알고 할 수 있는 데까지 열성과 힘을 다하였습니다. 그러나 사무에만 분주하여 조선말을 잘 배우지 못해 조선 사람과 많이 접촉하지 못하였음을 심히 유감으로 생각합니다. 나는 비록 조선을 떠난다 해도 조선을 영원히 잊어버리지 못하겠습니다. 나의 평생 소원은 나의 해골을 조선 땅에 묻고자 함이외다. 나의 병이 조금 쾌차되면 다시 조선의 땅을 밟고자 합니다" 하더라.

258. 매일신보 1923년 2월 9일

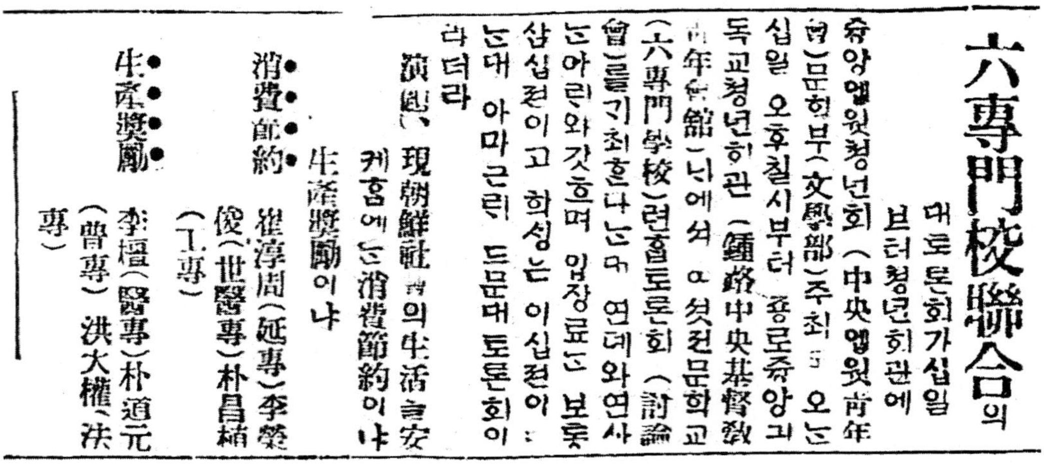

六專門校聯合의
대토론회가십일
브터청년회관에

즁앙엡웟청년회(中央엡윗靑年會)문학부(文學部)주최로오는 십일오후칠시부터죵로즁앙긔독교청년회관(鍾路中央基督敎靑年會館)니에셔 여셧젼문학교(六專門學校)련합토론회(討論會)를기최혼다는대 연뎨와연사(演士)는아릭와갓흐며 입장료는 보통삼십젼이고 학싱은 이십젼이라는대 아마 근릭 드문대 토론회이라더라

演題 現朝鮮社會의生活을安케홈에는消費節約이냐生産奬勵이냐

●消費節約● 崔淳周(延專)李榮俊(世醫專)朴昌植(工專)

●生産奬勵● 李橿(醫專)朴道元(普專)洪大權(法專)

6개 전문교 연합의 대토론회가 10일부터 청년회관에

중앙엡윗청년회 문학부 주최로 오는 10일 오후 7시부터 종로중앙기독교청년회관 내에서 6개 전문학교 연합토론회를 개최한다는데 연제와 연사(演士)는 아래와 같으며 입장료는 보통 30전이고, 학생은 20전이라는데 아마 근래 드문 대토론회라더라.

연제: 현 조선사회의 생활을 안정케 함에는 소비절약이냐 생산장려이냐

소비절약	최순주(崔淳周)	연전(延專)
	이영준(李榮俊)	세의전(世醫專)
	박창식(朴昌植)	공전(工專)
생산장려	이강(李橿)	의전(醫專)
	박도원(朴道元)	보전(普專)
	홍대권(洪大權)	법전(法專)

259. 동아일보 1923년 2월 9일

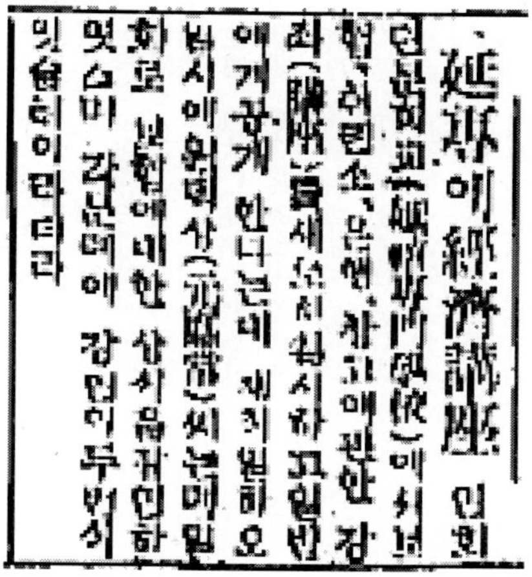

延專에經濟講座
연희전문학교(延禧專門學校)에서 보험、취인소、은행、창고에 관한 강좌(講座)를새로실시하고일반에게공개한다는데 재작일하오 一시에원덕상(元悳常)씨는뎨일회로 보험에대한 상식을강연하엿스며 각문뎨에 강연이두번식 잇슬터이라더라

연전에 경제강좌

연희전문학교에서 보험, 취인소, 은행, 창고에 관한 강좌를 새로이 실시하고 일반에게 공개한다는데, 그저께 오후 1시에 원덕상(元悳常) 씨는 제1회로 보험에 대한 상식을 강연하였으며 각 문제에 강연이 두 번씩 있을 터이라더라.

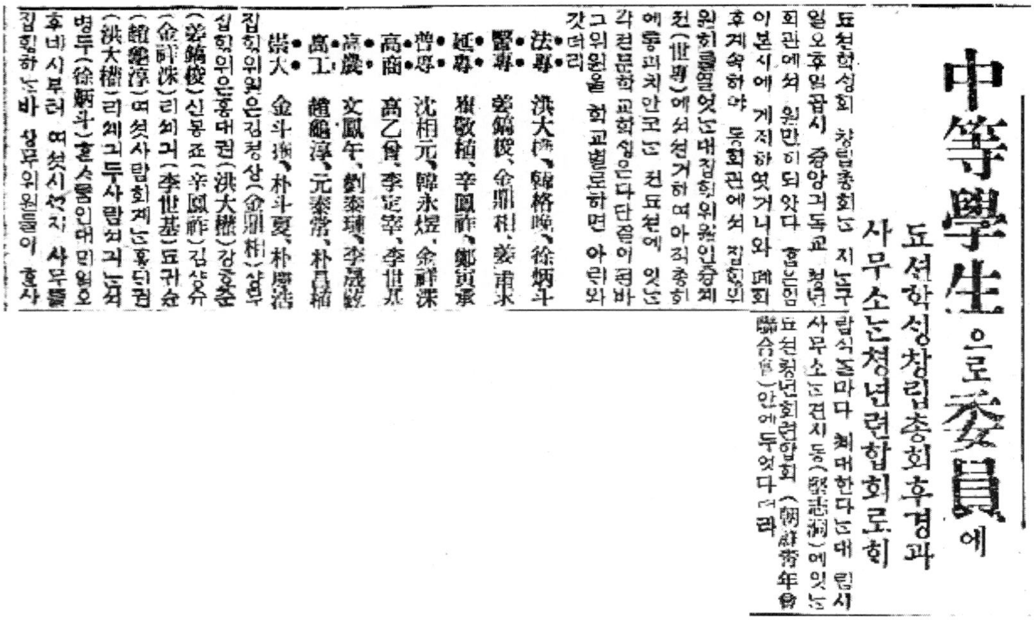

中等學生으로委員에

됴션학싱창립총회후경과

사무소는청년련합회로히

됴션학싱회 창립총회는 지난구일오후일곱시 즁앙긔독교 청년회관에셔 원만히되얏다 홈은임이본지에 게재하엿거니와 폐회후계속하야 동회관에셔 집힝위원회를열엇는대집힝위원인즁세젼(世專)에셔션거하며아직총회에통과치안코는 젼됴션에 잇는각젼문학교학싱은다단결이된바그위원을 학교별로하면 아래와갓더라

法專 洪大權、韓格晩、徐炳斗
醫專 姜鎬俊、金鼎相、姜甫求
延專 崔敬植、辛鳳祚、鄭寅承
普專 沈相元、韓永煜、金祥洙
高商 高乙會、李定宰、李世基
高農 文鳳午、劉泰璉、李晟鉉
高工 趙鶴淳、元泰常、朴昌楠
崇大 金斗煥、朴斗夏、朴麐浩

집힝위원은김뎡상(金鼎相)상무집힝위원은홍대권(洪大權)강호쥰(姜鎬俊)신봉조(辛鳳祚)김샹슈(金祥洙)리셰긔(李世基)됴귀숀(趙鶴淳)며셧사람회계는홍대권(洪大權)리셰긔두사람서긔는셔병두(徐炳斗)로스롬인대민일오후네시부터 며셧시선지 사무를집힝하는바 상무위원들이 호사랍식돌마다 최대한다는대 림시사무소는견지동(堅志洞)에잇는됴션청년회련합회(朝鮮靑年會聯合會)안에두엇다더라

중등학생으로 위원에

조선학생 창립총회 후 경과

사무소는 청년연합회로 해

조선학생회 창립총회는 지난 9일 오후 7시 중앙기독교 청년회관에서 원만히 되었다 함은 이미 본지에 게재하였거니와, 폐회 후 계속하여 동 회관에서 집행위원회를 열었는데 집행위원인 중 세전(世專)에서 선거하여 아직 총회에 통고하지 않았지만, 전 조선에 있는 각 전문학교 학생은 다 단결이 된 바, 그 위원을 학교별로 하면 아래와 같더라.

법전(法專) – 홍대권(洪大權), 한격만(韓格晩), 서병두(徐炳斗)

의전(醫專) – 강호준(姜鎬俊), 김정상(金鼎相), 강보구(姜甫求)

연전(延專) – 최경식(崔敬植), 신봉조(辛鳳祚), 정인승(鄭寅承)

보전(普專) – 침상원(沈相元), 한영욱(韓永煜), 김상수(金祥洙)

고상(高商) – 고을증(高乙曾), 이정재(李定宰), 이세기(李世基)

고농(高農) – 문봉우(文鳳牛), 유태연(劉泰璉), 이성현(李晟鉉)

고공(高工) – 조귀순(趙龜淳), 원태상(元泰常), 박창식(朴昌植)

숭대(崇大) – 김두선(金斗璇), 박두하(朴斗夏), 박경호(朴慶浩)

집행위원은 김정상, 상무집행위원은 홍대권 · 강호준 · 신봉조 · 김상수 · 이세기 · 조귀순 여섯 사람, 회계는 홍대권 · 이세기 두 사람, 서기는 서병두 한 사람인데, 매일 오후 네 시부터 여섯 시까지 사무를 집행하는 바, 상무위원들이 한 사람씩 날마다 교대한다는데 임시 사무소는 견지동에 있는 조선청년연합회 안에 두었다더라.

261. 매일신보 1923년 2월 14일

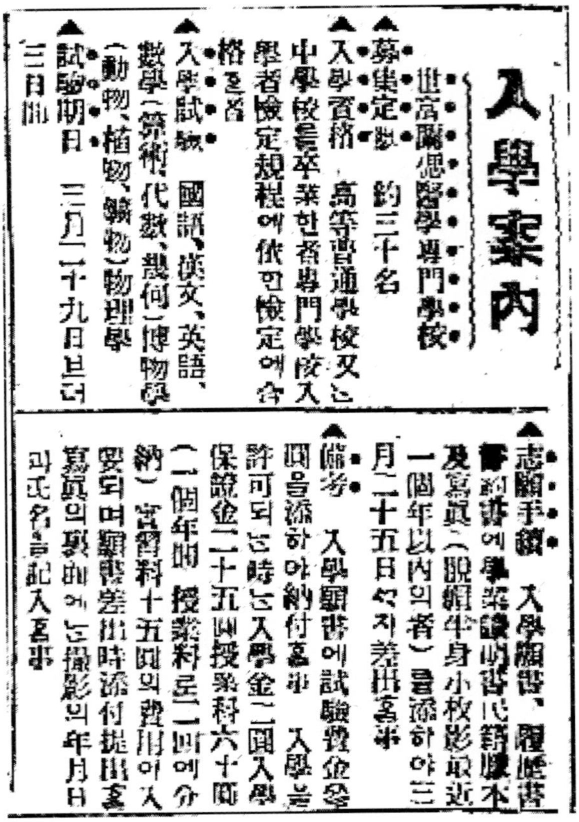

入學案內

世富蘭偲醫學專門學校

▲募集定數 約三十名

▲入學資格 高等普通學校又는中學校를卒業한者專門學校入學者檢定規程에依한檢定에合格한者

▲入學試驗 國語、漢文、英語、數學(算術、代數、幾何)博物學(動物、植物、鑛物)物理學

▲試驗期日 三月二十九日브터三日間

▲志願手續 入學願書、履歷書、誓約書에學業證明書、戶籍謄本及寫眞二(脫帽半身小板影最近一個年以內의者)를添하야三月二十五日까지差出홀事

▲備考 入學願書에試驗料金五圓을添하야納付홀事 入學을許可되는時는入學金二圓入學保證金二十五圓授業料六十圓(一個年分授業料를二回에分納) 實習料十五圓의費用이入要되며願書差出時添付提出홀寫眞의裏面에는撮影의年月日과氏名을記入홀事

입학안내

세브란스의학전문학교

▲ 모집정수 – 약 30명

▲ 입학자격 – 고등보통학교 또는 중학교를 졸업한 자, 전문학교 입학자, 검정규정에 의한 검정에 합격한 자

▲ 입학시험 – 국어, 한문, 영어, 수학(산술, 대수, 기하), 박물학(동물, 식물, 광물), 물리학

▲ 시험기일 – 3월 29일부터 3일간

▲ 지원수속 – 입학원서, 이력서, 서약서에 학업증명서, 민적등본(民籍謄本), 사진[탈모(脫帽), 반신(半身), 소판(小板), 최근 1년 이내의 것]을 첨부하여 3월 25일까지 제출할 것

▲ 비고 – 입학원서에 시험비 3원을 첨부하여 납부할 것. 입학이 허가될 때는 입학금 2원, 입학보증금 25원, 수업료 60원(1주년 수업료로 2회에 분납). 실습료 15원의 비용이 입요(入要)되며, 원서 제출 시 첨부 제출할 사진의 표면에는 촬영의 연, 월, 일과 씨명을 기입할 것.

262. 조선일보 1923년 2월 24일

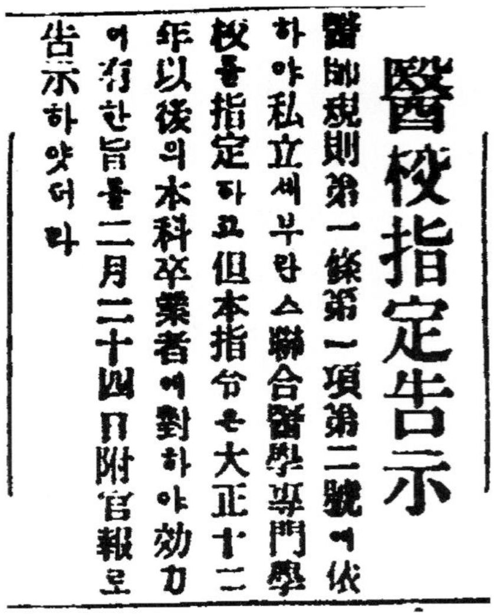

醫校指定告示

醫師規則第一條第一項第二號에依하야私立세부란스聯合醫學專門學校를指定하고但本指令은大正十二年以後의本科卒業者에對하야効力이有한旨를二月二十四日附官報로告示하얏더라

의교(醫校) 지정고시

의사규칙 제1조 제1항 제2호에 의하여 사립 세브란스연합의학전문학교를 지정하고, 단 본 지령은 대정(大正) 12년(1923년) 이후의 본과 졸업자에 대하여 효력이 유한 지(旨)를 2월 24일부로 관보로 고시하였더라.

263. 매일신보 1923년 3월 3일

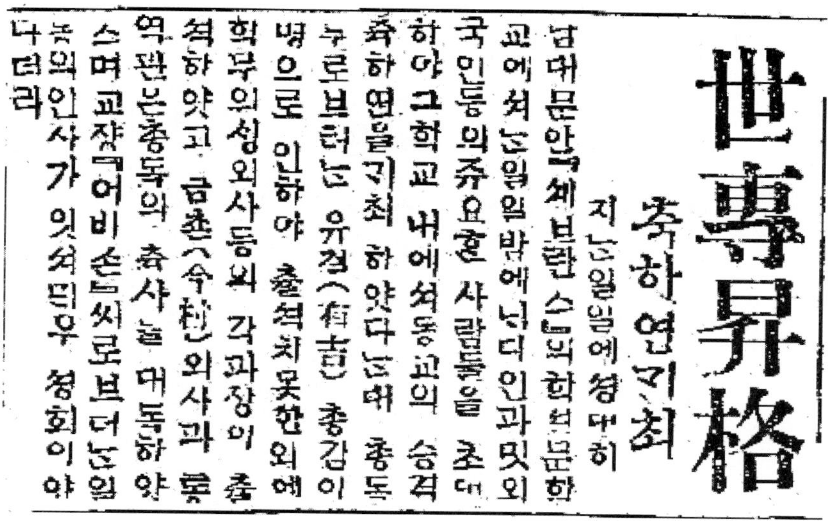
世專昇格

축하연개최

지난일일에셩대히

남대문안셰브란스의학뎐문학교에셔는일일밤에내디인과밋외국인등의쥬요한사람들을초대하야그학교내에셔동교의승격축하연을개최하얏다는대총독부로브터는유길(有吉)총감이병으로인하야출석치못한외에학무위생외사등의각과장이출석하얏고금촌(今村)외사과통역관은총독의축사를대독하얏스며교쟝에비손씨로브터는일동의인사가잇셔매우셩회이얏다더라

세전 승격
축하연 개최

지난 1일에 성대히

남대문 안 세브란스의학전문학교에서는 1일 밤에 내지인(일본인) 및 외국인 등의 주요한 사람들을 초대하여 그 학교 내에서 동교의 승격 축하연을 개최하였다는데, 총독부로부터는 유길(有吉) 총감이 병으로 인하여 출석지 못한 외에 학무, 위생, 외사 등의 각 과장이 출석하였고, 금촌(今村) 외사과 통역관은 총독의 축사를 대독하였으며, 교장 에비슨 씨로부터는 일동의 인사가 있어 매우 성하였더라.

264. 조선일보 1923년 3월 7일

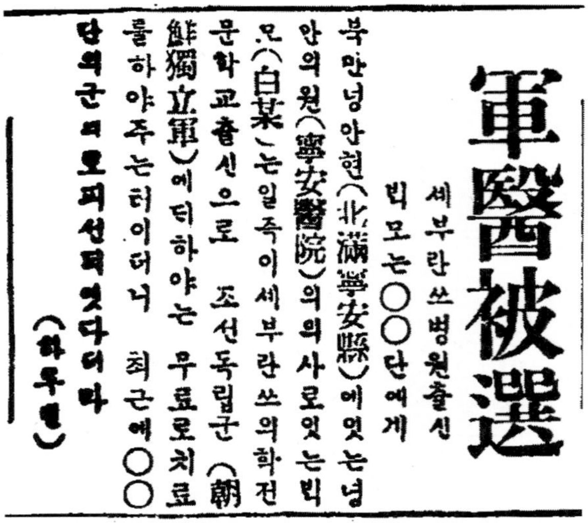

軍醫被選

세부란쓰병원출신
빅모는○○단에게

북만녕안현(北滿寧安縣)에잇는녕안의원(寧安醫院)의의사로잇는빅모(白某)는일즉이세부란쓰의학전문학교출신으로 조선독립군(朝鮮獨立軍)에디하야는 무료로치료를하야주는터이더니 최근에○○단의군의로피선되엿다더라 (하얼빈)

군의(軍醫) 피선(被選)

세브란스병원 출신 백모는 ○○단에게

북만(北滿) 영안현에 있는 용안의원의 의사로 있는 백 모는 일찍이 세브란스의학전문학교 출신으로 조선독립군에 대하여는 무료로 치료해 주는 터이더니, 최근에 ○○단의 군의로 피선되었다더라. (하얼빈)

265. 매일신보 1923년 3월 10일

◇卒業後는海外留學이所望

연희전문학교의금년졸업싱

이중열명이미국과동경유학의쇼망으로결뎡

예수교연합교회의경영으로도시외 신촌(新村)종용한산속숑림사이에엄연히잇는것이 표면에셔 사립전문학교로는 하나간다는 연희전문학교(延禧專門學校)이다 용신만장의 셔울상안을 멀직이떠나송엄한대자연의품에셔예수교를토대로삼고문과(文科)상과(商科)수리과(數理科)농과(農科)응용화학과(應用化學科) 등을두고 빅여명의 총준자뎨들을 셔양사람의교사와됴션사람니디사람의교사들이열심히교양하는바 무엇보다 그학교에셔는 「그리스도」의참뜻을본밧아

◇●●●●●●●

자유외평등의 교빅이 를학싱들의풍경에만히북도두가주며또한음악에도 상당히 힘을써셔예뻐로「코러스」쇼티와 「피아노」 「올간」의청아한「멜로디」가고요한삼림에새여흐르는것은션경이안인가하는 의심도잇다 산밋을각가니리고는작고집을짓는승이니 쟝차동경의 조도뎐(早稻田)보다도 더굉장하게될것은 머지안은장릭일것이다그럼대 금년도의졸업싱는 문과에 며덜병상과에열두명합하야 이십명인대 슈리과와 응용화학과와 농과에는 졸업싱이업다하며

◇●●●●●●●

쳔기졸업싱중에셔는미국(米國)과동경(東京)으로류학하겟다는사람이열넷이오그외、는중등학교에교사가되겟다하야훈사람도취직에곤난홈이업시벌셔나갈곳을모다 작뎡하여 노핫다는대 그학교에셔는국어보다도영어를편중하야교문을나셔는사를이면의례히셔양풍속에저즌반양식신사가되고영어는물론됴션말히기보다도 더쉬웁게 하는것이특색이다 상과를맛친 사람들이다도원데다 즈면의웅내한감화와

◇●●●●●●●

거륵한종교의그늘 아릭에셔심청을비양하엿는지라비록상과는하엿슬망청항상 형이상(形以上)의싱활을줄겨하야 틱글세상에셔 기계덕싱활을 하지안으려고 실업방면에 출마하는사람는한사람도업다혼다그리고새하귀브터는 됴션학계의 권위지리관용(李灌鎔)렬학박사가또혼교편을잡게되얏다고

졸업 후는 해외 유학이 소망

연희전문학교의 금년 졸업생

이 가운데 열 명이 미국과 동경 유학의 소망으로 결정

예수교 연합교회의 경영으로 시외 신촌 중첩한 산속 송림 사이에 엄연히 있는 것이 조선에서 사립전문학교로는 하나 간다는 연희전문학교이다. 홍신(紅神, *무속의 악귀), 만장(輓章, 죽은 사람을 슬퍼하여 지은 글)의 서울 장안을 멀찍이 떠나 숭엄한 대자연의 품에서 예수교를 토대로 삼고 문과, 상과, 수리과, 농과, 응용화학과 등을 두고 백여 명의 청춘자제들을 서양 사람의 교사와 조선 사람, 내지(일본) 사람의 교사들이 열심히 교양하는데 무엇보다도 그 학교에서는 그리스도의 참뜻을 본받아

◇자유와 평화와 박애를 학생들의 품성에 많이 북돋아주며, 또한 음악에도 상당히 힘을 써서 때때로 코러스 소리와 피아노 · 오르간의 청아한 멜로디가 고요한 삼림에 새어 흐르는 것은 선경(仙境)이 아닌가 하는 의심도 있다. 산 밑을 깎아내리고 작은 집을 짓는 중이니, 장차 동경의 조도전(早稻田)보다도 더 굉장하게 될 것은 머지않은 장래일 것이다. 그런데 금년도의 졸업생은 문과에 8명, 상과에 12명 합하여 20명인데, 수리과와 응용화학과와 농과에는 졸업생이 없다 하며

◇전기 졸업생 중에서는 미국과 동경으로 유학하겠다는 사람이 10명이요, 그 외에는 중등학교에 교사가 되겠다 한 사람도 취직에 곤란함이 없이 벌써 나갈 곳을 모두 작정하여 놓았다는데, 그 학교에서는 국어보다 영어를 편중하여 교문을 나서는 사람이면 의례히 서양 풍속에 젖은 반양식 신사가 되고 영어는 물론 조선말하기보다도 더 쉽게 하는 것이 특색이다. 상과를 마친 사람들이라도 원체 대자연의 웅대한 감화와

◇거룩한 종교의 그늘 아래에서 심성을 배양하였는지라 비록 상과는 하였을망정 형이상(形而上)의 생활을 즐겨하여, 바깥세상에서 기계적 생활을 하지 않으려고 실업 방면에 출마하는 사람은 한 사람도 없다 한다. 그리고 새학기부터는 조선학계의 권위자 이관용(李灌鎔) 철학박사가 또한 교편을 잡게 되었다고.

266. 매일신보 1923년 3월 11일

◇杏林界에 出脚홀 世專卒業生

◇……승격이된뒤로졸업장한아가즉면허장

남대문밧을 썩나서면 외인편언덕우으로 쇠창살담청안에 사칭벽돌집이 욱둑소사잇는세부란스동남쪽 수목사이로 은은히드러다보이는것이 우리힝림계(杏林界)에 만흔의사를 비출하는예수교경영의「쇠부란스」의학전문학교(醫學專門學校)이다 현재동교에재학하는 학싱들이 그리만치는못하나 또한그리적지도 안이하다 이학교의 학싱들은 미국가튼전문학교학싱들에비하야 풍족이 가장빈쳔하다 하겟는데

●●●●●●

◇그이유는이학교 에셔는먼저입학하랴는학싱들의게 예수를신심히 밋나안이밋나를 상고하야입학하는 학싱들중에는 거반크리스도교독신자들이며 또는아참마다그학교의채플(禮拜堂)에학싱전부의 출석으로 기도회를열고공부를 시작하기전에 먼저신쳥을고로히 하자하는것이 그원인이라 하겟다 시니거쥬하는학싱들도 그학교에를 단이는스를 이적지안이하거니와 티반은엇던디방에셔한교회의추천을밧아가지고와셔공부하고잇는대동교의

●●●●●●

◇금년도졸업싱은 모다여셧사람이라흔다 이학교의졸업싱들은작년으로 하여도 졸업을흔뒤에또다서 면장을맛치안으면 의사노릇을 당당히흘슈가 업셧슴으로 퍽곤난하엿스나금년브터는 승격(昇格)이되얏슴으로 승격의학전문학교졸업싱들과죠금도다름이업시 졸업장이 곳의사의면허과갓흔 효력이 잇게되얏는지라이번첫회의 졸업싱들은 벌셔브터사름을잡아가는병마(病魔)와 더부러크게싸호아보고져무기를 준비하고 정신을 가다듬는다하다 그들중에 몃사름는 그의원의의사가되나 더실습을 흘터이오 나머지는

●●●●●●

◇디방에가서 개업을하지안으면디방에 설립되야잇는예수교병원에셔 일을보게되얏는데 엇더시골에셔는자기곳류학싱을셔울에 올녀보니고 그가졸업하고 나려오면 병을곳쳐달내겟다고하로를 쳔년갓치 기다리는환자도잇슬터인즉 그들의다셧사람이 다수한 병자들에 디하야는더흘수업는구주(救主)들이라하겟다 지금선지 지나온봉급에 대하야는다른병원에 고빙되야나가면최소오십원이상을 바듯시마는 그병원에 잇게되면 죠금사십원식을밧엇다고

행림계(杏林界, 의료계)에 출각(出脚)할 세전(世專) 졸업생

◇ 승격이 된 덕택으로 졸업장 하나 가득 면허장

남대문 밖을 썩 나서면 왼편 언덕 위로 쇠창살 담장 안에 사칭 벽돌집이 우뚝 솟아있는 세브란스 동남쪽 수목 사이로 은은히 들여다보이는 것이 우리 행림계에 많은 의사를 배출한 예수교 경영 세브란스의학전문학교이다. 현재 동교에 재학하는 학생들이 그리 많지는 못하나 또한 그리 적지도 아니하다. 이 학교의 학생들은 대개가 같은 전문학교 학생들에 비하여 품성이 가장 방정하다 하겠는데

◇그 이유는 이 학교에서는 먼저 입학하려는 학생들에게 예수를 열심히 믿나 아니 믿나를 상고하고, 입학하는 학생들 중에서는 거반은 그리스도 독신자들이며, 또는 아침마다 그 학교 채플실 안에 학생 전부의 출석으로 기도회를 열고 공부를 시작하기 전에 먼저 심성을 고로히 하자하는 것이 그 원인이라 하겠다. 시내 거주하는 학생들도 그 학교에를 다니는 사람이 적지 아니하거니와 태반은 어떤 지방에서 한 교회의 추천을 받아가지고 와서 공부하고 있는데 동교의

◇금년도 졸업생은 모두 여섯 사람이라 한다. 이 학교의 졸업생들은 작년에만 하여도 졸업을 한 뒤에 또다시 면허장을 받지 않으면 의사 노릇을 당당히 할 수가 없었으므로 퍽 곤란하였으나 금년부터는 승격이 되었으므로, 경성의학전문학교 졸업생들과 조금도 다름이 없이 졸업장이 곧 의사인 것과 같은 효력이 있게 되었는 바, 여섯의 졸업생들은 벌써부터 사람을 잡아가는 병마와 더불어 크게 싸워보고자 무기를 준비하고 정신을 가다듬는다 한다. 그중에 몇 사람은 그 의원의 의사가 되어 더 실습을 할 터이오, 나머지는

◇지방에 가서 개업을 하거나 지방에 설립되어 있는 예수교 병원에서 일을 보게 되었는데, 어떤 시골에서는 유학생을 서울에 올려보내고 그가 졸업하고 내려오면 병을 고쳐달래겠다고 하루를 천 년같이 기다리는 환자도 있을 터인즉, 그들의 여섯 사람이 다수한 병자들에 대하여는 더할 수 없는 구주(救主)들이라 하겠다. 지금까지 지내온 봉급에 대하여는 다른 병원에 고빙되어 나가면 초급 50환 이상을 받지마는 그 병원에 있게 되면 초급 40원씩을 받았다고.

267. 동아일보 1923년 3월 11일

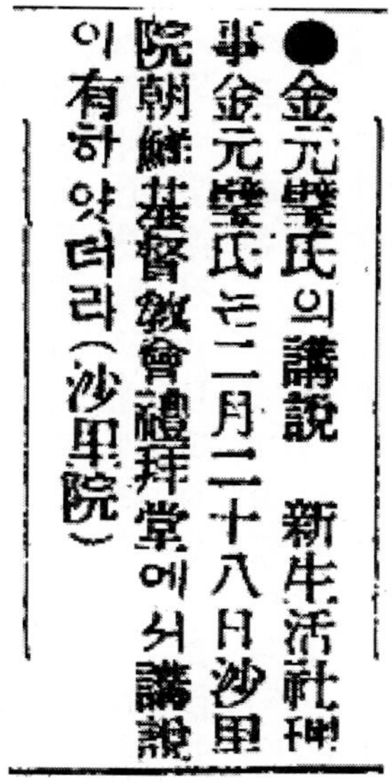

●金元璧氏의講說 新生活社理事金元璧氏는二月二十八日沙里院朝鮮基督敎會禮拜堂에서講說이有하얏더라(沙里院)

김원벽 씨의 강설(講說)

신생활사 이사 김원벽(金元璧) 씨는 2월 28일 사리원 조선기독교회예배당에서 강설을 하였더라. (사리원)

268. 조선일보 1923년 3월 12일

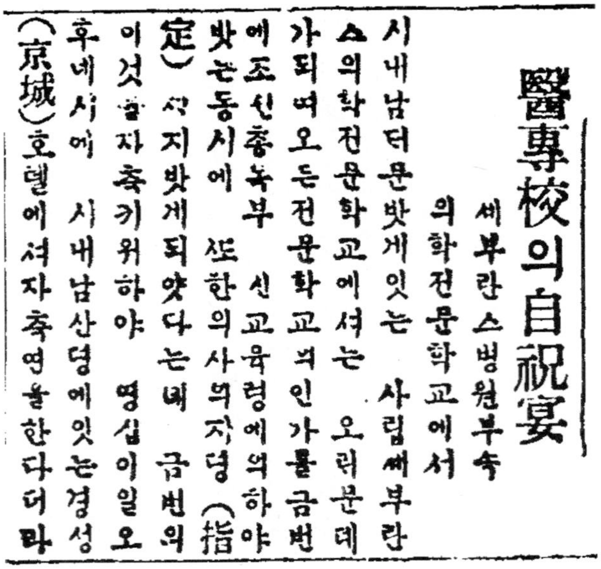

醫專校의自祝宴
세부란스병원부속
의학전문학교에서
시내남대문밧게잇는 사립세부란
스의학전문학교에서는 오래문데
가되여오든전문학교의인가를금번
에조선총독부 신교육령에의하야
밧는동시에 또한의사의지뎡(指
定)ᄭᅡ지밧게되얏다는데 금번의
이것을자축키위하야 명십이일오
후네시에 시내남산뎡에잇는경성
(京城)호뎰에서자축연을한다더라

의전교(醫專校)의 자축연

세브란스병원 부속 의학전문학교에서

시내 남대문 밖에 있는 사립 세브란스의학전문학교에서는 오래 문제가 되어오던 전문학교의 인가를 금번에 조선총독부 신교육령에 의하여 받는 동시에 또한 의사의 지정(指定)까지 받게 되었다는데, 금번의 이것을 자축키 위하여 내일 12일 오후 4시에 시내 남산정에 있는 경성호텔에서 자축연을 한다더라.

269. 매일신보 1923년 3월 14일

隆昌에赴ᄒᆞ는世富蘭偲醫專

昇格의喜, 擴張의光

쟝구ᄒᆞᆫ삼십년을ᄒᆞᆫ로와갓차노력ᄒᆞᆫ쏫히피여

승격과확쟝의깃분일이싱기이는학교와병원

◇盛況인十二日의官民招待披露會

남대문밧게잇는세부란쓰의학전문학교(世佛蘭偲醫學專門)에서는이번에그학교가신교육령(新敎育令)에의하야관립전문학교와동등의대우를밧게된것과이다음그학교졸업생은의사검뎡시험(醫師檢定試驗)을치르지안이홀지라도의사의면허(免許)를밧는특권을부여하게된것을피로하기위하야지작십이일오후네시브터부내남산뎡경성호텔에서다화회(茶話會)를열고경성에잇는내외관민유력자칠십여명을초대하야성대한

축하식을 거힝하얏더라

원래그학교는세상에셔다아는바와갓치긔독교회의경영으로세부란쓰병원과홈씌삼십년이라는오랜력사를가지고그동안다슈훈신진의사를양셩하야우리사회에끼친공헌훈것이만흔고로제중원(濟衆院)이라는뎨일글자는됴선사름의감사하는 대상이 되얏든비어라괴왕 한국시대에 륭희이년(隆熙二年)즉뎡치사십일년에쳐음뎨일회졸업싱을내일딕이에쳥부로브터여러가지특뎐(特典)을쥬어 우대하얏더니 대졍이년(大正一年)에이르러교육령의긔뎌된결과로특뎐이쇼멸되고오날놈에밋쳐 그병원의셩젹과 학교직원의셩심노력한것이

당국자의 인졍한바이더야 재등총독(齋藤總督)은작년에봄부터 그학교와병원을 시찰하고셜비와제도가쳘돈된것을못내깃부이역이던일이잇더니금번에는됴션교육령에의하야그학교의자격을 완젼히인뎡하는 동시에졸업싱에대하야우와갓흔특권을주게된것이라 이것은 됴션의교육계와또의약계(醫藥界)에대하야비샹훈 공로가잇는 그학교에대하야당연훈보수이라홀지며따라월반인사에게도큰경희이라홀것은물론이다 뎡혼시간인 당일오후네시에는초대를바든여러관민이일당에모히여

미우셩황 을나 우엇는대그중에는박영효(朴泳孝)리지곤(李載崐)리하영(李夏榮)씨등됴[illegible]務局長)도변고등법원장(渡邊高等法院長)등관리들도보히고 그외션교ᄉ(宣敎師)와기타나외신ᄉ들브두 곳에난호아잇는휴계실게가득히모혀깃붐우승쇼리와유쾌한담화에의연훈화긔를씌이엿다네시반에식당을멀고간난훈만찬이맛친후교장 어비신박시(魚丕信博士)는이러나 뎡즁한례사를베푸럿는대 그요령을소긔하면

『됴션에는 지금신식학문을빈호의사가 젼도에 수빅인에지나지못하고구식한의(漢醫)가약륙쳔명가량이 잇셔의료(醫療)에종사하는고로 인구와비례하야 의ᄉ한사람으로 륙쳔명니지 일만명을 부담하게되지라이와갓치됴션에셔는의사의샹젹이 하로도시급한 즁에지금브터 삼십년을 지내면현지에잇는 의사는 거의ᄉ망홀것이니 그보충으로 륙쳔명의사를요구하는외에 인구 수효와더죠하야 의사를 뎍당하게비치하라면 젹어도 삼십년동안에미년일천명을양셩하야삼만명가량은 필요한지라 지금됴션에셔는 관ᄉ립학교에 수용하는 의학싱의 수효가겨우오빅명에 지나지못하는 현샹인즉 엇지유감이 아니리오우리는됴션인의 힝복잇는 싱활을경영홈에 가쟝필요한 의ᄉ양셩에 대하야 외층노력하기를자긔하며 이번학교의 승격된것을 긔회하야 현재보다비이상의 확쟝을단힝홀 각오를가젓스며 더욱이 쟝리에는이학교와 병원을 됴션 사람 의손으로 경영홀녕도에 이르면우리는지체치아니하고외국사람의손을 세혀됴션 형데로친히경영하게하랴하노라지금에도학감(學監)으로잇는오긍션박사(吳兢善博士)라든지이비인후과 쥬임홍셕후(耳鼻咽喉科主任洪錫厚)씨라든지 기타모든됴션사름에우수한슈완과

힘력을 가진이가 만히잇스니 쟝릭에는 그들이 직접으로 이를경영하야 됴션의 계를위하야 공헌홈즐밋노라」하는쟝시간의 연설이 잇셔일반에게깁흔감상을주고다음에 환산

경무국장 이런빈을대표하야답사를베풀고경고셩회를더표호오화영목사(吳華英)와변호사허헌(許憲)씨의축사가잇슨후누륙시반에 산회되얏더라 드른바에의하면 그학교에셔 미구에교실의확장건축을한다하며병원도지금건물의동쳐에다시오층가옥을신축하야 현대에 삼백명이상의환자를 수용하게하고 간호부양셩소도확장하야규묘와제구를대대뎍으로일신홀이라더라

승격과확장하라는세부란쓰의학전문학교와 (上)깃붐에싸힌교장어비신박사

융성하게 나아가는 세브란스의전
승격의 희(喜), 확장의 광(光)

장구한 30년을 하루와 같이 노력한 꽃이 피어, 승격과 확장의 기쁜 일이 생기는 학교와 병원 성황인 12일의 관민 초대 피로회

남대문 밖에 있는 세브란스의학전문학교(世佛蘭偲醫學專門)에서는 이번에 그 학교가 새 교육령(敎育令)에 의하여 관립전문학교와 동등한 대우를 받게 된 것과, 다음 그 학교

졸업생은 의사검정시험(醫師檢定試驗)을 치르지 않을지라도 의사 면허(免許)를 받는 특권을 부여하게 된 것을 널리 알리기 위하여, 그저께 12일 오후 4시부터 부내(府內) 남산정 경성 궁궐(호텔)에서 다화회(茶話會) 열고 경성에 있는 내외관민 유력자 70여 명을 초대하여 성대한 축하식을 거행하였다.

원래 그 학교는 세상에서 다 아는 바와 같이 기독교회의 경영으로 세브란스병원과 함께 30년이라는 오랜 역사를 가지고 그 동안 많은 신진 의사를 양성하여 우리 사회에 공헌한 것이 많은 고로, 제중원(濟衆院)이라는 세 글자는 아침 저녁으로 사람들의 감사한 대상이 되었다. 기왕 한국시대에 융희 2년(隆熙二年, 1908년) 즉, 명치 41년에 처음 제1회 졸업생을 낼 때 이에 정부로부터 여러 가지 특전(特典)을 주어 우대하였으나, 대정 2년(大正二年, 1913년)에 이르러 교육령이 개정된 결과로 특전이 소멸되고 오늘날에 미쳐 그 병원의 성적과 학교 직원의 성심 노력한 것이 당국자가 인정하여, 재등(齋藤) 총독이 작년에 그 학교와 병원을 시찰하고 설비와 제도가 정돈된 것을 못내 기쁘게 여기던 일이 있더니, 이번에는 조선교육령에 의하여 그 학교의 자격을 완전히 인정하는 동시에 졸업생에 대하여 위와 같은 특권을 주게 된 것이라. 이것은 조선의 교육계와 의약계(醫藥界)에 대하여 비상한 공로가 있는 그 학교에 대하여 당연한 보수이며, 따라서 일반 인사에게도 큰 경사스럽고 다행이라 할 것은 물론이다.

정한 시간인 당일 오후 4시에는 초대를 받은 여러 관민이 일당에 모여 매우 성황을 이루었는데, 그중에는 박영효(朴泳孝), 이재곤(李載崐), 이하영(李夏榮) 씨 등과 도변(渡邊) 고등법원장 등 관리들도 보이고, 그 외 선교사와 기타 내외신들은 두 곳에 나누어 있는 휴게실 가득히 모여 기쁜 우승 소리와 유쾌한 담화에 화기애애한 분위기를 띠었다. 4시 반에 식당을 열고 간단한 만찬이 마친 후에 교장 에비슨 박사는 이러한 정중한 예사(禮辭)를 베풀었는데, 그 요령을 소개하면 "조선에는 지금 신식 학문을 배운 의사가 전도(全道)에 수백 인에 지나지 못하고 구식 한의(漢醫)가 약 6천 명가량이 있어 의료(醫療)에 종사하는 고로, 인구와 비례하여 의사 한 사람으로 6천 명 내지 1만 명을 부담하게 된지라. 이와 같이 조선에서는 의사의 양성이 하루라도 시급한 중에 지금부터 30년을 지내면 현재 있는 의사는 거의 사망할 것이니 그 보충으로 6천 명의 의사를 요구하는 외에 인구 수효와 대조하여 의사를 적당하게 배치하려면 적어도 30년 동안에 매년 1천 명을 양성하여 3만 명가량은 필요한지라. 지금 조선에서는 관립학교에 수용하는 의학생이 수효가 겨우

5백 명에 지나지 못하는 현상인즉 어찌 유감이 아니리오. 우리는 조선인의 행복한 생활을 경영함에 가장 필요한 의사 양성에 대하여 한층 노력하기를 스스로 하며 이번 학교 승격된 것을 기회로 하여 현재보다 배 이상의 확장을 단행할 각오를 가졌으며, 더욱이 장래에는 이 학교와 병원을 조선 사람의 손으로 경영할 정도에 이르면 우리는 지체하지 않고 외국 사람의 손에 떼어 조선 형제로 친히 경영하게 하라 하노라. 지금에도 학감으로 있는 오긍선(吳兢善) 박사라든지, 이비인후과 주임 홍석후(洪錫厚) 씨라든지 기타 모든 조선 사람에 우수한 수완과 학력을 가진 이가 많이 있으니, 장래에는 그들이 직접으로 경영하여 조선 의학계를 위하여 공헌할 줄로 믿노라" 하는 장시간의 연설이 있어 일반에게 깊은 감상을 주고, 다음에 환산(丸山) 경무국장이 내빈을 대표하여 답사를 베풀고, 경고성회를 대표하는 오화영(吳華英) 목사와 변호사 허헌(許憲) 씨의 축사가 있은 후 6시 반에 산회되었더라.

들은 바에 의하면 그 학교에서 머지 않아 교실의 확장 건축을 한다하며 병원도 지금 건물의 동서에 다시 5층 가옥을 증축하여 한때에 3백 명 이상의 환자를 수용하게 하고 간호부양성소도 확장하여 규모와 제구를 대대적으로 일신(一新)할 거라더라.

270. 동아일보 1923년 3월 14일

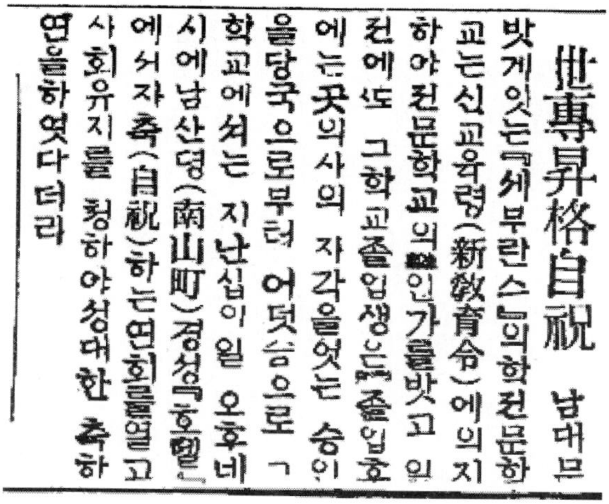

世專昇格自祝

남대므밧게잇는『셰부란스』의학젼문학교는신교육령(新敎育令)에의지하야젼문학교의인가를밧고일젼에또 그학교졸업생은졸업후에는곳의사의 자각을엇는 승인을당국으로부터 어덧슴으로 그학교에셔는 지난십이일 오후네시에남산뎡(南山町)경셩호텔에셔자축(自祝)하는연회를열고사회유지를 청하야셩대한 축하연을하엿다더라

세전(世專) 승격 자축

남대문 밖에 있는 세브란스의학전문학교는 신교육령(新敎育令)에 의하여 전문학교의 인가를 받고 일전에 또 그 학교 졸업생은 졸업 후에는 곧 의사의 자격을 얻는 승인을 당국으로부터 얻었으므로, 그 학교에서는 지난 12일 오후 4시에 남산정(南山町) 경성호텔에서 자축(自祝)하는 연회를 열고자 사회 유지를 청하여 성대한 축하연을 하였다더라.

271. 매일신보 1923년 3월 17일

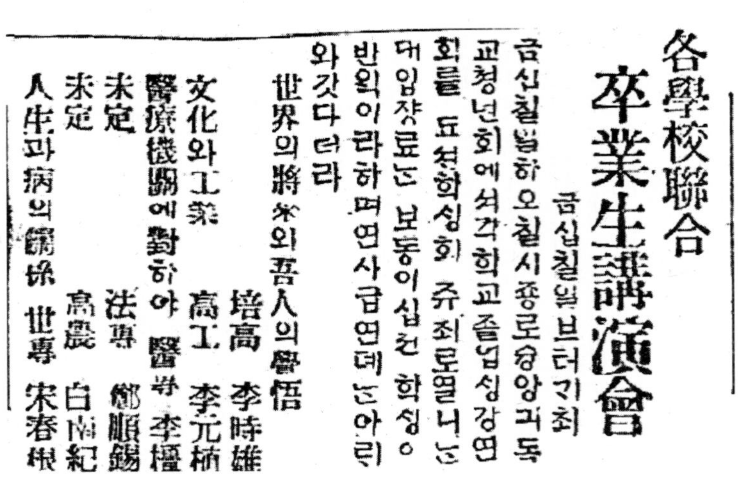

各學校聯合
卒業生講演會

금십칠일브터기최

금십칠일하오칠시죵로즁앙긔독교청년회에서각학교졸업싱강연회를됴션학싱회주최로열니는대입쟝료는보통이십젼학싱은반익이라하며연사급연뎨는아릐와갓다더라

世界의將來와吾人의覺悟 培高 李時雄
文化와工業 高工 李元植
醫療機關에對하야 醫專 李橿
未定 法專 鄭順錫
未定 高農 白南紀
人生과病의關係 世專 宋春根

각 학교 연합
졸업생 강연회

오늘 17일부터 개최

오늘 17일 오후 7시 종로 중앙기독교청년회에서 각 학교 졸업생 강연회가 조선학생회 주최로 열리는데, 입장료는 보통 20전, 학생은 반액이라 하며 연사 및 연제는 아래와 같다더라.

세계의 장래와 오인(吾人)의 각오	배고(培高) 이시웅(李時雄)
문화와 공업	공고(工高) 이원식(李元植)
의료기관에 대하여	의전(醫專) 이강(李橿)
미정(未定)	법전(法專) 정순석(鄭順錫)
미정(未定)	고농(高農) 백남기(白南紀)
인생과 병의 관계	세전(世專) 송춘근(宋春根)

272. 매일신보 1923년 3월 20일

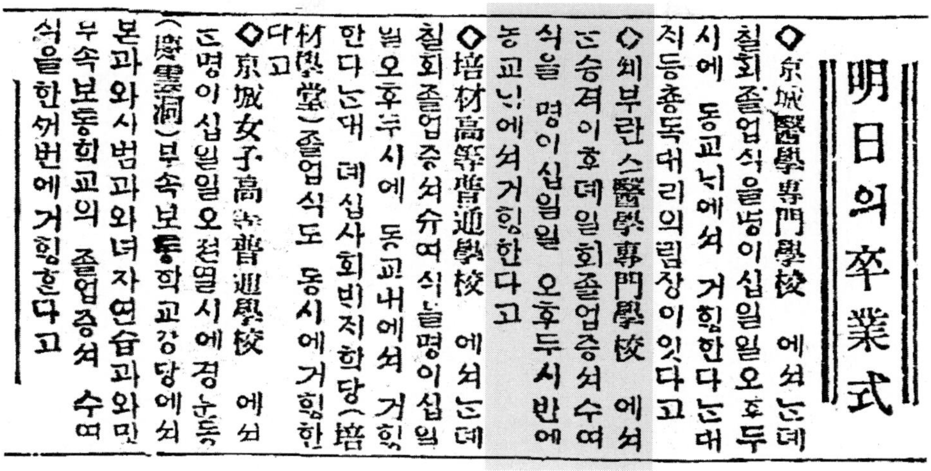
明日의卒業式

◇京城醫學專門學校 에셔ᄂᆞᆫ뎨칠회졸업식을냥이십일일오후두시에 동교니에셔 거힝한다ᄂᆞᆫ대직등총독대리의림장이잇다고

◇셰부란스醫學專門學校 에셔ᄂᆞᆫ승격이후뎨일회졸업증셔수여식을 명이십일일 오후두시반에동교니에셔거힝한다고

◇培材高等普通學校 에셔ᄂᆞᆫ뎨칠회졸업증셔슈여식ᄂᆞᆯ명이십일일오후두시에 동교내에셔 거힝한다ᄂᆞᆫ대 뎨십사회빈지허당(培材學堂)졸업식도 동시에거힝한다고

◇京城女子高等普通學校 에셔ᄂᆞᆫ명이십일일오젼열시에경운동(慶雲洞)부속보통학교강당에셔본과와사범과와녀자연습과와만부속보통학교의 졸업증셔 수여식을한써번에거힝ᄒᆞᆫ다고

내일의 졸업식

◇ 세브란스의학전문학교에서는 승격 이후 제1회 졸업증서 수여식을 내일 21일 오후 2시 반에 동교 내에서 거행한다고.

273. 매일신보 1923년 3월 22일

卒業의榮、滿面의喜

졸업증셔손에들고학교 문을나셔는길은어듸?

優等의二才媛

이들에깃부졸업

동일오젼열시에 시내경운동 녀ᄌ고등보통학교 부속보통학교(女子高普校附屬普通學校)강당에셔는 녀ᄌ고등보통학교 신졔도의본과및구졔도의본과외에 사범과와 뎨이부연습과와 밋부속보통학교등의졸업식을다수한 래빈의렬셕아래셩대히거힝하얏는대장뎐(長田)교장의식사를비롯하야 학싱일동의 국가로써식을열고 칙어봉독과 봉답노래가 잇슨후 졸업증셔수여와 밋샹품수여가끗나자교장의훈시와총독대리의쇼창(小倉)편수관의고ᄉ가잇섯스며졸업싱총대들의답사와밋졸업식노래가잇고셔교장의폐식사로써식을맛치엿는바본과졸업싱은림계슌(林桂淳)리봉련(李鳳蓮)량양외에수인세명이엇고사범과에는박쥭촌(朴竹村)양외이십일명이엇스며연습과에는니디녀자만삼십삼명이엇더라

果然培材의功

비출되는졸업싱

시내뎡동비재고등보통학교(培材高等普通學校)에셔는 동일오후두시에동교강당니에셔뎨칠회졸업증셔수여식을거힝하는동시에데십사회비지학당(培材學堂)졸업식ᄭ지 한꺼번에 셩대히거힝하얏는대 일반학부형들을 위시하야다슈한래빈이렬셕하얏는ᄃ에국가와 칙어봉독을 비롯하야졸업증셔슈여가잇고교장『아편셜라』씨의훈사와 총독대리의고사가끗난후 도지사의 고사와리빈츅사가잇섯스며련하야상품수여와밋재학싱일동이졸업싱들을보내는 긔렴품증뎡이 끗나자졸업싱총대의답사로써식을맛치엿는대 고등보통학교 졸업싱은 리민희(李民熙)(二〇)리시웅(李時雄)(二〇)군외에마흔두명이오비지학당졸업싱은 젼헌식(金憲植)(二〇)군외여셧명이엇더라

和暢한卒業歌

졸업싱은십일명

시내진명녀자고등보통학교(進明女子高等普通學校)에셔는 작이십일오후 두시에 녀ᄌ고등보통학교와 보통학교와 밋경셩녀학원등의 졸업식을 동교내에셔 거힝하얏는대 다수한 래빈이참셕하얏는중에긔식사를비롯하야국가와 칙어봉독과 봉답창가등이잇슨후 학사보고와 졸업증셔와밋상품수여가잇섯스며교장의고사와 감독관의 훈사와래빈의츅ᄉ가잇고 졸업싱의 답ᄉ가잇슨후 졸업노래로써 식을맛치엿는대등교고등보통학교의졸업싱은박영희(朴英熙) 방졍션(方正先)림우식(林優植)외여덜명이오녀학원에는두명이엇더라

杏林界에出脚

졸업싱은다섯ᄉ람

남대문밧게세부란스의학젼문학교(醫學專門學校)에셔는동일오후두시반에 승격이후 뎨일회의졸업증셔수여식을 남대문 례비당내에셔 셩대히 거힝하얏는ᄃ 긔도쳥경랑독을비롯하야국가가잇섯고졸업증셔수여와교장의훈ᄉ와총독대리의 츅사가 잇슨후도지ᄉ의츅사와 밋졸업싱 총대의답사가 잇고 폐식 하얏는대이번 졸업싱은 오한영(吳漢泳)(二〇) 김ᄂ흥 (金乃興)(二〇) 송츈근 (宋春根)(二〇)박션이 (朴善伊)(二〇)죠인모(曹仁模)(二〇) 등다섯사람이라더라

補習商校修業式

우등싱은일곱명

동일오후일곱시브터 슈하동(水下洞)에잇는보습상업학교(補習商業學校)슈업증셔슈여식을 거힝하얏는대 우등싱의 셩명은아래와깃다더라

第一組 沈興福 金長善 李元九

第二組 李福萬 裴三仁 吳壽萬 李昌玉

졸업의 영(榮), 만면의 희(喜)

졸업증서 손에 들고 학교
문을 나서는 길은 어디?

행림계(杏林界)에 출각(出脚)
졸업생은 다섯 사람

남대문 밖 세브란스의학전문학교에서는 동일 오후 2시 반에 승격 이후 제1회의 졸업증서 수여식을 남대문 예배당 내에서 성대히 거행하였는데, 기도 · 성경낭독을 비롯하여 국가가 있었고 졸업증서 수여와 교장의 훈사와 총독대리의 축사가 있은 후 도지사의 축사와 및 졸업생 총대의 답사가 있고 곧 폐식하였는데, 이번 졸업생은 오한영(吳漢泳, 25) · 김내흥(金乃興, 26) · 송춘근(宋春根, 27) · 박선이(朴善伊, 27) · 조인모(曹仁模, 28) 등 다섯 사람이라더라.

274. 동아일보 1923년 3월 23일

新醫士가五名

승격後뎨일회로
세부란스졸업식

시내남대문밧게잇는「세부란스」의학젼문학교(醫專)에서는재작일오후 세시반부터 남대문례배당(禮拜堂)안에서 승격된 이후로 데일회의졸업식을 거행하엿는데그학교교장「에비신」씨이하교원일동과 다수한래빈이 모히어매우 성대하엿다는데 이번졸업생은 다음과갓더라

우편으로부터오한영군 김나홍군 송태근군 박션이군 조인모군

신(新) 의사가 다섯 명

승격 후 제1회

세브란스 졸업식

시내 남대문 밖에 있는 세브란스의학전문학교에서는 그저께 오후 3시 반부터 남대문 예배당 안에서 승격된 이후로 제1회 졸업식을 거행하였는데, 그 학교 교장 에비슨 씨 이하 교원 일동과 다수한 내빈이 모여 매우 성대하였다는데 이번 졸업생은 다음과 같더라.

오른쪽으로부터 오한영 군, 김내홍 군, 송태근 군, 박선이 군, 조인모 군

275. 매일신보 1923년 3월 24일

보고 들을 것

◀연희젼문학교 에셔는동교졸업싱반일회(班日會)를이십ᄉ일밤일곱시반에죵로쳥년회관내에셔기최흔다는대 동교졸업싱들의유명한고뎐극(古典劇)이잇셔셔ᄆᆡ우볼만하리라하며일반입장은무료이나특히입쟝권을사용한다고

보고 들을 것

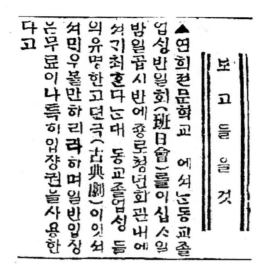

연희전문학교에서는 동교 졸업생 반일회(班日會)를 24일 밤 7시 반에 종로청년회관 내에서 개최한다는데, 동교 졸업생들의 유명한 고전극이 있어서 매우 볼만하리라 하며 일반 입장은 무료이나 특히 입장권을 사용한다고.

276. 매일신보 1923년 3월 27일

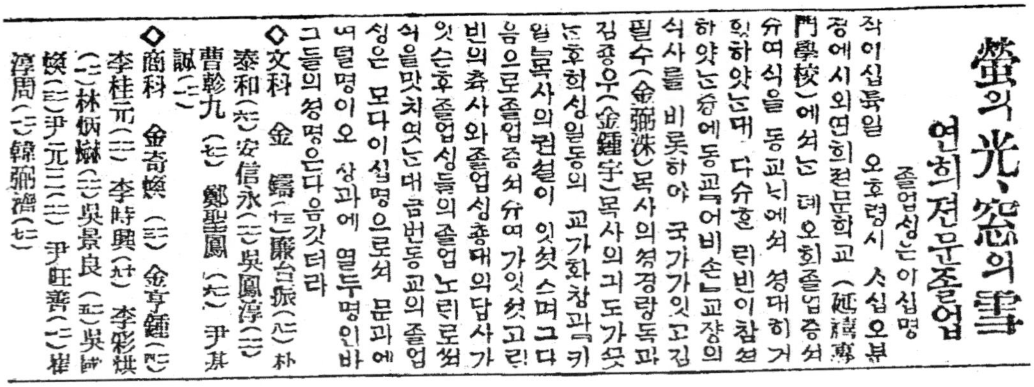

螢의光、窓의雪
연희전문졸업
졸업싱은이십명

작이십륙일 오후렬시 ᄉ십오분경에시외연희전문학교(延禧專門學校)에셔는 뎨오회졸업증셔슈여식을 동교니에셔 셩대히거힝하얏는대 다슈한 릭빈이참셕하얏는즁에동교「에비슨」교쟝의식사를 비롯하야 국가가잇고김필수(金弼洙)목사의셩경랑독과김종우(金鍾宇)목사의긔도가맛는후학싱일동의 교가화창과「키일」목사의권셜이 잇섯스며그다음으로졸업증셔슈여가잇섯고릭빈의츅사와졸업싱총대의답사가잇슨후졸업싱들의졸업노릭로써식을맛치엿는데금번동교의졸업싱은 모다이십명으로셔 문과에여덜명이오 상과에 열두명인바그들의셩명은다음갓더라

◇文科 金 鑄(三〇)廉台振(二八)朴泰和(二六)安信永(二三)吳鳳淳(二二)曹軫九(二七) 鄭聖鳳(二六) 尹基誠(二一)

◇商科 金奇煥(二三)金亨鍾(二四)李桂元(二二) 李時興(一九) 李彩烘(二一)林炳赫(二二)吳景良(二五)吳國煥(二三)尹元三(二二) 尹旺善(二一)崔淳周(二一)韓弼濟(二七)

형(螢)의 광(光), 창(窓)의 설(雪)

연희전문 졸업

졸업생은 20명

지난 26일 오후 12시 45분경에 시외 연희전문학교에서는 제5회 졸업증서 수여식을 동교 내에서 성대히 거행하였는데, 다수의 내빈이 참석한 중에 동교 에비슨 교장의 식사를 비롯하여 국가가 있고, 김필수(金弼洙) 목사의 성경 낭독과 김종우(金鍾宇) 목사의 기도가 끝난 후, 학생 일동의 교가 화창과 게일 목사의 권설이 있었으며, 그 다음으로 졸업증서 수여가 있었고, 내빈의 축사와 졸업생 총대의 답사가 있은 후 졸업생들의 졸업노래로써 식을 마쳤는데, 금번 동교의 졸업생은 모두 20명으로써 문과에 8명이오, 상과에 12명인 바 그들의 성명은 다음과 같더라.

◇ 문과(文科) 김주(金鑄, 30), 염태진(廉台振, 28), 박태화(朴泰和, 26), 안신영(安信永, 23), 오봉순(吳鳳淳, 22), 조진구(曹軫九, 27), 정성봉(鄭聖鳳, 26), 윤기성(尹基誠, 21)

◇ 상과(商科) 김기환(金奇煥, 23), 김형종(金亨鍾, 24), 이계원(李桂元, 22), 이시흥(李時興, 19), 이채홍(李彩烘, 21), 임병혁(林炳赫, 22), 오경량(吳景良, 25), 오국환(吳國煥, 23), 윤원삼(尹元三, 22), 윤왕선(尹旺善, 21), 최순주(崔淳周, 21), 한필제(韓弼濟, 27)

277. 동아일보 1923년 4월 3일

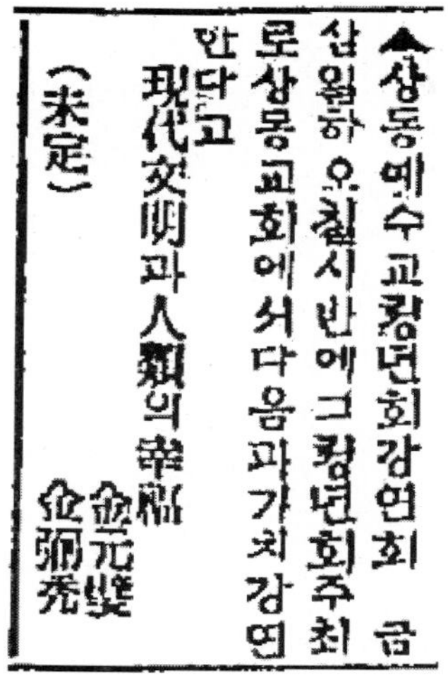

▲상동예수교쳥년회강연회 금삼일하오칠시반에그쳥년회주최로상동교회에서다음과가치강연한다고

現代文明과人類의幸福 金元璧

(未定) 金弼秀

상동예수교회청년회 강연회

오늘 3일 오후 7시 반에 청년회 주최로 상동교회에서 다음과 같이 강연한다고.

현대문명과 인류의 행복 김원벽(金元璧)

(미정) 김필수(金弼秀)

278. 동아일보 1923년 4월 14일

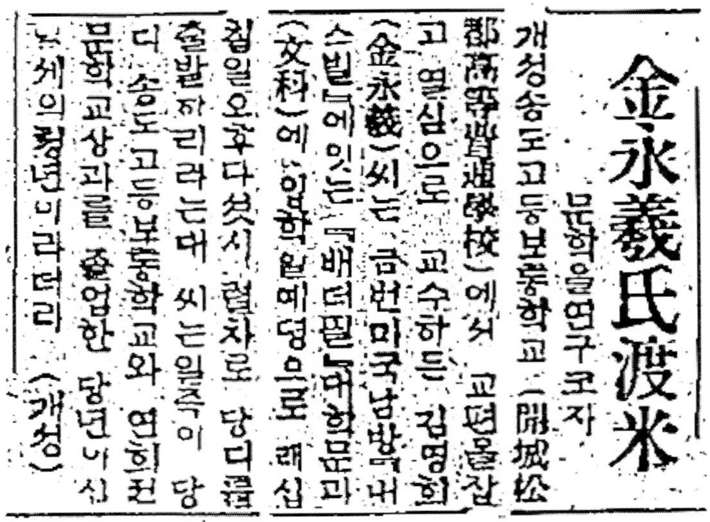

金永義氏渡米

문학을연구코자

개성송도고등보통학교(開城松都高等普通學校)에서 교편을잡고 열심으로 교수하든 김영희(金永義)씨는 금번미국남방내스빌에잇는『배더필』대학문과(文科)에 입학할예뎡으로 래십칠일오후다섯시 렬차로 당디를출발하리라는대 씨는일즉이 당디송도고등보통학교와 연희전문학교상과를 졸업한 당년니십일세의쳥년이라더라 (개성)

김영희(金永義) 씨 도미(渡米)

문학을 연구코자

개성 송도고등보통학교에서 교편을 잡고 열심히 교수하던 김영희 씨는 금번 미국 남방 내쉬빌에 있는 밴더빌트 대학 문과에 입학할 예정으로 오는 17일 오후 5시 열차로 당지를 출발하리라는데, 씨는 일찍이 당지 송도고등보통학교와 연희전문학교 상과를 졸업한 당년 21세의 청년이라더라. (개성)

279. 동아일보 1923년 4월 16일

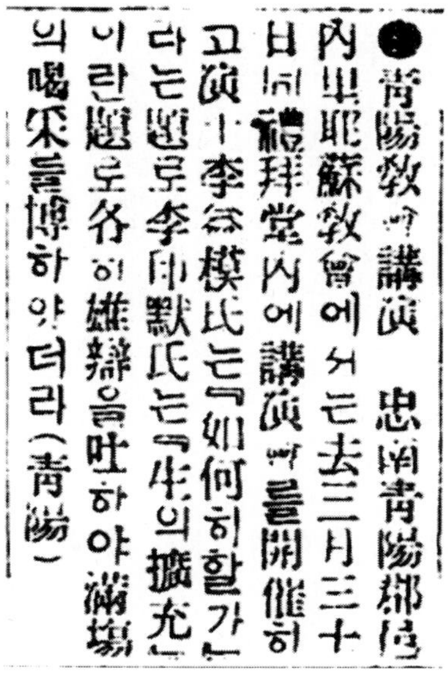

●靑陽敎會講演　忠南靑陽郡邑內里耶蘇敎會에서는去三月三十日同禮拜堂內에講演會를開催하고演士李益模氏는『如何히할가』다는題로李卯默氏는『生의擴充』이란題로各히雄辯을吐하야滿場의喝采를博하얏더라(靑陽)

청양교회 강연

충남 청양군 읍내리 예수교회에서는 지난 3월 30일 동 예배당 내에서 강연회를 개최하고 연사 이익모(李益模) 씨는 『어떻게 할까』라는 제목으로, 이묘묵(李卯默) 씨는 『생의 확충(擴充)』이란 제목으로 각각 웅변을 토하여 만장의 갈채를 받았다더라. (청양)

280. 매일신보 1923년 4월 21일

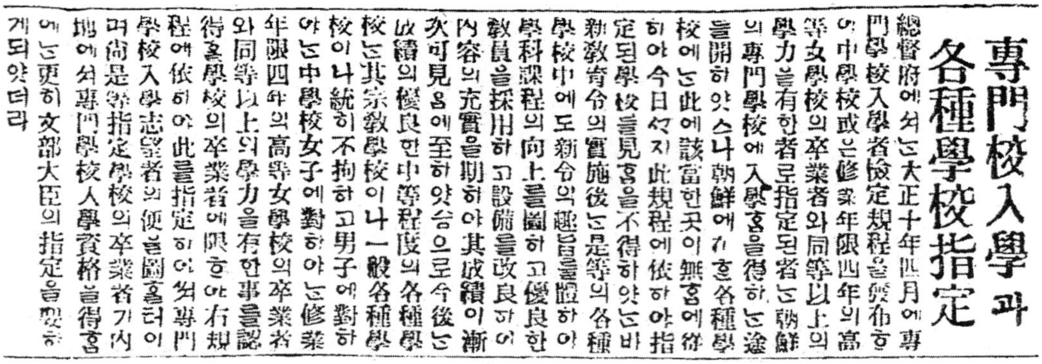
專門校入學과
各種學校指定

總督府에서는大正十年四月에專門學校入學者檢定規程을發布하야中學校或은修業年限四年의高等女學校의卒業者와同等以上의學力을有한者로指定된者는朝鮮의專門學校에入學함을得하는途를開하얏스나朝鮮에在한各種學校에는此에該當한곳이無함에從하야今日까지此規程에依하야指定된學校를見함을不得하얏는바新教育令의實施後는是等의各種學校中에도新令의趣旨를體하야學科課程의向上을圖하고優良한教員을採用하고設備를改良하야內容의充實을期하야其成績이漸次可見함에至하얏슴으로今後는成績의優良한中等程度의各種學校는其宗教學校이나一般各種學校이나統히不拘하고男子에對하야는中學校女子에對하야는修業年限四年의高等女學校의卒業者와同等以上의學力을有한事를認得할學校의卒業者에限하야左規程에依하야此를指定하야써專門學校入學志望者의便을圖할터이며尙是等指定學校의卒業者가內地에서專門學校入學資格을得함에는更히文部大臣의指定을要하게되얏더라

전문교 입학과 각종 학교 지정

총독부에서는 대정(大正) 10년(1921년) 4월에 전문학교 입학자 검정규정을 발포하여 중학교 혹은 수업연한 4년의 고등여학교의 졸업자와, 동급 이상의 학력을 가진 자로 지정한 자는 조선의 전문학교에 입학함을 득하는 길을 열었으나, 조선에 있는 각종 학교에는 이에 해당하는 곳이 없어 금일까지 이 규정에 의하여 지정된 학교가 없었는 바, 신교육령의 실시 후에는 각종 학교 중에도 신령(新令)의 취지를 체(體)하여 학과 과정의 향상을 도하고 우량한 교원을 채용하고 설비를 개량하여 내용의 충실을 기하여 그 성적이 점차 가견(可見)함에 이르렀으므로, 금후(今後)는 성적의 우량한 중등정도의 각종 학교는 그 종교학교나 일반 각종학교나 동일하게 남자에 대하여는 중학교, 여자에 대해여는 수업연한 4년의 고등여학교의 졸업자와 동급 이상의 학력을 가진 학교의 졸업자에 한하여 아래 규정에 의해 이를 지정하여서 전문학교 입학 지망자의 편의를 도모할 터이며, 상시 지정학교의 졸업자가 내지(일본)에서 전문학교 입학자격을 득함에는 다시 문부대신의 지정이 필요하게 되었더라.

281. 조선일보 1923년 4월 22일

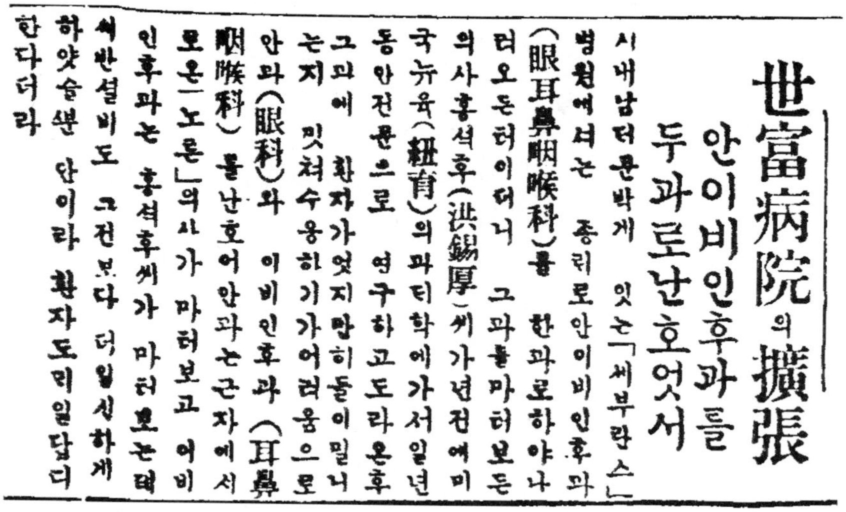

世富病院의 擴張
안이비인후과를
두과로난호엇서

시내남대문박게 잇는「세부란스」병원에서는 종래로안이비인후과(眼耳鼻咽喉科)를 한과로하야나려오든터이더니 그과를마터보든의사홍석후(洪錫厚)씨가년전에미국뉴욕(紐育)의과대학에가서일년동안전문으로 연구하고도라온후그과에 환자가엇지만히들이밀니는지 밋처수용하기가어려움으로안과(眼科)와 이비인후과(耳鼻咽喉科)를난호어안과는근자에서로온「노톤」의사가 마터보고 이비인후과는 홍석후씨가 마터보는데제반설비도 그전보다 더일신하게하얏슬뿐 아니라 환자도매일답디한다더라

세브란스병원의 확장

안·이비인후과를 두 과로 나누어

시내 남대문 밖에 있는 세브란스병원에서는 종래 안 · 이비인후과를 한 과로 하여 내려오던 터이더니, 그 과를 맡아 보던 의사 홍석후(洪錫厚) 씨가 연전에 미국 뉴욕 의과대학에 가서 일 년 동안 전문으로 연구하고 돌아온 후 그 과에 환자가 어찌 많이 들어오는지 미처 수용하기가 어려움으로 안과와 이비인후과를 나누어, 안과는 근자에 새로 온 노튼 의사가 맡아 보고, 이비인후과는 홍석후 씨가 맡아 보는데, 제반 설비를 그 전보다 더 일신하게 하였을 뿐 아니라 환자도 매일 답지한다더라.

282. 동아일보 1923년 5월 9일

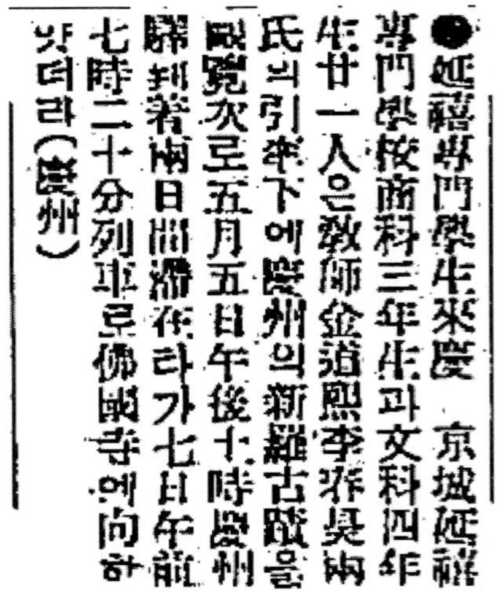

●延禧專門學生來慶 京城延禧專門學校商科三年生과文科四年生廿一人은敎師金道熙李春昊兩氏의引率下에慶州의新羅古蹟을觀覽次로五月五日午後十時慶州驛到着兩日間滯在라가七日午前七時二十分列車로佛國寺에向하얏더라(慶州)

연희전문학생 내경(來慶)

경성 연희전문학교 상과 3년생과 문과 11인은 교사 김도희(金道熙)·이춘호(李春昊) 양씨의 인솔하에 경주의 신라 고적을 관람차로 5월 5일 오후 10시 경주역에 도착, 양일간 체재하다가 7일 오전 7시 20분 열차로 불국사로 향하였더라. (경주)

283. 동아일보 1923년 5월 16일

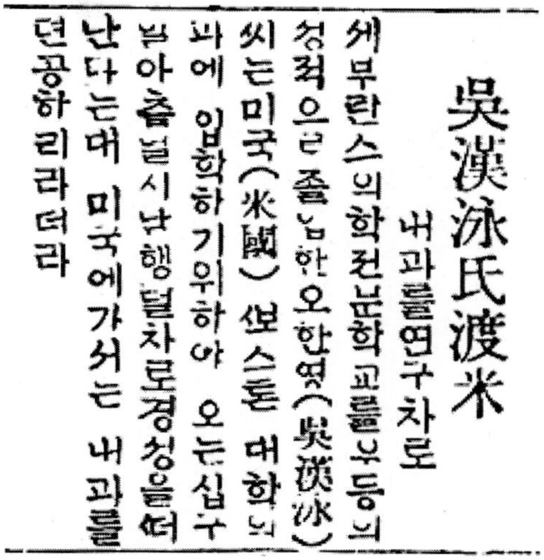
吳漢泳氏渡米

내과를연구차로

셰부란스의학뎐문학교를우등의
셩젹으로졸업한오한영(吳漢泳)
씨는미국(米國)보스톤 대학의
과에 입학하기위하야 오는십구
일아츰열시남행렬차로경셩을떠
난다는대 미국에가서는 내과를
뎐공하리라더라

오한영(吳漢泳) 씨 도미

내과를 연구차로

세브란스의학전문학교를 우등의 성적으로 졸업한 오한영 씨는 미국 보스턴 대학 의과에 입학하기 위하여 오는 19일 아침 10시 남행열차로 경성을 떠난다는데, 미국에 가서는 내과를 전공하리라더라.

284. 조선일보 1923년 5월 16일

延專二學年生旅行

本月九日에延禧專門學校教授白南奭 李順鐸兩氏의引率로二學年生三十二人이修學旅行으로當地에來到하야市內名勝古蹟을觀覽하고翌日에朴淵瀑布에往返하야耶蘇教會寄宿舍에서穩宿하고第三日에는高麗太祖顯陵으로杜門洞까지探勝하고午後四時에鐵道公園에서休憩하면서彼의困憊함을慰藉하며文學에對한說話로一般의게多大한感想을與한後開城驛前에서紀念的으로撮影하고同五時發急行列車로歸校하더라(開城)

연전 2학년생 여행

이번 달 9일에 연희전문학교 교수 백남석(白南奭), 이순탁(李順鐸) 양씨의 인솔로 2학년생 32인이 수학여행으로 당지에 내도(來到)하여 시내 명승고적을 관람하고, 다음 날 박연폭포에 왕복하고 예수교회 기숙사에서 온숙(穩宿)하고, 제3일에는 고려 태조 현릉(顯陵)으로 두문동(杜門洞)까지 탐승(探勝)하고 오후 4시에 철도공원에서 휴식하면서 그 곤비(困憊)함을 위적(慰藉)하며 문학에 대한 설화로 일반에게 다대한 감상을 준 후, 개성 역전(驛前)에서 기념으로 촬영하고 5시발 급행열차로 귀교(歸校)하더라. (개성)

285. 동아일보 1923년 5월 17일

●延禧學生來江　延禧專門學校學生二十三名은南鮮地方을見學키爲하야去十日午後九時當地에到하야市内大盛旅館에投宿하고十一日에扶餘로行하야古跡과名勝을視察하고同夜에錦江船便으로更히當地에來宿十二日午前八時三十五分列車로全州에向하얏더라(江景)

연희학생 강경에 옴

연희전문학교학생 23명은 남선지방을 견학키 위하여 지난 10일 오후 9시 당지에 도착하여 시내 대성여관에 투숙하고, 11일에 부여로 행하여 고적과 명승을 시찰하고, 같은 날 밤 금강 선편(船便)으로 다시 당지에 내숙, 12일 오전 8시 35분 열차로 전주로 향하였더라.(강경)

286. 조선일보 1923년 5월 17일

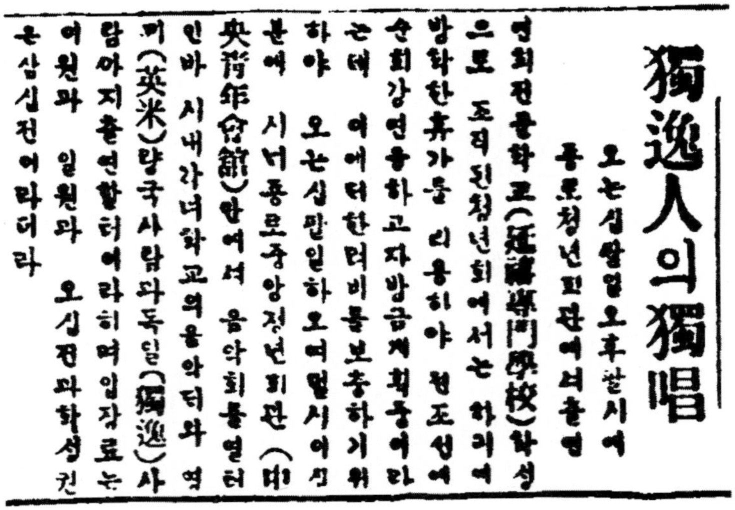

獨逸人의獨唱

오는십팔일오후팔시에
종로청년회관에서출연

연희전문학교(延禧專門學校)학생으로 조직된청년회에서는 하기에방학한휴가를 리용하야 전조선에순회강연을하고자방금계획중이라는데 이에대한려비를보충하기위하야 오는십팔일하오여덜시이십분에 시내종로중앙청년회관(中央靑年會館)안에서 음악회를열터인바 시내각녀학교의음악대와 영미(英米)량국사람과독일(獨逸)사람까지출연할터이라하며입장료는이원과 일원과 오십전과학생권은삼십전이라더라

독일인의 독창

오는 18일 오후 8시에

종로청년회관에 출연

연희전문학교 학생으로 조직된 청년회에서는 하기에 방학한 휴가를 이용하여 전 조선에 순회강연을 하고자 방금 계획 중이라는데, 이에 대한 여비를 보충하기 위하여 오는 18일 오후 8시 20분에 시내 종로중앙청년회관 안에서 음악회를 열 터인 바, 시내 각 여학교의 음악대와 영미(英美) 양국 사람과 독일 사람까지 출연할 터이라 하며, 입장료는 2원과 1원과 50전과 학생권은 30전이라더라.

287. 매일신보 1923년 5월 19일

人生至樂이豈大於此ᄒᆞᆯ가

表彰된敎育家二十六名

인지양셩에수십년공헌ᄒᆞᆫ효젹이ᄭᅩᆺ을피고열ᄆᆡ를 미저당국으로부터표창의영예를엇게된오날셩사

今日에第一回選奬된敎育效績者

回顧하면愉快에不禁

세부란스와연희뎐문두학교를경영ᄒᆞ야공로가가장만흔

◇魚丕信博士의感想◇

긔쟈ᄂᆞᆫ이번션쟝된교육가즁에특식으로볼만ᄒᆞᆫ외국인교육가를방문하야그감사한말과치하를젼하며다시그의감상을듯고자하얏다 외국사람은 총히셔양스람 셰명인대그에ᄂᆞᆫ남대문밧『셰부란스』의학젼문학교쟝으로또연희젼문학교쟝을 겸하야 삼십여년을ᄒᆞ로와갓치됴션사람을위하야예수교의취지로 졍신뎍 교육을죵교션뎐에힘쓸ᄲᅮᆫ아니라직졉으로교육긔관을경영하며교수하고또일변으로병원을 셜립하야 환자를쟈료하ᄂᆞᆫ큰사업을ᄉᆞ영하야공로가만흔이ᄂᆞᆫ세상에유명한어비신(魚丕信)박ᄉᆞ이다명함을통ᄒᆞᆫ즉은근히마자말하되『치하를 하야쥬시니감사ᄒᆞᆸ니다만은죵독부르브터십구일오젼에오라ᄂᆞᆫ긔별이잇슬ᄲᅮᆫ이오 그니용은알지 못하며다만

오날신문 을보고 그런일이잇나생각ᄒᆞᆫᄲᅮᆫ인즉아모감상이나지아니합니다 셜사그것이 사실이라ᄒᆞᆯ지라도그만한힘쓴것을이와갓치표창ᄒᆞᆫ다ᄂᆞᆫ것은도로혀붓그럽슴니다나ᄂᆞᆫ아시ᄂᆞᆫ바와갓치됴션에건너온지삽십여년이자긔가젼문으로비ᄒᆞᆫ의학(醫學)ᄂᆞᆫ이세상에죵널니맛치게하고한편으로「그리스도」의졍신을세상ᄉᆞ람에게젼ᄒᆞᆯ가하얏습니다ᄂᆡ가이『셰부란스』의학젼문학교를관계한것은 사십년젼브터인대 쳐음브터크게하ᄂᆞᆫ이보다졈진쥬의를가지고오날에 밋쳣스며 신교육뎡에의하야커번에젼문학교로승격이되얏고졸업성은무시험으루의ᄉᆞ될자격을가지 게되엿슴니다또연희학교ᄂᆞᆫ나의친구되ᄂᆞᆫ『원두우』씨가교쟝이되야

경영ᄒᆞᆯ때 나는그를도와셔샹담역(相談役)의디위에잇셧드니그가ᄆᆡ인이되미이사ᄅᆞᆷ이후임교쟝이되여 오ᄂᆞᆯ에 밋쳣쇼그리고나의 교육방침ᄋᆞᆫ 됴션사람으로하야 금완젼한인격을슈양하야한사람이라도젼실ᄒᆞᆫ사ᄅᆞᆷ다운사ᄅᆞᆷ이되기를주ᄋᆞᆫ으로하랴ᄒᆞᆸ니다그럼으로이학교와병원이아즉셔지ᄂᆞᆫ외국인이경영하지만으쟝리에ᄂᆞᆫ완젼ᄒᆞᆫ됴션사ᄅᆞᆷ손에맛기거나또ᄂᆞᆫ 협력하야ᄒᆞᆯ가 ᄒᆞᆸ니다지금도우리학교에오긍션(吳兢善)씨라든지홍셕후(洪錫厚)씨라든지송언용(宋彦用)씨라든지모다이학교에다년관계하야공젹도만코신용이특츌홈으로나ᄂᆞᆫ그들에게

가히뎍당 한일을맛기고될수잇스면그와 갓흔이들이 뒤들이어 속히나의 희망이셩취되기를 바릅니다 됴션스ᄅᆞᆷ 사이에『동밍휴학이니 무엇이니 하야우리의 비쳑운동도 잇ᄂᆞᆫ모양이나 우리ᄂᆞᆫ 한편으로 셥셥도하지만은 ᄒᆞᆫ편으로 그들이아직도뎡도가부족ᄒᆞᆫ것을성각하면도로혀가이업스며 더욱힘ᄂᆞᆯ써그들ᄂᆞᆯ완젼ᄒᆞᆫ사ᄅᆞᆷ이되도록하지아니하면못되겟다 싱각ᄒᆞᆸ니다』하며동안에미쇼를씌우고마음으로브터됴션동포를 ᄉᆞ랑하ᄂᆞᆫ 셩의를보히더라

표창된 교육가 26명
회고하면 유쾌(愉快)에 불금(不禁)

세브란스와 연희전문 두 학교를 경영하여 공로가 가장 많은
에비슨 박사의 감상

기자는 이번 선정된 교육가 중에 특색으로 볼 만한 외국인 교육가를 방문하여 그 감사한 말과 치하를 전하며 다시 그의 감상을 듣고자 하였다. 외국 사람은 모두 서양 사람 3명인데 그에는 남대문 밖 세브란스의학전문학교장으로, 또 연희전문학교장을 겸하여 30여 년을 하루와 같이 조선 사람을 위하여 예수교의 취지로 정신적 교육을 종교 선전에 힘쓸 뿐 아니라 직접 교육기관을 경영하며 교수하고, 또 일변으로 병원을 설립하여 환자를 치료하는 사업을 경영하여 공로가 많은 이는 세상에 유명한 에비슨 박사이다.

명함을 통한 즉, 은근히 맞아 말하되, "치하를 하여 주시니 감사합니다만은 총독부로부터 19일 오전에 오라는 기별이 있을 뿐이오, 그 내용은 알지 못하며 다만 오늘 신문을 보고서 그런 일이 있나 생각할 뿐인 즉, 아무 감상이 나지 아니합니다. 설사 그것이 사실이라 할지라도 그만한 힘쓴 것을 이와 같이 표창한다는 것은 오히려 부끄럽습니다. 나는 아시는 바와 같이 조선에 건너온 지 30여 년에, 자기가 전문으로 배운 의학을 이 세상에 좀 널리 미치게 하고, 한편으로 그리스도의 정신을 세상 사람에게 전할까 하였습니다. 내가 이 세브란스의학전문학교에 관계한 것은 40년 전부터인데, 처음부터 크게 한 것이 아니라 점진주의를 가지고 오늘에 미쳤으며, 신교육령에 의하여 저번에 전문학교로 승격이 되었고 졸업생은 무시험으로 의사될 자격을 가지게 되었습니다. 또 연희학교는 나의 친구되는 원두우 씨가 교장이 되어 경영할 때 나는 그를 도와서 상담역(相談役)의 지위에 있었다가, 그가 고인이 되매 이 사람이 후임 교장이 되어 오늘에 미쳤소. 그리고 나의 교육방침은 조선 사람으로 하여금 완전한 인격을 수양하여 한 사람이라도 견실한 사람다운 사람이 되기를 주안으로 하려 합니다. 그러므로 이 학교와 병원이 아직까지는 외국인이 경영하지만 장래에는 완전히 조선 사람 손에 맡기거나 또는 협력하여야 할까 합니다. 지금도 우리 학교에 오긍선(吳兢善) 씨라든지, 홍석후(洪錫厚) 씨라든지, 모두 이 학교에 다년 관계하여 공적도 많고 신용이 특출함으로, 나는 그들에게 각기 적당한 일을 맡기고 될 수 있으면 그와 같은 이들이 뒤를 이어 속히 나의 희망이 성취되기를 바랍니다. 조선 사람 사이에 동맹휴학이니 무엇이니 하여 우리의 배척운동도 있는 모양이나 우리는 한편으로 섭섭도 하지만은 한편으로 그들이 아직도 정도가 부족한 것을 생각하면 오히려 가엾으며 더욱 힘을 써 그들을 완전한 사람이 되도록 하지 아니하면 못되겠다 생각합니다" 하며 동안에 미소를 띄우고 마음으로부터 조선동포를 사랑하는 성의를 보이더라.

288. 매일신보 1923년 5월 21일

敎育功勞者表彰 (四)

十九日總督府에서

忠淸北道淸州公立農業學校長
金四百圓　野村盛之助
明治三十八年三月에東京農科大學農業敎員養成所를卒業하고同四十三年에渡鮮하야公立春川實業學校敎諭에任하얏다가同四十四年六月에春川公立農業學校長을經하야大正十一年十二月에淸州公立農業學校長으로轉하얏스니資性이溫良하야恪勤奉職하야內로는成績이可見할者가有할뿐안이라外로卒業生의指導를爲始하야地方敎化에貢獻하기多大한故로敎育效績者選奬規程第一條第一項에依하야效績狀並頭書의金員을授與함

忠淸北道淸州郡梧倉面長
置時計一個　鄭雲會
資性이溫厚篤實하야明治四十三年에面長으로就職하야專心으로面治의改善에努力하는同時에敎育의振興에力을盡하야成績이實로顯著한故로敎育効績者選奬規程第一條第二項에依하야效績狀並頭書의記念品을授與함

全羅北道全州女子公立普通學校學務委員
置時計一個　李康元
資性이溫厚篤實하야全州第一公立普通學校學務委員全州女子公立普通學校學務委員等의職에就하야拮据勵精하야克善히學校當局을補佐하야成績이顯著한故로敎育效績者選奬規程第一條第二項에依하야效績狀並頭書의記念品을授與함

全羅南道光州公立普通學校學務委員
置時計一個　金衡玉
大正二年三月學務委員이됨으로常히敎育의普及에意를注하야校長을補佐하야善히其職責을盡하야成績이顯著한故로敎育效績者選奬規程第一條第二項에依하야效績狀並頭書의記念品을授與함

慶尙北道金泉郡鳳山面國語夜學會長鳳溪敎育奬勵會長
置時計一個　吳奎煥
資性이溫良하고德望이有한지라私財를投하야私塾을開하고公立普通學校의設立에奔走하는等敎育의進展에寄與한바가不尠하고殊히國語夜學會와鳳溪敎育奬勵會를創設하고스사로會長이되야其成績이推稱하기可足한지라故로敎育效績者選奬規程第一條第二項에依하야效績狀並頭書의記念品을授與함

平安南道私立明德學校及明德女學校設立者
置時計一個　李鍾燁
資性이溫健質朴하야明治四十二年平安南道順川郡濟賢面又昌里에私立明德學校及明德女學校를設立한爾來十有餘年間을殆히私財로써此를經營하야地方開發에資하기不尠한故로敎育效績者選奬規程第一條第二項에依하야效績狀並頭書의記念品을授與함

平安北道定州學校組合管理者
置時計一個　松本重壽
大正二年四月定州學校組合管理者에任하야現在에至하얏스니勤續하기九年有餘에善히學校敎育의發達에助力하야成績이極히顯著한故로敎育效績者選奬規程第一條第二項에依하야效績狀並頭書의紀念品을授與함

花瓶一個
『오ー알、에비손』
英國加奈陀人이라夙히朝鮮에來하야醫業에從事하고後에私立世富蘭偲醫學專門學校長에任하고又延禧專門學校長을兼하야現在에至하얏스니終始一貫으로朝鮮敎育의發展에力을盡하야效績이顯著한故로敎育效績者選奬規程에依하야效績者並頭書의紀念品

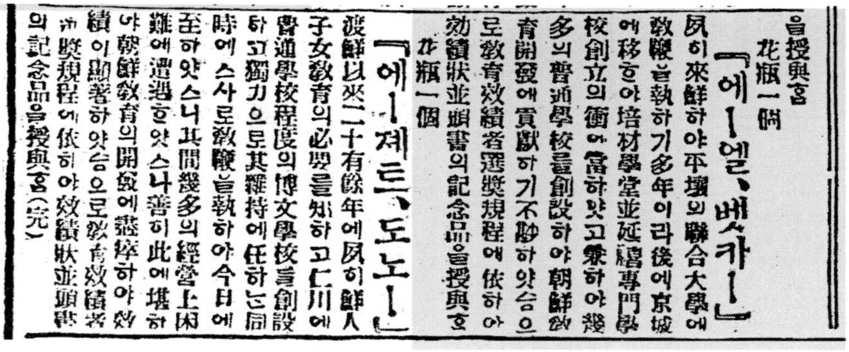
을授與홈
花瓶一個
「에ㅣ엘、벳카ㅣ」
夙히來鮮하야平壤의聯合大學에敎鞭을執하기多年이라後에京城에移하야培材學堂並延禧專門學校創立의衝에當하얏고兼하야幾多의普通學校를創設하야朝鮮敎育開發에貢獻하기不尠하얏슴으로敎育效績者選奬規程에依하야效績狀並頭書의記念品을授與홈
花瓶一個
「에ㅣ제트、도노ㅣ」
渡鮮以來二十有餘年에夙히鮮人子女敎育의必要를知하고仁川에普通學校程度의博文學校를創設하고獨力으로其維持에任하는同時에스사로敎鞭을執하야今日에至하얏스나其間幾多의經營上困難에遭遇하얏스나善히此에堪하야朝鮮敎育의開發에盡瘁하야效績이顯著하얏슴으로敎育效績者選奬規程에依하야效績狀並頭書의記念品을授與홈(完)

교육공로자표창 (4)

19일 총독부에서

오 알 에비슨

영국 캐나다인이라, 일찍이 조선에 와서 의업(醫業)에 종사하고 후에 사립 세브란스의학전문학교장에 임하고, 또 연희전문학교장을 겸하여 현재에 이르렀으니, 시종 일관으로 조선교육의 발달에 힘을 다하여 효적(效績)이 현저한 고로, 교육효적자선장규정(敎育效績者選奬規程)에 의하여 효적상(效績狀)과 두서(頭書)의 기념품을 수여함. 화병(花瓶) 1개

A. L 베커

일찍이 조선에 와서 평양의 연합대학(聯合大學)에 교편을 잡은 지 여러 해라. 후에 경성으로 옮겨 배재학당(培材學堂) 및 연희전문학교 창립의 책임을 맡았고, 겸하여 기다(幾多)의 보통학교를 창설하여 조선 교육 개발에 공헌이 크므로 교육효적자선장규정에 의하여 효적상 및 두서의 기념품을 수여함. 화병(花瓶) 1개

289. 매일신보 1923년 5월 24일

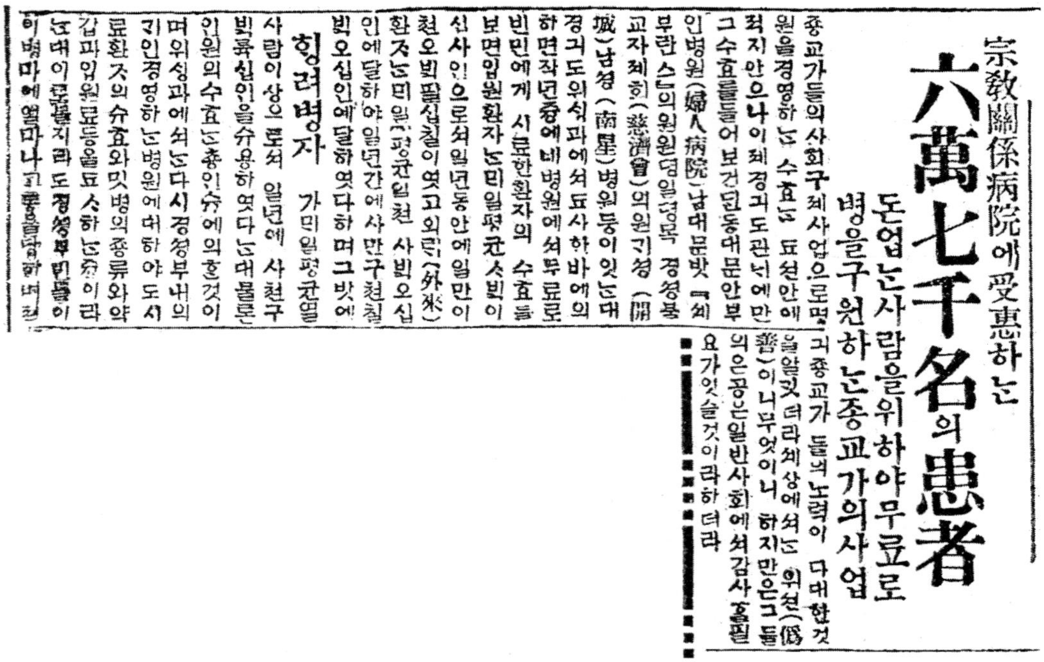
宗敎關係病院에受惠하는

六萬七千名의患者

돈업는사람을위하야무료로 병을구원하는종교가의사업

종교가들의사회구제사업으로병원을경영하는수효는됴션안에적지안으나이제경긔도관닉에만그수효를들어보건딕동대문안부인병원(婦人病院)남대문밧『세부란스』의원원뎡일뎡목경셩불교자졔회(慈濟會)의원기셩(開城)남셩(南星)병원등이잇는대경긔도위싱과에셔됴사한바에의하면작년중에네병원에셔무료로빈민에게시료한환자의수효를보면입원환자는미일평균사빅이십사인으로셔일년동안에일만이천오빅팔십칠이엿고외릭(外來)환자는미일평균일천사빅오십인에달하야일년간에사만구천칠빅오십인에달하엿다하며그밧에

힝려병자 가미일평균열사람이상으로셔일년에사쳔구빅륙십인을수용하엿다는대물론인원의수효는총인수에의한것이며위싱과에셔는다시경성부내의기인경영하는병원에대하야도치료환자의수효와밋병의종류와약갑과입원료등을됴사하는중이라는대이로불지라도경셩부민들이이병마에얼마나괴로움밧는셔쳔[illegible]이될것이라는것으로도종교가들의노력이다대한것을알것이라셰상에셔는위션(僞善)이니무엇이니하지만은그들의은공은일반사회에셔감사할필요가잇슬것이라하더라

종교관계 병원에 수혜하는 6만 7천 명의 환자

돈없는 사람을 위하여 무료로 병을 구원하는 종교가의 사업

종교가들의 사회구제사업으로 병원을 경영하는 수효는 조선 안에 적지 않으나, 이제 경기도 관내에만 그 수효를 들어보건대, 동대문 안 부인병원(婦人病院), 남대문 밖 세브란스 의원, 원정 1정목 경성불교 자제회(慈濟會) 의원, 개성 남성(南星) 병원 등이 있는데, 경기도 위생과에서 조사한 바에 의하면, 작년 중에 네 병원에서 무료로 빈민에게 시료한 환자의 수효를 보면, 입원 환자는 매일 평균 424명으로서, 1년 동안에 1만 2,587명이었고, 외래 환자는 매일 평균 1,450명에 달하여, 1년간에 4만 9,750명에 달하였다 하며, 그밖에 행려병자가 매일 평균 10명 이상으로서 1년에 4,960명을 수용하였다는데, 물론 인원의 수효는 총인수에 의한 것이며, 위생과에서는 다시 경성부 내의 개인 경영하는 병원에 대하여도 치료 환자의 수효와 병의 종류와 약값과 입원료 등을 조사하는 중이라는데, 이것만으로라도

경성부민들이 이 병마에 얼마나 고통을 당하며 전기 종교가들의 노력이 다대한 것을 알겠더라. 세상에서는 위선이니 무엇이니 하지만은 그들의 은공은 일반 사회에서 감사할 필요가 있을 것이라 하더라.

290. 매일신보 1923년 5월 30일

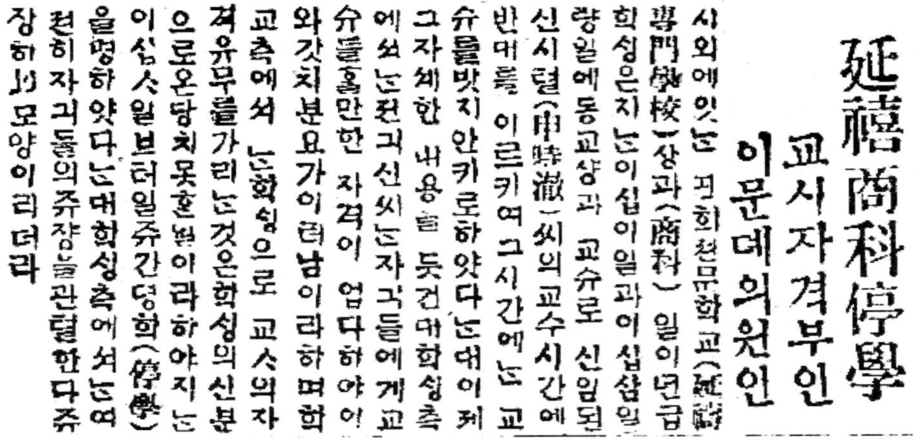
延禧商科停學
교사자격부인
이문데의원인

시외에잇는 연희전문학교(延禧專門學校)상과(商科) 일이년급학생은지난이십이일과이십삼일량일에동교상과 교슈로 신임된신시텰(申時澈)씨의교수시간에반대를 이르키여그시간에는 교슈를밧지안키로하얏다는대이제그자세한 내용을 듯건대학생측에서는젼긔신씨는자긔들에게교슈를홀만한 자격이 업다하야이와갓치분요가이러남이라하며학교측에서 는학생으로 교수의자격유무를가리는것은학생의신분으로온당치못홀일이라하야지는이십사일브터일쥬간뎡학(停學)을명하얏다는대학생측에서는여젼히자긔들의쥬쟝을관텰한다쥬쟝하는모양이리더라

연희상과 정학(停學)

교사자격 부인이 문제의 원인

시외에 있는 연희전문학교(延禧專門學校) 상과(商科) 1, 2년급 학생은 지난 22일과 23일 양일에 동교 상과 교수로 신임된 신시철(申時澈) 씨의 교수 시간에 반대를 일으켜 그 시간에는 수업을 받지 않기로 하였다는데, 이제 그 자세한 내용을 듣건대 학생 측에서는 전기 신씨는 자기들에게 교수를 할 만한 자격이 없다 하여 이와 같이 분요가 일어남이라 하며, 학교에서는 학생으로 교수의 자격 유무를 가리는 것은 학생의 신분으로 온당치 못한 일이라 하여, 지난 24일부터 1주간 정학을 명하였다는데, 학생 측에서는 여전히 자기들의 주장을 관철한다 주장하는 모양이라더라.

291. 동아일보 1923년 5월 30일

延禧學生 先生을排斥

상과생삼십이인 일주일뎡학처분

서대문밧 신촌리(新村里)에잇는연희전문학교(延禧專門學校)상과(商科)생도 삼십이인은 지나간이십이일부터 그상과 교사중에 신시텰(申時徹)선생을 배척하야 그선생의 교수시간에는 교실에 드러가지아니하고 맹렬한배척운동을하든바 학교에서는 학생의행동이 온당치못하다하야 지나간 이십사일에 일주일동안 뎡학처분을 명하엿스나 학생측에서는 졈졈강경한태도를 뵈이는중이라는데 이제 그동맹휴학의원인을들으면 젼긔 신시텰선생은 동경상과대학(商科大學)을 졸업하엿다고하나 사실은동경모사립 젼문학교를 졸업한사람으로 학력 충분치못하야 수업에 자미가업슨즉 그선생을 내여보내고 다른상당한 선생을 채용하여 달나는뜻으로 그와가치 동맹휴학을한것이며 학교에서는 사람을채용하엿다가 한학긔도 지나기도젼에 즉시내여보낼수가 업는터이라 시긔를기다리라고 여러가지로 말하엿스나 학생들은 그말을 도시 듯지아니함으로 이주일뎡학처분을 행한것이며 긔회를보아서는 무긔뎡학을명할지도 모르겟다더라

연희학생(延禧學生) 선생을 배척

상과생 32인 일주일 정학 처분

서대문 밖 신촌리(新村里)에 있는 연희전문학교(延禧專門學校) 상과(商科) 생도 32인은 지난 22일부터 그 상과 교사 중 신시철(申時徹) 선생을 배척하여 그 선생의 교수시간에는 교실에 들어가지 아니하고 맹렬한 배척운동을 하던 바, 학교에서는 학생의 행동이 온당치 못하다 하여 지난 24일에 일주일 동안 정학처분을 명하였으나, 학생 측에서는 점점 강경한 태도를 뵈이는 중이라는데, 이제 그 동맹 휴학의 원인을 들으면, 전기 신시철 선생은 동경상과대학(商科大學)을 졸업하였다고 하나, 사실은 동경 모 사립전문학교를 졸업한 사

람으로 학력이 충분치 못하여 수업에 재미가 없은즉, 그 선생은 내보내고 다른 상당한 선생을 채용하여 달라는 뜻으로 그와 같이 동맹휴학을 한 것이며, 학교에서는 사람을 채용하였다가 한 학기도 지나기도 전에 즉시 내보낼 수가 없는 터이라, 시기를 기다리라고 여러 가지로 말하였으나 학생들은 그 말을 도무지 듣지 아니하므로 일주일 정학 처분을 행한 것이며, 기회를 보아서는 무기정학을 명할지도 모르겠다더라.

292. 매일신보 1923년 6월 3일

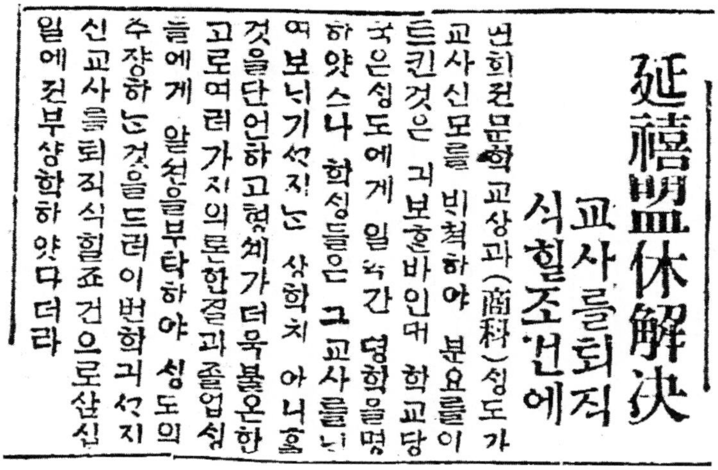

延禧盟休解決

교사를퇴지식힐조건에

연희젼문학교상과(商科)싱도가교사신모를 비쳑하야 분요를이르킨것은 긔보호바인대 학교당국은싱도에게 일쥬간 뎡학을명하얏스나 학싱들은 그교사를닉여보닉기ᄭᆞ지는 상학치 아니홀것을단언하고형셰가더욱불온한고로여러가지의론한결과졸업싱들에게 알션을부탁하야 싱도의수쟝하는것을드러이번학긔ᄭᆞ지신교사를퇴직식힐죠건으로삼십일에젼부샹학하얏다더라

연희 맹휴 해결

교사를 퇴직시킬 조건에

연희전문학교 상과 생도가 교사 신모를 배척하여 분요를 일으킨 것은 기보한 바 인데, 학교 당국은 생도에게 일주간 정학을 명하였으나 학생들은 그 교사를 내보내기까지는 수업에 참여하지 않을 것을 단언하고, 형세가 더욱 불온한 고로, 여러 가지 의논한 결과 졸업생들에게 알선을 부탁하여 생도의 주장하는 것을 들어 이번 학기까지 신 교사를 퇴직시킬 조건으로 30일에 전부 수업에 참여하였다더라.

293. 동아일보 1923년 6월 7일

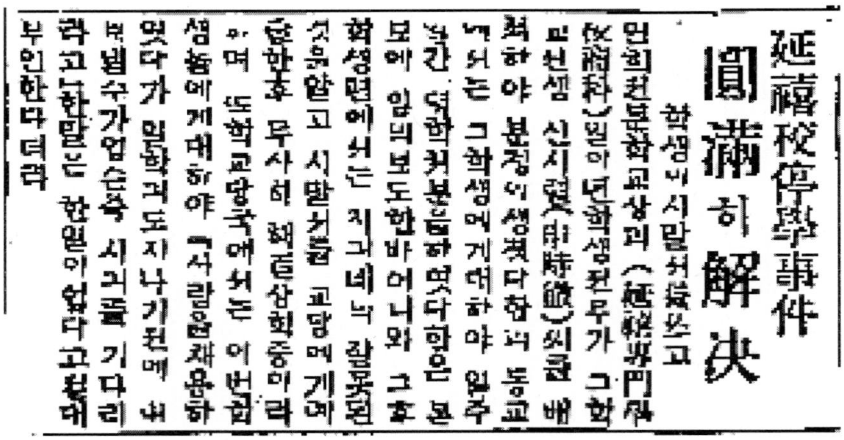

延禧校停學事件

圓滿히解決

학생이시말서를쓰고

연희전문학교상과(延禧專門學校商科)일이년학생전부가 그학교선생 신시철(申時撤)씨를 배척하야 분쟁이생겻다함과 동교에서는 그학생에게대하야 일주일간 뎡학쳐분을하엿다함은 본보에 임의보도한바어니와 그후학생편에서는 자긔네의 잘못된것을알고 시말서를 교댱에게뎨출한후 무사히 해결등교즁이라하며 또학교당국에서는 이번학생들에게대하야 『사람을채용하엿다가 한학긔도지나기젼에 내보낼수가업슨즉 시긔를 기다리라고』한말은 한일이업다고뎔대부인한다더라

연희교(延禧校) 정학사건

원만히 해결

학생이 시말서를 쓰고

연희전문학교 상과 1, 2년생 학생 전부가 그 학교 선생 신시철(申時撤) 씨를 배척하여 분쟁이 생겼다 함과 학교에서 그 학생에게 일주일간 정학 처분을 하였다 함은 본보에 이미 보도한 바이어니와 그 후 학생 편에서는 자기의 잘못된 것을 알고 시말서를 교장에게 제출한 후 무사히 해결, 등교 중이라 하며, 또 학교 당국에서는 이번 학생들에게 대하여 『사람을 채용하였다가 한 학기도 지나기 전에 내보낼 수가 없은즉 시기를 기다리라고』 한 말은 한 일이 없다고 절대 부인한다더라.

294. 동아일보 1923년 6월 7일

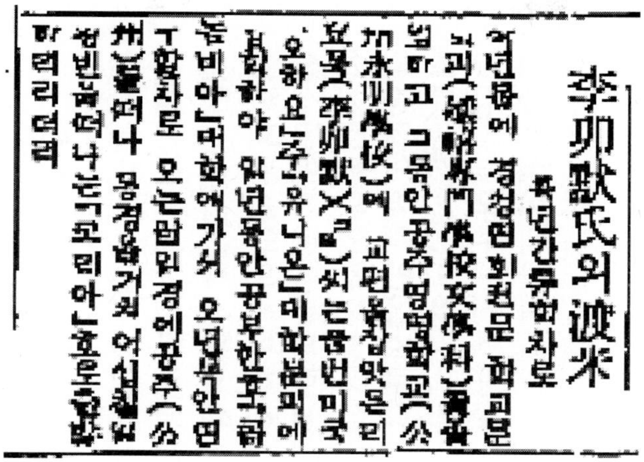

李卯默氏의渡米

륙년간류학차로

작년봄에 경셩연희뎐문학교문과(延禧專門學校文科)를졸업하고 그동안공주영명학교(公州永明學校)에 교편을잡앗든리묘묵(李卯默)씨는금번미국오하요주유니온대학문과에입학하야 일년동안공부한후컬롬비아대학에가서 오년동안연구할차로 오는팔일경에공주(公州)를떠나 동경을거쳐 어십칠일횡빈을떠나는코리아호로출발하리라더라

이묘묵(李卯默) 씨의 도미(渡米)

6년간 유학차로

작년 봄에 경성 연희전문학교 문학과를 졸업하고 그동안 공주 영명학교(永明學校)에서 교편을 잡았던 이묘묵 씨는 금번 미국 오하이오주 유니온 대학 문과에 입학하여 1년 동안 공부한 후 컬럼비아 대학에 가서 5년 동안 연구할 차로 오는 8일경에 공주(公州)를 떠나 동경을 거쳐 17일 요코하마를 떠나는 『코리아』호로 출발하리라더라.

295. 매일신보 1923년 6월 13일

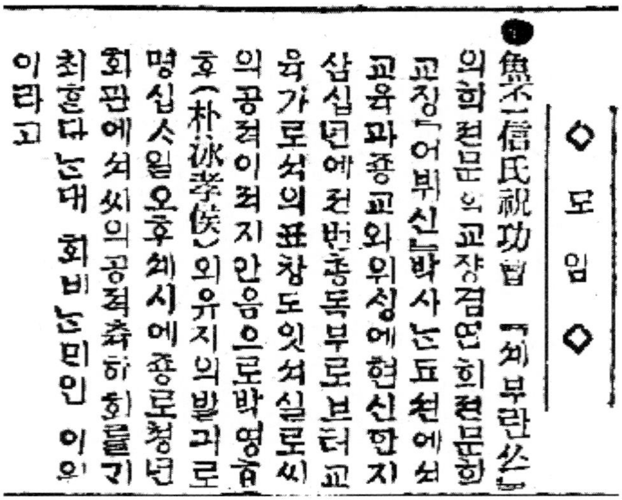

◇ 모 임 ◇

魚丕信氏祝功會 「셰부란쓰」의학전문의교쟝겸연희전문학교쟝「어뷔신」박사는됴션에셔교육과종교와위싱에헌신한지삼십년에젼번총독부로브터교육가로셔의표창도잇셔실로씨의공젹이젹지안음으로박영효후(朴泳孝侯)외유지의발긔로명십사일오후셰시에종로쳥년회관에셔씨의공젹츅하회를기최혼다는대 회비는미인 이원이라고

모임

에비슨 씨 축공회(祝功會)

세브란스의학전문학교장 겸 연희전문학교장 에비슨 박사는 조선에서 교육과 종교와 위생에 헌신한지 30년에 전번 총독부로부터 교육가로서의 표창도 있어 실로 씨의 공적이 적지 않으므로, 박영효(朴泳孝) 후작 외 유지의 발기로 내일 14일 오후 3시에 종로청년회관에서 씨의 공적 축하회를 개최한다는데 회비는 매인 2원이라고.

296. 조선일보 1923년 6월 13일

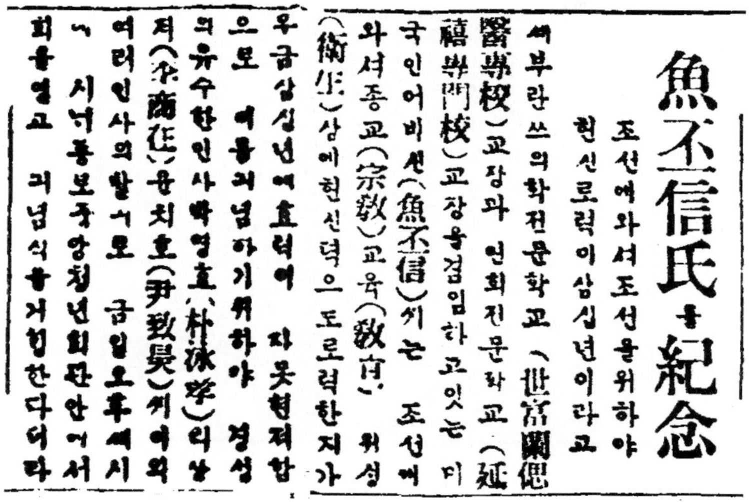

魚丕信氏를紀念

조선에와서조선을위하야

헌신로력이삼십년이라고

셰부란쓰의학전문학교(世富蘭偲醫專門學校)교장과 연희전문학교(延禧專門校)교장을겸임하고잇는 미국인어비신(魚丕信)씨는 조선에와서종교(宗敎)교육(敎育) 위생(衛生)상에헌신뎍으로로력한지가우금삼십년에효력이 자못현저함으로 이를긔념하기위하야 경성의유수한인사박영효(朴泳孝)리상재(李商在)윤치호(尹致昊)씨이외여러인사의발긔로 금일오후세시에 시내종로중앙청년회관안에서회를열고 긔념식을거행한다더라

에비슨 씨를 기념

조선에 와서 조선을 위하여

헌신 노력이 30년이라고

세브란스의학전문학교 교장과 연희전문학교 교장을 겸임하고 있는 미국인 에비슨 씨는 조선에 와서 종교, 교육, 위생상에 헌신적으로 노력한 지가 지금까지 30년에 효력이 자못 현저하므로, 이를 기념하기 위하여 경성의 유수한 인사 박영효(朴泳孝)·이상재(李商在)·윤치호(尹致昊) 씨 이외 여러 인사의 발기로 금일 오후 3시에 시내 종로중앙청년회관 안에서 회를 열고 기념식을 거행한다더라.

297. 동아일보 1923년 6월 14일

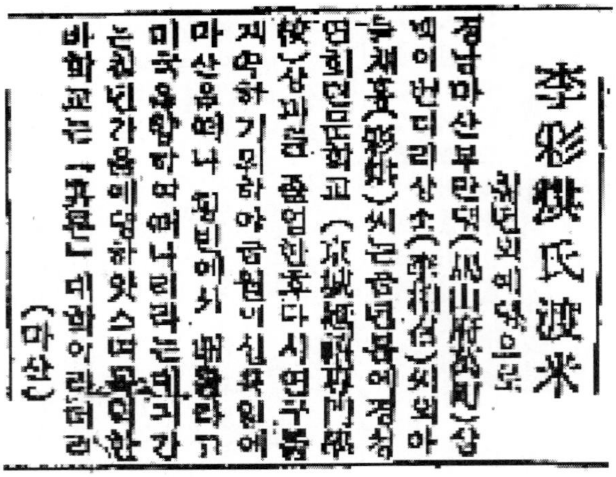

李彩烘氏渡米

七년의예뎡으로

경남마산부만뎡(馬山府萬町)삼백이번디리상소(李相召)씨의아들채홍(彩烘)씨는금년봄에경셩연희뎐문학교(延禧專門學校)상과를졸업한후다시연구를계속하기위하야금월이십륙일에마산을떠나횡빈에서배를타고미국을향하야떠나리라는데긔간은칠년간을예뎡하얏스며목뎍한바학교는「휴론」대학이라더라 (마산)

이채홍(李彩烘) 씨 도미(渡米)

7년의 예정으로

경남 마산부 만정(萬町) 302번지 이상소(李相召) 씨의 아들 채홍(彩烘) 씨는 금년 봄에 경성 연희전문학교(延禧專門學校) 상과를 졸업한 후 다시 연구를 계속하기 위하여 금월 26일에 마산을 떠나 요코하마에서 배를 타고 미국을 향하여 떠나리라는데, 기간은 7년간을 예정하였으며 목적한 학교는 휴론 대학이라더라. (마산)

298. 동아일보 1923년 6월 15일

百萬名의生命을
구조한『어비신』씨의공로

『세부란스』의원댱『어비신』씨의 재조선삼십년 긔념츅하회를 일반유지의 발긔로 개최한다함은 작보에게재하얏거니와 씨는 영국『요시야』에서 일천팔백륙십년에탄생하야 여섯살되든해에 미국북편『가나다』에 건너가『빅토리아』와『류란토』의두의과대학을 맛치고 일천팔백구십삼년 즉이제로부터 삼십년전에 조선에건너와 지금귀족회관뒤 경운궁(慶運宮)자리에

『제중원』이라는 병원을 내이고 즉시 고종태황뎨의시의가되는 영광을입엇섯다 이래삼십년이라는 장구한세월을 두고 세부란스병원을 저가치 크게맨드러 거의 백만환자의 생명을 구조하얏스며 의학전문학교를 세워 교육사업에 힘을 앗기지 안코 또한거듭나아가 종교사업에도 불소한공헌이잇스니 고종태황뎨께 성경과찬송가를 드린사람이 즉『어비신』씨이엇다 그는 대한병원이 생기기까지에는 항상고종태황뎨를 뫼섯슴으로 동학란리를 겪은사람중에도 가장절실한 산력사가이라 할수잇섯다 독립협회와 부상패와의 분쟁이잇서

대한문압헤서 황뎨가친림하시와 재가를 나리실때에도 황뎨의시위와가치 젼후를 뫼셔드렷다하며 일천팔백구십오년에 경성에괴질이 잇슬때에도 복음을 앗기지안코 구호하얏스며 광무십년에는 훈사등태극장까지밧앗다하니 실로히 씨는조선의유공자라고하겟더라

세부란쓰병원댱 어비신씨

백만 명의 생명을 구조한 에비슨 씨의 공로

세브란스 의원장 에비슨 씨의 재(在)조선 30년 기념 축하회를 일반유지의 발기로 개최한다함은 어제 보도에 게재하였거니와, 씨는 영국 『요크셔』에서 1860년에 탄생하여 6살 되던 해에 미국 북편 『캐나다』에 건너가 『빅토리아』와 『토론토』의 두 의과대학을 마치고 1893년, 즉 이제로부터 30년 전에 조선에 건너와 지금 귀족회관 뒤 경운궁(*경우궁) 자리에 『제중원』이라는 병원을 내고 즉시 고종태황제의 시의(侍醫)가 되는 영광을 입었었다. 이래 30년이라는 장구한 세월을 두고 세브란스병원을 저같이 크게 만들어 거의 100만 환자의 생명을 구조하였으며, 의학전문학교를 세워 교육사업에 힘을 아끼지 않았고, 또한 거듭 나아가 종교사업에도 불소한 공헌이 있으니, 고종태황제께 성경과 찬송가를 드린 사람이 즉 이 에비슨 씨였다. 그는 대한병원이 생기기까지 항상 고종태황제를 모셨으므로 동학난리를 겪은 사람 중에도 가장 절실한 산 역사가이라 할 수 있었다. 독립협회와 보부상패와의 분쟁이 있어 대한문 앞에서 황제가 친림하시와 재가를 내리실 때에도 황제의 시

위와 같이 전후를 목격하였다 하며, 1895년에 경성에 큰 괴질이 있을 때에도 목숨을 아끼지 않고 구호하였으며, 광무 10년(1906년)에는 훈4등 태극장까지 받았다하니 실로 에비슨 씨는 조선의 유공자라고 하겠더라.

299. 매일신보 1923년 6월 16일

異域風土卅年間

오족됴션사ᄅᆞᆷ을위하야
전력분투한어비신박사

‖在鮮三十年記念祝賀式‖

인졍과풍토가모다다른됴션에셔 쳐허됴션사ᄅᆞᆷ을위하야의학과교육과 종교계에 삼십년 동안이나 ᄇᆡ심 쳥력으로분투로력ᄒᆞᆫ어비신박사의저됴션 삼십년긔렴祝하식은 십사일오후네시 반에 죵로즁앙긔독교쳥년회관ᄂᆡ에셔사회 각방면으로부터

만흔사람 이참셕ᄒᆞᆫ會에 셩대히 거힝되얏는대후작박영호(朴泳孝)씨의ᄉᆞ회로먼져졍셩악대의쥬랑ᄒᆞᆫ쥬악을비롯하여김필수(金弼秀)목사의긔도와사회자취지셜명이잇고 련하야리화(梨花)찬양대의아름다운『코러스』와각단톄대표자들의 긔렴祝사가잇슨후 졍셩악대의 숭현ᄒᆞᆫ쥬악會에

銀盃一(朝鮮十三道地圖刻入)銀茶罐一、金指環一、銀메달一능의찬란ᄒᆞᆫ긔렴품을증뎡하엿스며계속하야만면에『벙글』거리는틔도록어비신박ᄉ의답사가잇셔갈으되

나의녯날처음밟든됴션과어졔의됴션과를비교하야보면실로신됴션이되엿다고안이ᄒᆞᆯ슈업다됴션이이와갓치장족으로발뎐하는것을볼때에나의깃붐은여간이안이며또ᄒᆞᆫ나의션교사싱활에만기가되는압ᄒᆞ로칠년동안을지나셔도나의여싱을됴션의풍속에셔맛치이며더욱됴션의발뎐하는상태를보랴고ᄒᆞ다그리고 일반됴션사회의 문화향샹은 말ᄒᆞᆯ것도업스며 오는날나에대하야과분의셩대ᄒᆞᆫ축하는 감격하야 마지안는바이다

하고ᄯᅳᆺ을맛친후박ᄉ의령부인과밋됴션에셔나은령식부々와더부려긔렴사진을박히고쥬악속에식을맛치고다시별실로옴기여다과의향응이잇섯더라

됴션사ᄅᆞᆷ을위하야삼십년동안분투한……어비신박사…긔사참됴

이역(異域) 풍토 30년간

오직 조선사람을 위하여 전력분투한 에비슨 박사

재선(在鮮) 30년 기념 축하식

인정과 풍토가 모두 다른 조선에서 오직 조선사람을 위하여 의학과 교육과 종교계에 30년 동안이나 일심 정력으로 분투 노력한 에비슨 박사의 재조선 30년 기념 축하식은 14일 오후 3시 반에 종로 중앙기독교청년회관 내에서 사회 각 방면으로부터 많은 사람이 참석한 중에 성대히 거행되었는데, 후작 박영효(朴泳孝) 씨의 사회로 먼저 경성악대의 유랑한 주악을 비롯하여 김필수(金弼秀) 목사의 기도와 사회자 취지 설명이 있고, 연하여 이화(梨花) 찬양대의 아름다운 코러스와 각 단체 대표들의 기념 축사가 있은 후, 경성 악대의 숭현한 주악 속에, 은배(銀盃) 2개[조선 13도 지도 각입(刻入)], 은 찻잔 1개, 은 지환(指環) 1개, 은메달 1개 등의 찬란한 기념품을 증정하였으며, 계속하여 만면에 벙글거리는 태도로 에비슨 박사의 답사가 있어, 가로되 "나의 옛날 처음 밟던 조선과, 어제의 조선을 비교해 보면 실로 새 조선이 되었다고 아니할 수 없다. 조선이 이와 같이 장족으로 발전하는 것을 볼 때에 나의 기쁨은 여간치 않으며 또한 나의 선교사 생활에 만기가 되는 앞으로 7년 동안을 지나서도 나의 여생을 조선의 품 속에서 마치며 더욱 조선의 발전하는 상태를 볼려고 한다. 그리고 일반 조선사회의 문화향상은 말할 것도 없으며 오늘날 나에 대하여 과분한 성대한 축하는 감격하여 마지않는 바이다" 하고 끝을 마친 후, 박사의 영부인과 및 조선에서 낳은 영식 부부와 더불어 기념사진을 찍고, 주악 속에 식을 마치고, 다시 별실로 옮겨 다과의 향응이 있었더라.

(사진) 조선 사람을 위해 30년 동안 분투한 에비슨 박사

300. 동아일보 1923년 6월 16일

에비손博士의 三十年紀念祝

濟衆의恩人

세부란스연희(世富蘭偲延禧)兩專門學校長인에비손(魚丕信)博士三十年紀念祝典을去十四日에盛大히擧行한것은임이本報에再三報道하얏거니와 吾人은博士의獻身的奉仕에對하야 無限한敬意를 表하는同時에更히同博士의豐采한元氣와 同學院의一層發展을 祝하는바로다 博士의盛名은決코今日에 始한것이아니라 前하야는朝鮮最初의西洋醫院인 濟衆院을創設하야廣濟의使命을 開한것은何矣라以來로三十星霜에現今의세부란스醫學專門學校와 同病院의發展을致케된것은 全혀該氏의非凡한努力이 아니고무엇이리요 또朝鮮基督教의宣布에 여러가지의盡力이多한것은吾人이다시喋〻할必要가無하도다 實로該氏의過去三十年間努力은 宗敎敎育救濟의三方面에亘하야 不滅할偉功을樹立하얏다하야도 過言이 아니로다

三十年年光이 通稱 人生의一代를記錄하는바어니와 于今三十年間의朝鮮은 여러가지의意味에잇서 一時期를劃할만한意義가有하도다 三十年前의朝鮮과 三十年後의今日朝鮮이 政治 經濟其他凡百制度에 實로隔世의感이有할것이어니와 이와갓흔三十年間의變遷史를歷覽할時에吾人의感慨는 또한不少하도다 即因襲陳腐의舊殼을脫하야 革舊創始의新傾向新文物을輸入할時의苦心이 如何히慘憺하엿슬것을 思할時에吾人은斯界의先覺先知에 對하야油然한敬意를 不禁하는바라 더욱히 異國의天地에一身을挺하야 百難을冒하고或은布敎에或은敎育에 從事한 西洋宣敎會의 勇氣는엇지神命의感應이아니고 能할바이리오 이와갓아니고 能할바이리오 이와갓흔殉道的精神이 잇섯든結果가遂히 今日의大成을得한것이아닌가 即彼等西洋宣敎師中의先覺로 現今朝鮮에現存한者는擧皆靑年으로朝鮮에來하야 半生의努力이 今日의白頭翁을作하얏도다 以上西洋宣敎師中의先輩도 임이死去한人士도不少한것을知하거니와 今番의魚丕信博士도 開拓時代의勇士라今日 氏의白髮童顔을接하고過去三十年間의功績을思할時에 엇지 吾人의感激이尋常타하리오 氏가 비로소朝鮮에渡來한것은距今 三十年前의西紀一千八百九十三年이라 朝鮮에西洋醫學을 처음으로輸入한鼻祖이며또慈善的救療事業을開한것도 氏로서嚆矢를作한것이라 舊韓國時代의朝鮮皇室이 隆崇한禮遇를表한것은 決코外國人士에對한 敬遠一片의精神에서出한것이아니요 實로氏의人道的事業에 對한感激의餘에出한것을斷言하는바어니와 一般朝鮮民衆의印象은 氏를濟衆의恩人으로對하얏스며 朝鮮醫學界의泰斗로 仰하얏도다 氏가創設한醫學校는幾多의醫俊을輩出하야朝鮮今日의[illegible]에 堅確한地步를占한것도 吾人의特筆할事實이로다 그러고校運의逐年擴張을따라 施設의規模가漸次整頓하야 朝鮮醫學界의一方面을 作한것은勿論이라今春에 朝鮮專門學校令에依한 正式認可를受한것에 照하야도 校運의發展과 該氏의努力을吾人은 認定치안할수업도다

그런대氏의將來이今日의功績과 가치 이루게된것은 全혀氏의 道德的觀念에出하얏다할것이며 또의道義的觀念은 我朝鮮民族의福利를爲하야 貢獻케되얏도다 氏가 一身에負한重望은氏로하야금 老當益壯의元氣를振作치 아니치못할機運에 到한것은非他라 氏가다만一醫學專門學校의學長으로서뿐아니라朝鮮에在한西洋宣敎會의 元老인까닭이로다 今日朝鮮에在한西洋宣敎會의現狀에對하야는吾人이玆에多言을避하거니와 그活動의萎靡하야 昔日의氣魄에比하면多少의遜色이 有한觀이有하고又一方으로 各種의破綻이百出하는現狀에陷하얏도다 이것이識者의一考할바가아니고 무엇이냐 이點에잇서博士와如한斯界의元老가 健在한것을吾人의甚幸으로思하는바이니 願컨대더욱〻自愛加餐하기를바라는바로다

에비슨 박사의 30년 기념축
제중(濟衆)의 은인

세브란스와 연희 양(兩) 전문학교장인 에비슨 박사 30년 기념축전을 지난 14일에 성대히 거행한 것은 이미 본보에 두 번 세 번 보도하였거니와, 우리는 박사의 헌신적 봉사에 대하여 무한한 경의를 표하는 동시에 다시 박사의 정정한 원기와 학원의 한 단계 발전을 축하하는 바이다. 박사의 성명은 결코 금일에 시작한 것이 아니라 전부터 조선 최초의 병원인 제중원을 창설하여 세상을 널리 구제하는 사명을 연 것은 숭상하는 바이다. 이래로 30년 세월에 오늘날의 세브란스와 동 병원의 발전을 이루게 된 것은 모두 씨의 비범한 노력이 아니고 무엇이리오. 또 조선 기독교의 선포에 여러 가지의 진력이 많은 것은 우리가 다시 떠들 필요가 없도다. 실로 씨의 과거 30년간 노력은 종교, 교육, 구제 세 방면에 다하여 불멸할 위공을 수립하였다 하여도 과언이 아니다.

30년 세월이 통칭 인생의 일대를 기록하는 바이거니와, 지금까지 30년간의 조선은 여러 가지의 의미에 있어 한 시기를 구획할만한 의의가 있다. 30년 전의 조선과 30년 후의 지금 조선의 정치, 경제, 기타 모든 제도에 실로 격세의 감동이 있을 것이고, 같은 30년간의 변천사를 역람할 때에 우리들의 감개 또한 적지 않다. 즉 썩거나 헐어서 문드러지고 새롭지 못한 옛 제도를 벗어나 혁구창시(革旧創始, 옛 것을 고치고 새로운 시작을 만듦)으로 신경향 신문물을 유입할 때에 고심이 어찌하든 참담하였을 것을 생각할 때에, 우리들은 이 전문 방면의 선각(先覺), 선지(先知)에 대하여 유연한 경의를 금하지 않는 바라. 더욱이 다른 나라의 천지(天地)에 한 몸을 던져 온갖 어려움을 무릅쓰고, 혹은 포교에, 혹은 교육에 종사한 서양 선교회의 용기는 어찌 신명의 감응이 아니면 할 수 있었으리오. 이와 같은 순도적(殉道的) 정신이 있었던 결과가 마침내 오늘날의 대성을 이룬 것이 아닌가. 그들 서양 선교사 중의 선배로 오늘날 조선에 현존한 자는 대부분 청년으로 조선에 와서 반평생의 노력이 오늘날 머리가 하얀 노인을 만들었도다. 이상 서양 선교사 중의 선배로 이미 돌아가신 인사도 적지 아니한 것을 알거니와, 오늘 에비슨 박사도 개척시대의 용사라. 오늘 씨의 백발 동안을 접하고 지난 30년간의 공적을 생각할 때에 어찌 우리들의 감격이 심상하다고 하리오. 씨가 비로소 조선에 도래한 것은 거슬러 올라가 30년 전의 서기 1893년이라. 조선에 서양 의학을 처음으로 유입한 시조이며, 또 자선적 구료사업을 시작한 것도

씨로써 효시를 행한 것이라. 구한국시대의 조선 황실이 융숭한 예우를 표한 것은 결코 외국 인사에 대한 경원일편(敬遠一片)의 정신에서 나온 것이 아니고, 실로 씨의 인도적 사업에 대한 감격의 나머지 나온 것을 단언하는 바이다. 일반 조선 민중의 인상은 씨를 제중의 은인으로 대하였으며, 조선 의학계의 태두(泰斗)로 우러르는 바이다. 씨가 창설한 의학교는 꽤 많은 총준(聰俊)을 배출하여 조선 오늘날의 의사들 사회에 굳고 확실한 지보(地步)를 점한 것도 우리들의 특필할 사실이다. 그리고 교운(校運)의 축년 확장을 따라 시설의 규모가 점차 정돈하여 조선 의학계의 일방(一方) 중진을 만든 것은 물론이고, 이번 봄에 조선전문학교령에 의한 정식인가를 얻은 것에 견주어도 교운의 발전과 씨의 노력을 우리들은 인정치 않을 수 없다.

요컨대 씨의 사업이 오늘날의 공적을 이루게 된 것은 전혀 씨의 도의적 관념에서 나왔다 할 것이며, 씨의 도의적 관념은 우리 조선 민족의 복리를 위하여 공헌하게 되었다. 씨가 한 몸에 짐을 진 중망은 씨로 하여금 노당익장(老當益壯)의 원기를 진작치 아니하지 못할 기운에 이른 것은, 다름 아니라 씨가 다만 의학전문학교의 학장으로서 뿐만 아니라 조선에 있는 서양 선교회의 원로인 까닭이다. 오늘날 조선에 있는 서양 선교회의 현상에 대하여는 우리들이 이에 많은 말을 피하거니와, 그 활동이 쇠하고 피로해져 지난날의 기백에 비하면 다소의 손색이 있는 것이 보이고, 또 한편으로 각종의 파탄이 나오는 현상에 빠졌도다. 이것이 식자가 한번 생각할 바가 아니고 무엇인가. 이 점에 있어 박사와 같은 사계(斯界)의 원로가 건재한 것을 우리들이 깊은 다행으로 생각하는 바이니, 원컨대 더욱 스스로 사랑하고 몸을 소중히 하기를 바라는 바이다.

魚博士를 긔념하기위하야 一堂에集會한 녯사람과새사람

긔보와가치『어비신』박사의재조선삼십년긔렴축하식은재작십사일하오네시반부터종로중앙긔독교청년회관에서성대히거행되야다뎡각전부터 모혀드는 명사들는거의백여인에 달하얏는대 녯사람과 새사람이한자리에 가튼감축한마음을가지고모히게된것이한이채를발하얏섯다뎡각이되매박사는가슴에녯회포가새롭으훈사등태극장을차고만면에희색이넘처그부인과함께만장의박수와유량한음악소리를밧아가며다상에 오르니 사회(司會)박영효(朴泳孝)씨는개회를고하얏다김필수(金弼秀)씨의긔도와

리화학당

찬양대의 고흔노래가 잇섯스며뒤를이어 여러명사의축사가 잇섯다『온후한인격의소유자』이니『인류의사랑을고조한사람이니』『조선의은인일뿐아니라 사람의은인이니』하는말이모도그의과거를찬미하는말이엇고『박사는특히 하나님이보내주신텬사』이라는 말이어느귀족의입으로부터흘너나온부르지즘이엇다더욱히유각경(兪珏卿)여사의『삼십년동안은조선의남성을위하야일을하얏스니압흐로도삼십년은녀자를위하야일을하야달나』는말과 홍석후(洪錫厚)씨의『박사가 조선으로오기위하야서는 만흔명예와 큰행복을바리고다만 일개의 고결한인격과

불길가튼

사랑으로써 조선에림하얏다』는 적절한회구담도잇섯다 축사가씃이난후 긔념품을 증정하얏는대 박사에게는순금『메달』과 은잔●부인에게는순금반지와은잔이며 거긔는전부『以形以靈此勤此勞』의 여덜자를삭이어 박사의공로를 영원히긔념하얏스며 다시

조선디도

를 석인은주권자를박사의부처에게긔증하얏다긔념품 긔증이씃이나매 박사는참을수업는 감사의 표정을하고단압헤 나아와답사를 하얏다발음서투른 조선말로『오늘이가튼례물은 너모과당하오 일은좀하라고도하고 하야보기도 하얏스나그러나 아즉도머렷소 도로혀붓그러운 일이요』는간략한조선말중에 천언만어가가득 하얏섯다뒤를이어 회고의눈물과 감구의슬품으로 초한영문 답사를랑독한후회는 씃이나고즉시 다과의간략한 향응이잇슨후 곳산회하얏다더라

◇어비신박사의긔념식

에비슨 박사를 기념하기 위하여 한자리에 집회한 옛 사람과 새 사람

이미 알린 보도와 같이 에비슨 박사의 재조선 30년 기념 축하식은 그저께 14일 오후 4시 반부터 종로 중앙기독교청년회관에서 성대하게 거행되었다. 정각 전부터 모여드는 명사들은 거의 100여 명에 달하였는데, 옛 사람과 새 사람이 한자리에 같은 감축한 마음을 가지고 모이게 된 것이 한 이채를 발하였다. 정각이 되어 박사는 가슴에 옛 회포가 새로운 훈4등 태극장을 차고 만면에 희색이 넘쳐 그 부인과 함께 만장의 박수와 유량한 음악소리를 받아가며 단장에 오르니, 사회 박영효(朴泳孝) 씨는 개회를 고하였다. 김필수(金弼秀) 씨의 기도와 이화학당 찬양대의 고운 노래가 있었으며 뒤를 이어 여러 명의 축사가 있었다. "높은 인격의 소유자"이니, "조선의 은인일 뿐만 아니라 사람의 은인"이니 하는 말이 모두 그의 과거를 찬미하는 말이었고, "박사는 특히 하나님이 보내주신 천사"라는 말이 어느 귀족의 입으로부터 흘러나온 부르짖음이었다. 더욱이 유각경(兪珏卿) 여사의 "30년 동안은 조선의 남성을 위하여 일을 하였으니 앞으로 30년은 여자를 위하여 일하여 달라"는 말과, 홍석후(洪錫厚) 씨의 "박사가 조선으로 오기 위해서는 많은 명예와 큰 행복을 버리고 다만 일개의 고결한 인식과 불길 같은 사랑으로써 조선에 임하였다"는 적절한 회고담도 있었다. 축사가 끝이 난 후 기념품을 증정하였는데 박사에게는 순금 메달과 은잔을, 부인에게는 순금 반지와 은잔인데, 거기는 전부 「以形以靈 此勤此勞(*몸과 마음으로 부지런히 노력함)」의 8자를 새겨 박사의 공로를 영원히 기념하였으며, 다시 조선 지도를 새긴 은주전자를 박사의 부부에게 기증하였다. 기념품 기증이 끝나며 박사는 참을 수 없는 감사의 표정을 하고 단 앞에 나아가 답사를 하였다. 발음 서투른 조선말로 "오늘 이 같은 예물은 너무 과당하오. 일은 좀 하려고도 하고, 하여보기도 하였으나, 그러나 아직도 멀었소. 도리어 부끄러운 일이오." 간략한 조선말 중에 천언만어(千言萬語)로 가득하였다. 뒤를 이어 회고의 눈물과 감구(感舊)의 슬픔으로 초한 영문 답사를 낭독한 후 회는 끝이 나고 즉시 다과의 간략한 향응이 있은 후 곧 산회하였다.

302. 조선일보 1923년 6월 16일

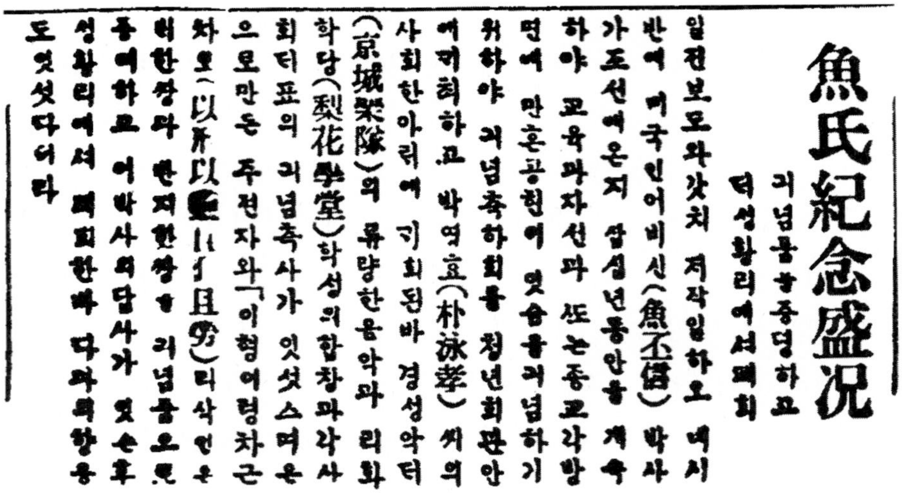

魚氏紀念盛況

긔념품을증뎡하고
대성황리에서폐회

일젼보도와갓치 재작일하오 네시반에 미국인어비신(魚丕信)박사가조선에온지 삼십년동안을계속하야 교육과자선과 또는종교각방면에 만흔공헌이 잇슴을긔념하기위하야 긔념축하회를 청년회관안에개최하고 박영효(朴泳孝)씨의사회한아래에 개회된바 경성악대(京城樂隊)의 류량한음악과 리화학당(梨花學堂)학생의합창과각사회대표의 긔념축사가 잇섯스며은으로만든 주전자와「이형이령차근차로(以形以靈此勤且勞)」라삭인은동이한쌍과 반지한쌍을 긔념품으로증여하고 어박사의답사가 잇슨후성황리에서 폐회한바 다과의향응도잇섯다더라

에비슨 씨 기념 성황

기념품을 증정하고 대성황리에 폐회

일전 보도와 같이 그저께 오후 4시 반에 미국인 에비슨 박사가 조선에 온지 30년 동안을 계속하여 교육과 자선과 또는 종교 각 방면에 많은 공헌이 있음을 기념하기 위하여 기념 축하회를 청년회관에서 개최하고 박영효(朴泳孝) 씨가 사회한 아래에 개회된 바, 경성악대(京城樂隊)의 유량한 음악과 이화학당(梨花學堂) 학생의 합창과 각 사회 대표의 기념 축사가 있었으며 은으로 만든 주전자와 『이형이령 차근차노(以形以靈 此勤且勞)』라 새긴 은배 한 쌍과 반지 한 쌍을 기념품으로 증여하고 에비슨 박사의 답사가 있은 후 성황리에 폐회한 바 다과의 향응도 있었다더라.

303. 매일신보 1923년 6월 17일

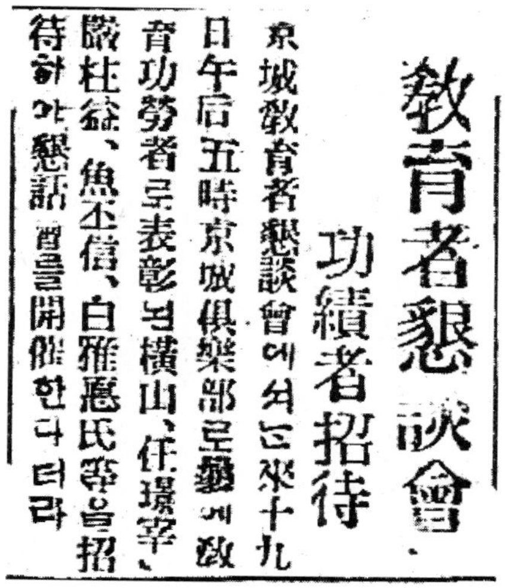

教育者懇談會

功績者招待

京城敎育者懇談會에셔는來十九日午后五時京城俱樂部로[illegible]에敎育功勞者로表彰된橫山、任璟宰、嚴柱益、魚丕信、白雅悳氏等을招待하야懇話會를開催한다더라

교육자간담회(教育者懇談會)

공적자(功績者) 초대

경성교육자간담회(京城教育者懇談會)에서는 오는 19일 오후 5시 경성구락부(京城俱樂部)에서 교육공로자(教育功勞者)로 표창된 횡산(橫山), 임경재(任璟宰), 엄주익(嚴柱益), 에비슨, 베커(백아덕, 白雅悳) 씨 등을 초대하여 간화회(懇話會)를 개최한다더라.

304. 조선일보 1923년 6월 29일

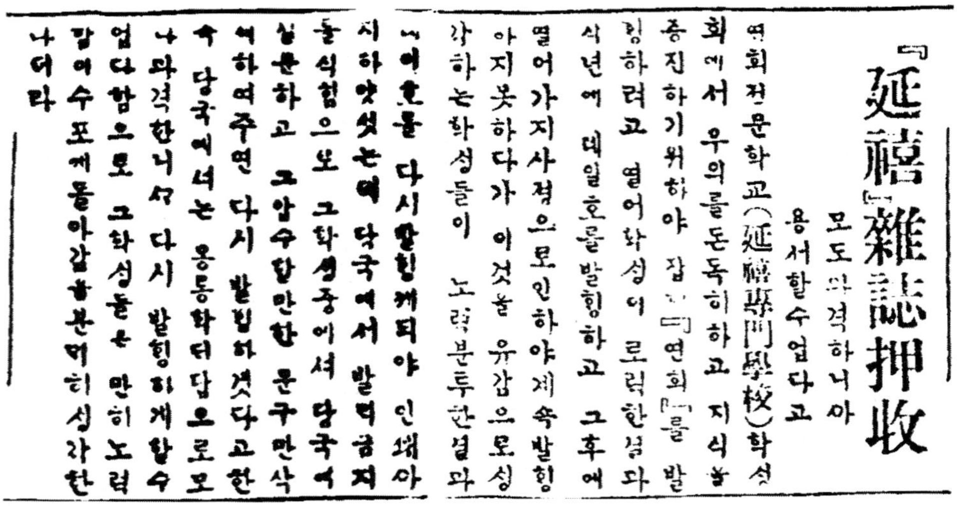

『延禧』雜誌押收

모도과격하니까
용서할수업다고

연희전문학교(延禧專門學校)학생회에서 우의를돈독히하고 지식을증진하기위하야 잡지『연희』를 발행하려고 열어학생이 로력한결과작년에 데일호를발행하고 그후에열어가지사정으로인하야계속발행하지못하다가 이것을 유감으로생각하는학생들이 노력분투한결과데이호를 다시발행케되야 인쇄까지하얏섯는데 당국에서 발행금지를식힘으로 그학생중에서 당국에심문하고 그압수할만한 문구만삭제하여주면 다시 발힝하겟다고한즉 당국에서는 몽롱한대답으로모도과격한니까 다시 발힝하게할수업다함으로 그학생들은 만히노력함이수포에돌아감을분개히생각한다더라

『연희』 잡지 압수

모두 과격하니까 용서할 수 없다고

연희전문학교 학생회에서 우의를 돈독히 하고 지식을 증진하기 위하여 잡지 『연희』를 발행하려고 여러 학생이 노력한 결과 작년에 제1호를 발행하고 그 후에 여러 가지 사정으로 인해 계속 발행하지 못하다가 이것을 유감으로 생각하는 학생들이 노력 분투한 결과 제2호를 다시 발행케 되어 인쇄까지 하였었는데, 당국에서 발행 금지를 시키므로, 그 학생 중에서 당국이 심문하고 압수할 만한 문구만 삭제하여 주면 다시 발행하겠다고 한즉, 당국에서는 몽롱한 대답으로 모두 과격하니까 다시 발행하게 할 수 없다 하므로 그 학생들은 많이 노력함이 수포에 돌아감을 분개히 생각한다더라.

305. 동아일보 1923년 6월 30일

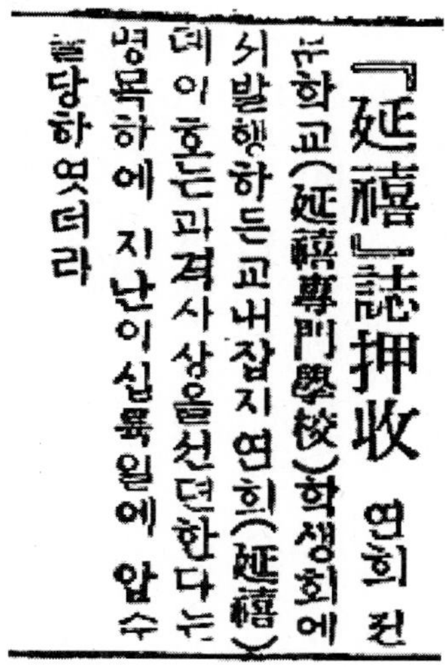

『延禧』誌押收 연희전
문학교(延禧專門學校)학생회에
서발행하든교내잡지 연희(延禧)
뎨이호는과격사상을선뎐한다는
명목하에 지난이십륙일에 압수
를당하엿더라

『연희』 지 압수

연희전문학교 학생회에서 발행하던 교내 잡지인 연희 제2호는 과격사상을 선전한다는 명목하에 지난 26일에 압수를 당하였더라.

306. 동아일보 1923년 7월 4일

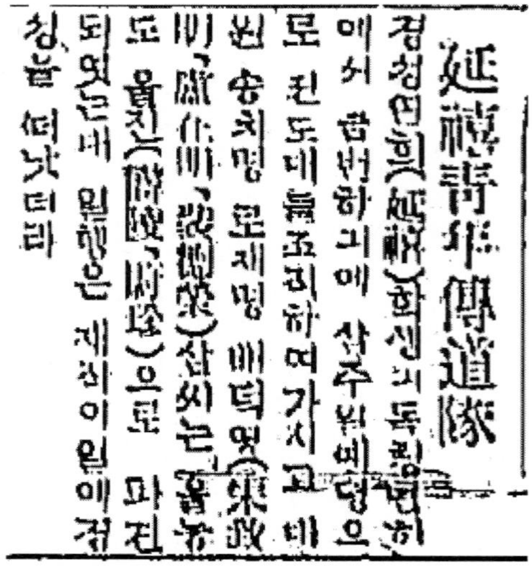

延禧靑年傳道隊

경셩연희(延禧)학생긔독쳥년회에서 금번하긔에 삼주일예뎡으로 뎐도대를조직하야가지고 대원 송치명 로재명 배덕영(宋致明、盧在明、裵德榮)삼씨는 울릉도 울진(蔚陵、蔚珍)으로 파견되엿는데 일행은 재작이일에 경셩을 떠낫더라

연희청년전도대

경성 연희(延禧) 학생 기독청년회에서 금번 하기에 3주일 예정으로 전도대를 조직하여 가지고 대원 송치명(宋致明)·노재명(盧在明)·배덕영(裵德榮) 3씨는 울릉도와 울진으로 파견되었는데 일행은 그저께 2일에 경성을 떠났더라.

307. 동아일보 1923년 7월 4일

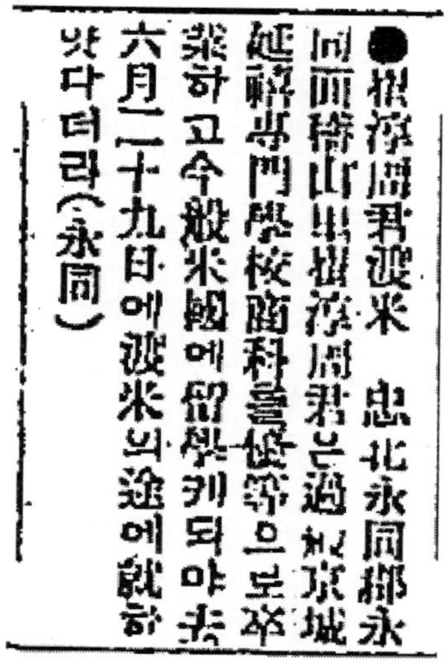

●崔淳周君渡米 忠北永同郡永同面稽山里崔淳周君은過般京城延禧專門學校商科를優等으로卒業하고今般米國에留學케되야去六月二十九日에渡米의途에就하얏다더라(永同)

최순주(崔淳周) 군 도미(渡美)

충북 영동군(永同郡) 영동면(永同面) 계산리(稽山里) 최순주 군은 지난번 경성 연희전문학교 상과를 우등으로 졸업하고 이번에 미국으로 유학케 되어 지난 6월 29일에 도미의 길로 나갔다더라. (영동)

308. 동아일보 1923년 7월 20일

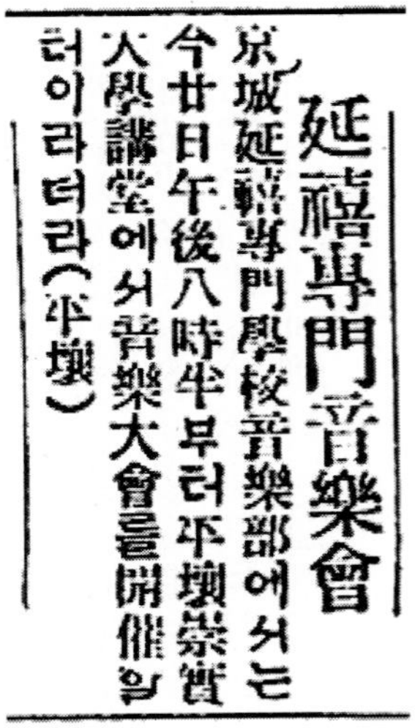

延禧專門音樂會

京城延禧專門學校音樂部에서는今廿日午後八時半부터平壤崇實大學講堂에서音樂大會를開催할터이라더라(平壤)

연희전문음악회

경성 연희전문학교 음악부에서는 오는 10일 오후 8시 반부터 평양 숭실대학강당에서 음악대회를 개최할 터이라더라. (평양)

309. 동아일보 1923년 7월 20일

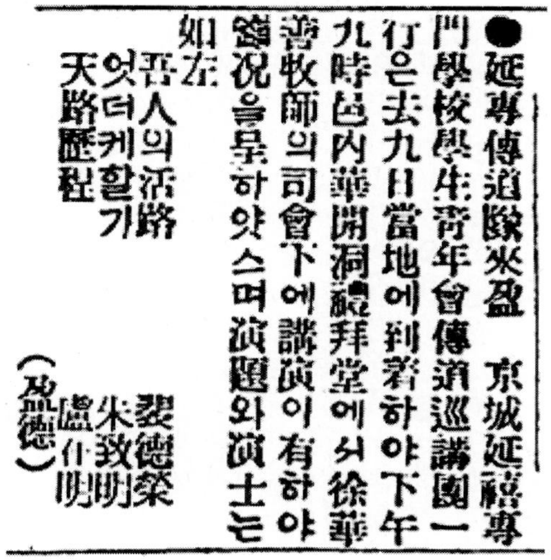

●延專傳道隊來盈 京城延禧專門學校學生靑年會傳道巡講團一行은去九日當地에到着하야下午九時邑內華開洞禮拜堂에서徐華善牧師의司會下에講演이有하야盛況을呈하얏스며演題와演士는如左

吾人의活路 裵德榮
엇더케할가 宋致明
天路歷程 盧在明
(盈德)

연전 전도대(傳道隊) 영덕 도착

경성 연희전문학교 학생청년회 전도순강단(傳道巡講團) 일행은 지난 9일 당지(當地)에 도착하여 오후 9시 읍내 화개동(華開洞) 예배당에서 서화선(徐華善) 목사의 사회하에 강연이 있어 성황을 이루었으며 연제(演題)와 연사(演士)는 아래와 같다.

오인(吾人)의 활로(活路)	배덕영(裵德榮)
어떻게 할까	송치명(宋致明)
천로역정(天路歷程)	노재명(盧在明)

(영덕)

310. 동아일보 1923년 7월 23일

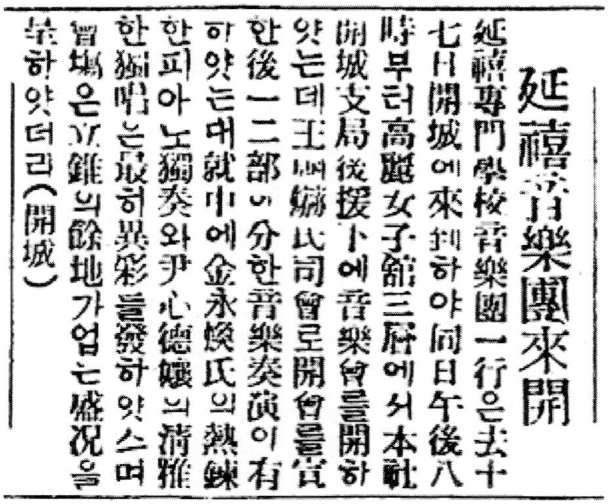

延禧音樂團來開

延禧專門學校音樂團一行은去十七日開城에來到하야同日午後八時부터高麗女子館三層에서本社開城支局後援下에音樂會를開하얏는데王照赫氏司會로開會를宣한後一二部에分한音樂奏演이有하얏는데就中에金永煥氏의熱鍊한피아노獨奏와尹心德孃의淸雅한獨唱는最히異彩를發하얏스며會場은立錐의餘地가업는盛況을呈하얏더라(開城)

연희음악단 개성 도착

연희전문학교 음악단 일행은 지난 17일 개성(開城)에 도착하여 동일(同日) 오후 8시부터 고려여자관(高麗女子館) 3층에서 본사(本社) 개성지국 후원하에서 음악회를 개최하였는데, 왕조혁(王照赫) 씨 사회로 개회를 선언한 후 1, 2부에 나누어 음악주연(音樂奏演)이 있었다. 그 가운데 특히 김영환(金永煥) 씨의 열렬한 피아노 독주와 윤심덕(尹心德)의 청아한 독창은 가장 이채를 발하였으며, 회장은 입추(立錐)의 여지가 없는 성황을 이루었다더라. (개성)

311. 조선일보 1923년 7월 25일

音樂大演奏會

京城延禧專門學校音樂團은夏期放學을利用하야音樂普及의目的과該校苦學生을同情하기爲하야平壤에來着하야平壤基督敎靑年會와平壤本報支局及東亞日報平壤支局後援으로去二十日下午八時三十分에崇實中學校講堂에서大音樂會를開催하얏는데尹心德孃尹基誠君의獨唱와金永煥君의피아노소리는數百餘名聽衆의再三次演奏請求하는拍手聲은堂內가震動하얏는데同十一時半에閉會하얏다더라(平壤)

음악 대연주회

경성 연희전문학교 음악단은 하기 방학을 이용하여 음악 보급의 목적과 연전 고학생을 동정하기 위하여 평양에 내착(來着)하여 평양기독교청년회(平壤基督教青年會)와 평양 본보지국, 동아일보(東亞日報) 평양지국 후원으로 지난 20일 오후 8시 30분에 숭실중학교 강당에서 대음악회를 개최하였는데, 윤심덕(尹心德) 양 · 윤기성(尹基誠) 군의 독창(獨唱)과 김영환(金永煥) 군의 피아노 소리는 수백여 명 청중이 재차, 삼차 연주를 청구(請求)하는 박수소리에 당내가 진동하였는데, 같은 날 11시 반에 폐회하였다더라. (평양)

312. 매일신보 1923년 7월 27일

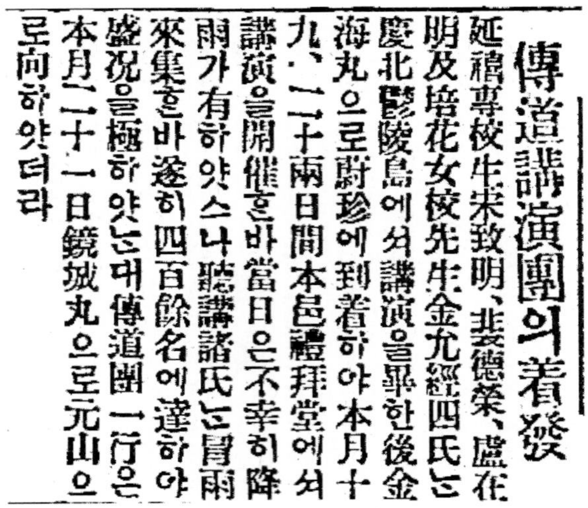

傳道講演團의着發

延禧專校生宋致明、裵德榮、盧在明及培花女校先生金允經四氏는慶北鬱陵島에셔講演을畢한後金海丸으로蔚珍에到着하야本月十九、二十兩日間本邑禮拜堂에셔講演을開催한바當日은不幸히降雨가有하얏스나聽講諸氏는冒雨來集한바遂히四百餘名에達하야盛況을極하얏는대傳道團一行은本月二十一日鏡城丸으로元山으로向하얏더라

전도 강연단의 착발(着發)

연희전교(延禧專校) 학생 송치명(宋致明), 배덕영(裵德榮), 노재명(盧在明) 및 배화여교 선생 김윤경(金允經) 4씨는 경북 울릉도에서 강연을 마친 후, 김해호(金海丸)로 울진(蔚珍)에 도착하여 이번 달 19, 20 양일간 본 읍 예배당에서 강연을 개최한 바, 당일은 불행히 강우(降雨)가 있었으나 청강 제씨는 비에도 불구하고 내집(來集)한 바, 거의 4백여 명에 달하여 성황을 이루었는데, 전도단 일행은 본월 20일 경성호(鏡城丸)로 원산으로 향하였더라.

313. 동아일보 1923년 8월 2일

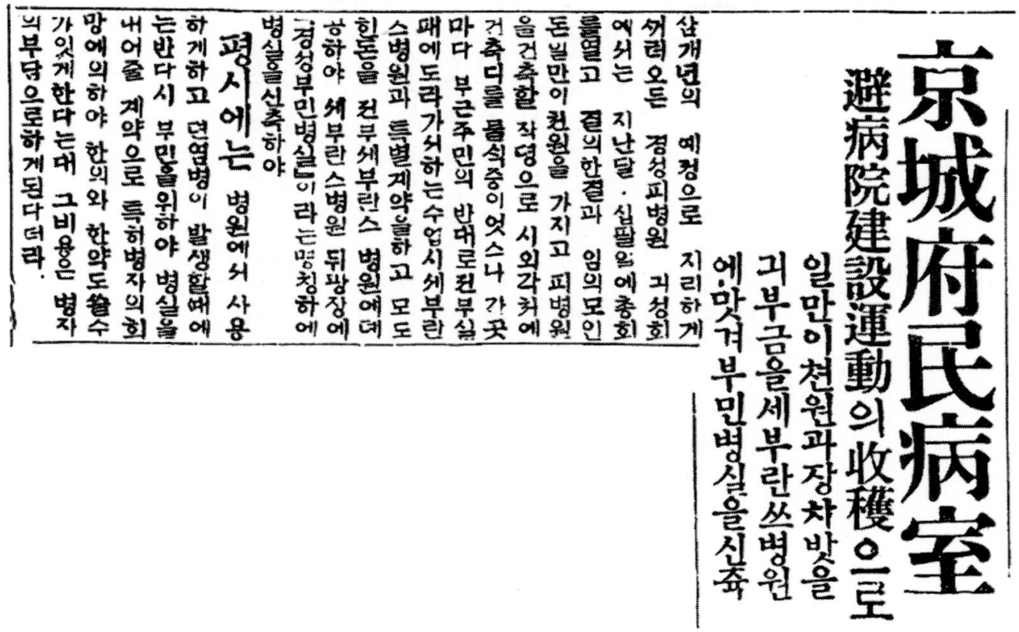

京城府民病室

避病院建設運動의收穫으로

일만이천원과장차밧을 긔부금을세부란쓰병원에맛겨부민병실을신축

삼개년의 예뎡으로 지리하게 쓰러오든 경성피병원 긔성회에서는 지난달 십팔일에 총회를열고 결의한결과 임의모인 돈일만이천원을 가지고 피병원을건축할 작뎡으로 시외각처에 건축디를 물색중이엇스나 간곳마다 부근주민의 반대로전부실패에도라가서하는수업시세부란스병원과 특별계약을하고 모도힌돈을 전부세부란스 병원에대부하야 세부란스병원 뒤광장에 「경성부민병실」이라는명칭하에 병실을신축하야

평시에는 병원에서 사용하게하고 뎐염병이 발생할때에는반다시 부민을위하야 병실을 내어줄 계약으로 특히병자의희망에의하야 한의와 한약도쓸수가잇게한다는대 그비용은 병자의부담으로하게된다더라

경성 부민(府民) 병실

피병원(避病院) 건설운동의 수확으로

1만 2천 원과 장차 받을 기부금을 세브란스병원에 맡겨 부민병실을 신축

3개년 예정으로 지루하게 끌어오던 경성피병원 기성회에서는 지난달 18일에 총회를 열고 결의한 결과, 이미 모인 돈 1만 2천 원을 가지고 피병원을 건축할 작정으로 시외 각처에 건축지를 물색 중이었으나, 간 곳마다 부근 주민의 반대로 전부 실패에 돌아가서 하는 수 없이 세브란스병원과 특별 계약을 하고 모인 돈을 전부 세브란스병원에 대여하여 세브란스병원 뒤 광장에 경성부민병실이라는 명칭하에 병실을 신축하여, 평시에는 병원에서 사용하게 하고, 전염병이 발생할 때에는 반드시 부민을 위하여 병실을 내어줄 계약으로, 특히 병자의 희망에 의하여 한의와 한약도 쓸 수가 있게 한다는데, 그 비용은 병자의 부담으로 하게 된다더라.

314. 조선일보 1923년 8월 20일

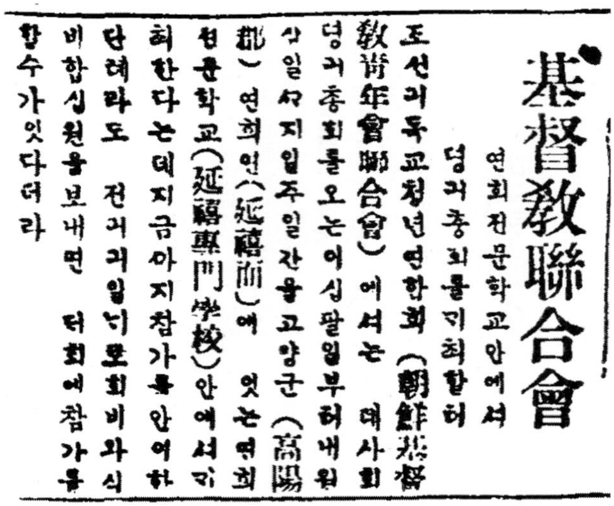

基督敎聯合會

연희전문학교안에서
뎡긔총회를개최할터
조선긔독교청년연합회(朝鮮基督敎靑年會聯合會)에서는 뎨사회뎡긔총회를오는이십팔일부터내월삼일ᄭᆞ지일주일간을고양군(高陽郡)연희면(延禧面)에 잇는연희뎐문학교(延禧專門學校)안에서개최한다는데지금ᄭᅡ지참가를안이하단톄라도 뎐긔긔일닉로회비와식비합십원을보내면 대회에참가를할수가잇다더라

기독교연합회

연희전문학교 안에서 정기총회를 개최할 터

조선기독교청년연합회에서는 제4회 정기총회를 오는 28일부터 내월 3일까지 일주일간을 고양군(高陽郡) 연희면(延禧面)에 있는 연희전문학교 안에서 개최한다는데, 지금까지 참가를 아니한 단체라도 전기 기일 내로 회비와 식비 합 10원을 보내면 대회에 참가를 할 수가 있다더라.

315. 조선일보 1923년 9월 30일

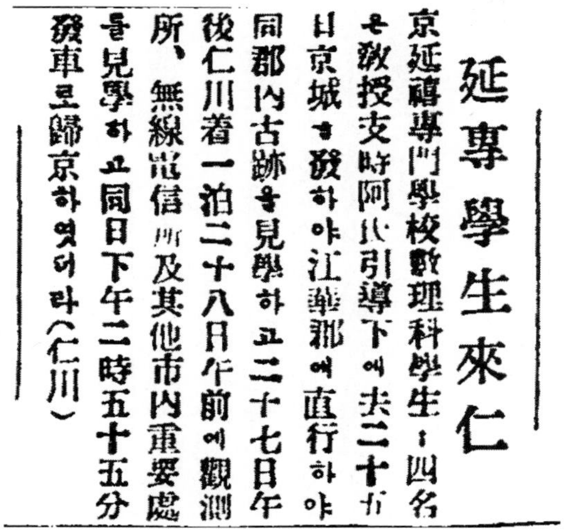

延專學生來仁

京延禧專門學校數理科學生ㅣ四名은敎授皮時阿氏引導下에去二十日京城을發하야江華郡에直行하야同郡內古跡을見學하고二十七日午後仁川着一泊二十八日午前에觀測所、無線電信所及其他市內重要處를見學하고同日下午二時五十五分發車로歸京하엿더라(仁川)

연전학생 래인(來仁)

경성 연희전문학교 수리과(數理科) 학생 4명은 교수 피셔(Fisher, 皮時阿) 씨 인도하에 지난 20일 경성을 출발하여 강화군에 직행하여 동군 내 고적을 견학하고, 27일 오후 인천을 떠나 1박, 28일 오전에 관측소, 무선전화소와 기타 시내 중요처를 견학하고 동일 오후 2시 55분 차로 귀경하였더라. (인천)

316. 동아일보 1923년 10월 2일

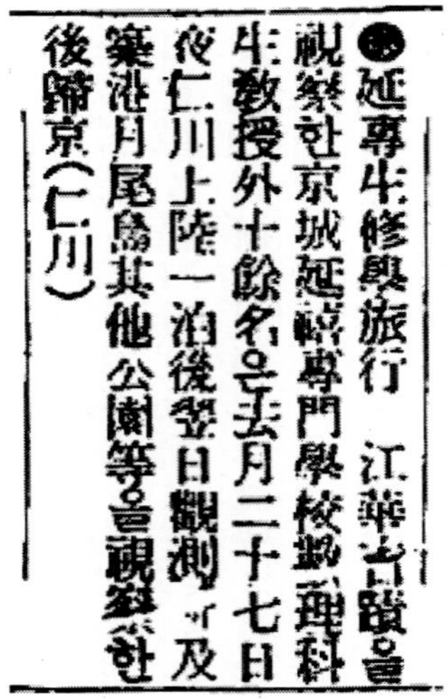

●延專生修學旅行 江華古蹟을視察한京城延禧專門學校數理科生敎授外十餘名은去月二十七日夜仁川上陸一泊後翌日觀測所及築港月尾島其他公園等을視察한後歸京(仁川)

연전생 수학여행

강화도 고적을 시찰한 경성 연희전문학교 수리과생(數理科生) 교수 외 십여 명은 지난 27일 밤에 인천에 상륙, 1박 후 다음날 관측소, 축항(築港), 월미도(月尾島), 기타 공원 등을 시찰한 후 귀경. (인천)

317. 동아일보 1923년 10월 7일

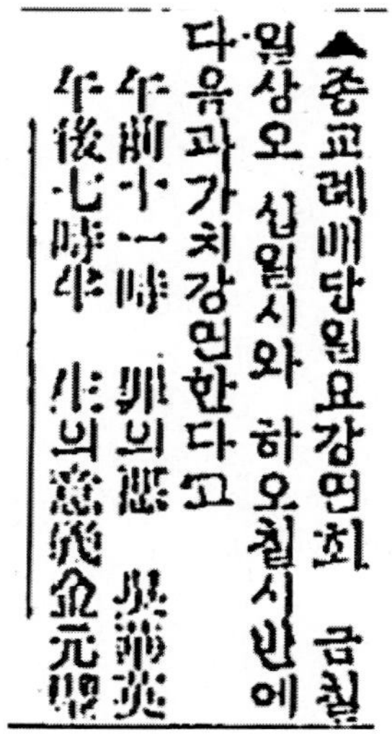

▲종교례배당일요강연회 금칠일상오 십일시와 하오칠시반에 다음과가치강연한다고

午前十一時 罪의惡 吳華英

午後七時半 生의意義 金元璧

모임

종교예배당 일요강연회

오늘 7일 오전 11시와 오후 7시 반에 다음과 같이 강연한다고.

오전 11시　　죄(罪)의 악(惡)　　오화영(吳華英)

오후 7시 반　생(生)의 의의(意義)　김원벽(金元璧)

318. 동아일보 1923년 10월 8일

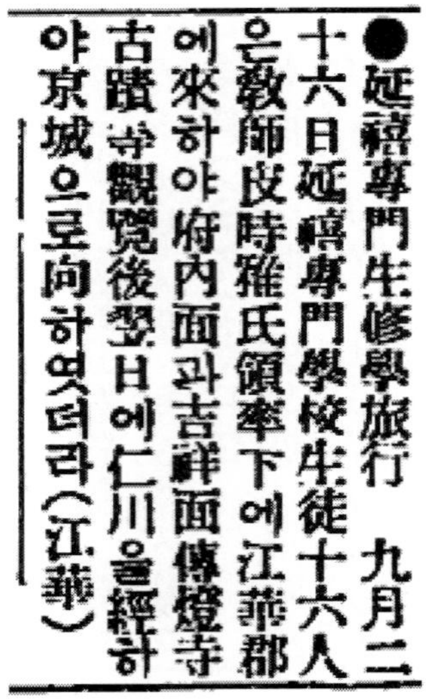

●延禧專門生修學旅行 九月二十六日延禧專門學校生徒十六人은教師皮時雅氏領率下에江華郡에來하야府內面과吉祥面傳燈寺古蹟等觀覽後翌日에仁川을經하야京城으로向하엿더라(江華)

연희전문생 수학여행

9월 26일 연희전문학교 생도 16인은 교사 피셔(皮時雅) 씨의 영솔(領率)하에 강화군에 와서 부내면(府內面)과 길상면(吉祥面) 전등사(傳燈寺) 고적 등을 관람 후 다음날 인천을 경유하여 경성으로 향하였더라. (강화)

319. 조선일보 1923년 10월 24일

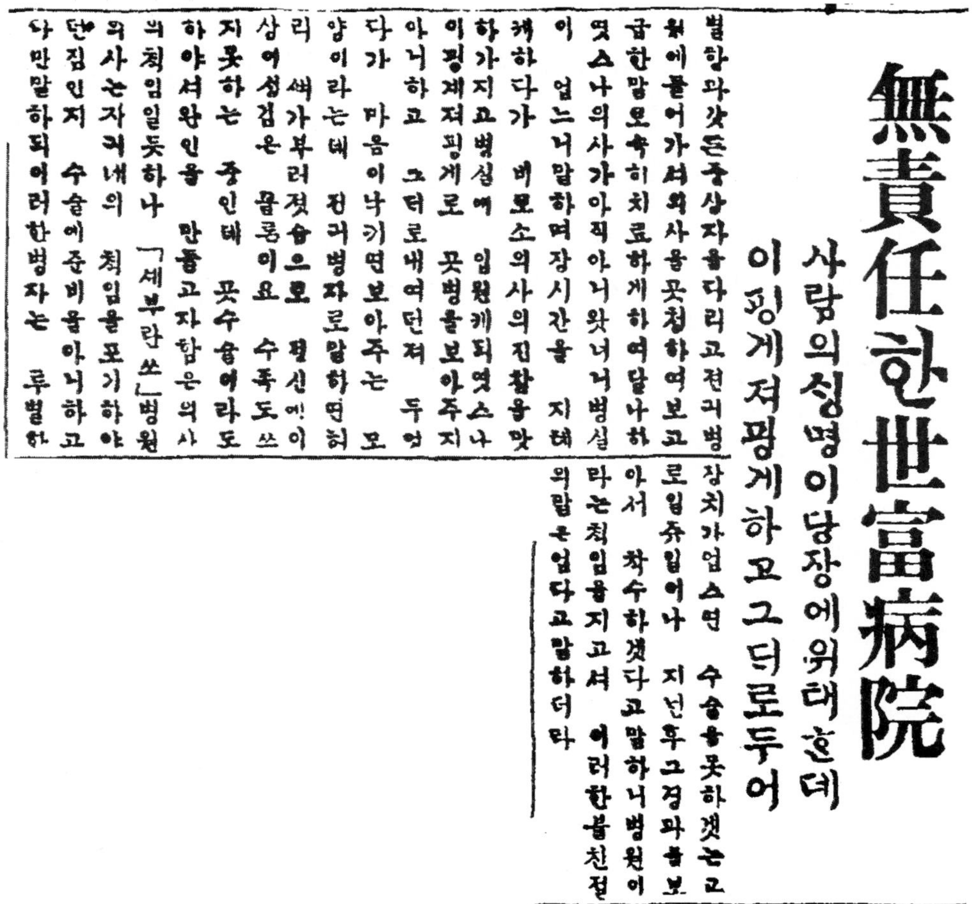

無責任한世富病院

사람의생명이당장에위태한데

이핑계저핑계하고그뒤로두어

별항과갓흔중상자를다리고전긔병원에들어가서의사를곳청하여보고급한말로속히치료하게하여달나하엿스나의사가아직아니왓너니병실이 업느니말하며장시간을 지태케하다가 비로소의사의진찰을맛하가지고병실에 입원케되엿스나이핑계저핑계로 곳병을보아주지아니하고 그터로내여던져 두엇다가 마음이나키면보아주는 모양이라는데 전긔병자로말하면리 쌔가부러젓슴으로 정신에이상이성김은 물론이요 수족도쓰지못하는 중인데 곳수술이라도하야서완인을 만들고자함은의사의칙임일듯하나 「세부란쓰」병원의사는자긔네의 칙임을포기하야단집인지 수술에준비를아니하고다만말하되이러한병자는 특별히장치가업스면 수술을못하겟는고로입쥬입이나 지난후그경과를보아서 착수하겟다고말하니병원이라는칙임을지고서 이러한불친절의말은업다고말하더라

무책임한 세브란스병원

사람의 생명이 당장에 위태한데

이 핑계 저 핑계 하고 그대로 두어

별항과 같은 중상자를 데리고 전기 병원에 들어가서 의사를 곧 청하여 보고 급한 말로 속히 치료하게 하여 달라 하였으나, 의사가 아직 아니 왔느니, 병실이 없느니, 말하며 장시간을 지탱케 하다가 비로소 의사의 진찰을 받아서 병실에 입원케 되었으나, 이 핑계 저

핑계로 곧 병을 보아주지 아니하고 그대로 내던져 두었다가 마음이 내키면 보아주는 모양이라는데, 전기 병자로 말하면 허리뼈가 부러졌으므로 전신에 이상에 생김은 물론이요 수족도 쓰지 못하는 중인데, 곧 수술이라도 해서 병을 낫게 하는 것은 의사의 책임인 듯 하나, 세브란스병원 의사는 자기네의 책임을 포기하는 것인지 수술 준비를 아니하고 다만 말하되, 이러한 병자는 특별한 장치가 없으면 수술을 못하겠는 고로 일주일이나 지난 후 그 경과를 보아서 착수하겠다고 말하니, 병원이라는 책임을 지고서 이러한 불친절의 말은 없다고 말하더라.

320. 매일신보 1923년 11월 2일

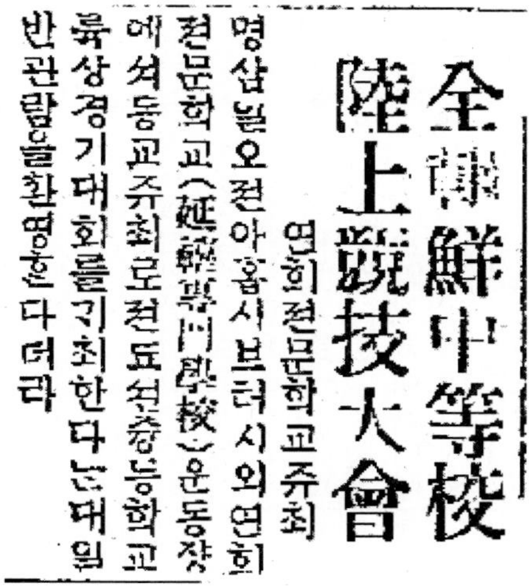

全朝鮮中等校 陸上競技大會

연희젼문학교주최

명삼일오젼아홉시브터시외연희젼문학교(延禧專門學校)운동장에셔동교주최로젼됴션즁등학교륙상경기대회를기최한다는대일반관람을환영훈다더라

전조선중등교(全朝鮮中等校) 육상경기대회

연희전문학교 주최

내일 13일 오전 9시부터 시외 연희전문학교 운동장에서 동교 주최로 전조선중등학교 육상경기대회를 개최한다는데 일반 관람을 환영한다더라.

全鮮中等學校 陸上競技大會

人氣沸騰中에期日臨迫

참가단톄가여덟학교

명삼일에『연희전문학교』주최와본사 후원으로 그학교운동장에서대규모로톄일회전조선중등학교륙상경기대회(第一回全朝鮮中等學校 陸上競技大會)를개최한다함은긔보와갓거니와이에대한 각학교의인긔는 의외에비동하야 임이참가한단톄가 여덟단톄에 이르럿는대 그단톄의일홈은다음과갓더라

▲養正高普▲培材高普▲中央高普▲松都高普▲協成學校▲靑年會學館▲公州永明學校▲儆新學校

金品寄附踏至

개인과단톄로서

이륙상경기대회에 대하야 일반사회에찬성이다대한바작일월오후두시까지 좌긔와가치 각단톄와 여러인사로부터 금품의긔부가 만히 드러왓더라

京城紡績株式會社廣木一疋▲京城織紐會社 京城木六疋及고무신五足 ▲漢城圖書會社書籍三十冊及萬年筆一個▲三光堂運動具金七圓

個人의贊成金

尹致昊五十圓▲李愚璿閔載楨金舜漢李鍾禹兪萬兼尹致暎各五圓式▲李大偉三圓▲具滋洙李謙求李建春各一圓式

전선중등학교
육상경기대회
인기 비등(沸騰) 중에 기일 임박

참가 단체가 여덟 학교

오는 3일이 연희전문학교 주최와 본사(동아일보) 후원으로 그 학교 운동장에서 대규모로 제1회 전조선중등학교 육상경기대회를 개최한다 함은 기보와 같거니와, 이에 대한 각 학교의 인기는 의외에 비등하여 이미 참가한 단체가 8단체에 이르렀는데 그 단체의 이름은 다음과 같더라.

▲양정고보 ▲배재고보 ▲중앙고보 ▲송도고보 ▲협성학교 ▲청년회학관 ▲공주영명학교 ▲경신학교

금품기부 답지
개인과 단체로서

이 육상경기대회에 대하여 일반 사회에 찬성이 다대한바 어제 오후 2시까지 아래와 같이 각 단체와 여러 인사로부터 금품의 기부가 많이 들어왔더라.

▲경성방직주식회사 광목 1필 ▲경성섬유회사 경성목(京城木) 6필 및 고무신 5족 ▲한성도서회사 서적 30책 및 만년필 1개 ▲삼광당 운동구 금 7원 ▲개인 찬성금 윤치호(尹致昊) 50원 ▲이우선(李愚璿), 민재식(閔載植), 김순한(金舜漢), 이종우(李鍾禹), 유만겸(俞萬兼), 윤치영(尹致暎) 각 5원 씩 ▲이대위(李大偉) 3원 ▲구자옥(具滋玉), 이겸구(李謙求), 이건춘(李建春) 각 1원 씩

天馬騰空의 氣勢로

盛況中에 進行된 陸上競技

쎅히 고샐한여덜중등학교의 건장한선수 륙상경기의패권을다토는벼렬데의 경쟁

근래에 처음 열린 연희전문학교주최(延禧專門學校主催) 본사 후원의 전조선중등학교련합경기대회(全朝鮮中等學校聯合競技大會)는 예뎡과 가치 작일 오전아홉시부터 연희학교운동장에서 열리엇다 효창원과 와 산뜻산뜻한 느진가을 바람은 용장한선수의 긔운을 때 욱씩씩하게하엿다 의풍당당하게 각학교선수가 교긔를압세이고 입장하자 정제히 렬립하야 개회식(開會式)을거행하는대

연희전문 학교당어비신(魚丕信)박사는 「아모리 지육(智育)과덕육(德育)을 잘하엿서도 톄육(體育)을잘하지못하면그사람의건강을발휘할수업슴으로 톄육의필요한것이라 전조선중등학교가한자리에모히어함께즐겁게경기하게됨을 깃버한다」는 말로축사를베푸러식을맛치고유장한군악소래가이러나며먼저오십야드(五十碼)의예선경주가시작되니각학교생도의박수소래가 우뢰가치이러난다 자긔학교의명예를 등에진선수들의 힘을다하야 달리는모양은 나는듯하다 이가 나라남뜻각학교 응원의박수는 여름하늘의우리가치요란하다 뎨일회예선전에는 이동하자 을앗는대

五十碼豫選

一回一等李鍾元(養正)二回一等張儀植(培材)三回一等朴駿榮(養正)四回一等成龍燮(培材)五回一等李寬承(養正)六回一等李鴻榮(松高)

록회로써 일회예선전을 맛치고 이회 예선전으로 드러가서 一回一等金允基(中央)二回一等朴駿榮(養正)三回一等李寬承(養正)

이로써 오십야드의예선전을맛치엇다

八百八十碼豫選

이어서 팔백팔십야드 경주의예선전을 시작하야 격렬한경쟁을 한결과

朴鵬昌(松高)金贊默(永明)金東根(培材)朴允昌(養正)金東根(培材)秦審(培材)崔濟昌(松高)

二百二十碼豫選

그다음 이백이십야드 뎨일회예선전의 성적은

一回一等盧炳鎭(養正)二回一等林聲玉(松高)三回一等朴駿榮(養正)四回一等劉龍相(松高)五回一等李寬承(養正)六回一等秦審(培材)

四百四十碼豫選

그다음 사백사십야드 뎨일회예선전의 성적은

一回一等崔國烈(養正)二回一等金東根(培材)三回一等李輔永(養正)

半마일豫選

반마일「리레」뎨일회예선전의성적은

一回一等李鍾元(養正)二回一等除斗熙(松高)

二百二十碼豫選

그다음 이백이십야드 뎨이회예선전성적은

一回一等林聲來(松高)二回一等李相根(松高)三回一等劉龍相(松高)

豫選終結

오후는결승

이로써 오전중의 예선전을맛치고잠간 점심을치르고 오후에결승전을하게되엿다

五十碼一等은

養正의李鍾元君

점심후에는 모다 긴장된심리로 돌저오십야드결승전을하게되나 장내공긔는 매우 긴장하엿다이 번이결승전 이라고 선수의의긔와응원의 소래가 격렬하나는중에최후결승전성적은

一等李鍾元(養正)二等金允基(中央高普)三等朴駿榮(養正)

이리하야 오십야드경주의 월등은 양정고등보통학교가 차지하엿다

人氣가集中된

오마일마라손경주

일등은송고의강군

오후두시삼십분에 떠나 운동장에서 광화진(光化津)까지 가는 오마일마라손경주는 이운동회에 뎨일일반의흥미를 끄는것이라 일천의목청을따라 용장하게떠난 십여명선수는 풍우가치 떠낫다 일분일초지나감을 따라 장내의관중은 가슴을 조리엇다 두시오십분이되자 장내가 떠나가는환호소래가 울리며 송도고등보통학교 선수 장찬격(張燦格)군이 뎨일착으로드려오니갈채가 더욱격렬하다 둘재로배재고등보통학교 선수 김명락(金明洛)군이 드려오고 셋재로양정고등보통학교 선수 최경락(崔慶洛)군이 드려왓는대 각선수의 오마일경주에 허비한시간은 아래와갓다

張燦格君(二時五十二分着三十五分費)金明洛(二時五十二分十五秒着三十五分十五秒費)崔慶洛君(二時五十二分十七秒着三十五分十七秒費)

觀客雲集

무려오륙천명

관객은 오전에는 천후관계로좀 덩청하엿스나 시외와 교통불편한때이것만 오후에는 관중이며 북느레 무려오륙천명이나 되여 대성황을 이루엇더라

천마가 하늘을 오르는 기세로 뽑히고 뽑힌
여덟 중등학교의 건장한 선수
육상경기의 패권을 다투는 백열적 경쟁

성황 중에 진행된 육상경기

근래에 처음 열린 연희전문학교 주최, 본사 후원의 전조선중등학교 연합경기대회는 예정과 같이 어제 오전 9시부터 연희학교 운동장에서 열렸다. 흐린 일기와 산뜻한 늦가을 바람은 날쌔고 씩씩한 선수의 기운을 더욱 청신하게 하였다. 위풍당당하게 각 학교 선수가 교기를 앞세우고 입장하자 일제히 줄지어 서서 개회식을 거행하였는데, 연희전문학교장 에비슨 박사는 '아무리 지육(智育)과 덕육(德育)을 잘하였어도 체육을 잘하지 못하면 그 사람의 천품을 잘 발휘할 수 없으므로 체육이 절대적으로 필요한 것과, 전조선중등학교가 한 자리에 모여 함께 즐겁게 경기하게 됨을 기뻐한다'는 말로 축사를 베풀어 식을 마치고, 웅장한 군악소리가 일며 먼저 50야드 예선경주가 시작되니 각 학교 생도의 박수소리가 우레같이 일어났다. 자기 학교의 명예를 등에 진 선수들의 힘을 다하여 달리는 모양은 나는 호랑이가 나타나는 듯, 각 학교 응원의 박수는 여름 하늘의 우레같이 요란하다. 제1회 예선전에는 2등까지 뽑았는데

50야드 예선

1회 1등 이종원(李鍾元, 양정), 2회 1등 장의식(張儀植, 배재), 3회 1등 박해영(朴駭榮, 양정), 4회 1등 함용화(咸龍華, 배재), 5회 1등 이관승(李寬承, 양정), 6회 1등 이연업(李連業, 송고)

6회로써 1회 예선전을 마치고 2회 예선전으로 들어가서

1회 1등 김윤기(金允基, 중앙), 2회 1등 박준영(朴駿榮, 양정), 3회 1등 이관승(李寬承, 양정)

이로써 50야드의 예선전을 마치었다.

880야드 예선

이어서 880야드 경주의 예선전을 시작하여 격렬한 경쟁을 한 결과

박순창(朴順昌, 송고), 김현묵(金賢默, 영명), 김동근(金東根, 배재), 박윤창(朴允昌, 양

정), 김동근(金東根, 배재), 진번(秦蕃, 배재), 최제창(崔濟昌, 송고)

220야드 예선

그다음 220야드 제1회 예선전의 성적은

1회 1등 노병운(盧炳雲, 양정), 2회 1등 임형규(林瀅圭, 송고), 3회 1등 박준영(양정), 4회 1등 유건상(劉健相, 송고), 5회 1등 이관승(양정), 6회 1등 진번(배재)

440야드 예선

그 다음 440야드 제1회 예선전의 성적은

1회 1등 최종렬(崔鍾烈, 양정), 2회 1등 김동근(배재), 3회 1등 차보영(車輔永, 양정)

반마일 예선

반마일 릴레이 제1회 예선전의 성적은

1회 1등 이종원(李鍾元, 양정), 2회 1등 음두희(陰斗熙, 송고)

220야드 예선

그다음 220야드 제2회 예선전 성적은

1회 1등 임형래(林瀅來, 송고), 2회 1등 이상림(李相淋, 송고), 3회 1등 유건상(劉健相, 송고)

예선종료

오후는 결승

이로써 오전중의 예선전을 마치고 잠깐 점심을 치르고 오후에 결승전을 하게 되었다.

50야드 1등은 양정의 이종원군

점심 후에는 모두 긴장된 심리로 먼저 50야드 결승전을 하게 되니 장내 공기는 더욱 긴장하였다. 이번이 결승전이라고 선수의 의기와 응원의 소리가 격렬히 나는 와중에 최후 결승전 성적은 1등 이종원(양정), 2등 김윤기(중앙고보), 3등 박준영(양정). 이리하여 50야드 경주의 1등은 양정고등보통학교가 차지하였다.

인기가 집중된 5마일 마라톤 경주
1등은 송고의 강군

오후 2시 17분에 떠나 운동장에서 양화진까지 가는 5마일 마라톤 경주는 이 운동회에 제일 일반의 흥미를 끄는 것이라, 한 차례의 폭성을 따라 용맹하게 떠난 10여 명 선수는 비바람같이 떠났다. 1분 1초가 지나감에 따라 장내의 관중은 가슴을 졸였다. 2시 50분이 되자 장내가 떠나가는 환호소리가 들리며 송도고등보통학교 선수 강찬격(姜燦格) 군이 첫 번째로 들어오니 갈채가 더욱 격렬하다. 둘째로 배재고등보통학교 선수 김형락(金炯洛) 군이 들어오고, 셋째로 양정고등보통학교 선수 최경락(崔慶洛) 군이 들어왔는데 각 선수의 5마일 경주에 허비한 시간은 아래와 같다.

강찬격 군 2시 52분 착, 35분 소요

김형락 군 2시 52분 15초 착, 35분 15초 소요

최경락 군 2시 52분 17초 착, 35분 17초 소요

관객 운집
무려 5, 6천 명

관객은 오전에는 날씨 관계로 좀 듬성하였으나 시외에 교통이 불편한 땅이건만 오후에는 관중이 더욱 늘어 무려 5, 6천 명이나 되어 대성황을 이루었더라.

323. 조선일보 1923년 11월 5일

林炳赫君渡米

류학하기위하야

고양군(高陽郡)한지면(漢芝面)한강리(漢江里)림익상(林翊相)씨의삼남림병혁(林炳赫二二)군은금년봄에연희뎐문학교(延禧專門學校)상과(商科)를 우등으로졸업하고경제학을 충분히 연구하고자미국뉴육대학(紐育大學)경제과에입학하기위하야 오는칠일오전열시에남대문역을출발하야 미국으로향한다더라

임병혁(林炳赫) 군 도미(渡美)

유학하기 위하여

고양군(高陽郡) 한지면(漢芝面) 한강리(漢江里) 임익상(林翊相) 씨의 3남 임병혁(林炳赫, 22) 군은 금년 봄에 연희전문학교 상과를 우등으로 졸업하고 경제학을 충분히 연구하고자 미국 뉴욕대학 경제과에 입학하기 위하여 오는 7일 오전 10시에 남대문역을 출발하여 미국으로 향한다더라.

324. 동아일보 1923년 11월 11일

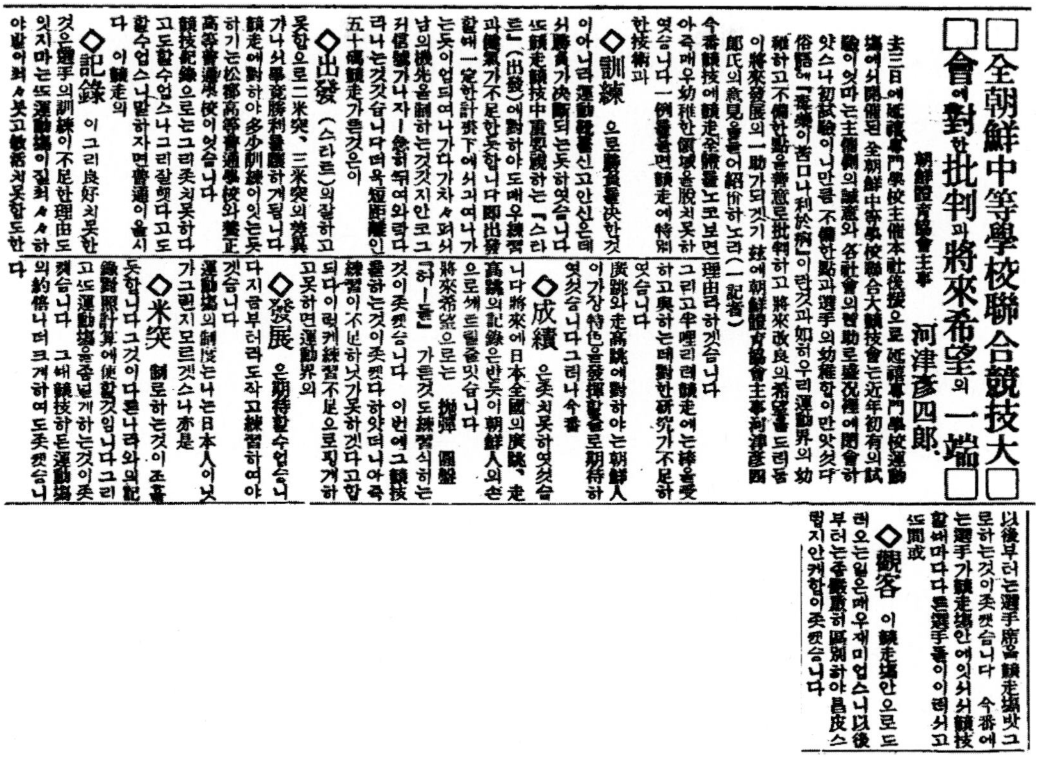

□全朝鮮中等學校聯合競技大□
□會에對한批判과將來希望의一端□

朝鮮體育協會主事 河津彦四郎

去三日에延禧專門學校主催本社後援으로延禧專門學校運動場에서開催된全朝鮮中等學校聯合大競技會는近年初有의試驗이엇다主催側의誠意와各社會의賛助로盛況裡에開會하얏스나初試驗이니만큼不備한點과選手의幼稚함이만앗섯다俗語에「藥이苦口나利於病」이란것과如히우리運動界의幼稚하고不備한點을善意로批判하고將來改良의希望을드림은將來發展의一助가되것기玆에朝鮮體育協會主事河津彦四郎氏의意見을들어紹介하노라(一記者)

전조선중등학교 연합경기대회에 대한 비판과 장래 희망의 일단

조선체육협회 주사 하진언사랑(河津彦四郎)

지난 3일에 연희전문학교 주최 본사 후원으로 연희전문학교 운동장에서 개최된 전조선 중등학교 연합대경기회는 근년 초유의 시험이었다. 주최 측의 성의와 각 사회의 찬조로 성황리에 개회하였으나, 첫 시험이니만큼 불비한 점과 선수의 유치함이 많았었다. 속담에 『독약이 쓰나 병에 이롭다』란 것과 같이, 우리 운동계의 유치하고 불비한 점을 선의로 비판하고 장래 개량의 희망을 들어둠이 장래 발전에 도움이 되겠기에 여기에 조선체육협회 주사 하진언사랑 씨의 의견을 들어 소개하노라. (기자)

이번 경기에 경주 전체를 놓고 보면 아직 매우 유치한 상태를 벗어나지 못하였습니다. 예를 들면, 경주에 특별한 기술과 훈련으로 승리를 거둔 것이 아니라, 운동화를 신고 안 신은 데서 승부가 결정되는 듯하였습니다. 또 경주 경기 중 중요시하는 스타트(출발)에 대해서도 매우 연습과 건기(健氣)가 부족한 듯합니다. 즉 출발할 때 이러한 계획하에서 기어나가듯이 엎드려 나가다가 차차 펴서 남의 기선을 제압하는 것 같지 않고, 그저 신호가 나자 급히 뛰어 달아나는 것 같습니다. 더욱 단거리인 50야드 경주 같은 것이 출발(스타트)의 잘하고 못함으로 2미터, 3미터의 차이가 나서 필경 승리를 결정하게 됩니다. 경주에 대해 다소 훈련이 있는 듯하기는 송도고등보통학교와 양정고등보통학교였습니다.

경기 기록으로는 그리 좋지 못하다고 할 수 없으나, 그리 잘했다고도 할 수 없으니 말하자면 보통이올시다. 이 경주의 기록이 그리 양호치 못한 것은 선수의 훈련이 부족한 이유도 있지만은 운동장이 질척질척하여 발이 척척 붙고 민첩치 못함도 한 이유라 하겠습니다.

그리고 반마일 릴레이 경주에는 봉을 받고 주는 데 대한 연구가 부족하였습니다.

멀리뛰기와 높이뛰기에 대해서는 조선인이 가장 특색을 발휘할 줄로 기대하였습니다. 그러나 이번 성적은 좋지 못하였습니다. 장래에 일본 전국의 멀리뛰기, 높이뛰기의 기록은 반드시 조선인의 손으로 깨트릴 줄 믿습니다.

장래 희망으로는 투포환, 원반, 허들 같은 것도 연습시키는 것이 좋겠습니다. 이번에 그 경기를 하는 것이 좋겠다 하였더니 아직 연습이 부족하여 못하겠다고 합디다. 이렇게 연습 부족으로 핑계하고 못하면 운동계의 발전은 기대할 수 없습니다. 지금부터라도 자꾸 연습하여야겠습니다. 운동장의 제도는 나는 일본인이니까 그런지 모르겠으나, 역시 미터제로 하는 것이 좋을 듯합니다. 그것이 다른 나라와의 기록 대조 계산에 편할 것입니다. 그리고 또 운동장을 좀 넓게 하는 것이 좋겠습니다. 그때 경기하던 운동장의 약 배나 더 크게 하여도 좋겠습니다.

이후부터는 선수석을 경주장 밖으로 하는 것이 좋겠습니다. 금번에는 선수가 경주장 안에 있어서 경기할 때마다 다른 선수들이 일어서고 또 간혹 관객이 경주장 안으로 들어오는 일은 매우 재미없으니, 이후부터는 좀 엄중히 구별하여 창피스럽지 않게 하는 것이 좋겠습니다.

325. 동아일보 1923년 11월 21일

▲延禧（延禧專門學校學生會發行第二號）此誌는朝鮮學界有數한延禧專門學校學生과校友의손으로編輯發行하는것이라卷頭『文學이란무엇인가』로부터『青年과宗教』까지는모다注目할文字인바恰히一定한計畫下에現下青年의進路를提示코자애쓴듯하고『外人이觀한『朝鮮의將來』도一讀할價値가잇스며詩小說外文藝作品이滿載하엿는대就中『野花의설음』『故國의一淚』等은朝鮮青年의견되기어려운過渡期의悲哀를그리어哀愁의情緒가紙上에躍如한다　끗흐로는哲學博士李灌鎔氏의『永遠神聖한發展』이란感想文이잇다（總發賣所京城府堅志洞三二漢城圖書會社定價郵稅並五十二錢）

『연희(延禧)』(연희전문학교 학생회 발행 제2호)

이 잡지는 조선학계 유수(有數)한 연희전문학교 학생과 교우의 손으로 편집, 발행하는 것이라. 권두(卷頭) 『문학이란 무엇인가』로부터, 『청년과 종교』까지 모두 주목할 문자인 바, 흡사 일정한 계획하에 현하(現下) 청년의 진로를 제시코자 애쓴 듯하고, 외인(外人)이 본 『조선의 장래』도 일독(一讀)할 가치가 있으며, 시 · 소설 외 문예 작품이 만재(滿載)하였는데, 그중 『야화(野花)의 설움』, 『고국(故國)의 일 루(淚)』 등은 조선 청년의 견디기 어려운 과거기(過渡期)의 비애를 그리어 애수의 정서가 지상(紙上)에 생생하게 나타나 있다. 끝으로 철학박사 이관용(李灌鎔) 씨의 『영원 신성(神聖)한 발전』이란 감상문이 있다.

(총발매소 경성부 견지동 32 한성도서회사. 정가 우편요금 포함 52전)

326. 동아일보 1924년 1월 27일

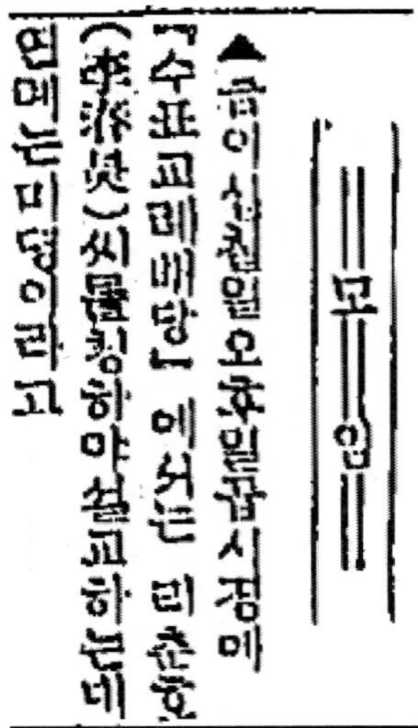

모임

▲금이십칠일오후일곱시경에「수표교례배당」에서는 리춘호(李春昊)씨를청하야설교하는데 연뎨는미뎡이라고

모임

오늘 27일 오후 7시경에 수표교 예배당에서는 이춘호(李春昊) 씨를 청하여 설교하는데 연제는 미정이라고.

327. 매일신보 1924년 2월 4일

各校入學案內

世富蘭偲醫專

▲募集定數 卅名

▲入學資格 高等普通學校卒業者又는中學校를卒業한者와專門學校入學規程에依한檢定에合格한者로滿十七歲以上의男子

▲入學試驗 國語、漢文、英語數學(算術、代數、幾何)博物學(動植、鑛)物理學、化學

▲試驗期日 三月三十一日

▲入學手續 入學願書에履歷書誓約書에學業證明書戶籍謄本(脫帽半身形으로最近一個年以內에撮影한것을添하야三月二十五日까지差出할事

▲參考 入學願書提出時에試驗費三圓을納入할일

각 교 입학안내

세브란스의전

▲ 모집인원 30명

▲ 입학자격 고등보통학교 졸업자 또는 중학교를 졸업한 자와 전문학교 입학규정에 의한 검정에 합격한 자로 만 17세 이상의 남자

▲ 입학시험 국어, 한문, 영어, 수학(산술, 대수, 기하), 박물학(동식물, 광물)

▲ 시험기일 3월 31일

▲ 입학수속 입학원서에 이력서, 서약서에 학업 증명서, 호적등본, 모자를 벗고 반신형으로, 최근 1년 내에 찍은 것을 첨부하여 3월 25일까지 도착할 것

▲ 참고 입학원서 제출 시 시험비 3원을 납부할 것

各校入學案內

延禧專門學校

▲募集定員 文、商、神學各科カ十名式(本科二十五名別科二十五名)

▲試驗科目 高等普通學校(新敎育令에依흔)中學校中等程度師範學校(文科志願者에限함)及朝鮮總督이一般專門學校入學에關하야高等普通學校卒業者와同等以上의學力이有하다指定한學校卒業者又는此와同等以上의學力을有흔者에는(一)文科及神學科는英語、國語、漢文、歷史、(西洋史及日本史)數學(代數、平面幾何)化學(二)商科는英語、國語、漢文數學(代數、平面、幾何)化學(三)甲種高等學校卒業者로商科志願者에는英語、國語漢文「商業算術商事要項、商業簿記에就하야試驗을行흠

▲試驗日割 三月二十七、二十八、二十九、三日間午前九時브터

▲願書受付 一月二十五日브터三月二十五日까지

▲志願資格 (一)試驗檢定은本科는高等普通學校及中等程度師範學校卒業者와專門學校入學者檢定規程에依한檢定에合格한者高普와同等以上의商業學校卒業者와朝鮮總督이一般의專門[illegible]學校、[illegible]와同等以上의學力이有하다檢定한學校卒業者別科는年齡滿十七歲以上의男子로서舊朝鮮敎育令에依흔高普卒業者又는學校長이此와同等以上의學力이有하다認흔者(二)無試驗檢定은略함

▲出願手續 入學願書에履歷書卒業證明書、學業證明書戶籍謄本手札形半身寫眞(最近二個月以內撮影한者)에入學檢定料五圓을添하야提出할事

▲備考 數理科를方今新令에依하야認可申請中인데認可를得하는時는總督府申報와每日申報에發布할터이요生徒募集할時는英語國語數學(代數幾何三角)物理化學漢文에就하야試驗을行할터이라고

각 교(各校) 입학안내

연희전문학교

▲ 모집정원

문(文), 상(商), 신학 각과 50명씩. (본과 25명, 별과 25명)

▲ 시험과목

고등보통학교(신교육령에 의한), 중학교 중등 정도, 사범학교(문과 지원자에 한함) 및 조선 총독이 일반 전문학교 입학에 관하여 고등보통학교 졸업자와 동등 이상의 학력이 있다고 지정한 학교 졸업자 또는 그와 동등 이상의 학력을 가진 자에게는

1. 문과, 신학과: 영어, 국어, 한문, 역사(서양사, 일본사), 수학(대수, 평면, 기하), 화학
2. 상과: 영어, 국어, 한문, 수학(대수, 평면, 기하), 화학
3. 갑종(甲種) 고등학교 졸업자로 상과 지원자는 영어, 국어, 한문, 상업산술, 상사요항, 상업부기에 대하여 시험을 행함.

▲ 시험 일할(日割)

3월 27, 28, 29 3일간 오전 9시부터

▲ 원서 접수

1월 25일부터 3월 25일까지

▲ 지원자격

1. 시험 검정은 본과(本科)는 고등중학교 및 중등 정도, 사범학교 졸업자와 전문학교 입학자격규정에 의한 검정 합격자, 고보(高普)와 동등 이상의 상업학교 졸업자와 조선총독이 일반(一般)의 전문학교 입학에 관하여 고등보통학교 졸업자와 동등 이상의 학력이 있다고 검정한 학교 졸업자.

   별과는 연령 만 17세 이상의 남자로서 구조선교육령(舊朝鮮教育令)에 의한 고보졸업자 또는 학교장이 이와 동등 이상의 학력이 있다고 인정한 자
2. 무시험 검정은 생략함

▲ 출원수속(出願手續)

입학원서에 이력서, 졸업증명서, 학업증명서, 호적등본, 서명한 반신(半身)사진(최근 2개월 이내 촬영한 것), 입학검정료 5원을 첨부하여 제출할 것

▲ 비고(備考)

수리과(數理科)는 현재 신령(新令)에 의하여 인가 신청 중인데, 인가를 얻은 때는 기독신보(基督申報)와 매일신보에 발포할 터이요, 생도 모집할 때에는 영어, 국어, 수학(대수, 기하, 삼각), 물리, 화학, 한문에 관한 시험을 행할 터.

329. 동아일보 1924년 2월 23일

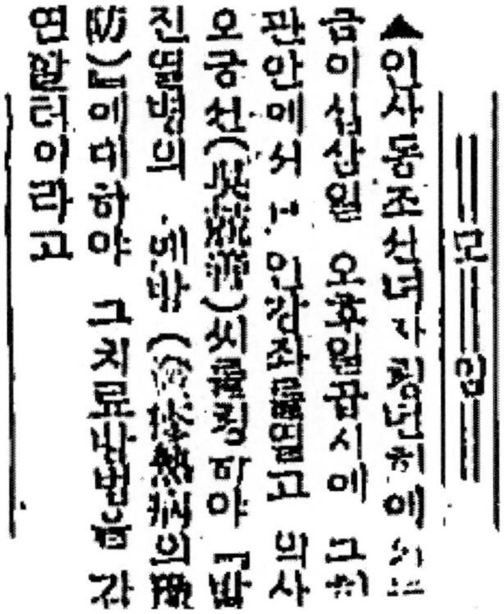

모임

▲인사동조선녀자청년회에서는 금이십삼일 오후일곱시에 그회관안에서 부인강좌를열고 의사오긍선(吳兢善)씨를청하야 「발진렬병의 예방(發疹熱病의豫防)」에대하야 그치료방법을 강연할터이라고

모임

인사동 조선여자청년회에서는 오늘 23일 오후 7시에 그 회관 안에서 부인 강좌를 열고 의사 오긍선(吳兢善) 씨를 청하여 『발진 열병의 예방』에 대하여 그 치료법을 강연할 터이라고.

330. 매일신보 1924년 3월 4일

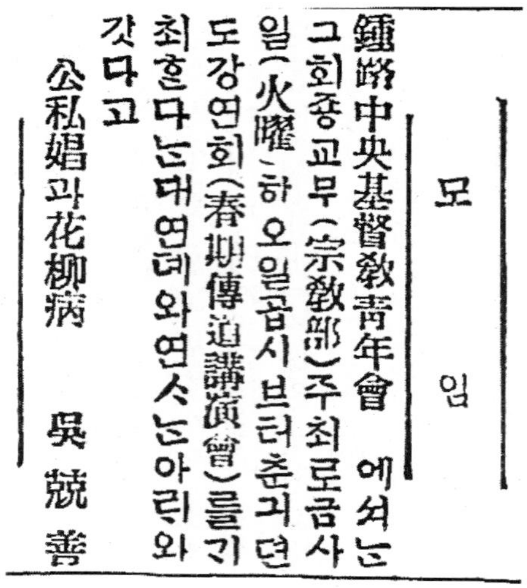

모 임

鍾路中央基督敎靑年會 에셔는
그회죵교부(宗敎部)주최로금사
일(火曜)하오일곱시브터춘긔뎐
도강연회(春期傳道講演會)를기
최ᄒᆞᆫ다는대연뎨와연ᄉᆞ는아ᄅᆡ와
갓다고

公私娼과花柳病 吳兢善

모임

종로 중앙기독교청년회에서는 종교부(宗敎部) 주최로 오늘 4일 화요일 오후 7시부터 춘기 전도강연회를 개최한다는데 연제와 연사는 아래와 같다고.

공사창(公私娼)과 화류병(花柳病) 오긍선(吳兢善)

331. 매일신보 1924년 3월 5일

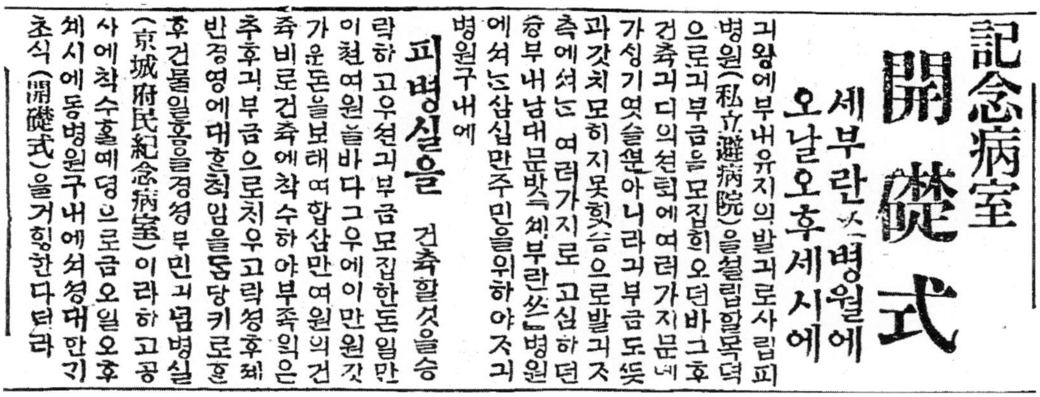

記念病室 開礎式

세부란스병원에 오날오후세시에

긔왕에부내유지의발긔로사립피병원(私立避病院)을설립할목뎍으로긔부금을모집히오던바그후건축긔디의션턱에여러가지문뎨가싱기엿슬뿐아니라긔부금도뜻과갓치모히지못힛슴으로발긔쟈측에셔는여러가지로고심하던즁부내남대문밧세부란스병원에셔는삼십만주민을위하야자긔병원구내에

피병실을 건축할것을승락하고우션긔부금모집한돈일만이천여원을바다그우에이만원갓가운돈을보태여합삼만여원의건축비로건축에착수하야부족익은추후긔부금으로치우고락셩후졔반경영에대한칙임을담당키로한후건물일홈을경셩부민긔념병실(京城府民紀念病室)이라하고공사에착수할예뎡으로금오일오후셰시에동병원구내에셔셩대한긔초식(開礎式)을거힝한다더라

기념병실 개초식(開礎式, 정초식)

세브란스병원에 오늘 오후 3시에

기왕에 부(府, 경성부) 내 유지의 발기로 사립(私立) 피병원(避病院)을 설립할 목적으로 기부금을 모집해 오던 바, 그 후 건축 기지의 선택에 여러 가지 문제가 생기였을 뿐 아니라 기부금도 뜻과 같이 모이지 못했음으로 발기자 측에서는 여러 가지로 고심하던 중, 부 내 남대문 밖 세브란스병원에서는 30만 주민을 위하여 자기 병원 구내에 피병원실을 건축할 것을 승낙하고, 우선 기부금 모집한 돈 1만 2천여 원을 보태어 합 3만여 원의 건축비로 건축에 착수하여 부족액은 추후 기부금으로 채우고, 낙성 후 제반 경영에 대한 책임을 담당하기로 한 후, 건물 이름을 경성부민기념병실(京城府民紀念病室)이라 하고, 공사에 착수할 예정으로 금요일 오후 3시에 동 병원 구내에서 성대한 개초식을 거행한다고 하더라.

332. 매일신보 1924년 3월 7일

◇京城府民記念病室開礎式

경셩부민긔념병실(京城府民記念病室)긔초식(開礎式)은오일오후세시에『세부란스』병원구내에셔거힝되엿는대 찬송가로써개회하야『세부란스』의학젼문학교부교쟝 반복긔(潘福奇)박사의개회사와 박영효후(朴泳孝侯)의 경과보고와오긍선박사(吳兢善)의건축셜계에대한 셜명이잇슨후폐식하얏는대 총공사비는 삼만원이오 병원은삼층으로 열넷의병실을 건축홀셜계이며삼만원중 일만이쳔원은현금이젹립되엿스나 나머지일만팔쳔원은아즉예산이업스나 공사를시작한후긔부를하겟다는유지가만흔모양임으로결국목뎍을도달함에별로 차지가업슬모양이라하며당일참렬한릭빈은수십명에달하얏더라 (사진은 긔공의팽이와삽을들고잇는 박영효후와반복긔박사)

경성부민기념병실 개초식(開礎式)

경성부민기념병원 개초식은 5일 오후 3시에 세브란스병원 구내에서 거행되었는데, 찬송가로써 개회하여, 세브란스의학전문학교 부교장 반복기(潘福奇, James Van Buskirk) 박사의 개회사와 박영효 후작의 경과 보고와 오긍선 박사의 건축 설계에 대한 설명이 있은 후 폐식하였는데, 총 공사비는 3만 원이오, 병원은 3층으로 14병실을 건축할 설계이며, 3만 원 중 1만 2천 원은 현금이 적립되어 있으나, 나머지 1만 8천 원은 아직 예산이 없다. 공사를 시작한 후 기부를 하겠다는 유지가 많은 모양이므로, 결국 목적을 도달함에 별로 차지(遮止)가 없을 모양이라 한다. 당일 참열한 내빈은 수십 명에 달하였더라. (사진은 기공의 괭이와 삽을 들고 있는 박영효 후작과 반복기 박사)

螢雪의功

今年卒業生은 엇더한방면으로

츌신의첫거름을엇던 사회로늬여드듸이나

延禧專門學校 卒業生二十七名

연희궁(延禧宮)터를서쪽으로흔참가면창창흔 송림이빽々히 슨쇽으로 은연히엿보이는 셕졔양옥(石製洋屋)이잇다이것것이오날여러분압헤소기하랴는연희젼문학교(延禧專門學校)이다우리는얼마젼에남대문밧『셰부란신』의젼을소기한젹이잇다즉이연희젼문도『셰부란스』의젼과갓흔ᄌᆞ긍ᄌᆞ를가젓고또교쟝도 갓흔「에비손」박사(博士)이다 년々히젹지안은, 영지를만드러내이는 이학교가금년에는또얼마나훌융흔ᄉᆞ물을사회에보닐랴는지……한교당국자는 겸사와 공손으로아릐와갓치 말흔다『금년출신말승임닛가모다

수물일곱 명이올시다그즁에 문과 (文科)가 십이명상과(商科)가십이명슈리과 (數理科)가삼명임니다 셩젹이야엇지우리가말흘수가잇습니가만은다들량호한편이외다 이출신학싱즁에일본 혹은미국등디로류학하랴는학싱이여섯명이잇습니다문과에셔 일본유학이 한명과미국유학이한명이요그외상과슈리과에셔 각이명식 일본에유학흘사람이잇습니다그리고이번츌신학싱즁에셔문과의일곱명을비한외에는젼구졔(舊制)의츌신학싱들임니다

취직이야 물론 금년갓치젼황이심흔 ᄯᆡ에엇지다소곤눈이 업겟습니가만은오히려우리학교만은 량호한편이라 하야도올흠만치 되엿습니다 대개각학교교사이요 그다음에는 은힝(銀行)방면혹은만텰(滿鐵)갓흔곳으로 가게되엿습니다…… 졸업긔는오는십오일임니다류학싱의경향이요? 그것은 여러가지임니다 문과츌신자는 류학디에가셔는엇지될는지몰나도지금은음악(音樂)텰학(哲學)을지원하는모양임니다그외에는대기자긔네의비운바를더연구하랴하는모양이올시다

즁등학교 의교원자격은문과츌신이 영어(英語)상과 츌신이부긔 (簿記)영어 (英語)슈리과츌신이물리 (物理)화학(化學)등에잇셔셔 자격을엇게되시요그리고무엇보다깁분것은해마다그네의 뎡도가 향상됨이외다끗々내이러기를바람니다』하며날슈업는깃붐이넘치는듯하얏다오는십오일이란그날ー형셜의공늘쌓아오날의 광영을 셰우고져깁흔모교를우숨으로작별한후솔밧사이를식여나올졸업싱의환영(幻影)이긔자의눈에완연하다!

형설의 공
올해 졸업생은 어떠한 방면으로
출신의 첫걸음을 어떤 사회로 내딛나

연희전문학교 졸업생 27명

연희궁 터를 서쪽으로 한참 가면 창창한 소나무숲이 빽빽이 선 속으로 은연히 엿보이는 석제 양옥이 있다. 이것이 오늘 여러분 앞에 소개하려는 연희전문학교이다. 우리는 얼마 전에 남대문 밖 세브란스의전을 소개한 적이 있다. 즉 이 연희전문도 세브란스의전과 같은 경영자이고 또 교장도 같은 에비슨 박사이다. 해마다 적지 않은 영재를 만들어내는 이 학교가 올해에는 또 얼마나 훌륭한 인물을 사회에 보내려는지 …… 학교 당국자는 겸사와 공손으로 아래와 같이 말한다.「올해 출신 말씀입니까? 모두 27명이올시다. 그중에 문과가 12명, 상과가 12명, 수리과가 3명입니다. 성적이야 어찌 우리가 말할 수가 있겠습니까만은, 다들 양호한 편이외다. 이 출신 학생 중에 일본 혹은 미국 등지로 유학하려는 학생이 6명이 있습니다. 문과에서 일본 유학이 1명과 미국유학이 1명이요, 그 외 상과 수리과에서 각 2명씩 일본에 유학할 사람이 있습니다. 그리고 이번 출신 학생 중에서 문과의 7명을 제외한 외에는 전부 구제(舊制) 출신 학생들입니다. 취직이야 물론 올해같이 전황이 심한 때에 어찌 다소 곤란이 없겠습니까만은, 오히려 우리 학교만은 양호한 편이라 하여도 될 만큼 되었습니다. 대개 각 학교 교사요, 그 다음에는 은행 방면, 혹은 만철 같은 곳으로 가게 되었습니다 …… 졸업식은 오는 15일입니다. 유학생의 경향이요? 그것은 여러 가지입니다. 문과 출신자는 유학지에 가서는 어찌 될지는 몰라도 지금은 음악, 철학을 지원하는 모양입니다. 그 외에는 대개 자기네의 배운 바를 더 연구하려는 모양이올시다. 중등학교의 교원 자격은 문과 출신이 영어, 상과 출신이 부기와 영어, 수리과 출신이 물리, 화학 등에 있어서 자격을 얻게 되지요. 그리고 무엇보다 기쁜 것은 해마다 그들의 정도가 향상되는 것입니다. 계속 이렇기를 바랍니다.」하며 알 수 없는 기쁨이 넘치는 듯하였다. 오는 15일이란 그날－형성의 공을 쌓아 오늘의 광영을 띄우고 정 깊은 모교를 웃음으로 작별한 후 솔밭 사이를 헤쳐나올 졸업생의 환영이 기자의 눈에 완연하다.

334. 매일신보 1924년 3월 8일

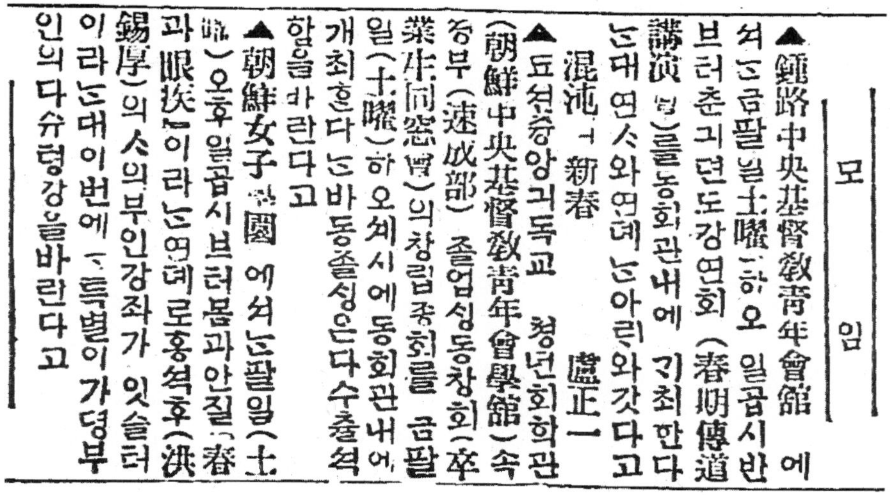

모임

▲鍾路中央基督敎靑年會舘에셔ᄂᆞᆫ금팔일(土曜)하오 일곱시반브터춘긔뎐도강연회(春期傳道講演회)를동회관내에 기최한다ᄂᆞᆫ대연ᄉᆞ와연뎨ᄂᆞᆫ아ᄅᆡ와갓다고

混沌의新春 盧正一

▲됴션중앙긔독교 쳥년회학관(朝鮮中央基督敎靑年會學舘)쇽셩부(速成部) 졸업ᄉᆡᆼ동창회(卒業生同窓會)의창립총회를 금팔일(土曜)하오세시에동회관내에개최ᄒᆞᆫ다ᄂᆞᆫ바동졸ᄉᆡᆼ은다수출셕함을바란다고

▲朝鮮女子學園 에셔ᄂᆞᆫ팔일(土曜)오후일곱시브터봄과안질(春과眼疾)이라ᄂᆞᆫ연뎨로홍셕후(洪錫厚)의ᄉᆞ의부인강좌가 잇슬터이라ᄂᆞᆫ대이번에ᄂᆞᆫ특별이가뎡부인의다슈뎡강을바란다고

모임

▲ 종로 중앙기독교청년회관에서는 오늘 8일 토요일 오후 7시 반부터 춘기 전도강연회를 동 회관 내에서 개최한다고 하는데 연사와 연제는 아래와 같다고.

혼돈의 신춘(新春)　　노정일(盧正一)

(중략)

▲ 조선여자학원에서는 8일 오후 7시부터 봄과 안질(眼疾)이라는 연제로 홍석후(洪錫厚) 의사의 부인강좌가 있을 터이라는데, 이번에는 특별히 가정부인의 다수 청강을 바란다고.

學生의깃분날

延禧專校卒業

우등생이삼인

조선최고학부중의 하나인 연희전문학교(延禧專門學校)졸업식은 재작십오일오후두시경에 그 학교강당안에서 열엇는데 래빈이 이백오십여명이나되고 더욱 부인도 다수출석하야 매우성황을이루엇스며 시간이되매 교당대리「쌕커」씨의 훈사와 래빈중에 리상재(李商在)씨의 권사등의순서를따라 정숙히맛치고 폐식하엿다 이번졸업생은 도합이십륙명으로 문과(文科)에 열한명이오 상과(商科)에 열두명이오 수리과(數理科)에 세명인바 문과중에는 본과생이 일곱명이오 특별과생이 네명이며 우등생은 문과에 리경렬(李庚烈) 수리과에 신산모이(辛撒母耳) 상과에우상무(禹相碔)군이며졸업생들은 대개일본 류학지원자가만코 그외는학교(學校)와회사(會社)등여러곳으로취직을하게된다더라

학생의 기쁜 날

연희전교(延禧專校) 졸업

우등생이 3인

조선 최고 학부 중의 하나인 연희전문학교 졸업식은 그저께 15일 오후 2시경에 그 학교

강당 안에서 열렸는데, 내빈이 250여 명이나 되고 더욱 부인도 다수 출석하여 매우 성황을 이루었으며, 시간이 되매 교장 대리 베커 씨의 훈사와 내빈 중에 이상재(李商在) 씨의 권사 등의 순서를 따라 정숙히 마치고 폐식하였다. 이번 졸업생은 도합 26명으로 문과(文科)에 11명이오, 상과(商科)에 12명이오, 수리과(數理科)에 3명인 바, 문과 중에는 본과생이 7명이오, 특별과생이 4명이며, 우등생은 문과에 이경렬(李庚烈), 수리과에 신산모이(辛散母耳), 상과에 우상무(禹相碔) 군이며 졸업생들은 대개 일본 유학 지원자가 많고 그 외는 학교와 회사 등 여러 곳으로 취직을 하게 된다더라.

336. 매일신보 1924년 3월 18일

延禧專門學校와 朝鮮民大合倂說

긔부금이잘모히지안이하야
연희젼문학교에합병을계획

시외고양군(高陽郡)에잇는연희젼문학교(延禧專門學校)는미국감리파(監理派)의경영하에잇셔셔날로교무를쇄신하야그충실을도모하는즁으로금번에다시그학교장『에비손』씨는학교를일층확장할사무를셕우고미국에도라갓는바이에따라발셔브터됴션인간에운동이격렬한됴션민립대학(朝鮮民立大學)의긔부모집이여의치못함으로연희젼문학교와합병하야됴션대학(朝鮮大學)에대항하쟈는론자가늘어갓가히미국에셔기최되는긔독교청년회련합간부협의회(基督敎靑年會聯合幹部協議會)에출석할신흥우(申興雨)김득수(金得洙)량씨에게이를위탁하야『에비손』씨와악수하려고운동즁이라는소문이류힝되는이때에대판(大阪)의모신문에난민립대학과연희젼문학교가확실히합병될것갓치션뎐ᄭᆞ지하얏다

學校側은 絶對否認

주의가맛지안아
합병은불가하다

이에대하야연희젼문학교(延禧專門學校)의간부는『그것은공연혼풍셜에지나지못합니다원릭본교로더구나미국ᄉᆞ람들이됴션에잇셔ᄉᆞ의한큰ᄉᆞ업이외다그럼으로본교는언졔ᄭᆞ지던긔독교의쳥신아릭에셔ᄂᆞ아갈졍질인즉됴션민립대학과는그러케합병이안이될것이올시다그리고본교로셔대학을만들계획이잇셔현지에간단업시연구즁으로교쟝도본교에관한ᄉᆞ무를셕우고미국에건너간터이올시다민립대학과본교가합병하면민립대학이나본교이나두곳에셔그주의를양보하여야할터인바본교가긔독교그것을버릴수업는쳐디이오또민립대학에셔는우리학교주지에잇스려하겟슴닛가?몰느지오먼ㅣ장릭에혹민립대학이본교의쥬지를시인하고합병하랴한다하면그러케될는지도모르겟슴니다만은지금갓히셔는당초에동이안닷는소리올시다』하며우슴에붓쳐버리더라

연희전문학교와 조선민대 합병설

기부금이 잘 모이지 않아

연희전문학교에 합병을 계획

시외 고양군에 있는 연희전문학교는 미국 감리파의 경영하에 있어서 날로 교무를 쇄신하여 그 충실을 도모하는 중으로, 이번에 다시 그 학교장 에비슨 씨는 학교를 한층 확장할 일을 계획하고 미국에 돌아갔다. 이에 따라 벌써부터 조선인 간에 운동이 격렬한 조선민립대학의 기부금 모집이 여의치 못하므로 연희전문학교와 합병하여 조선대학에 대항하자는 논자가 늘어, 곧 미국에서 개최되는 기독교청년회연합간부협의회에 출석할 신흥우, 김득수 양씨에게 이를 위탁하여 에비슨 씨와 악수하려고 운동 중이라는 소문이 유행하는데, 대판(大阪)의 모 신문에는 민립대학과 연희전문학교가 확실히 합병할 것 같이 선전까지 하였다.

학교 측은 절대 부인

주의가 맞지 않아 합병은 불가하다

이에 대해 연희전문학교의 간부는『그것은 공연한 풍설에 지나지 못합니다. 원래 본교는 미국 사람들이 조선에서 하는 큰 사업이외다. 그러므로 본교는 언제까지던지 기독교의 정신 아래에서 나아갈 성질인즉, 조선민립대학과는 그렇게 합병이 아니될 것이올시다. 그리고 본교로 대학을 만들 계획이 있어 현재 계속 연구중으로, 교장도 본교에 관한 사무로 미국에 건너갈 터이올시다. 민립대학과 본교가 합병하면 민립대학이나 본교나 두 곳에서 그 주의를 양보하여야 할 터인데, 본교가 기독교를 버릴 수 없는 처지요, 또 민립대학에서는 우리 학교 주지 하에 있으려 하겠습니까? 모르지요 먼 장래에 혹 민립대학이 본교의 주지를 시인하고 합병하려 한다 하면 그렇게 될는지도 모르겠습니다만은, 지금 같아서는 당초에 이루어질 수 없는 소리올시다.』하며 웃음에 붙여 버리더라.

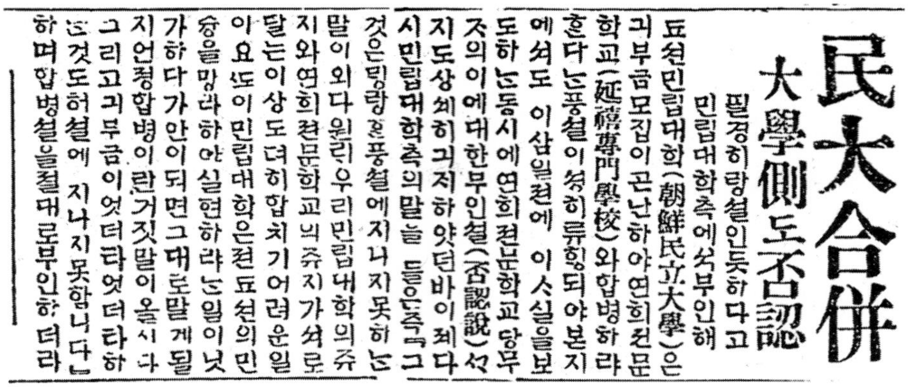
民大合併

大學側도否認

필경허랑셜인듯하다고

민립대학측에셔부인해

됴션민립대학(朝鮮民立大學)은 긔부금모집이곤난하야연희젼문학교(延禧專門學校)와합병하랴혼다는풍셜이셩히류힝되야본지에셔도 이삼일젼에 이사실을보도하는동시에연희젼문학교당무쟈의이에대한부인셜(否認說)ᄭᅡ지도상셰히긔지하얏던바이졔다시민립대학측의말을 들은즉「그것은밍랑한풍셜에지나지못하는말이외다원릭우리민립대학의쥬지와연희젼문학교의쥬지가셔로달는이상도뎌히합치기어려운일이요또이민립대학은젼됴션의민즁을망라하야실현하랴는일이닛가하다가안이되면그대로말게될지언뎡합병이란거짓말이올시다그리고긔부금이엇더타엇더타하는것도허셜에 지나지못합니다」하며합병셜을졀대로부인하더라

민립대학 합병
대학 측도 부인

필경 낭설인 듯하다고

민립대학 측에서 부인해

조선민립대학은 기부금 모집이 곤란하여 연희전문학교와 합병하려 한다는 풍설이 크게 유행하여 본지에서도 2, 3일 전에 이 사실을 보도하는 동시에, 연희전문학교 당무자의 이에 대한 부인설까지도 상세히 기재하였던 바, 이제 다시 민립대학 측의 말을 들은즉『그것은 맹랑한 풍설에 지나지 못하는 말이외다. 원래 우리 민립대학의 주지와 연희전문학교의 주지가 서로 다른 이상 도저히 합치기 어려운 일이요, 또 이 민립대학은 전 조선의 민중을 망라하여 실현하려는 일이니까 하다가 아니되면 그대로 말게 될지언정 합병이란 거짓말이올시다. 그리고 기부금이 어떻다 하는 것도 허설에 지나지 못합니다.』하며 합병설을 절대로 부인하더라.

338. 동아일보 1924년 3월 22일

延禧校內容革新

상과와수물과를신교육령으로

다른과내용도일층개선하엿다

고양군 연희면에잇는 연희뎐문학교(延禧專門學校)에서는종교구뎨도로두엇든상과(商科)와수물과(數物科)의학과내용을일층개선하야 신교육령에 의지한뎨도로신학긔를 맛고자 지난일월이십일일 당국에 인가신청을하엿든바 지난십팔일자로 인가되엿는데 상과는 종래사년뎨가삼년뎨로 되는동시에 학과과목을일신할것이며 조선학계에 유일한수물과도 내용의 충실을도모하야 오는신학긔부터 학생을수용할터이요문과(文科)도금년부터는 텰학박사리관용(哲學博士李灌鎔)씨외여러 유위한교수가담당하야 사립학계의 권위가되리라더라

연희교(延禧校) 내용 혁신

상과와 수물과를 신교육령으로

다른 과 내용도 일층 개선하였다

고양군 연희면에 있는 연희전문학교에서는 종교, 구제도로 두었던 상과(商科)와 수물과(數物科)의 학과 내용을 일층 개선하여 신교육령에 의지한 제도로 신학기를 맞고자 지난 1월 21일 당국에 인가신청을 하였던 바, 지난 18일자로 인가되었는데, 상과는 종래 4년제가 3년제로 되는 동시에 학과 과목을 일신할 것이며, 조선학계에 유일한 수물과도 내용의 충실을 도모하여 오는 신학기부터 학생을 수용할 터이요, 문과(文科)도 금년부터는 철학박사 이관용(李灌鎔) 씨 외 여러 유의한 교수가 담당하여 사립학계의 권위가 되리라더라.

339. 동아일보 1924년 3월 23일

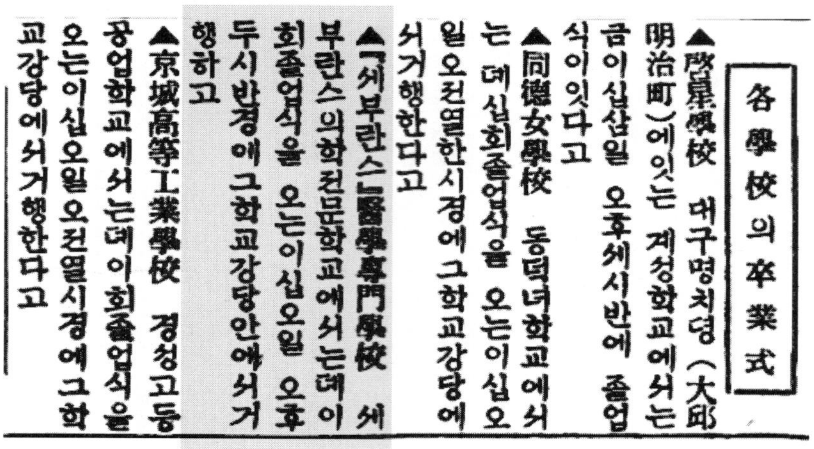

各學校의卒業式

▲啓星學校 대구명치뎡(大邱明治町)에잇는 계성학교에서는 금이십삼일 오후세시반에 졸업식이잇다고

▲同德女學校 동덕녀학교에서는 데십회졸업식을 오는이십오일오전열한시경에 그학교강당에서거행한다고

▲「세부란스」醫學專門學校 세부란스의학전문학교에서는데이회졸업식을 오는이십오일 오후두시반경에 그학교강당안에서거행하고

▲京城高等工業學校 경성고등공업학교에서는데이회졸업식을오는이십오일오전열시경에그학교강당에서거행한다고

각 학교의 졸업식

▲ 세브란스의학전문학교

세브란스의학전문학교에서는 제2회 졸업식을 오는 25일 오후 2시 반경에 그 학교 강당 안에서 거행하고

340. 매일신보 1924년 3월 27일

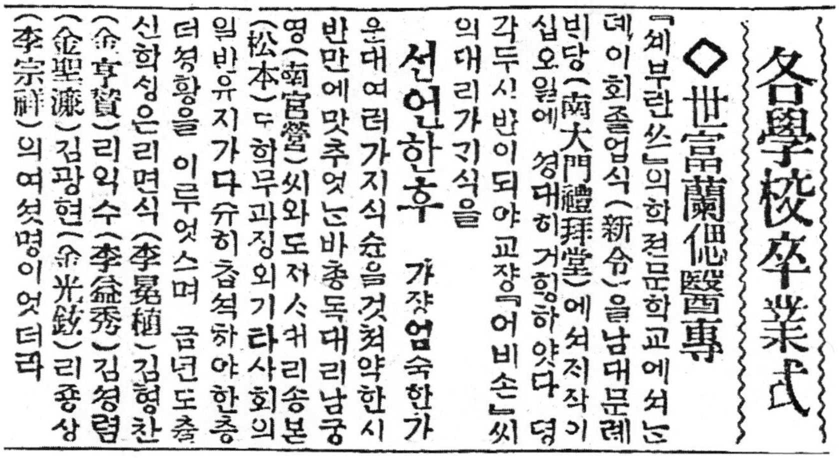
各學校卒業式

◇世富蘭偲醫專

『셰부란쓰』의학젼문학교에셔는 뎨이회졸업식(新舍)을남대문례비당(南大門禮拜堂)에셔지작이십오일에 셩대히거힝하얏다뎡각두시반이되야교쟝『어비손』씨의대리가기식을 션언한후 가쟝엄숙한가운대여러가지식슌을거쳐약한시반만에맛추엇는바총독대리남궁영(南宮營)씨와도쟈ᄉ대리송본(松本)도학무과쟝외기타사회의일반유지가다슈히참셕하야한층더셩황을 이루엇스며 금년도츌신학싱은리면식(李冕植)김형찬(金亨贊)리익수(李益秀)김셩렴(金聖濂)김광현(金光鉉)리종상(李宗祥)의여셧명이엇더라

각 대학 졸업식

세브란스의전

세브란스의학전문학교에서는 제2회 졸업식을 남대문예배당에서 그제인 25일에 성대히 거행하였다. 정각 2시 30분이 되어 교장 에비슨 씨의 대리가 개식을 선언한 후, 가장 엄숙한 가운데 여러 가지 식순을 거쳐 약 1시간 반 만에 마쳤는데, 총독대리 남궁영 씨와 도지사 대리 송본(松本), 도학무과장 외 기타 사회의 일반 유지가 다수 참석하여 한층 더 성황을 이루었으며, 올해 출신 학생은 이면식, 김형찬, 이익수, 김성렴, 김광현, 이종상 6명이더라.

學生의깃분날

世富醫專卒業

졸업생이여섯명

남대문밧게잇는 세부란스 의학전문학교에서는 재작 이십오일 오후두시 삼십분에 졸업식을거행하엿는데 순서를따라 교수의 연설과 총독축사 래빈축사와졸업생김성렴(金聖濂)군의답사로 식을맛치엇다 이학교는 미국 선교사의 경영으로 조선의학계에공헌이 만핫고 당국의지뎡으로이학교를 졸업하면 자유로개업할수잇게되엿다하며금년에는 졸업생여섯명을내이엇는대데일번은리익수(李益秀)군이라더라

◇사진설명

▲우의남자우등생 오른편으로부터세부란스 의전의 리익수군 경성의학전문학교의 리희우군 중미진군 수원농림의황운성군 김호직군

학생의 기쁜 날

세부의전(世富醫專) 졸업

졸업생이 6명

남대문 밖에 있는 세브란스의학전문학교에서는 그저께 25일 오후 2시 30분에 졸업식을 거행하였는데 순서에 따라 교수의 연설과 총독 축사, 내빈 축사와 졸업생 김성렴(金聖濂) 군의 답사로 식을 마쳤다. 이 학교는 미국 선교사의 경영으로 조선 의학계에 공헌이 많았고 당국의 지정으로 이 학교를 졸업하면 자유롭게 개업할 수 있게 되었다 하며, 금년에는 졸업생 6명을 내었는데 제1번은 이익수(李益秀) 군이라더라.

◇ 사진설명

위의 남자 우등생: 오른편으로부터 세브란스의전의 이익수 군, 경성의학전문학교의 이희우 군, 중미진 군, 수원농림의 황운성 군 · 김호직 군.

342. 동아일보 1924년 4월 21일

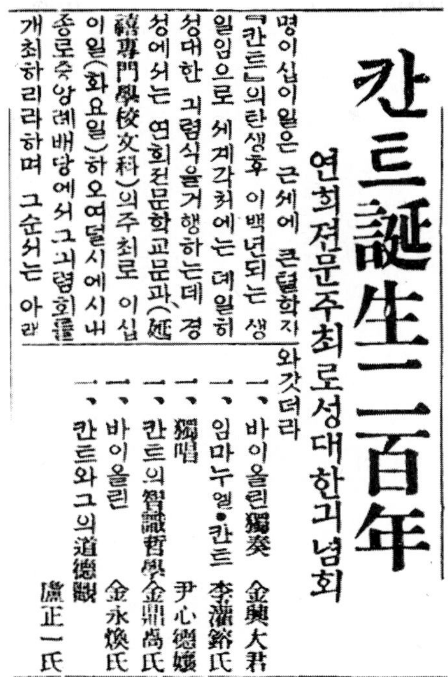

칸트誕生二百年

연희젼문주최로셩대한긔념회

명이십이일은 근세에 큰텰학자 「칸트」의탄생후 이백년되는 생일임으로 세계각처에는 대일히 셩대한 긔렴식을거행하는데 경셩에서는 연희젼문학교문과(延禧專門學校文科)의주최로 이십이일(화요일)하오여덜시에시내 종로즁앙례배당에서그긔렴회를 개최하리라하며 그순서는 아래와갓더라

一、바이올린獨奏 金興大君

一、임마누엘·칸트 李灌鎔氏

一、獨唱 尹心德孃

一、칸트의智識哲學 金鼎卨氏

一、바이올린 金永煥氏

一、칸트와그의道德觀 盧正一氏

칸트 탄생 200년

연희전문 주최로 성대한 기념회

오는 22일 근세의 큰 학자 칸트의 탄생 200년이 되는 생일이므로 세계 각처에서는 일제히 성대한 기념식을 거행하는데, 경성에서는 연희전문학교 문과의 주최로 22일 화요일 오후 8시에 시내 종로 중앙예배당에서 기념회를 개최하리라 하며 그 순서는 아래와 같더라.

1. 바이올린 독주 김흥대(金興大) 군

1. 임마누엘 칸트 이관용(李灌鎔) 씨

1. 독창 윤심덕(尹心德) 양

1. 칸트의 지식철학 김정설(金鼎卨) 씨

1. 바이올린 김영환(金永煥) 씨

1. 칸트와 그의 도덕관 노정일(盧正一) 씨

343. 매일신보 1924년 4월 21일

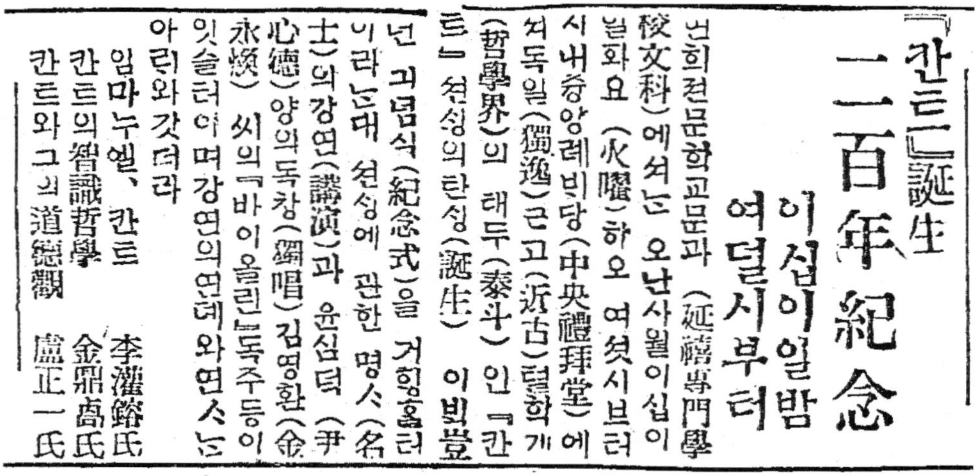

「칸트」誕生 二百年紀念

이십이일밤 여덜시부터

연희전문학교문과(延禧專門學校文科)에셔는 오는사월이십이일화요(火曜)하오 여셧시브터 시내즁앙례비당(中央禮拜堂)에셔독일(獨逸)근고(近古)텰학계(哲學界)의 태두(泰斗)인『칸트』션싱의탄싱(誕生) 이빅년 긔념식(紀念式)을 거힝홀터이라는대 션싱에 관한 명ᄉ(名士)의강연(講演)과 윤심덕(尹心悳)양의독창(獨唱)김영환(金永煥)씨의『바이올린』독주등이 잇슬터이며강연의연데와연ᄉ는 아리와갓더라

임마누엘、칸트 李灌鎔氏
칸트의智識哲學 金鼎卨氏
칸트와그의道德觀 盧正一氏

칸트 탄생 2백년 기념

22일 밤 8시부터

연희전문학교 문과에서는 오는 4월 22일 화요일 오후 6시부터 시내 중앙예배당에서 독일 근고(近古) 철학계의 태두(泰斗)인 칸트 선생의 탄생 2백년 기념식을 거행할 터이라는데, 선생에 관한 명사의 강연과 윤심덕(尹心悳) 양의 독창, 김영환(金永煥) 씨의 바이올린 독주 등이 있을 터이며 강연의 연제와 연사는 아래와 같더라.

임마누엘 칸트	이관용(李灌鎔) 씨
칸트의 지식철학(智識哲學)	김정설(金鼎卨) 씨
칸트와 그의 도덕관(道德觀)	노정일(盧正一) 씨

344. 동아일보 1924년 5월 8일

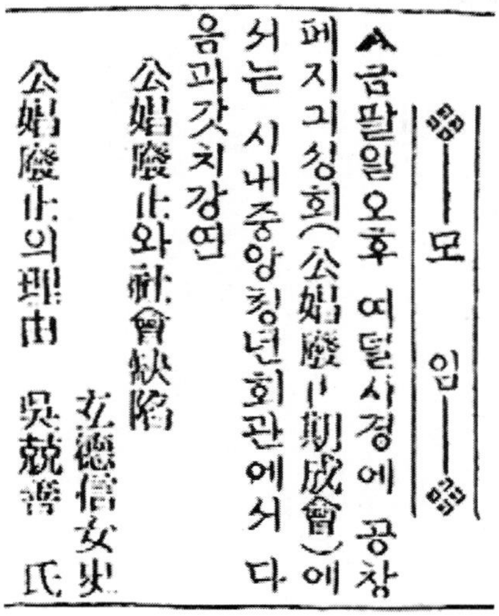

◇—모 임—◇

▲금팔일오후 여덜시경에 공창폐지긔셩회(公娼廢止期成會)에서는 시내중앙쳥년회관에서 다음과갓치강연

公娼廢止와社會缺陷 玄德信女史

公娼廢止의理由 吳兢善氏

모임

오늘 8일 오후 8시경에 공창폐지기성회(公娼廢止期成會)에서는 시내중앙청년회관에서 다음과 같이 강연.

공창폐지와 사회 결함　　현덕신(玄德信) 여사

공창폐지의 이유　　오긍선(吳兢善) 씨

345. 동아일보 1924년 5월 9일

延禧音樂會

십일밤청년회에서

연희전문학교 학생긔독 청년회(延禧專門學校學生基督靑年會)에서는 오는십일 오후여덜시반 종로청년회에서 음악연주회(音樂演奏會)를열어 그수입으로그회의 전도사업(傳道事業)에 쓰리라는데 출연할악사는 홍영후(洪永厚)김영환(金永煥)윤심덕(尹心德)등 제씨이며 그외에도 서양인측으로『스미드』씨와『콕』양의 출연이잇스리라는데 입장료는 백권(白券)이원 청권(靑券)일원 홍권(紅券)오십전 학생권(學生券)삼십전의 네종류가잇다하며 특히학생들의 전도사업에 쓸것임으로 만히찬조하여주기를 바란다더라

연희음악회

10일 밤 청년회에서

연희전문학교 학생기독청년회에서는 오는 10일 오후 8시 반 종로청년회에서 음악연주회를 열어 그 수입으로 그 회의 전도사업에 쓰리라는데, 출연할 악사는 홍영후(洪永厚, 홍난파), 김영환(金永煥), 윤심덕(尹心德) 등 제씨이며, 그 외에도 서양인 측으로 스미스 씨와 콕 양의 출연이 있으리라는데, 입장료는 백권 2원, 청권 1원, 홍권 50전, 학생권 30전의 네 종류가 있다 하며, 특히 학생들의 전도사업에 쓸 것이므로 많이 찬조하여 주시길 바란다더라.

346. 동아일보 1924년 5월 14일

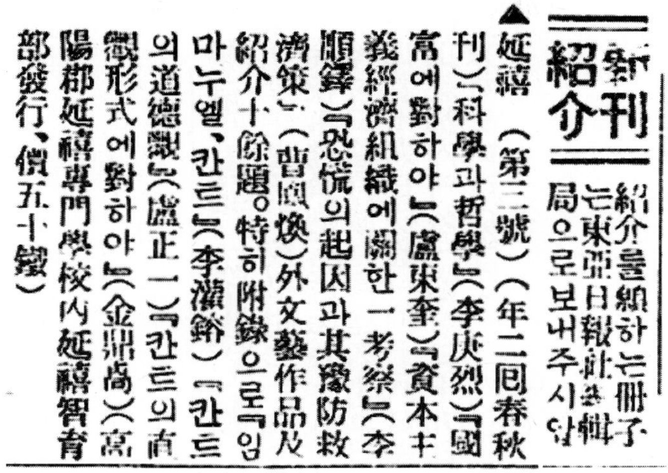

新刊紹介

紹介를願하는冊子는東亞日報社編輯局으로보내주시압

▲延禧 (第三號) (年二回春秋刊)『科學과哲學』(李庚烈)『國富에對하야』(盧東奎)『資本主義經濟組織에關한一考察』(李順鐸)『恐慌의起因과其豫防救濟策』(曹鳳煥)外文藝作品及紹介十餘題。特히附錄으로『임마누엘、칸트』(李灌鎔)『칸트의道德觀』(盧正一)『칸트의直觀形式에對하야』(金鼎卨)(高陽郡延禧專門學校內延禧智育部發行、價五十錢)

신간소개

▲연희 (제3호) (연2회 봄, 가을 간행)「과학과 철학」이경렬(李庚烈),「국부에 대하여」노동규(盧東奎),「자본주의경제조직에 관한 일고찰」이순탁(李順鐸),「공황의 기원과 그 예방구제」조봉환(曹鳳煥),「칸트의 직관형식에 대하여」김정설(金鼎卨)

고양군 연희전문학교 내 연희지육부 발행, 가격 50전

347. 매일신보 1924년 5월 26일

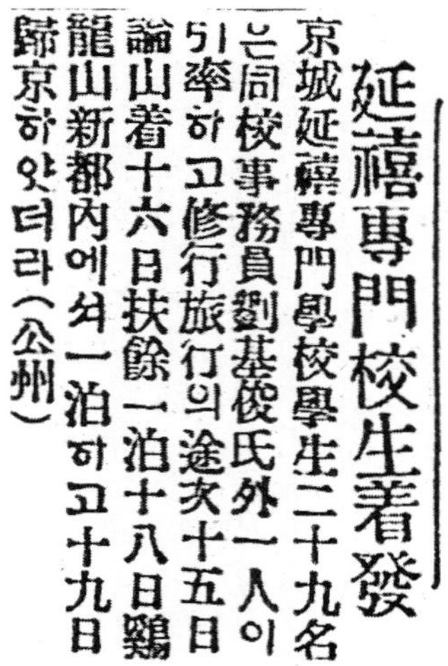

延禧專門校生着發

京城延禧專門學校學生二十九名은同校事務員劉基俊氏外一人이引率하고修行旅行의途次十五日論山着十六日扶餘一泊十八日鷄龍山新都內에셔一泊하고十九日歸京하얏더라(公州)

연희전문생 도착

경성 연희전문학교 학생 29명은 동교 사무원 유기준 씨 외 1인의 인솔하에 수학여행을 하여, 15일 논산에 도착, 16일 부여에서 1박하고 18일 계룡산 신도 내에서 1박하고 19일 귀경하였다더라. (공주)

348. 동아일보 1924년 6월 11일

延禧專門學校에
女子大學을新設
미국간그학교교댱에게
동양션교부에서허락해
募集된義捐金이十萬圓

고양군에잇는 연희젼문학교(延禧專門學校)에서는 불원에녀자대학부(女子大學部)를설치하기로결뎡되엿다는데 원래 그말은작년구월에 열리엇든 조선긔독교총회에서 임의대강의 찬성을어든후에 그안건을 미국동양션교부에보내두엇든것을이번에미국가잇는 그학교댱에비슨씨에게대하야 녀자대학의 설치안건을결뎡하엿다는통지를발하엿슴으로『에비슨』씨는즉시각방면에활동을 개시하야 모집된의연금총액이 발서십여만원의 거액에달하엿스며 그학교에서는 장차그부근에 새로운긔디를 사가지고 녀자대학교실건축을 시작하기로결뎡하엿다더라

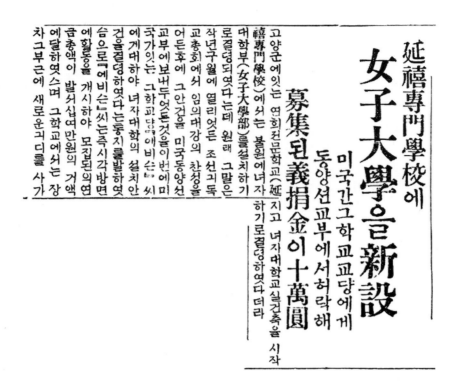

연희전문학교에 여자대학을 신설

미국 간 그 학교 교장에게 동양 선교부에서 허락해

모집된 의연금이 10만 원

고양군에 있는 연희전문학교에서는 머지않아 여자 대학부를 설치하기로 결정되었다는데, 원래 그 말은 작년 9월에 열렸던 조선기독교총회에서 이미 대강의 찬성을 얻은 후에 그 안건을 미국 동양선교부에 보내두었던 것을, 이번에 미국에 가 있는 그 학교장 에비슨 씨에게 여자대학의 설치 안건을 결정하였다는 통지를 발하였으므로, 에비슨 씨는 즉시 각 방면에 활동을 개시하여 모집된 의연금 총액이 벌써 10여만 원의 거액에 달하였으며, 그 학교에서는 장차 그 부근에 새로운 대지를 사가지고 여자대학교실 건축을 시작하기로 결정하였더라.

349. 매일신보 1924년 6월 11일

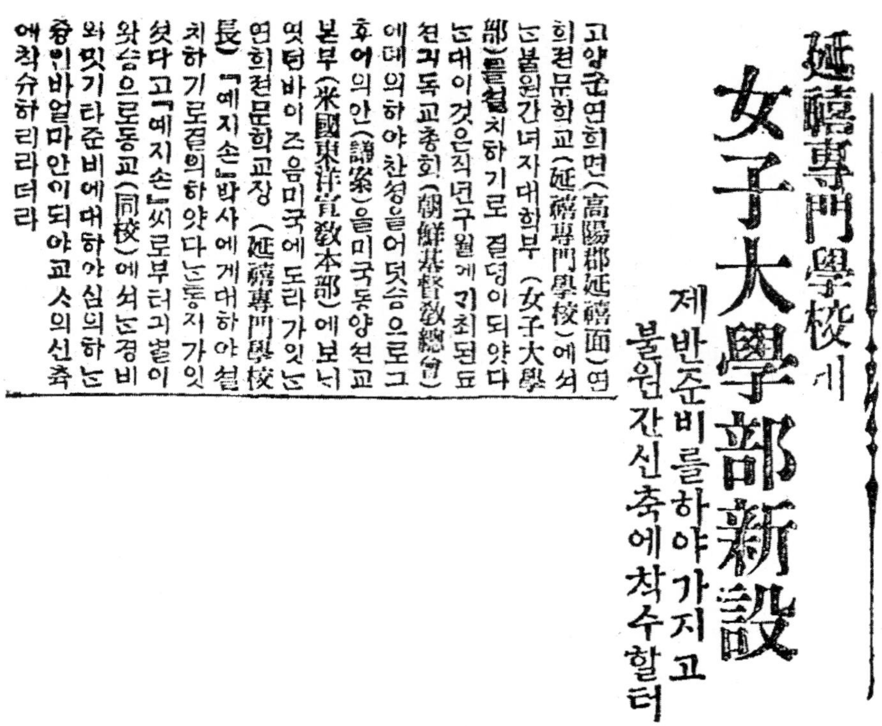

延禧專門學校에

女子大學部新設

제반준비를하야가지고

불원간신축에착수할터

고양군연희면(高陽郡延禧面)연희전문학교(延禧專門學校)에셔는불원간녀자대학부(女子大學部)를설치하기로결뎡이되얏다는대이것은작년구월에기최되던됴선긔독교총회(朝鮮基督敎總會)에데의하야찬성을어덧슴으로그후에의안(議案)을미국동양션교본부(米國東洋宣敎本部)에보니엿던바이즈음미국에도라가잇는연희전문학교장(延禧專門學校長)『에지손』박사에게대하야설치하기로결의하얏다는통지가잇섯다고『에지손』씨로부터긔별이왓슴으로동교(同校)에셔는경비와밋기타준비에대하야심의하는중인바얼마안이되야교ᄉᆞ의신츅에착슈하리라더라

연희전문학교에 여자대학부 신설

제반 준비를 해서

불원간 신축에 착수할 터

고양군 연희면 연희전문학교에서는 불원간 여자대학부를 설치하기로 결정하였다는데, 이는 작년 9월에 개최된 조선기독교총회에 제의하여 찬성을 얻었으므로 그 후에 의안(議案)을 미국동양선교본부에 보냈던 바, 이즈음 미국에 돌아가 있던 연희전문학교장 에비슨 박사에게 설치하기로 결의하였다는 통지가 왔다고 에비슨 씨로부터 기별이 왔다. 동교에서는 경비 및 기타 준비를 심의하는 중인 바, 얼마 아니되어 교사의 신축에 착수하리라더라.

350. 시대일보 1924년 6월 11일

耶穌敎各派共同計劃인

女大實現在通說

「에비슨」씨가활동하는듯

연희전문학교(延禧專門學校)장「에비슨」씨는 지난번에 자긔나라에돌아가서 그학교와또한 연희전문학교부근에세우랴는녀자대학(女子大學)문뎨에 관하야여러가지로 주선한결과 연희전문학교의 적립금(積立金)십만원의 예산을미국동양선교 본부(米國東洋宣敎本部)에통과케하는동시에 녀자대학문뎨도해결을어더즉시설치하도록 교사건축에 착수하게까지되엇다는 소식을 가지고연희전문학교 당국자를 방문한즉

「원래녀자 대학의계획이라는것은년래의 현안이나 처음부터연희전문 학교안에 두자는것도아니요또「에비슨」씨가구체안(具體案)을어더서설비에착수하리라는 소식도 못드럿습니다 다만일전소식에 적립금십만원을 엇게되엇다는것은 사실입니다」운운하는데 다시리화학당(梨花學堂)측 의의견을들은즉

「녀자대학문뎨로 말하면 발서부터선교회(宣敎會)에서계획하야 마치남자편의 연희전문학교와 가튼녀자 교육긔관을세우랴는 것인데 아마남북감리교 (南北監理敎) 장로교(長老敎)「캐나다」장로교「오트라리아」장로교등의련합으로경영케될것이며 또우리학교(리화학당)와는물론관계업는것이외다만은 연희전문교의「에비슨」씨로말하면개인으로 녀자대학설립에 관계가잇스니까 이번에 귀국하야자금가튼것을 모집하는지도 모르겟지요 어떠튼지 갓가운장래에 실현될것은 사실일것이외다」운운하엿다

기독교 각파 공동계획인
여대 실현 재통설(女大實現在通說)

에비슨 씨가 활동하는 듯

연희전문학교장 에비슨 씨는 지난번에 자기나라에 돌아가서 그 학교와 또한 연희전문학교 부근에 세우려는 여자대학 문제에 관하여 여러 가지로 주선한 결과, 연희전문학교의 적립금 십만 원의 예산을 미국 동양선교본부에 통과케 하는 동시에 여자대학 문제도 해결을 얻어 즉시 설치하도록 교사 건축에 착수하기까지 되었다는 소식을 가지고 연희전문학교 당국자를 방문한즉, 「원래 여자대학의 계획이라는 것은 연래의 현안이나 처음부터

연희전문학교 안에 두자는 것도 아니요, 또 에비슨 씨가 구체안을 얻어서 설비에 착수하리라는 소식도 못 들었습니다. 다만 일전 소식에 적립금 10만 원을 얻게 되었다는 것은 사실입니다」 운운하는데, 다시 이화학당 측의 의견을 들은즉「여자대학 문제로 말하면 벌써부터 선교회에서 계획하여 마치 남자편의 연희전문학교와 같은 여자교육기관을 세우려는 것인데 아마 남북감리교, 장로교, 캐나다 장로교, 오스트레일리아 장로교 등의 연합으로 경영하게 될 것이며, 또 우리학교(이화학당)와는 물론 관계없는 것입니다만은 연희전문교의 에비슨 씨로 말하면 개인으로 여자대학 설립에 관계가 있으니까 이번에 귀국하여 자금 같은 것을 모집하는지도 모르겠지요. 어떻든지 가까운 장래에 실현될 것은 사실일 것이외다」 운운하였다.

351. 동아일보 1924년 6월 12일

延禧專門擴張

녀자대학신설을 듯고

◇고양군에잇는연희전문학교(延禧專門學校)에서는 그학교를더욱확장키위하야 그학교교당국에비슨씨가자긔고향에도라가서긔부금을모집하는중이요불원에녀자대학(女子大學)도세울계획이라한다

◇도라보건대 연희전문학교는 갑갑한조선에 다소빗을던지려다가죽은언더우드씨의유업이라 그뒤를이은에비슨씨가작고인의뜻을이어 현재만큼이라도 만드러노흔것은 당사자인그들에게하례를표하는바이다

◇그러나 조선에는종래최고학부(最高學府)라는것이별로업고 금년에야겨우관립의경성뎨국대학(京城帝國大學)이라는것이 생기엇스나 그장래가엇더할지는 아즉알수업스며 몃개의전문학교가잇스나 아즉내용이 부족한것을한탄하게되는때에 연희전문학교 확장설이들리니 우리는 새로운 긔대를 가지고깃버한다

◇물론연희전문학교는 선교회(宣敎會)의경영이라 선교회의처디로보면백성의심령을 구원하는것이 첫재목뎍이요교육사업가든것은 데이문뎨가 되겟스나 교육긔관이부족하야 헤매이는우리에게는 실로학교하나 완성하는것이어둠속에 빗과가치반갑다

◇『그리스도』가말하기를『너희는세상의빗이라』하엿다 그런데백성에게빗을주지아니하고 엇지완전한 선교를할수잇스랴

◇학교당국자는 그학교를 더욱확장할뿐아니라 녀자교육을위하야 녀자대학을세우리라하니 장래조선백성의 빗이되게하여라 그런후에 비로소심령구원의사업도더욱잘되여가리라

연희전문 확장
여자대학 신설을 듣고

◇ 고양군에 있는 연희전문학교에서는 그 학교를 더욱 확장키 위하여 그 학교 교장 에비슨 씨가 자기 고향에 돌아가서 기부금을 모집하는 중이요, 불원에 여자대학도 세울 계획이라 한다.

◇ 돌아보건대 연희전문학교는 캄캄한 조선에 다소 빛을 던지려다가 죽은 언더우드 씨의 유업이라, 그 뒤를 이은 에비슨 씨가 고인의 뜻을 이어 현재만큼이라도 만들어 놓은 것은 당사자인 그들에게 하례를 표하는 바이다.

◇ 그러나 조선에는 종래 최고학부(最高學府)라는 것이 별로 없고, 금년에야 겨우 관립의 경성제국대학(京城帝國大學)이라는 것이 생겼으나 그 장래가 어떠할지는 아직 알 수 없으며, 몇 개의 전문학교가 있으나 아직 내용이 부족한 것을 한탄하게 되는 때에 연희전문학교 확장설이 들리니 우리는 새로운 기대를 가지고 기뻐한다.

◇ 물론 연희전문학교는 선교회(宣敎會)의 경영이라, 선교회의 처지로 보면 백성의 심령을 구원하는 것이 첫째 목적이요, 교육사업 같은 것은 두 번째 문제가 되겠으나 교육기관이 부족하여 헤매는 우리에게는 실로 학교 하나 완성하는 것이 어둠 속에 빛과 같이 반갑다.

◇ 그리스도가 말하기를『너희는 세상의 빛이라』하였다. 그런데 백성에게 빛을 주지 아니하고 어찌 완전한 선교를 할 수 있으랴.

◇ 학교당국자는 그 학교를 더욱 확장할 뿐 아니라 여자교육을 위하여 여자대학을 세우리라 하니, 장래 조선 백성의 빛이 되게 하여라, 그런 후에 비로소 심령구원의 사업도 더욱 잘 되어 가리라.

352. 시대일보 1924년 6월 12일

오늘일·래일일

녀자대학신설계획을듯고

「녀자도사람이다」라는 말은가장평범한소리갓고한편으로생각하면녀자를모욕하는듯도하지마는 근래녀자 해방운동(女子解放運動)이모두이표어(標語)로시작된것은사실이다 「녀자가 되기컨에먼저 사람이되어야하겟다」는것은벌서 만흔선각자의 열렬히부르지지든바이다 녀자도사람인이상 사람으로의 모든품위와 사람으로의 모든지식을 알고배와야될것은 다시말한것도업스리라

◇

녀자도남자와가티배와야될이상 남자와가티 배울긔관을 가저야될것도 리론상으로보아 누구나수긍(首肯)할일이나 그러나유전해나려온 습관의힘이란 여간굿세고 여간강하지안은법이라 그레야될줄은 번연히알고 어쎠지그러하기실흔것은 인정의 이상한모순이라할가

◇

우리조선으로말하면 교육긔관이여간빈한것은 우리가루차지격하는바이어니와 더구나녀자 교육긔관에잇서서는 거의령(零)에갓가운 현상이며 그중에도제도완전과 불완전은 둘재치드래도 명칭이나마 녀자대학이잇느냐하면 하나도업는 현상이안인가그런데근자에연희전문학교교장「어비슨」씨는오래간만에고국에돌아간것을 긔회삼아 우리녀자교육계를위해서 녀자대학을창립하려고 그자금을 모집하기에 분주하다는소식은 얼마나반가운일이며고마운일이라

◇

「남자에게도 상당한대학이업는오늘날에 녀자대학이 다무엇이냐」고하지말일이다 우리는남자니녀자니하는관념(觀念)을벗어나 선후를다툴필요가 업슬줄안다 남자대학이 업기어든녀자대학을세우는데 반대할 하등의리유가업는것이아니냐 뿐만 아니라「에비슨」씨의생각으로말하면현재의 연희전문학교를 한층더확장하여 훌륭한대학이 되게하는동시에 그남매학교가 될만한녀자대학을 설립하자는것이니 우리는 그에게 무엇으로감사한말을 올릴는지 알길이 업는바이어니와 그의계획과가티 하루밧비실현되기를바라고밋는바이다

오늘 일·내일 일

여자대학 신설계획을 듣고

「여자도 사람이다」라는 말은 가장 평범한 소리 같고, 한편으로 생각하면 여자를 모욕하는 듯도 하지만은 근래 여자해방 운동이 모두 이 표어로 시작된 것은 사실이다. 「여자가 되기 전에 먼저 사람이 되어야 하겠다」는 것은 벌써 많은 선각자의 열렬히 부르짖은 바이다. 여자도 사람인 이상 사람으로의 모든 품위와 사람으로의 모든 지식을 알고 배워야 될 것은 다시 말할 것도 없으리라.

◇

여자도 남자와 같이 배워야 될 이상, 남자와 같이 배울 기관을 가져야 될 것도 이론상으로 보아 누구나 수긍할 일이다. 그러나 유전해 내려온 습관의 힘이란, 여간 굳세고 여간 강하지 않은 법이라. 그래야 될 줄은 번연히 알지만 어쩐지 그러하기 싫은 것은 인정의 이상한 모순이라 할까.

◇

우리 조선으로 말하면 교육기관이 여간 불비(不備)한 것은 우리가 누차 지적하는 바거니와, 더구나 여자 교육기관에 있어서는 거의 영(零)에 가까운 현상이며, 그중에도 제도의 완전과 불완전은 둘째치더라도 명칭이나마 여자대학이 있느냐하면 하나도 없는 현상이 아닌가. 그런데 최근에 연희전문학교 교장 에비슨 씨는 오래 간만에 고국에 돌아간 것을 기회삼아 우리 여자 교육계를 위해서 여자대학을 창립하려고 그 자금을 모집하기에 분주하다는 소식은 얼마나 반가운 일이며 고마운 일이랴.

◇

「남자에게도 상당한 대학이 없는 오늘날에 여자대학이 다 무엇이냐」고 하지 말일이다. 우리는 남자니 여자니 하는 관념을 벗어나 선후를 다툴 필요가 없을 줄 안다. 남자대학이 없거든 여자대학을 세우는 데 반대할 하등의 이유가 없는 것이 아닐 뿐만 아니라 에비슨 씨의 생각으로 말하면 현재의 연희전문학교를 한층 더 확장하여 훌륭한 대학이 되게 하는 동시에 그 남매 학교가 될 만한 여자대학을 설립하자는 것이니, 우리는 그에게 무엇으로 감사한 말을 올릴지 알 길이 없는 바이어니와 그의 계획과 같이 하루바삐 실현되기를 바라고 믿는 바이다.

353. 매일신보 1924년 7월 29일

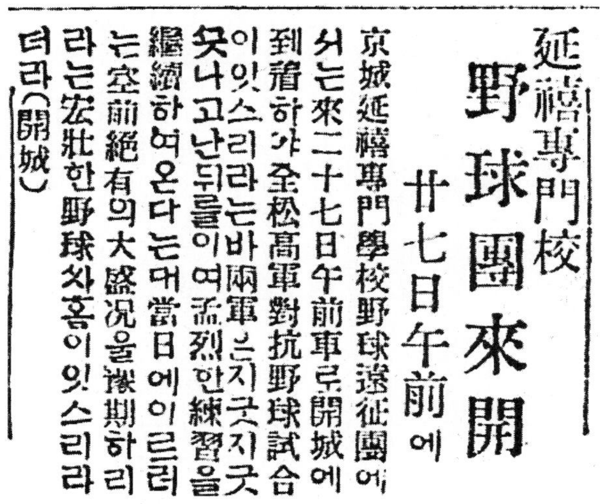
延禧專門校 野球團來開 廿七日午前에

京城延禧專門學校野球遠征團에서는來二十七日午前車로開城에到着하야全松高軍對抗野球試合이잇스리라는바兩軍은지긋지긋씃나고난뒤를이여猛烈한練習을繼續하여온다는데當日에이르러는空前絕有의大盛況을豫期하리라는宏壯한野球싸홈이잇스리라더라(開城)

연희전문학교

야구단 개성 방문

27일 오전에

경성 연희전문학교 야구원정단이 오는 27일 오전 차로 개성에 도착하여 전(全)송고군과 야구시합을 한다는 바, 양군은 지긋지긋 끝나고 난 뒤를 이어 맹렬한 연습을 계속해 왔다는데 당일에 이르러는 공전절유(空前絕有)의 대성황을 예상한다는 굉장한 야구시합이 있으리라더라. (개성)

354. 매일신보 1924년 7월 31일

延禧專門學校

夏期兒童學校開設

延禧專門學校에셔는學生의夏期休學을利用하야附近兒童童으로組織한夏期兒童聖經學校를並設하고今月二十七日부터八月十五日까지敎授를繼續할터인대敎科目講師는如左하더라

敎科、聖經、朝鮮語、算術、手工音樂、體操、童話

講師　李載默、金寬雄、崔貴星、林昌卨、金永華、丁大成、金洛基、金根培、李義淳、李福龍、康仁德、趙秀玉、金鍾熙、金昌祚韓永鎭

연희전문학교

여름 아동학교 개설

연희전문학교에서는 학생의 여름방학을 이용하여 근처 아동들로 조직한 여름아동성경학교를 열고 이번 달 27일부터 8월 15일까지 수업을 계속할 터인데, 교과목 강사는 다음과 같더라.

교과: 성경, 조선어, 산술, 수공, 음악, 체육, 동화

강사: 이재묵, 김관웅, 최귀성. 임창설, 김영화, 정대성, 김낙기, 김근배, 이양형, 이복룡, 강인덕, 조수옥, 김종희, 김창조, 한영진

355. 매일신보 1924년 9월 2일

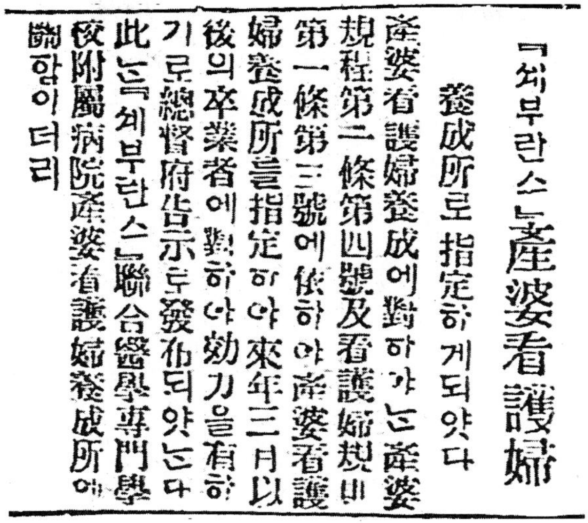

『셰부란스』産婆看護婦
養成所로 指定하게되얏다
産婆看護婦養成에對하야는産婆規程第二條第四號及看護婦規則第一條第三號에依하야産婆看護婦養成所를指定하야來年三月以後의卒業者에對하야効力을有하기로總督府告示로發布되얏는다此는『셰부란스』聯合醫學專門學校附屬病院産婆看護婦養成所에關함이더라

세브란스 산파간호부 양성소로 지정하게 되었다

산파(産婆)간호부 양성에 대하여서는「산파규정」제2조 제4호 및「간호부 규칙」제1조 제3호에 의하여 산파간호부 양성소를 지정하여 내년 3월 이후의 졸업자에 대하여 효력이 있기로 총독부 고시로 발표되었는데, 이는 세브란스연합의학전문학교 부속병원 산파간호부 양성소에 관함이더라.

356. 동아일보 1924년 9월 3일

産婆看護婦指定

세부란스聯合醫學專門學校附屬病院産婆看護婦養成所를産婆規則第一條第三號及看護婦養成所로指定한다는總督府告示를九月二日附로發布하엿는데本指令은大正十四年三月以後의卒業者에게對하야效力을갓게되는것이더라

산파간호부 지정

세브란스연합의학전문학교 부속병원 산파간호부 양성소를 산파규칙 제1조 제3호 및 간호부양성소로 지정한다는 총독부 고시를 9월 2일부로 발포하였는데, 본 지령은 대정 14년 3월 이후의 졸업자에게 대하여 효력을 갖게 되는 것이더라.

357. 시대일보 1924년 9월 17일

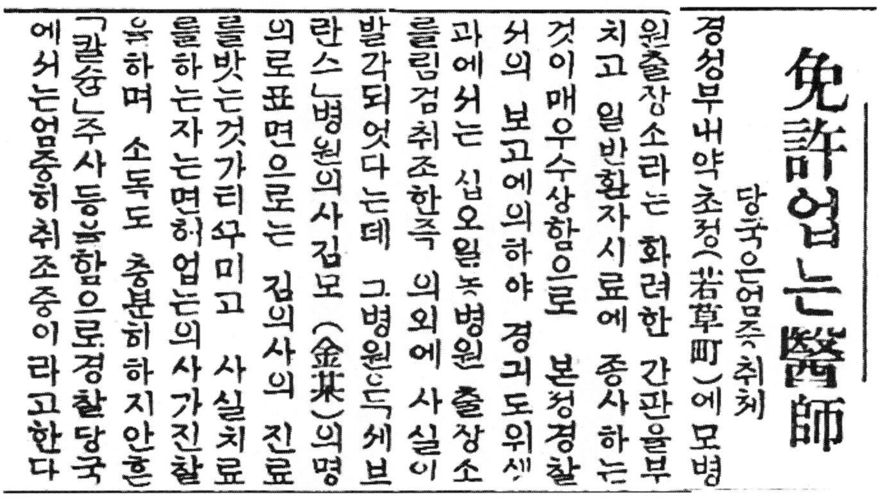

免許업는醫師

당국은엄중취체

경성부내약초정(若草町)에모병원출장소라는 화려한 간판을부치고 일반환자시료에 종사하는것이매우수상함으로 본정경찰서의 보고에의하야 경긔도위생과에서는 십오일그병원 출장소를림검취조한즉 의외에 사실이발각되엇다는데 그병원은세브란스병원의사김모 (金某)의명의로표면으로는 김의사의 진료를밧는것가티꾸미고 사실치료를하는자는면허업는의사가진찰을하며 소독도 충분히하지안흔「칼슘」주사등을함으로경찰당국에서는엄중히취조중이라고한다

면허없는 의사

당국은 엄중 취체

경성부 내 약초정(若草町, 지금의 중구 초동 일원)에 모 병원 출장소라는 화려한 간판을 붙이고 일반환자 시료에 종사하는 것이 매우 수상함으로, 본정 경찰서의 보고에 의하면 경기도 위생과에서는 15일 그 병원 출장소를 임검 취조한 즉, 의외의 사실이 발각되었는데, 그 병은 세브란스병원 의사 김모의 명의로, 표면으로는 김 의사의 진료를 받은 것 같이 꾸미고 사실 치료를 하는 자는 면허 없는 의사가 진찰하며, 소독도 충분히 하지 않은 칼슘 주사 등을 하므로, 경찰 당국에서 엄중히 취조 중이라고 한다.

358. 동아일보 1924년 10월 18일

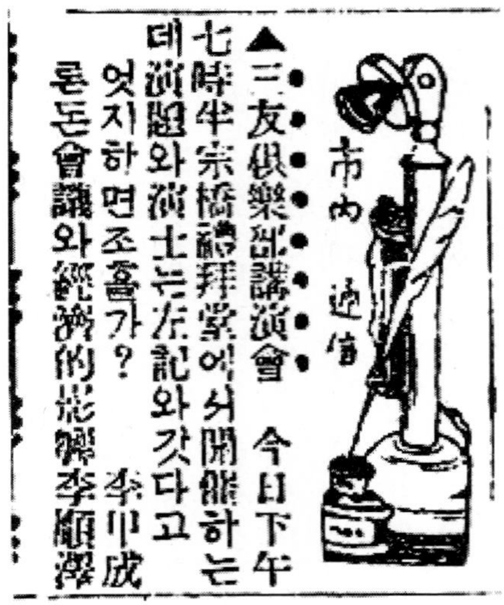

市內通信

▲三友俱樂部講演會 今日下午七時半宗橋禮拜堂에서開催하는데演題와演士는左記와갓다고

엇지하면조흘가? 李甲成

론돈會議와經濟的影響李順鐸

시내통신(市內通信)

삼우구락부(三友俱樂部) 강연회

오늘 오후 7시 반 종교예배당(宗橋禮拜堂)에서 개최하는데 연제(演題)와 연사(演士)는 아래와 같다고.

어찌하면 좋을까? 이갑성(李甲成)

런던 회의와 경제적 영향 이순탁(李順鐸)

359. 동아일보 1924년 11월 8일

延禧靑年紀念
청년회관에서

연희학생 긔독청년회(延禧基督靑年會)뎨구회 창립긔념을칠일 오후칠시부터 종로중앙 청년회관(中央靑年會舘)에서거행한다는데여러가지의 음악과 김창제(金昶濟)씨의인생의근본문제에대한강연도잇다더라

연희청년 기념

청년회관에서

연희학생기독청년회 제9회 창립기념을 7일 오후 7시부터 종로 중앙청년회관(中央靑年會館)에서 거행한다는데, 여러 가지의 음악과 김창제(金昶濟) 씨의 인생의 근본문제에 대한 강연도 있다더라.

360. 동아일보 1924년 11월 8일

中等學校陸上競技는今日

신촌연희전문교운동장에서
장쾌하고흥미잇는륙상경긔
參加學校는八個所

금일오전 팔시사십분 부터시외 신촌(新村)연희전문학교운동장에서연희전문학교 (延禧專門學校)주최와본사 후원(本社後援)으로데이회 중등학생 륙상경기대회를 개최하기로 되엿는데이대회는 작년이맘때에 처음으로 조선중등학생 톄육계에 공헌할바가잇슬가하야 처음으로 대회를열엇섯는데 그때에도 멀니디방에서까지 참가한학교가 잇서매우성황리에 맛치고 금년에다시두번재대회를 거듭하게 되엿스니 작년이상의 대성황을일울것은물론이라 이번대회에 참가한학교는 여덜학교인데 아래와갓다

▲松都高等普通學校▲養正高等普通學校▲培材高等普通學校▲高等豫備學校▲青年會學館▲徽文高等普通學校▲協成學檢▲普成高等普通學校

競技順序

십팔종목의경긔

경기진행의 순서는 오전여덜시사십분에 참가선수의 입당식을맛치고 즉시개회긔도와 개회사를한후 우승긔와 본사에서준우승긔반환식을하고 아래와 가튼순서로 경기를시작 할터이다

◇午前部

一、二百米豫選二、投彈決勝三、四百米豫選四、走廣跳決勝五、千五百米豫選六、八百米리레七、圓板投八、八百米豫選九、千五百米決勝

◇午後部

一、二百米決勝二、投槍決勝三、八哩마라손四、四百米決勝五、走高跳決勝六、八百米리레決勝七、百米決勝八、八百米決勝九、千六百米리레決勝

備考=採點法은아래와갓흠

가、一般競技一等三點二等二點三等一點

나、리레一等五點二等三點三等二點

다、마라손一等七點二等五點三等三點四等一點

運動場往路

입장은무료

이대회는 연희전문학교에서 중등학생계의 톄육향상을 위하야희생뎍으로 주최하는 것임으로입당권가튼것은 물론안밧게 되엿스며 운동댱에 왕복도뎡은아래와갓다

汽車便=京城發午前八時五分午後十二時十分 新村發午後一時五十三分同四時二十三分同八時四十八分(往復十錢

電車便=電車는西大門外阿峴里停留場에서運動場까지約二十五町(電車賃金往復二十錢)

雨天이면延期

만일금일에 비가오면 오는토요일인십일월 십오일로 연긔하리라하다

중등학교 육상경기는 오늘

신촌 연희전문교 운동장에서

장쾌하고 흥미있는 육상경기

참가 학교는 8개소

금일 오전 8시 40분부터 시외 신촌 연희전문학교 주최와 본사 후원으로 제2회 중등학생 육상경기대회를 개최하게 되었는데, 이 대회는 작년 이맘때에 처음으로 조선중등학생 체

육계에 공헌할 바가 있을까 하여 처음으로 대회를 열었었는데, 그때에도 멀리 지방에서까지 참가한 학교가 있어 매우 성황리에 마치고, 금년에 다시 두 번째 대회를 거듭하게 되었으니, 작년 이상의 대성황을 이룰 것은 물론이라 이번 대회에 참가한 학교는 여덟 학교인데 아래와 같다.

▲송도고등보통학교 ▲양정고등보통학교 ▲배재고등보통학교 ▲고등예비학교 ▲청년회학관 ▲휘문고등보통학교 ▲협성학교 ▲보성고등보통학교

경기순서

열여덟 종목의 경기

경기 진행의 순서는 오전 8시 40분에 참가선수의 입장식을 마치고 즉시 개회기도와 개회사를 한 후, 우승기와 본사에서 준 우승기 반환식을 하고, 아래와 같은 순서로 경기를 시작할 터이다.

◇ 오전부

1. 200미터 예선, 2. 포환던지기(投彈) 결승, 3. 400미터 예선, 4. 멀리뛰기(走廣跳) 결승, 5. 1,500미터 예선, 6. 800미터 릴레이, 7. 원반던지기(圓板投), 8. 800미터 예선, 9. 1,500미터 결승

◇ 오후부

1. 200미터 결승, 2. 투창 결승, 3. 8리 마라톤, 4. 100미터 결승, 5. 높이뛰기(走高跳) 결승, 6. 800미터 릴레이 결승, 7. 100미터 결승, 8. 800미터 결승, 9. 1,500미터 릴레이 결승

비고

채점법은 아래와 같음.

가. 일반 경기 : 1등 3점, 2등 2점, 3등 1점.

나. 릴레이 : 1등 5점, 2등 3점, 3등 2점.

다. 마라톤 : 1등 7점. 2등 5점, 3등 3점, 4등 1점.

운동장 왕로(往路)

입장은 무료

이 대회는 연희전문학교에서 중등학생계의 체육 향상을 위하여 희생적으로 주최하는 것이므로 입장권 같은 것은 물론 안 받게 되었으며 운동장에 오고 가는 길은 아래와 같다.

기차편 = 경성발 오전 8시 5분, 오후 12시 10분. 신촌발 오후 1시 53분, 4시 23분, 8시 48분. (왕복 10전)

전차편 = 전차는 서대문 밖 아현리 정류장에서 운동장까지 약 25정(町). (전차임금 왕복 20전)

우천(雨天)이면 연기

만일 오늘 비가 오면 오는 토요일인 11월 15일로 연기하리라 한다.

361. 조선일보 1924년 12월 22일

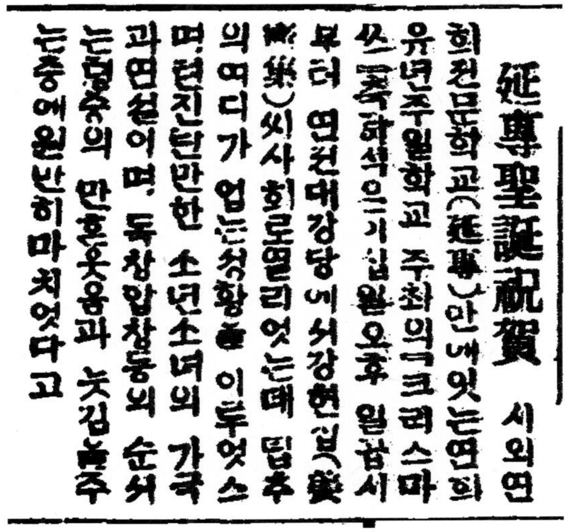

延專聖誕祝賀 시외연희전문학교(延專)안에잇는연희유년주일학교 주최의크리스마쓰축하식은이십일오후 일곱시부터 연전대강당에서강현집(姜□集)씨사회로열리엇는데 립추의여디가 업는성황을 이루엇스며텬진란만한 소년소녀의 가극과연설이며 독창합창등의 순서는텅중의 만흔웃음과 늣김을주는중에원만히마치엇다고

연희 성탄축하

시외 연희전문학교 안에 있는 연희 유년 주일학교 주최의 크리스마스 축하식은 20일 오후 7시부터 연전 대강당에서 강현집(姜□集) 씨 사회로 열렸는데, 입추의 여지가 없는 성황을 이루었으며, 천진난만한 소년소녀의 가극과 연설이며 독창합창 등의 순서는 청중의 많은 웃음과 느낌을 주는 중에 원만히 마치었다고.

▌찾 아 보 기▌

ㅋ~ㅍ

ㅎ

편찬자 소개

▌연세대학교 국학연구원 연세학연구소

연세학연구소는 연세 역사 속에서 축적된 연세정신, 연세 학풍, 학문적 성과 등을 정리하고, 한국의 근대 학술, 고등교육의 역사와 성격을 살펴보기 위해 설립되었다. 일제 강점하 민족교육을 통해 천명된 "동서고근 사상의 화충(和衷)"의 학풍을 계승, 재창조하는 "연세학"의 정립을 지향한다. 〈연세학풍연구총서〉, 〈연세사료총서〉를 간행하고 있다.

▌김도형

서울대학교 국사학과, 연세대학교 대학원(문학박사)에서 수학하였으며, 연세대학교 교수, 한국사연구회 회장, 한국사연구단체협의회 회장, 한국대학박물관협회 회장, 동북아역사재단 이사장 등을 역임하였다. 『민족문화와 대학: 연희전문학교의 학풍과 학문』과 『근대한국의 문명전환과 개혁론: 유교비판과 변통』을 비롯한 다수의 논저가 있다.